철학과
굴뚝청소부

개정증보판
철학과 굴뚝청소부

초판 1쇄 펴냄 1994년 6월 30일
개정1판 1쇄 펴냄 2002년 1월 7일
개정3판 10쇄 펴냄 2024년 10월 17일

지은이 이진경
펴낸이 유재건
펴낸곳 (주)그린비출판사
주소 서울시 마포구 와우산로 180, 4층
대표전화 02-702-2717 | **팩스** 02-703-0272
홈페이지 www.greenbee.co.kr
원고투고 및 문의 editor@greenbee.co.kr

편집 이진희, 구세주, 민승환, 성채현 | **디자인** 이은솔, 박예은
물류유통 류경희 | **경영관리** 이선희

ISBN 978-89-7682-942-9 03100

• 본문 도판 가운데 이응노 화백의 「군상」(1986)과 롬왈드 하주메의 「제네랄 된 주르」, 「그리스인」은 각각 (주)가나아트 갤러리와 재단법인 광주비엔날레의 허락을 받아 실었습니다. 저작권법에 의해 보호받는 도판들 중 일부 저작권자를 찾지 못한 또 다른 도판들은 저작권자가 확인되는 대로 저작권법에 해당하는 사항을 준수하고자 합니다. 그분들의 양해를 구합니다.

독자의 학문사변행學問思辨行을 돕는 든든한 가이드 _(주)그린비출판사

데카르트에서 들뢰즈까지 | 근대철학의 경계들

개정 증보판

철학과 굴뚝청소부

이진경 지음

그린비

책머리에

데리다는 "텍스트의 바깥에는 아무것도 없다"고 했다지만, 나는 그렇게 생각하지 않는다. 차라리 이렇게 말하는 게 옳다고 생각한다. "모든 텍스트는 그 외부의 주름이다." 물론 여기서 '외부'란 단지 통상적 유물론에서 말하듯이 사회경제적 조건을 뜻하는 것도 아니고, '실천적' 유물론에서 말하듯이 실천적 맥락을 뜻하는 것도 아니다. 그것은 차라리 사유 안에 들어와 있는 비-사유고, 각각의 철학이 그 위로 펼쳐지며 나름의 사유의 선들을 그리는 그런 지반이다. 아니, 사유가 그것의 소재로 삼는 모든 것이다. 어느 날 사유에게 다가온 것, 그런 식으로 사유가 만나는 것, 그리고 그것을 사유하면서 사용한 모든 것(책이나 언어를 포함하여), 그것이 바로 사유의 '외부'다. 공장이나 병원도, 감옥이나 형법도, 과학이나 종교도, 침략이나 강탈도, 그리고 사유하는 사람의 적이나 친구도, 모두 거기에 포함될 수 있다. 사유는 그것들을 섞어서, 혹은 그것들 사이를 비집고 다니며 나름의 선을 그리고 주름을 만든다. 그렇게 접혀서 만들어진 주름들, 텍스트란 바로 그런 것이다.

그런데 이미 8년 전에 씌어진 이 책은 아쉽게도 이런 생각에 따라와 주질 않는다. 애초 나는 이 책에서 데카르트 이래 근대철학을 대체로 관통했던 문제설정과 그것이 만나야 했던 난점들을 통해서 근대철학에 그려진 다양한 경계선들을 탐색하려고 했으며, 동시에 그것을 넘어서려던 현대의 중요한 철학적 시도들도 함께 그리려고 했다. 이는 근대적 사유 자체를 알고자 했고, 그것과 대결하고자 했던 내 나름의 문제설정의 산물이었고, 그런 질문을 던지게 했던 '외부', 그리고 그 질문을 들고 다니면서 만났던 다양한 '외부들'의 산물이었다. 그것은 근대적 사유의 한 단면을 통해 근대에서 현대로 이어지는 서양 철학의 지도를 그리는 하나의 방법이었다.

하지만 그것은 철학적 사유 안에서 질문하고, 사유 안에서 경계를 포착하며, 그 안에서 그것을 넘는 사유를 찾는 방법이었고, 그런 한에서 마치 '외부' 없는 사유의 내적 단일성을 가정하는 듯한 위험을 안고 있었던 것처럼 보였다. 이런 면모는 이 책을 '다시 만나게' 된 지금, 극복하고 싶은 결함으로 보이는 게 사실이다. 그러나 8년 전의 텍스트는 이미 나름의 일관성을 갖고 '잘' 흘러가고 있어서, 여기저기를 뜯어고친다는 것이 매우 난감했고, 미숙한 내 능력으론 자칫 그 책의 장점마저 제거할 위험이 없지 않다고 보았다.

그 와중에 나름대로 하나의 '묘안'이 떠올랐다. 기존의 텍스트는 그대로 두어서 그 나름의 일관성과 장점을 살리는 한편, 그와 다른 비-철학적 선, 그 외부의 선을 텍스트 안에 직접 끌어들여 병진시킴으로써, 때로는 양자를 근접시켰다가 때로는 양자의 긴장을 만드는 식으로 일종의 대위적 선율을 써넣는 방법이 그것이었다. 그리고 그 '외부'의 선을 그리기 위해 다양한 도판들의 계열을 도입한다면 더 좋을 것이라고 생각했다. 그래서 12개 정도의 계열에 따라 도판들을 배열하고, 그 도판에 대한 주석의 형식으로 새로운 텍스트를 짜 넣었다. 그 각각의 계열은 때로는 어떤 하나의 사유와 병치되기도 할 것이고, 때로는 여러 사람의 사유와 대응하는 식으로 진행되기도 할 것이다. 그 각각의 계열들은 어느 정도 독립적이지만, 또한 이웃한, 혹은 떨어져 있는 다른 계열들과 이어지기도 할 것이다.

각각의 계열들은 각각의 철학자를 다루는 것과는 다른 양상의 사유를, 다른 문체와 다른 템포로 서술한 주석들로 구성된다. 각각의 캡션들은 때론 도판에 대한 설명을 시도하는 방식으로 그것과 가까워졌다가, 때론 그에 무심하게 혹은 그것과 멀어지는 방식으로 도판들과 나름의 거리들을 만들려고 했다. 이럼으로써 원래의 텍스트와 도판과 캡션의 계열들 사이에 상이한 리듬의 흐름이 고유한 긴장을 형성하면서 어울림을 이루게 하고자 했다. 이런 상이한 속도와 리듬, 상이한 방식의 서술들 사이에서, 독자들 나름의 사유가 촉발될 수 있으리라고, 그리하여 좀더 다양한 사유와 토론이 생성될 수 있으리라고 생각했다. 물론 결과가 의도와 부합하는가의 여부는 내가 판단할 수 없는 것이다. 다만 새로운 사유의 선들이 그 사이에서 흘러나오길, 그리하여 새로운 사유가 그 텍스트를 가로질러 흘러 넘치길 소망한다.

2001년 12월 2일

이진경

제2증보판에 부쳐

이번에 증보하면서는 들뢰즈/가타리에 대한 장을 추가했고, 보론으로 「근대적 지식의 배치와 노마디즘」을 실었다. 그리고 들뢰즈/가타리에 대한 장이 새로 들어가면서 관련된 내용을 결론에 추가했고, 본문 가운데 일부분을 약간 수정했다.

들뢰즈/가타리에 대한 장은, 나로선 어쩌면 가장 가까운 철학적 친구 가운데 하나로 여기는 사람들이라 진작에 들어갔어야 할 것이지만, 안타깝게도 지난번 개정증보판을 내면서도 여유가 없어서 원고를 써넣을 수 없었던 것인데, 이제야 비로소 채워 넣을 수 있었다. 그리고 새로운 장을 추가하면서 결론에 동일성과 차이, 동일자와 타자의 문제와 관련하여 약간의 글을 추가했다.

'보론'으로 추가한 것은, 이른바 '인문학의 위기' 내지 '인문학의 전망'에 대해 강연했던 것인데, 사실 그것보다는 근대적 지식 전반을 틀짓고 있는 인식론적 배치와 그것의 경계를 넘으려는 시도들, 그리고 그것과 결부된 지적·물질적 생산의 조건들에 대해서 쓴 글이다. 이 글은 이 책에서 다루는 주체와 대상, 진리라는 세 개의 항 이외에 또 하나의 항이 필요했다는 생각을 담고 있으며, 그러한 철학적인 문제설정이 정치학이나 경제학, 역사학 등등의 다른 담론들과 관련되며 계열화되는 양상들을 다루고 있어서, 이 책 전체를 수정할 수 없는 상황에서 이 책의 논지 전반을 정정하는 역할을 해주길 바라는 마음으로 추가한 것이다. '보충'이란 무언가의 빈 곳을 채워 '완벽하게' 하는 것이라기보다는, '원래는' 없어도 되지만 추가함으로써 '원래'의 것을 변형시키는 것이란 점에서, 이번의 '보론'이 지난번에 추가했던 도판 및 캡션과 더불어 이전의 원고를 갱신하고 변형시키는 역할을 할 수 있도록 독자들께서 도와주시길 기대한다.

2005년 2월 8일
이진경

차 례

일러두기

이 책은 두 개의 텍스트—본문 텍스트와 도판 텍스트—가 한 권의 텍스트로 묶여 있다. 본문 텍스트와 도판 텍스트 사이에는 상이한 리듬의 흐름이 고유한 긴장을 형성하면서 어울림을 이루고 있다. 따라서 도판 텍스트는 본문과 연관지으면서 함께 보아도 좋고, 그것만 따로 떼어내 보아도 좋다. 어느 정도 독립적이지만 서로 밀접하게 연관되어 있는 도판 텍스트는 크게 13개 계열로 나눌 수 있는데, 이 분류는 곧 도판 텍스트의 목차라고 보아도 좋겠다.

서론

포스트모던 '시대정신'

하나의 사상, 하나의 시대정신이 세상을 지배하던 시대가 끝났다는 것은 이젠 너무도 분명한 듯 보입니다. 혹시 여러분 가운데 이런 선언을 아직 들어보지 못한 분이 있다면 시대의 조류에 매우 둔감한 분임에 틀림없을 것 같습니다. 아시다시피 지금 어디서나 거론되는 '포스트모더니즘'이라는 사조는 하나의 사상이나 시대정신이 더 이상 세상을 지배하거나 영향력을 행사하기 힘들다는 것을 기정사실화했습니다. 나아가 최근의 다양한 사회현상들을 '포스트모던하다'라는 형용사로 특징짓고 있습니다. 이런 관점에서 본다면 "아직도 이런 시대의 흐름을 이해하지 못한" 사조들, 예를 들면 맑스주의 같은 것들은 시대착오적이고 낡은 '옛이야기'임에 틀림없습니다.

그런데 바로 이런 점에서 지금 우리는 또 하나의 시대정신 속에서 살고 있는지 모릅니다. 포스트모더니즘이 몰락한 낡은 사상들을 대신해서, 몰락한 맑스주의 혹은 진보의 이념을 대신해서 일종의 새로운 '시대정신'이 되었다고 말할 수 있으니 말입니다. 총체성에 대한 반대, 계몽주의에 대한 반대, 합리주의에 대한 반대, 거대이론(Grand narrative)에 대한 반대 등등. 하지만 이는 시대정신의 종말을 선언하는 사람들이 말하듯이 분명 하나의 '시대정신'이 되기는 어려울 것 같습니다. 그러려면 사실 긍정적이고 적극적인 내용을 갖고 있어야 하는데, 이 새로운 정신은 대개 무엇—이전에 지배적이던 것이겠지요—에 대한 반대에 머물고 있기 때문입니다. 포스트모던 혹은 포스트모더니즘에 대한 생각이나 정의 들이 주장하는 사람마다 다른 것도 이와 그리 무관하지는 않을 것 같습니다.

그러나 이렇게 서론을 시작한다고 해서 제가 이 강의를 통해 포스트모더니즘에 대해 반론을 펴거나 포스트모던한 비판에 대해서 '근대주의'를 옹호하려 한다고 받아들이진 말아 주십시오. 저는, 그 방향에 대해서는 이견이 있을 수 있겠으나, '포스트모던'하다고 지칭되는 현상들, 혹은 모던한(근대적인) 이론에 대한 그 비판적 요소들을 무시하고 매도할 생각은 없습니다. 저는 다만 포스트모던에 대한 화려하고 요란한 논의 속에서 오히려 질문되지 않은 채 잊혀진 문제들, 그러나 결코 사소하지 않은 문제들이 있다고 생각하는 것입니다. 그리고 그게 어쩌면 좀더 근본적인 건 아닐까 생각하는 것입니다.

포스트모던 혹은 포스트모더니즘이라고 할 때, 그것은 근대의 뒤에 오는—'포스트'가 '무엇의 뒤'라는 말이죠—어떤 시대나 그 시대를 반영하는 어떤 이념을 말합니다. 그렇다면 근대란 도대체 무엇인가? '근대를 벗어난다'고 하는 의미에서의 '탈근대'란 무엇인가?(이것을 우리는 '탈근대'라는 말로 잠정적으로 규정합시다. 이후에 저는 '탈근대'ex-modern와 '포스트모던'을 구별할 것입니다.) 그리고 근대를 벗어난다고 하는 의미에서의 포스트모던이라고 말할 때, 그것은 지금 현재의 시대를 '탈근대'라고 부르는 서술적 정의(시대규정)인가, 아니면 "근대를 벗어나야 한다"고 주장하는 규범적 정의(당위)인가? 나아가서 근대를 벗어나야 한다면 왜 벗어나야 하는가, 왜 머물러 있어서는 안되는가?—이러한 문제들이 명확히 질문되지 않은 채, 따라서 대답되지 않은 채 남아 있습니다. 그래서 저는 이러한 것들을 묻는 것에서부터 출발해야 한다고 생각합니다. 이는 단지 포스트모던하다는 주장을 비판하거나 일축하기 위한 것은 아닙니다. 이는 지금 제기되고 있는 문제들을 좀더 근본적으로 사고하기 위한 것입니다.

이러한 관점에서 근대란 무엇인지, 탈근대란 무엇인지, 근대를 벗어난다 함은 무엇을 뜻하는지, 만약 근대를 벗어나려는 시도가 타당하다면 그 '벗어남'을 위해선 무엇이 필요한지, 즉 탈근대적으로 사고하기 위해서는 무엇이 요구되는지를 검토하는 게 좋을 것 같다는 것이 제 생각입니다. 이것이 이 여섯 번의 강의를 일관하고 있는 제 문제의식입니다.

조금 더 나아간다면, 이런 관점에서 근대성 자체를, 그리고 '맑스주의와 근대성'이란 주제를 이런 사고의 기초 위에서 다시 검토할 수 있지 않을까 생각합니다. 하지만 애석하게도 이 주제는 다음 기회를 빌려야 할 것 같습니다.

철학의 경계

저는 예전에 쓴 책에서 "철학은 의심하기에서 출발한다"고 한 적이 있습니다. 그리고 철학이란 이런 방법으로 기존의 지배적인 사고방식, 지배적인 철학과 투쟁한다고 했습니다. 이런 점에서 칸트는 "철학사는 전장(전쟁터)"이라고 말한 적이 있지요.

치고받는 이 투쟁을 통해 철학자들이 얻어내는 것은 무엇일까요? 그것은 그때까지 지배적이던 철학 밑에서 사고되지 못했던 것, 또는 가려져 보이지 않던 것을 찾아내고 열어젖히는 것입니다. 이로써 이전에 결코 존재하지 않았다고는 할 수 없지만, 지금의 지배적인 사상 때문에 오히려 보이지 않고 사고되지 않게 된 것을 찾아내고 확보하는 투쟁이 바로 철학인 셈입니다.

사실 철학에선 다른 사상가들과 자신이 어떤 점에서 다르며 어떤 점에서 새롭다는 것을 입증하지 못하면 독자적인 사상가로 남아 있기 힘듭니다. 즉 철학자들은 다른 사상가와의 차이를 통해서만 철학사에서 자기 자리를 차지할 수 있습니다. 그러면서 동시에 다른 사람들의 동의를 얻어낼 수 있고 보편성을 인정받을 수 있어야 합니다. 다시 말해 보편성이 있으면서도 남과는 뭔가 다른 사상이어야만 철학자로서 인정받을 수 있다는 말입니다. 결국 철학은 앞서 있던 것을 넘어서는 것입니다. 그런데 넘어서는 것에도, 무엇을 어떤 수준에서 넘어서느냐에 따라 여러 가지 종류가 있습니다. 우리는 여기서 최소한 세 가지 수준의 '넘어서기'를 구별할 수 있을 것 같습니다.

첫째, 당시에 지배적인 어떤 사상을 넘어서는 것입니다. 이는 자기 앞의 지배적인 철학과 자신이 제시한 철학 간의 차이를 정립하는 것입니다. 이것이 앞선 사상을 넘어선다고 할 때 최소한의 필요조건인 셈입니다. 기존의 지배적인 사상 안에 머무는 게 아니라, 혹은 기존의 지배적인 사상 안에서 그것을 발전시키는 게 아니라 새로운 사상을 형성해내는 것이라면 최소한 자기의 앞선 시대를 지배하던 사상을 넘어서야 하기 때문입니다. 예컨대 칸트의 사상이 지배적이던 시대에 새로운 사고영역을 개척하려는 사상은 칸트의 사상을 넘어서야 합니다. 즉 칸트의 것과는 다른 철학으로 자신의 철학을 세우지 않는다면 새로운 사고영역을 열었다고 하기는 힘들겠지요.

물론 칸트의 사상을 넘어섰다고 해서 그 사상이 칸트 것보다 나은 것이라거나 발전된 것이라고 평가하기는 곤란합니다. 여기서 '넘어선다'는 말이 어떤 '발전'이나 '진화'를 뜻하는 게 아님을 분명히 합시다(기존의 것에 가려져 안 보이던 새로운 사고영역을 연다는 것이 반드시 발전일 이유는 없으며, 그럴 필요도 없는지 모릅니다). 예를 들어 헤겔의 사상이 칸트를 넘어섰다고 해서(이건 사실이지요) 반드시 칸트 것보다 발전된 것이라고 할 수는 없습니다. 어떤 측면에선 발전이란 평가도 가능하겠지만, 다른 측면에선 정반대의 평가도 가능하기 때문입니다. 이 때문에 과학에서와는 달리 철학에서는 아직도 플라톤이나 아리스토텔레스 같은 고대철학자가 '살아있을' 수 있는 것입니다.

둘째, 새로운 사상은 하나의 흐름을 넘어서는 것입니다. 철학에는 몇몇 철학자나 사상가들의 생각을 묶어주는 '흐름'이 있을 수 있습니다. 대륙의 '이성주의'니 영국의 '경험주의'니 하는 것이 바로 그것입니다. '생의 철학'이니 '실존주의'니 '구조주의'니 하는 것 역시 마찬가집니다. 새로운 사상은 때론 이같은 의미를 갖는 하나의 '흐름'을 넘어섭니다. 즉 어떤 흐름을 특징짓는 전반적 사고방식을 넘어서는 것이지요.

이처럼 하나의 흐름을 넘어선다는 것은 당연하게도 또 다른 흐름을 만들어냅니다. 예컨대 로크가 데카르트를 넘어선다고 할 때, 이는 단지 한 철학자의 사상과 구별되는 독자적인 사상을 열었다는 의미만 갖는 것은 아닙니다. 그것은 다른 다수의 사상가들을 포괄할 새로운 사조, 새로운 흐름을 만들어냅니다. 『과학혁명의 구조』로 유명한 토마스 쿤의 용어를 빌면, 일종의 '패러다임 변혁'으로 비유할 수 있겠지요. 중요한 것은 이런 변혁을 통해 새로운 사고방식에 인간이 접근할 수 있도록 해준다는 것입니다.

이런 '넘어서기' 역시 차이를 만들어내는 것이고 경계선을 만들어내는 것이지만 발전이나 진화 또는 진보라고 말할 수는 없습니다. 그것은 과학과는 달리 얼마든지 역전 가능하고, 얼마든지 반전될 수 있기 때문입니다.

셋째, 하나의 시대를 지배하는 특정한 사고방식을 넘어서는 것입니다. 예를 들어 이성주의니 경험주의니 하는 것들은 모두 다 '근대철학'으로 묶입니다. 이처럼 개개의 사상뿐만 아니라 '흐름'들을 하나로 묶는 사고방식이 있을 수 있는 것이고, 철학이 무엇을 넘어선다고 할 때 가장 넓은 차원에선 이런 시대적 사고방식을 넘어서는 것을 생각할 수 있습니다. 데카르트가 중세철학을 넘어서 근대라는 새로운 시대를 연 사상을 세웠다고 할 때, 그것은 바로 이런 의미로 사용되는 것입니다.

그러나 아시다시피 이런 차원의 '넘어서기'는 매우 어렵습니다. 그것은 사실 시대의 변화가 만들어내는 것이며, 그것이 철학자들의 입을 통해 말해지는 것입니다. 그것은 시대의 변화라고 할 수 있는 거대한 변화가 철학자들에게 지각됨으로써 나타납니다. 이런 의미에서 헤겔 말대로 "미네르바의 부엉이는 황혼이 질 무렵에야 비로소 날개를 편다"고 말할 수 있겠습니다.

철학사를 연구한다는 것은 철학의 역사 안에 그어진 경계선들을 찾아내고, 그 경계선마다에 새겨진 의미를 읽어내는 것입니다. 그리고 그걸 통해서 우리가 사고할 수 있는 다양한 영역들을 체계적으로 살펴보고, 나아가 자신의 그리고 인간의 사고를 '극한'(limit)으로까지 밀어붙여 보는 것입니다. 이래서 위대한 철학자는 알튀세르의 말처럼 "극한에서 사고하고 극한을 넘어서려고 감행한 사람"이라고도 할 수 있겠습니다 ("L'Unique tradition matérialiste", *Ligne*, n° 18, Janvier 1993).

경계읽기와 '문제설정'

그렇다면 경계선들을 찾아내고 그 경계선의 의미를 읽어내기 위해선 어떻게 해야 할까요? 사실 이 문제는 결코 쉽지 않습니다. 왜냐하면 철학자 자신이 자기 사상의 경계선을 보여주는 경우는 결코 없으며, 철학책 어디를 봐도 경계선을 보여주는 표시는 없기 때문입니다. 아니, 경계선 같은 건 애시당초 없는 건지도 모릅니다.

　원뿔을 밑에서 보면 원으로 보이지만 옆에서 보면 삼각형으로 보이는 것처럼, 모든 것은 보는 지점에 따라 다르게 보입니다. 마찬가집니다. 데카르트를 로크와 대비시켜 경계선을 찾으려 할 때와 칸트와 대비시켜 경계선을 찾으려 할 때, 혹은 중세의 아우구스티누스와 대비시켜 경계선을 그으려 할 때, 경계선은 모두 다 달라질 것입니다. 또 철학사를 반복의 역사일 뿐이라고 볼 때와 하나의 진화적 발전과정이라고 볼 때, 혹은 상이한 사상의 대체과정이라고 볼 때, 데카르트 철학의 경계나 그것의 의미는 크게 달라질 수밖에 없습니다. 그러고 보면 철학에서 경계선을 찾아낸다는 것은 사실상 경계선을 그어서 철학자에게 되돌려주는 것인지도 모릅니다.

　그렇지만 경계를 확인하고 그 의미를 이해하기 위해서는, 철학자의 사상이나 철학적 흐름에 깔려 있는 사고방식 등을 파악할 개념적 도구가 있어야 합니다. 여기서 저는 문제설정(problématique;이는 원래 알튀세르가 『맑스를 위하여』에서 사용했던 것입니다)이란 개념을 사용하려 합니다.

　일단 생소한 말일 테니 예를 들어 설명해 봅시다. 집 대문 앞에 아무양해도 구하지 않은 채 며칠 동안 계속 주차해 놓은 자동차 때문에 불편을 겪다가 화가 나서 그 얄미운 자동차의 바퀴에 펑크를 내버렸다고 합시다. 그런데 바로 그때 마침 차 주인이 그걸 보고 달려왔습니다. 제게 당연히 항의하겠죠. "아니, 차 좀 잠시 주차시켰다고 이렇게 펑크를 낼 수가 있소? 이건 명백히 불법행위요. 책임지고 배상해 주시오."

그러나 그 자동차로 인해 숱하게 불편을 겪은 저로선 그 말에 순순히 응할 리 없을 겁니다. 그러면 그 사람은 '불법행위'란 명목으로 고소하려 하겠지요. 그럼 저는 그 자동차 주인을 '불법 주차'로 맞고소해야겠지요? 그럼 이제 "불법 주차한 자동차에 펑크낸 게 불법행위인가 아닌가"를 문제삼게 될 것입니다. 자, 얘기는 이만 줄이고 다시 철학으로 돌아갑시다.

여기서 문제가 어떻게 설정되었나를 봅시다. "불법 주차한 자동차에 펑크를 낸 행위가 불법인가 적법인가?" 그런데 이렇게 문제를 설정하면 그 대답 역시 그 문제를 설정하는 방식에 크게 좌우됩니다. 다시 말해 여기서는 제 행위가 법에 맞는가 아닌가만이 문제가 됩니다. 그러나 잘 생각해 봅시다. 자동차와 나, 자동차 주인과 나 사이의 관계를 이해하는 데는 그밖에도 많은 방법이 있습니다. 예컨대 그 사람은 왜 주차장이 아닌 남의 집 앞에 불편하게 주차해 두었나?—그건 주차장이 모자라기 때문이며, 근본적으로는 도시 교통정책에 문제가 있기 때문이다. 이는 사회적 측면에서 접근한 거죠. 혹은 이럴 수도 있습니다. 왜 나는 결코 바람직한 일이 아님을 알면서도 그 자동차에 펑크를 냈나?—자동차 없는 것도 서러운데, 남의 차 때문에 하루종일 고생을 했으니 화가 나서 그랬다. 이는 심리적 측면에서 접근한 거죠.

그러나 이런 대답은 "불법인가 적법인가"를 따지는 문제에선 결코 나올 수 없습니다. 그 같은 문제에선, 불법 주차한 차에 손해를 입힌 게 불법인가 아닌가라는 법적 문제만이 대답이 될 수 있습니다. 결국 문제를 어떻게 설정하느냐에 따라 어떤 종류의 대답은 '대답'이 될 수 없게 되고,

아예 생각하기도 힘들게 됩니다. 대답뿐만이 아닙니다. 문제를 해결하는 방법도 문제를 설정하는 방식에 따라 크게 달라집니다. 사회적인 측면에서 문제를 제기하면, 해결은 교통정책을 통해서 가능합니다. 불법이니 아니니 하는 건 이 경우에는 끼여들 여지가 없습니다. 심리적 측면에서 문제를 제기하면 그 해결 역시 심리적 차원에서만 가능합니다. 반면 법적인 차원에서 제기하면, 불법행위를 한 사람이 배상을 해주어야 해결이 됩니다. 이 경우 법 자체가 정당한지 아닌지는 결코 문제되지 않으며, 이렇게 문제설정을 하면 기존 법의 올바름은 당연시됩니다. 즉 법 자체를 다시 사고할 수 없는 문제설정인 셈이지요.

이처럼 문제를 어떻게 설정하느냐에 따라 그 문제를 사고하고 처리하며 대답하는 방식은 전혀 달라집니다. 이런 이유에서 "문제가 제대로 제기되기만 하면 이미 반은 풀린 것이다"라는 말도 하는 겁니다.

이건 과학에서도 그렇습니다. 예를 들어, 뉴턴의 이론이 나온 뒤에 다른 행성의 궤도는 다 그 이론에 따라 계산한 게 맞는데 오직 천왕성만은 안 맞았습니다. 이 경우 '이론을 반박하는 사례가 나오면 그 이론을 포기해야 한다'는 실증주의나 반증주의(포퍼)의 입장에선 "이론과 사실 둘 중 어느 것이 옳은가? 사실에 안 맞는 이론은 버려야 한다"는 문제설정을 갖고 있습니다. 그렇다면 천왕성 궤도를 잘못 계산한 뉴턴 이론은 거짓이라는 결론에 이르러야 하는 거지요.

반면 뉴턴 이론의 지지자들은 그렇지 않을 겁니다. 그들은 오히려 "다른 건 다 맞는데 오직 천왕성만 안 맞는다면, 우리가 모르는 다른 요인이 어딘가에 있기 때문일 거야. 그 요인은 대체 무얼까?"라고 생각할 겁니다. 이렇게 문제를 설정하면 이젠 다른 요인들을 찾아나서게 될 겁니다. 망원경이 부실해서 그런가? 아니면 70여 년마다 그 근처에 접근하는 헬리혜성 때문인가? 아니면 혹시 다른 별이 천왕성 근처에 있기 때문은 아닐까? 등등. 그리고 결국엔 천왕성과 명왕성 사이에 해왕성이란 행성이 하나 있기 때문이란 걸 발견하게 됩니다.

상이한 문제설정은 이처럼 상이한 대답과 상이한 결과를 가져옵니다. 철학에서도 마찬가집니다. 예컨대 "참된 인식은 무엇인가?"라고 문제를 설정하면, 당연히 거기서 나올 수 있는 생각은 "참된 인식은 어떤 것이다"라는 식으로 됩니다. 거기에는 참된 인식/거짓된 인식이란 대비가 깔려 있으며, 참된 인식이 중요하고 그것이 철학이 추구해야 할 목표다, 등과 같은 사고방식이 포함되어 있습니다. 이 경우 대보름날 달을 보고 소원을 비는 우리네 어머니들의 행동이나, "저 마지막 잎새가 지면 나도 죽을 거야"라고 생각하는 오 헨리 소설의 주인공은 전혀 이해할 수 없는 것이며, 단지 어떤 중요성도 없는 허구에 지나지 않는 것으로 생각하게 됩니다. 아무리 많은 사람들이 그런 식으로 살든간에 말입니다.

지금까지 말한 데서 분명하듯이, 문제를 어떻게 설정하느냐는 것은 그 문제를 가지고 사고하는 사람들의 사고방식을 제한합니다. 그 안에는 중요하다고 생각되는 가치도 포함되어 있고, 그 중요한 것을 사고하는 데 기초가 되는 개념들이 포함되어 있습니다. 그런 점에서 사고할 수 있는 것과 사고할 수 없는 것을 보여주는 셈입니다. 따라서 우리는 문제설정을 통해 그 안에 포함되어 있는 사고방식을 찾아볼 수 있으며, 그것을 분석할 수 있습니다. 우리가 '문제설정'이란 도구를 통해 철학의 경계를 찾아내고, 그 경계의 의미를 읽어낼 수 있는 것은 바로 이 때문입니다.

제1부

철학의 근대, 근대의 철학

1. 데카르트 : 근대철학의 출발점

중세 너머의 철학

이제 근대철학의 출발점이라는 주제로 들어가 봅시다. 근대철학에 대해 얘기하려면 가장 먼저 '근대란 무엇인가'라는 문제에 대해 생각해야 합니다. 여기서 우리는 역사적 근대 전체에 대해 생각할 수는 없습니다. 생각해야 할 범위를 철학으로 제한해서 문제를 다시 제기한다면, '철학에서 근대란 무엇인가?' 혹은 '철학적 근대란 무엇인가?'라고 요약할 수 있겠습니다. 기대에 못 미친다면 미안한 일이지만, 저는 지금 근대에 대한 어떤 심오한 이야기를 하려 하는 것은 아닙니다. 어쩌면 여러분들이 가지고 있는 상식에서 출발하고자 합니다.

근대란 여러분들도 아시다시피, 중세와의 대비 속에서 중세와 구분선을 그음으로써 정의되는 그런 시기입니다. 이 점에선 철학이나 역사나 마찬가지일 것 같습니다. 그러니 근대철학을 이야기하기 위해선 좋으나 싫으나 중세에 대해 먼저 이야기해야 합니다.

『신약성서』중 한 권은 이렇게 시작하고 있습니다. "태초에 말씀이 계시니라. 이 말씀이 하나님과 함께 계셨으니 이 말씀은 곧 하나님이시니라. 그가 태초에 하나님과 함께 계셨고 만물이 그로 말미암아 지은 바 되었으니 지은 것이 하나도 그가 없이는 된 것이 없느니라"(「요한복음」 1장).

중세는 신이 창조한 세상이었고 신의 손 안에 있던 시대였습니다. 그것은 신이 창조한 인간으로 이루어져 있었으며, 신의 '말씀'이 세상을 지배하고 통치하던 시기였습니다. 따라서 신의 말씀을 연구하는 신학이 모든 학문을 지배하던 시기였습니다. 신학이 신의 말씀이라면, 이 '말씀'이 곧 신 자신이기도 하다는 성경의 말씀에 따라 성직자가 신을 대신하고 있었던 겁니다. 신의 말씀을 대리하던 성직자가 학문은 물론 대중의 삶을 지배하고 있었습니다.

이런 시대에 존재란 신의 창조물이며, 따라서 당연히 신이 보장해 주는 것입니다. 그리고 태초에 신의 말씀이 있었는데, 그 '말씀'이야말로 다름 아닌 진리였으며, 인식(앎)이란 그 말씀의 계시에 도달하는 것과 동일했습니다. 결국 진리란 신의 말씀을 전하는 성직자가 보장해 주는 것이었습니다. 그리고 사람들 개개인이 어떻게 살아야 하는가라는 것 역시 당연히 '말씀'을 전하는 성직자의 말에 따라야 했습니다. 이런 점에서 중세는 봉건영주가 지배하는 시대였다는 말만큼이나 (신과) 성직자들이 지배하던 시대였다고 할 수 있습니다. 사실 역사적으로 보아도 성직자와 봉건영주가 지배계급이었음은 분명합니다.

그렇다면 중세의 철학이나 과학은 어떠했는가? 중세의 철학은 신에 대해서 제기되는 의문, 신학에 대해서 제기되는 질문, 그것도 중세신학의 근본을 뒤흔드는 그러한 질문들에 대해서 신의 작용과 신의 말씀을 이성을 통해 설득하기 위해 존재했습니다. 이러한 의미에서 철학은, 과학도 크게 다르지 않았지만, '신학의 시녀'였습니다.

그러나 '이렇게 해야 한다'는 엄한 규칙과 규범이 있어도, 언제나 거기서 삐딱하게 벗어나고 저항하며 새로운 사고를 감행하는 사람들은 있게 마련입니다. 저는 여기서 이탈리아 철학자 브루노에 관해 잠시 이야기하고 싶습니다.

지오다르노 브루노(Giodarno Bruno, 1548~1600)는 일찌감치 코페르니쿠스의 지동설을 받아들였을 뿐만 아니라, 여기에 자신의 시적 상상력을 동원해서 우주란 무수히 많은 태양과 별들로 가득찬, 그러나 끝도 중심도 없이 운동만을 지속하고 있는 영원한 전체라고 보았습니다. 그가 보기에 신이란 일체의 만물을 지배하며 여기에 생명을 불어넣는 것이며, 우주의 각 개체 속에 있는 것인 동시에 우주 전체를 포괄하고 있는 것이기도 했습니다.

신과 자연(우주)을 하나로 보는 이런 입장을 범신론(汎神論)이라고 합니다. 이는 중세적인 신의 개념, 기독교적인 신의 개념과 전혀 다른 것이었기에 교회로서는 결코 용납할 수 없는 견해였습니다. 이런 입장은 과학의 이름으로도 철학의 이름으로도 '용서받을 수 없는' 불경을 뜻하는 것이었지요. 달리 말하면 브루노는 신학의 시녀이기를 명시적으로 거부한 셈입니다.

원래 도미니크 수도회에 가입해 있던 브루노는 자연에 대한 사랑과 과학적 지식에 대한 진지함, 세속적인 지식에 대한 애착으로 인해 수도원을 떠나고 맙니다. 신이, 교회가 제공하는 안정을 포기하고는 항상 쫓기는 방랑생활을 했는데, 유럽 전역을 돌며 강의 등을 하다가 어떤 베니스인의 초청으로 귀향하게 됩니다. 그러나 바로 그가 브루노를 밀고함으로써 종교재판소의 법정에 서게 되지요.

그러나 갈릴레이의 경우와는 달리 브루노는 종교재판에서도 끝끝내 자신의 철학적 견해를 포기하지 않았습니다. 이로 인해 그는 당시 교황청과 성직자들의 분노를 사서 7년간의 옥고를 치르고는, 1600년 2월 로마

(그림 1-1) 브루노의 비극, 혹은 르네상스 사유의 한계

브루노는 우직하고 고지식한 르네상스인이었다. 그는 우주가 무한하다는 것을 믿었다. 그러니 무한한 우주에 하나의 중심이 있다고 대체 어떻게 말할 수 있단 말인가? 따라서 그는 우주가 무한하기에 지구가 우주의 중심이라는 생각은 잘못된 것이라고 확신했다. 사실 르네상스인은 누구도 무한이란 말과 중심을 갖는다는 말이 양립할 수 있다는 생각을 하지 못했다. 교황청은 우주가 무한한지의 여부에는 별 관심이 없었다. 그러나 지구가 우주의 중심이 아니라는 생각에는 지대한 관심을 갖고 있었다. 그래서 브루노는 교회라는 중심이 확고하게 통치하는 공간에 들어선 순간, 자신의 견해와 더불어 '우주를 태우는 불길' 속에 던져져야 했다. 하지만 다음 세기 사람들처럼 소실점 하나로 무한한 공간이 통합될 수 있다는 걸 알았더라면, 브루노는 굴종도 화형도 모두 면할 수 있었을 텐데……. 그러나 정말 우주는 하나의 중심을 갖는 것일까? 단 하나의 점으로 무한한 공간이 통일되는 게 정말 가능할까?

의 한 광장에 끌려가 장작더미 위에서 화형을 당했습니다. 한마디의 신음도 없이, 누군가가 던져준 십자가는 비웃음으로 내던지면서 그는 의연히 죽어갔습니다. 어떻게 보면 브루노는 너무나도 일찍이 중세가 허용할 수 있는 철학의 한계를 넘어가 버렸던 것입니다.

'중세철학의 한계'라는 측면에서 보면, 중세에는 신학이 곧 철학의 한계였고, 신학의 허용범위 안에서만 철학이 존재할 수 있었으며, 신 안에서만 철학적 사고가 허용되었습니다.

과학 또한 철학과 크게 다르지 않았습니다. 고대와 마찬가지로 중세의 과학은 일종의 '자연철학'이었습니다. 즉 자연현상을 나름의 원리에 따라 해석하는 학문이었습니다. 이런 점에서 피지카(Physica ; 과학)와 메타피지카(Meta-physica ; 형이상학, 철학) 사이에 넘어설 수 없는 경계선은 없었다고 할 수 있습니다.

그러나 고대와 달리, 중세의 과학은 신께서 창조하신 이 세계의 운행법칙, 그 오묘하고 조화로운 세계의 운행법칙을 인식하는 학문으로 존재했습니다. 철학이 그랬던 것처럼 말입니다. 그것은 철학과 마찬가지로 신학의 그늘 아래 있어야 했으며, 그 안에서만 허용되는 것이었습니다. 따라서 그것은 신학의 전제를 거부하거나 뒤흔들면 안 되는, 그렇게 해서는 존재할 수도 없고 존재해서도 안 되는 그런 것이었습니다. 이러한 의미에서 중세를 암흑의 세계라고도 합니다. 갈릴레이의 유명한 사례는 중세라는 세계 속에서 과학자가 어떻게 해서는 '안 되는가'를 보여주는 모범이기도 했습니다.

하지만 인간의 사고를 근본에서부터 억압하고 제한하는 것은 애시당초 불가능했는지도 모릅니다. 언제 어디서나 반역하는 인간, 가공할만한 공포와 위협 혹은 죽음 앞에서도 굴하지 않고 새로운 사고를 감행하는

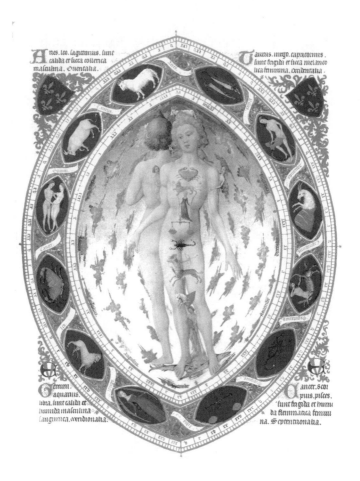

(그림 1-2) 15세기경에 그려진 「인체 해부도」

제목이 잘못 붙은 게 분명하다고? 물론 인체 해부도에 위장도 창자도 보이지 않으니, 그럴 만도 하다. 그러나 해부에 대한 근대적 관념에서 벗어난다면, 사람의 신체를 별자리로 해부하여 보는 방법도 해부 방법의 한 가지임을 이해할 수 있을 것이다. 염소자리, 황소자리, 쌍둥이자리, 게자리, 사자자리 등의 별 자리가 인체를 둘러싼 대우주에 배열되어 있고, 이에 상응하여 게자리, 사자자리, 천칭자리, 전갈자리 등이 인체의 각 부분에 또한 배열되어 있다. 우주와 인체, 우주와 사물 간에 일정한 상응성이 있다고 보 는 이런 태도는 서양의 중세뿐 아니라 동양의 중세에서도 쉽사리 발견되는 사유방식이다. 푸코는 이를 '유사성'에 의한 사유방식이라고 불렀다. 우주와 신체의 유사성을 대우주와 소우주라는 관념이 보여준 다는 것이다. 이러한 사고방식은 사실 지금도 남아 있는데, 가령 호두를 먹으면 머리가 좋아진다거나 물개 거시기나 코뿔소의 뿔을 먹으면 정력이 좋아진다는 식의 사고방식이 그것이다. 덕분에 애꿎은 코 뿔소들이 거의 멸종 위기에 몰리고 있지만.

인간은 있게 마련입니다. 그것은 예전에도 마찬가지였습니다.

어쨌든 앞서 화형당했던 브루노나 "그래도 지구는 돈다"고 투덜거렸던 갈릴레이 같은 사람은 꼭 있게 마련입니다. 나아가서 중세가 지속되는 동안 사람들의 지식이 성서와 교회의 벽에 부딪치는 일이 잦아졌습니다. 이런 사태를 막을 수만은 없었습니다. 사고의 발전과 지식의 증가에 따라 성서를 이탈하는 이 모험적이고 반역적인 사람들의 말은 점점 설득의 기초를 확장해 갔습니다. 어떻게 보면 중세적 사고의 중심을 향한, 겉으로 드러나지 않는 일종의 '은폐된 공격'이 중세의 이면에서 지속됐다고 할 수 있습니다. 그리고 어느 순간 이러한 공세는 눈에 보이는 형태로 나타나기도 합니다. 사실 갈릴레이나 브루노는 이러한 은폐된 공세 중에서 두드러지게 눈에 띄는 공세였던 것입니다. 그리고 어느 순간에 이러한 공세는 중세를 전복하는 효과를 갖게 되는 것입니다.

이러한 은폐된 공세에 대항하기 위해서 신학자들은 언제나 새로운 형태의 철학으로 무장하면서 신학을 위한 반론을 펴게 됩니다. 실질적으로는 신학의 반대자들, 정통적인 신학에서 벗어나는 사상가들과의 각축전은 사실은 불가피하게 신학 안에서, 신학적인 껍데기를 입고 많이 나타나게 됩니다. 10세기 이후에 그러한 사람들이 나타나게 되는데, 나중에 다시 이야기하겠지만 로스켈리누스(Roscelinus)나 아벨라르(Abelard ; 라틴어로는 아벨라르두스)에서 그 예를 볼 수 있습니다. 이 사람들은 유명론(nominalism)이라 불리는 견해를 제출합니다.

유명론은 '일반적인 개념은 단지 사람들이 붙인 이름일 뿐'이라는 견해인데, 신학적 사고에서는 받아들이기 힘든 것이었습니다. 그래서 이에 대해 사상적으론 '실재론'(realism)이라는 반박이 나오게 되는데, 이러한 대립과 논쟁은 이후에도 계속 반복적으로 나타나게 됩니다. 그리고 이 뼈

(그림 1-3, 1-4) 마녀와 마녀의 처형

서양 중세철학은 신학의 시녀를 자처했다. 그래서 종종 중세는 암흑과 같은 시대로 묘사된다. 그러나 지금은 알 만한 사람들은 그렇게 말하지 않는다. 그것은 근대적 사유의 음각화로 중세를 그린 허상에 불과하다. 그 음울한 그림의 대표적인 장면이 바로 마녀를 화형하는 장면일 것이다. 확실히 마녀재판은 종교재판의 전형적 논법을 만들었고, 마녀사냥은 그 암울한 세계를 상징하기에 충분하다. 그러나 마녀를 고발했던 것은 대개 교회가 아니라 가난, 질병, 전쟁으로 피폐한 삶에 속죄양이 필요했던 마을 공동체였다. 그리고 또 하나, 마녀사냥이 가장 극심했던 것은 중세가 아니라 이미 거기서 벗어났다고 간주되던, 그리고 근대과학의 꽃이 본격적으로 개화되기 시작한 17세기 전반기였다(위쪽 그림은 「암스테르담에서 화형당한 여섯 명의 형제자매」, 아래쪽 그림은 알브레히트 알트도르퍼Albrecht Altdorfer가 그린 「마녀집회를 향한 출발」).

딱한 사람들에게 돌아간 결과는 파문이나 감금 등, 사상은 물론 생명까지도 위협하는 것이었지요.

하지만 인간의 삶에서 문제가 되는 모든 주제들은 불로 막든 협박으로 막든 어쩔 수 없이 다루어지고 논란이 될 수밖에 없습니다. 이것은 중세의 철학에서도 예외가 아니었고, 따라서 철학적 논쟁은 신학의 이름 아래서도 심지어 교회 안에서조차 계속 있을 수밖에 없었습니다. 이러한 의미에서 중세가 단순히 정체된 '암흑의 시대'였다는 것은 일면적이고 잘못된 견해이기도 합니다.

이러한 사정은 우리가 뒤에 자세히 보게 될 데카르트에 대해서도 마찬가지입니다. 데카르트가 처음으로 쓴 논문은 『세계와 빛에 관한 논고』라는 소책자였는데, 발표 바로 직전에 갈릴레이의 종교재판 소식을 듣고는 논문 출판을 포기하게 됩니다. 그리고 그 다음에 쓴 것이 「방법서설」이라는 논문인데, 여기에 '기상학'과 '광학'에 대한 논문을 부록으로 붙여 익명으로 출판합니다. 이 책은 당시 유명한 과학자들과의 논쟁을 야기했을 뿐 아니라, 데카르트가 극히 조심했음에도 불구하고 교회와 갈등을 일으키게 됩니다. 훗날 데카르트의 책자들은 교황청에 의해 금서로 처분됩니다.

그러나 이미 그 시대는 데카르트가 정면에서 교회와 싸움을 벌이지 않는 한, 그의 책을 금서로 막기는 쉽지 않았던 것 같습니다. 그런 의미에서 데카르트는 행운아였다고 말할 수 있습니다. 데카르트는 자신에게 주어진 시기—결정적으로 중세의 틈새가 벌어진 시기—에 자신이 차지한 위치에서 자신이 지닌 탁월한 사고의 힘을 보여주었기 때문에 '근대철학의 비조'라는 자리를 차지할 수 있었던 것입니다. 물론 이러기까지 많은 사람들의 사상이 재판당하고 화형당하는 희생이 있었지만 말입니다. 어

쨌거나 데카르트는 수많은 반역적 사고를 모아 중세를 '슬며시' 뒤집는
역할을 한 셈입니다.

두 개의 코기토

데카르트가 근대철학을 열었으며, 따라서 '근대철학의 비조' '근대철학의
아버지'라고 불리는 데 반대하는 사람은 별로 없습니다. 그러니 근대철학
에 대해 이야기하려면 데카르트에 대해 이야기하면서 시작할 수밖에 없
습니다. 또한 데카르트에 대해 말하려면, 근대철학을 연 '제1원리'인 코기
토에 대해 말하는 것에서 시작해야 합니다.

　코기토(cogito)라는 말은 '생각하다'를 뜻하는 라틴어 cogitare의 1
인칭 형태입니다. 즉 '나는 생각한다'는 뜻입니다. 이 cogitare는 영어에
서 생각하는 것과 관련된 단어들, 예컨대 cognition, recognize와 같은
단어들의 어원이 되는 단어입니다. 철학에서 '코기토'라고 말할 때, 그것
은 데카르트의 코기토를 가리키는데, 이 말은 '코기토 에르고 숨'(cogito
ergo sum)이란 문장을 한 단어로 줄여 부르는 말입니다. 그 뜻은 알다시
피 '나는 생각한다, 고로 나는 존재한다'입니다.

　이 명제는 데카르트가 보기에 결코 의심할 수 없는 확실한 명젭니다.
그리고 나중에 다시 말하겠지만, 이 명제는 '나'라고 하는 주체가 존재하
는 것은 바로 내가 생각하기 때문이라고 본 점에서, '나'라는 존재를 신의
피조물로 본 중세적인 관점과 결정적으로 갈라서는 것입니다. 그래서 흔
히 코기토란 명제가 근대철학을 연 것으로 이야기됩니다.

　그런데 여기에는 상당히 당혹스런 아이러니가 있습니다. 그것은 중
세를 연 철학자 아우구스티누스(Augustinus, 4~5C)가 철학(형이상학)의

제1원리라고 생각했던 명제가 바로 '나는 생각한다, 고로 존재한다'였다는 것입니다. 즉 동일한 명제가, 서로 대비되고 대립됨으로써만 구별되는 근대와 중세를 열었다고 하는 매우 아이러니한 사실이 철학사에 존재하는 것입니다. 어떻게 그것이 가능했는가? 이걸 이해하려면 잠시 아우구스티누스의 견해를 보아야 합니다.

중세철학을 연 사람, 중세 전체를 통틀어 가장 중요한 철학자는 아우구스티누스(어거스틴)입니다. 중세철학은 '아우구스티누스의 그늘'이었고 근대철학은 '아우구스티누스의 그늘을 벗어나는 것'이라고 감히 말을 해도 될 정도로, 그의 사고는 중세철학 구석구석에 스며들어 있습니다.

아우구스티누스는 플라톤과 기독교의 교리를 종합해서 믿음과 이성을 종합하려고 했으며, 이로써 중세철학 전체를 기초지운 사람입니다. 플라톤의 철학이란 한마디로 말해 완전한 세계인 '이데아'가 있고, 실제 세계는 이 이데아의 그림자라는 것입니다. 그리고 인간의 인식은 그림자인 감각세계에서 이데아의 세계로 상승하는 것이라고 합니다. 아우구스티누스의 주장은, 도식적으로 말하자면, 플라톤 철학의 '이데아' 자리에 '신'을 놓고 플라톤의 철학을 따라 기독교의 교리를 전개하는 것이라고 말할 수 있습니다. 이로써 '신'이란 개념에 입각한 철학이 만들어집니다.

이로 인해 중세 전반기에는 플라톤적인 철학이 지배하게 됩니다. 그러다가 중세 후기에 들어와서는 아리스토텔레스의 철학이 결정적인 영향력을 획득하게 됩니다. 이는 새로이 얻어지는 지식이 증가하면서 기존의 플라톤적인 철학으론 그걸 감당하기 어려워진 데 따른 것입니다. 아리스토텔레스의 개념에 도움을 받아 새로이 중세철학을 집대성한 사람이 바로 토마스 아퀴나스입니다. 그가 체계화한 이 철학을 흔히 '스콜라철학'이라고 합니다. 그의 철학은 자연에 대한 증가하는 지식을 신학의 틀 안으로 흡수하고 포섭하려는 것이었습니다(이에 대해서는 다음 장에서 다시 언급할 것입니다).

아우구스티누스에게 인식의 목표는 신과 영혼이었습니다. 그에게 자연물의 인식이나 기타 유사한 지식은 그 자체로는 불필요한 것이었고, 오직 신학적인 명제를 증명하기 위해 필요한 것이었습니다. 그리고 그에게서 이성의 출발점은 '계시진리'였습니다. 그래서 아우구스티누스에게 가장 중요한 것은 "이해하려면 믿어라"라는 것이었습니다(이는 뒤에 스콜라철학에서는 "믿기 위해선 이해하라"는 명제로 바뀝니다). 따라서 그에게는 믿음을 위한 요구를 확립하는 것이 바로 이성의 의무였습니다.

이를 위해서 그는 믿음을 겨냥해 제기되는 숱한 회의론을 반박하고 비판하려고 했습니다. 아우구스티누스 당시는 기독교의 지배가 아직 확립되지 않은 시기였고, 따라서 회의론은 기독교적 신앙과 이념이 지배적 위치를 확고히 하는 데 매우 불편한 걸림돌이었습니다.

회의론자들은 감각에 주어진 것('감각소여', the given)에 대해 '믿을 수 없다'고 합니다. 예를 들면 저기 있는 화분의 이파리들을 누구는 파랗다고 하고, 누구는 초록이라 하며, 누구는 연두색이라고 하며, 누구는 푸르스름하다고 합니다. 즉 보는 사람이나 보는 때에 따라 다르게 보인다는 겁니다. 또한 이 말들의 경계 자체도 모호하여 뚜렷하지 않다고 합니다. 그래서 우리의 감각은 확실한 것, 불변의 진리를 줄 수 없다고 합니다. 그리고 그들은 추리조차도 믿을 수 없다고 회의를 합니다. 곧 이성의 사고를 믿을 수 없는데, 이성의 사고규칙인 추리를 어떻게 믿을 수 있느냐는 것이죠. 추리를 믿는 것은 이성에 대한 믿음을 전제한 것이기 때문입니다. 이런 식으로 그들은 모든 것을 의심하며, 확실한 것은, 진리는 없다고 합니다.

그런데 아우구스티누스는 이들을 물리칠 묘안을 생각해냅니다. 즉 회의론자들의 그 수많은 의심에도 불구하고 결코 의심할 수 없는 것을 찾아내려고 합니다. 그게 바로 코기토—'나는 생각한다, 고로 나는 존재한다'라는 명제입니다.

　　예를 들어 내가 사기를 당한다고 할 때, 사기를 당하는 '내'가 없다면 사기를 당한다는 것은 불가능하다는 것입니다. 마찬가지로 내가 무엇을 생각할 때, 회의론자 말대로 내가 잘못 생각할 수도 있고, 혹은 무엇을 생각하는지 불명확할 수도 있지만, '생각하고 있는 나'가 없다면 대체 생각한다는 게 가능하기나 한 일인가 하는 것입니다. 의심하는 것도 마찬가지지요. 의심하는 '나'가 없다면 의심하는 것은 있을 수 없다는 말입니다. 아우구스티누스는 회의론자들이 의심한다는 사실이야말로 '의심하는 사람'(회의론자 자신)이 존재한다는 것을 확실하게 보여주고 있다고 말합니다. 따라서 "나는 생각한다, 고로 존재한다"만큼은 회의론자들조차 반박할 수 없을 만큼 확실한 것이라고 합니다. 이것을 그는 자신의 철학에서 '제1원리'로 제시합니다.

　　그는 여기에 머물지 않습니다. 그렇게 존재하는 '나', 그리고 그렇게 존재하는 '나'가 여럿이 있는데, 그들이 모두 인정하는 지식, 예를 들면 2+2=4와 같은 수학적 지식은 누구도 반박할 수 없는 확실한 것이라고 말합니다. 같은 이유로 모든 사람이 긍정하는 도덕적 지혜—이 부분은 조금 설득력이 부족한데, 데카르트 같으면 이렇게 말하지는 않았겠지요—또한 확실한 지식이며 진리라고 합니다.

　　그는 이제 "이 확실한 판단들은 대체 어떻게 가능한가?" 즉 "진리는 어떻게 가능한가?"라고 묻습니다. '확실한 것'이 단지 나라는 개인 안에만 존재하는 거라면, 즉 개인적 특성에서 연유하는 거라면 그것은 진리일 수 없다고 말합니다. 모든 사람들이 인정하는 확실한 것—코기토, 수학 적 진리, 도덕적 지혜 등등—은 그것이 개인 아닌 다른 확실한 것에 의존 하기 때문이라는 겁니다(바로 이것이 그가 문제를 설정하는 지반이었습니 다. 이런 의미에서 그의 '문제설정'이라고 할 수 있습니다).

결국 아우구스티누스는 확실한 판단, 즉 진리는 초인간적인 것, 인간 을 넘어서는 어떤 근원에서 나온다고 합니다. 그는 이것을 인간의 내면적 교사인 그리스도라고 합니다. 요컨대 '확실한 지식'은 그리스도가 우리에 게 가르친 것이라는 거죠. 코기토처럼 확실한 지식을 통해 우리는 그리스 도라는, 신이라는 확실하고 완전한 존재가 분명히 존재하고 있음을 증명 할 수 있다고 합니다.

아우구스티누스에게 '코기토'는 이처럼 신의 존재를 확증하고 증명 하는 출발점이었습니다. 이런 식으로 '코기토'는 중세철학의 기반을 마련 할 수 있었습니다.

데카르트의 문제설정

데카르트에게도 '확실한 지식'은 매우 중요합니다. 그에 따르면, 철학은 불확실한 지식에 확실한 기초를 제공해 주어야 합니다. 특히 과학적 지식 이 확실한 기초에 서도록 도와주어야 합니다. 그런데 철학 자신이 확실하 지 못한 기초에 서 있다면 대체 이런 일을 어떻게 할 수 있겠습니까? 따라 서 철학의 출발점은 더없이 자명하고 확실한 것이어야 했습니다.

당연한 얘기지만 이 자명한 기초는 어떤 의심과 질문에도 견뎌낼 수 있어야 하지 않겠습니까? 바로 이런 이유에서 데카르트는 스스로 회의론 자가 됩니다. 즉 확실한 것에 이르기 위해 의심, 회의라는 방법을 사용하는 것입니다. 그래서 이것을 '방법적 회의'라고 합니다.

그는 모든 것을 의심하고자 합니다. 그런데 그 역시 아우구스티누스와 마찬가지로 모든 것을 다 의심해도, 의심하는 내가 없다면 의심한다는 게 불가능하다는 생각에 도달합니다. 따라서 "나는 생각한다, 고로 존재한다"고 말합니다. 여기까지만 보면 아우구스티누스와 다를 게 없습니다. 아우구스티누스는 회의론자를 반박해야 했지만, 데카르트는 스스로 회의론자가 되었다는 것말고는.

그러나 유심히 보면 이미 출발하는 전제가 아우구스티누스와 다르다는 걸 알 수 있습니다. 신에 대한 인식을 목표로 믿음을 공고히 하고자 했던 아우구스티누스와 달리, 데카르트는 '코기토'를 통해서 신이 아니라 확실한 지식에 이르고자 했던 것입니다. 아우구스티누스에게는 이 확실한 출발점(코기토)을 그리스도 혹은 신이 제공해 주었다는 사실이 가장 중요합니다. 반면 데카르트에게는 그걸 누가 주었는가가 별로 중요하지 않습니다. 정작 중요한 것은 인간이, '나'라는 자아가 자신의 능력으로써 확실한 것을 생각할 수 있다는 사실이며, 확실한 지식에 도달할 수 있는 이 능력이 인간 자신에 내장되어 있다는 사실입니다.

내 안에 있는, 이 확실한 지식에 이르는 능력을 데카르트는 '타고난 관념' 즉 '본유관념'(innate idea)이라고 합니다. 그리고 그에게 중요한 것은 이 본유관념이 어디에서 연유하는가가 아니라, 그것이 인간의 이성 안에 '내장되어 있다'는 사실입니다. 이처럼 확실성을 보증해 주는 이성의 능력이 바로 자연에 대한 확실한 지식의 원천입니다. 즉 이성은 자연을 비추어 주는 빛이 되는 것입니다.

이런 점에서 똑같은 코기토가 아우구스티누스에게서와는 정반대의 역할을 하게 됩니다. 아우구스티누스에게는 그것이 신의 존재를 입증해

(그림 1-5) 자아, 왕의 자리

벨라스케스(Diego Veláquez)의 그림 「시녀들」 *Las Meninas*이다. 벨라스케스는 거울을 좋아했던 것 같다. 여기서도 소실점이 있는 자리, 무한한 공간을 통일시키는 그 자리에 거울을 갖다 놓았다. 그 거울 에는 그림에는 없는 인물이 슬며시 비쳐져 있는데, 공주를 보러온 왕과 왕비가 그들이다. 바로 그 자리 가 다름 아닌 '왕의 자리'라는 걸 보여주려는 것이었을까? 소실점은 우주를, 모든 대상을 보고 사유하 는 주체의 자리다. 우주 전체를, 대상 전체를 영유하고 장악할 수 있는 자리. 데카르트나 파스칼이 세계 에 대한 모든 확실한 지식의 기초는 바로 '나'라고 믿었던 것은, 바로 자신이, 자신이 말하는 '생각하는 나'가, 그 자리에 서 있다는 확신 때문은 아니었을까? 주체, '사유하는 나', 이것은 적어도 근대철학 안 에서 '왕의 자리'임에 틀림없었다.

주는 확실한 출발점이었다면, 데카르트에게는 '나'라는 존재의 연원이 바로 내가 생각한다는 사실임을 확인해 주는 출발점이요, 그래서 나 혼자만의 힘으로 확실한 지식에 이를 수 있게 해주는 출발점이었던 것입니다. 다시 말해서 전자에게 그것은 신학의 기초를 제공해 주는 것이었다면, 후자에게 그것은 과학의 기초를 마련해 주는 것이었습니다. 이처럼 상반되는 역할을 하는 것은 그것이 어떤 맥락 속에 자리잡고 있느냐, 어떤 '문제설정' 속에 위치하고 있느냐에 따라 다른 의미를 갖기 때문입니다. 마치 똑같은 사다리가 전봇대에 오르는 데 쓰이기도 하고, 불난 건물에서 빠져나오는 데 쓰이기도 하듯이 말입니다.

여기서 중요한 것은 의심할 수 없는 확실한 주체, 즉 '나'라는 것이 신이 없어도 스스로 사고할 수 있다는 점입니다. '나'라는 주체는 신이 없어도 내장되어 있는 본유관념 때문에 확실하게 사고할 수 있고, 확실한 판단을 할 수 있는 존재가 됩니다. 그런 점에서 데카르트에게 '생각하는 나'는 신으로부터 독립된 존재고, **신으로부터 독립된 '주체'**를 의미하는 것입니다. 바로 이러한 신으로부터의 독립 때문에 데카르트의 사고는 '중세에서 벗어나는 사고'라는 의미를 갖게 됩니다. 이럼으로써 철학은 신으로부터 벗어날 수 있는 계기를 마련합니다.

따라서 '주체'라는 범주는 근대철학에서 가장 중심적이며 근본적인 범주입니다. '주체'없는 근대철학은 생각할 수 없습니다. 신으로부터 독립하기 위해서는 독립적으로 사고할 수 있는 주체가 필요했던 것이고, 이 주체는 어떠한 이론적 명제도 이것에 근거해야만 가능하게 되는 출발점이며, 그러한 명제를 구성하는 조직자가 되는 것입니다.

부연하자면, 여기서 말하는 '주체'는 **확실한 지식에 이르기 위한 출발점**을 뜻합니다. 그것은 사고를 가능하게 하는 사고의 기초며, 지식을 가능

(그림 1-6) 리바이어던, 절대자의 다른 형상

세상은 철학을 만들고, 그 철학은 또 다시 세상을 만든다. 데카르트의 철학에 감명을 받았던 홉스는 그의 철학을 따라 사유하면서 "사회란 대체 어떻게 가능한가"를 묻는다. 왜냐하면 인간 개개인이 모두 주체고 그 각각의 욕망이 평등하다면 모두 자기가 하고 싶은 대로 할 텐데, 그럼 세상은 "만인에 대한 만인의 전쟁"이 될 것이기 때문이다. 그래서 그는 그것을 통합하는 절대적 중심의 자리, 모든 '나'들을 통합하는 절대적 '나'의 자리에 바로 왕이 있음을 주장한다. 그 왕의 형상은 바로 '리바이어던'(Leviathan)이다. 각각의 '내'가 왕이라면, 이제 그 '나'들은 왕의 입에 죽고 사는 존재가 된다. 왕이 '내'가 된 것이다. 그것은 벨라스케스가 찾아준 왕의 자리에 '내'가 들어서기 위해 치러야 할 입장료인 셈이다(헤르조그 폰 베리Herzog von Berry의 기도서 『아주 풍요로운 시대』*Les trèriches heures*에 실려 있는 그림).

하게 하는 지식의 기초입니다. 즉 모든 지식과 사고의 기초요 출발점입니다. 이런 의미에서 '주체'를 출발점으로 삼은, 이후의 근대철학을 **'주체철학'**이라고 합니다.

그런데 이것은 반드시 자기의 '짝'을 가지고 있습니다. 즉 주체라는 말에는 언제나 '객체' 혹은 '대상'이라는 짝이 따라다닙니다. 왜냐하면 내가 '사고하는 주체'라면, 이 주체가 사고하는 무언가가 있어야 하기 때문입니다. 먹는 내(주체)가 있다면 먹히는 밥(대상, 객체)이 있어야 하듯이 말입니다.

결국 근대철학의 출발점인 주체는 인간이 신으로부터 독립했다는 것을 보여주는 동시에, 다른 피조물인 자연세계(대상)로부터 인간이 분리되었음을 보여줍니다. 이제 인간은 자연세계와는 본질적으로 다른(왜냐하면 전자는 주체고, 후자는 대상이요 객체니까요) 존재가 됩니다. 주체인 인간이 대상인 자연을 지배한다는 생각은 주체/대상의 이런 근대적인 분할에 따른 것입니다. 이럼으로써 다른 자연과 구별되는 특별한 존재로서 인간에 대한 이론이 나타나게 됩니다. 이것이 나중에는 인문과학으로 발전하게 되지요.

여기서 중요한 문제가 등장합니다. 그것은 인간이 대상과 분리되고 주체가 대상으로부터 떨어졌을 때, (인식하는) 주체가 (인식되는) 대상과 일치하는지 어떻게 알 수 있는가라는 문제입니다. 다시 말해 벌에 대해 내가 알고 있는 것이 실제로 살아있는 벌과 일치하는지 아닌지를 어떻게 보증할 수 있느냐는 것입니다. 이로써 주체가 대상을 올바로 인식할 수 있는가라는 '인식론'의 문제가 대두됩니다.

이건 매우 중요한 문젭니다. 만약 대상에 일치하는 지식, 즉 올바른 인식에 도달할 수 없다면, 이는 진리에 이를 수 없다는 말입니다. 간단히 말해서 주체가 진리에 이를 능력이 없다는 게 됩니다. 그런데 잘 생각해 보세요. 아까 주체가 신으로부터 독립할 수 있었던 건 '나'라는 주체가 진리에 이를 능력('이성')이 있다는 생각 때문 아니었습니까? 그런데 막상 주체를 독립시켰더니 진리에 이를 능력이 없다는 게 되면 얼마나 우스운 꼴이 됩니까? 결국 그건 독립할 능력이나 자격도 없으면서 신에게서 도망친 꼴이 되는 셈이지요. 따라서 데카르트로선, 그리고 이후의 근대철학으로선 진리를 인식할 수 있음을 증명하는 게 가장 중요하고 절실한 문제가 됩니다. **'진리'야말로 '주체'에서 출발한 근대철학이 어떻게든 도달해야 할 '목표'였던 것입니다.**

이런 의미에서 '주체'라는 범주를 독립시키자마자 '진리'라는 범주가 중요하게 따라다니게 됩니다. 즉 (인식)대상과 (인식)주관의 일치라는 뜻에서 '진리'라는 범주가 '주체'라는 범주와 쌍둥이로 등장하게 됩니다.

요약하면 주체는 근대철학의 출발점이요, 진리는 그 목표점입니다. 이 두 개의 범주는 근대철학 전체의 기초와 방향을 특징짓는 가장 근본적인 범주입니다. 또한 이것은 근대철학의 모든 질문 자체가 그것에 매일 수밖에 없었고, 그에 대한 대답 역시 거기에서 벗어날 수 없었던 지반이었던 것입니다. 이런 의미에서 우리는 주체와 진리라는 범주로써 근대철학의 문제설정을 특징지울 수 있다고 생각합니다. 근대철학의 경계는 이런 식으로 그어지기 시작한 것입니다.

'진리'에 이르는 길

앞서 우리는 주체를 독립시키자마자 생기는 문제에 대해서 잠시 언급했습니다. 이 문제는 데카르트에게 매우 심각한 것이었습니다. 그건 이중적인 의미에서 그런데, 우선 이 문제가 그의 철학에선 매우 극명하게 드러 난다는 점에서 심각했고, 다음으론 그 문제의 해결이 그의 철학이 확고한 자리를 잡는 데 극히 중요했다는 점에서 심각했습니다.

데카르트는 두 개의 실체가 있다고 가정합니다. '연장'(延長)과 '사유'(思惟)가 그것입니다. 일단 여기서 '실체'(substance)라는 말에 대해 알 필요가 있습니다. 여러분 가운데 「터미네이터 2」란 영화를 못 보신 분은 별로 없겠지요? 거기 보면 어떠한 모습으로도 변형될 수 있는 '괴물'같은 놈이 나옵니다. 이름은 T-1000이라고 하던가요? 미래의 세계에서 기계들이 보낸 터미네이터지요. 이 친구의 모습은 아시다시피 자유자재로 바뀝니다. 그렇지만 이 친구가 주인공의 어머니인 사라 코너의 모습을 하고 있다고 하더라도 주인공의 목숨을 노리는 터미네이터인 건 변함없는 사실이죠. 이처럼 아무리 모습이 바뀌고 다른 것처럼 보이는 경우에도 변함없는 불변적인 본질(특징)이 바로 '실체'입니다. 이는 다른 변화를 만들어내지만, 다른 것에 의존하지는 않는 영원한 특징을 뜻합니다.

한편 데카르트는 좀더 일반적인 차원에서 실체를 찾으려고 합니다. 모든 사물에 공통적으로 존재하는 실체란 무엇인가? 그는 이것을 '연장'과 '사유'라고 합니다. 연장은 물질·물체의 가장 중요한 특징인데, 어떤 공간적인 자리를 차지하고 있음을 뜻합니다. 쉽게 말하면, "모든 물체의 실체는 연장이다"는 말은 "모든 물체는 어떤 공간을 차지하고 있다"는 말입니다. '사유'는 한마디로 생각하는 성질입니다. 이건 공간상의 한 자리를 차지하지 않는다는 점에서 '연장'이란 성질과 구분됩니다. 정신의 실체는 바로 사유라고 할 수 있습니다. 이처럼 데카르트의 철학은 두 개의 실체를 가정하고 있다는 뜻에서 '이원론'(二元論)이라고 합니다.

인간은 사유와 연장, 다시 말해 정신과 육체라는 두 실체가 결합해서

(그림 1-7) 바로크적 절대주의, 절대적 중심

독일의 왕도(王都)인 칼스루헤(Karlsruhe)는 베르사이유를 모델로 했던 바로크 도시의 한 극한을 보여준다. 무한히 뻗어나가는 수많은 길들이 한 점에 모인다. 무한한 공간을 통일하는 단 하나의 점, 그리고 그 하나의 점에 왕궁이 자리잡고 있다. 무한한 세계의 중심, 무한한 세계로 뻗어나갈 권력과 위세, 혹은 무한한 세계로부터 몰려드는 모든 것이 모이는 중심, 바로 그것이 왕의 자리라는 것을 물리적으로 가시화한다. 그래서인지 데카르트는 스웨덴의 왕궁으로 가서 여왕에게 '생각하는 나'에 대해 가르치게 된다. 하지만 데카르트는 여왕의 기세를 못 이겨 얼마 못 가서 죽고 만다. 누가 진정한 중심인가를 보여주는 상징적 사건처럼 보인다.

이루어진 것입니다. 물론 "나는 생각한다, 고로 존재한다"라는 말을 보면 쉽게 알 수 있듯이, 데카르트에게는 생각(사유)이 존재(연장)보다 우선합니다. 따라서 주체란 생각하는 나, 곧 정신과 동일한 것으로 간주됩니다. 이처럼 정신이 육체나 물질보다 우선한다는 뜻에서 데카르트의 철학은 관념론이라고 할 수 있습니다.

그런데 바로 여기서 아까 말했던 문제가 극명하게 나타납니다. 정신과 육체가 이처럼 별개의 실체라면, 따라서 인식하는 정신과 인식되는 대상이 완전히 별개라면 대체 이 양자는 어떻게 일치할 수 있는가?

이 문제는 결코 해결하기가 쉽지 않습니다. 예컨대 육체라는 대상은 정신이란 주체에 의해 규정된다고 합시다. 그러면 육체(연장)란 실체는 정신에 의존하게 되어, 실체는 원인이지 결과가 아니라는(즉 다른 것에 의존하지 않는다는) 정의에 어긋나게 됩니다. 반대의 경우도 마찬가집니다. 따라서 진리에 도달할 수 있는가 없는가, 즉 주체와 대상, 정신과 육체가 일치하는가 아닌가는 데카르트로선 매우 심각한 문제였습니다.

그러면 데카르트는 이 문제를 어떻게 해결하려고 했을까요? 여기선 크게 세 가지로 나누어 살펴보겠습니다.

첫째, 이성의 타고난 완전성이란 테제입니다. 이성의 타고난 능력(본유관념)은 완전한 것을 인식할 수 있기 때문에, 당연히 진리에 도달할 수 있다는 주장입니다.

예를 들어 봅시다. 제가 칠판에 원을 이렇게 그립니다. 컴퍼스를 써서 정확하게 그렸습니다. 그렇지만 이 원은 완전하지 않습니다. 어디가 불완전할까요? 찌그러진 곳을 찾으려 할 필요는 없습니다. 깔끔하게 그려져도 불완전한 겁니다. 왜냐하면 원주를 그리는 이 선은 알다시피 1차원의 도형입니다. 1차원이란 길이는 갖지만 폭은 갖지 않습니다. 어떤가요? 이

(그림 1-8) 이성의 뒤안 혹은 정치적 포르노그라피

절대주의의 시대, 그것은 마치 칼스루헤의 길들처럼 모든 귀족들의 시선이 왕으로 집중된 시대였다. 일어나서 잠자리에 들 때까지 왕의 모든 행동은, 심지어 똥 누는 것마저도 귀족들의 시선에 제공되는 스펙터클(구경거리)이었다. 왕의 행동은 식탁에서 포크를 쓰고 의자를 밀고 일어서는 등등의 모든 사교 매너의 살아있는 모델이었다. 그러나 그 절대주의 중심에서는 또한 정반대의 삶이 자리잡고 있었다. 마치 사유하는 이성의 뒤안에 어두운 정념이 보이지 않는 불꽃을 태우고 있듯이. 사교의 장인 파티는 곧바로 연애와 섹스로 이어졌고, 결혼과 섹스가 별개였던 시대였기에 그 연애와 섹스는 저 규칙적인 시선을 가로지르며 혼란과 음탕으로 치달았다. 포르노그라피들이 프랑스 혁명 직전까지 '정치·철학 문헌'으로 분류되었다는 것은 이런 맥락에서 충분히 이해할 수 있는 일이다. 위의 그림은 『동 부그르 이야기』의 삽화 중 하나로 레즈비언의 섹스 장면을 보여주고 있다. 18세기의 가장 유명한 정치적 포르노그라피 중 하나였던 『동 부그르 이야기』는 진정한 악덕은 궁정인들이나 성직자들에게 속한다는 것을 보여주면서 레즈비언, 남색, 근친상간 등의 이야기를 들려주는 책이었다. 그 책의 도판을 만든 사람은 궁정인이나 성직자, 수녀들의 난교를 그렸다는 이유로 책을 만든 다른 사람들과 함께 체포되어 수감되었다.

원을 그리는 선, 폭이 없나요? 아주 얇아서 1밀리미터도 안되겠지만, 없는 건 아니지요. 더욱 얇게 그려도 마찬가집니다. 폭을 가진 한 이 선은 불완전한 도형입니다. 불완전한 선으로 그려졌으니 원 또한 불완전합니다. 완전해지려면 폭이 0이 되어야 합니다. 그런데 폭이 0이 되는 순간 원을 그리는 선을 사라져 버립니다. 따라서 현실에선 완전한 원을 그릴 수 없습니다. 실재하는 모든 원이 사실은 불완전하며 완전한 원은 존재하지 않는데도, 그리고 우리가 볼 수 있는 거라곤 모두 불완전한 것들뿐인데도, 우리는 완전한 원에 대한 개념을 가지고 있는 것입니다. 다시 말해 사물이나 감각경험이 불완전하지만 인간의 이성은 완전한 것을 인식할 능력을 갖고 있다는 겁니다. 바로 이런 점에서 그는 영혼(이성)에 우위를 두는 관념론의 입장을 채택합니다.

　도대체 이것이 어떻게 가능한가? 그는 이 완전한 이성이라는 주장을 증명하기 위해서 다시 신을 끌어들입니다. 완전한 개념은 불완전한 것에서 나오지 않습니다. 마치 무에서 유가 나올 수 없는 것처럼. 그것은 완전한 존재인 신이 준 것입니다. 하지만 이 때문에 "아우구스티누스와 뭐가 다른가?" 하고 성급하게 비난하진 맙시다. 아우구스티누스는 여기서 신을 증명하고 신에 대한 믿음으로 나아가는 데 반해, 데카르트는 신이 준 것은 바로 완전한 것을 사고할 수 있는 능력임을 강조합니다. 누가 준 것이든 간에 인간이 완전한 것을 인식할 능력을 타고난다는 게 그에겐 중요합니다.

　어떻게 보면 데카르트는 거꾸로 이성의 완전성을 주장하기 위해서 신을 끌어들이고 있는 셈입니다. 반면 아우구스티누스는 신의 존재와 신앙을 위해 진리를 인식할 수 있는 이성의 능력을 끌어들이는 것이고요. 따라서 그들 각자에게 중심축은 정반대되는 방향을 향하고 있는 셈입니

(그림 1-9, 1-10) 사드 이전의 사디즘?

사드는 포르노그라피의 역사에서 하나의 문턱을 표시한다. 프랑스 혁명은 이제 포르노그라피로 하여금 정치적 성격을 가질 조건을 제거해 버렸다. 그래서 1790년대 말 이후로 포르노그라피의 출간은 급속히 감소한다. 사드는 절대왕정의 왕족이나 귀족들의 부도덕과 욕망을 풍자하고 비난하는 데서 더 나아가 도덕 자체를 비난하고 도덕 너머에 있는 욕망을 드러내는 지점으로까지 밀고 나간다. 그는 오히려 거기서 정해진 틀, 정해진 선을 넘쳐나는 욕망을 본다. 그리고 그것을 더욱더 먼 극한으로까지 밀고 나간다. 성욕은 이제 성기 아닌 신체 자체를 겨냥하고, 신체 자체를 자신의 지배 아래 두려는 욕망으로 변환된다. 그것은 욕망으로 하여금 잔혹의 길로 가게 한다. 그리고 잔혹을 통해 욕망은 사유나 관념, 도덕의 모든 틀을 부수고 나간다. 그 잔혹과 파괴의 마지막 극한은 죽음이다. 거기서 쾌락을 위해 쾌락의 대상인 육체를 제거하는 역설이 나타난다. 그래서일까? 파졸리니는 사드의 소설을 영화화함으로써, 파시즘의 광기와 사드적인 잔혹을, 죽음을 하나로 연결한다. 한편 위의 두 그림은 나중에 성인(聖人)이 된 두 여성에 대한 고문 장면을 그린 것인데, 왼쪽이 「성 바바라의 고문」이고, 오른쪽이 「성 마가렛의 고문」이다. 손과 몸을 묶고 옷을 벗긴 신체에 회초리나 채찍, 불 등의 고문을 가하는 이런 장면은 사드의 작품에 가장 빈번히 등장하는 것들이기도 하다. 사디스트라면 충분히 흥분할 수도 있을 법한 장면이다. 사드 이전의 사디즘이라고나 할까?

다. 이러한 차이에서 우리는 서로 다른 사고와 서로 다른 시대를 읽을 수 있습니다.

하지만 데카르트의 철학에 중세적인 세계관과 근대적인 세계관이 공존한다는 점은 부인할 수 없습니다. 하긴 생각해보면 이 당시 신학적 사고에서 완전히 벗어난다는 게 얼마나 어렵고 위험한 것이었겠습니까? 이러한 사정은 중세의 몰락이 거의 분명해진 그 뒤에도 마찬가지여서, 19세기 중반까지 지속됩니다. 헤겔 역시 신학적 사고 속에서 자신의 철학을 세웠고, 종교비판을 감행했던 포이어바흐는 대학에서 쫓겨나 시골에서 은거해야 했습니다. 따라서 데카르트가 갖고 있던 신학적 요소는 차라리 시대적 한계라고 해야 할 것인데, 분명한 것은 그런 시대적 한계에도 불구하고 중세적 세계관과 근대적 세계관의 공존 속에서 우위를 점하는 것은 근대적 세계관이라는 사실입니다.

이런 점에서 이탈리아 철학자 네그리는 데카르트 철학을 절대왕정에 비교합니다. 고전적인 정의에 따르면 절대왕정은 봉건제 말기 그리고 근세 초기에 봉건적인 귀족과 근대적인 부르주아계급의 힘의 타협에 의해 만들어진 '균형국가'입니다. 따라서 절대왕정에서는 반대되는 두 계급, 즉 중세적 계급과 근대적 계급이 타협적으로 공존하고 있는데, 이런 점에서 데카르트는 절대왕정과 비슷한 위치를 가지고 있었다는 것입니다.

데카르트는 이러한 이성 능력의 완전성을 기초로 해서 이성이 진리를 인식할 수 있다고 주장합니다. 이를테면 개념들, 수학에서의 원이란 개념은 우리가 지각(경험)하는 실제 원과 일치하지 않습니다. 그럼에도 불구하고 데카르트에게 이 '완전한 원의 개념'은 실재하는 수많은 불완전한 원보다 훨씬 더 진리에 가까운 것입니다. 이런 맥락에서 그는 수학이야말로 확실하고 완전한 지식, 즉 진리의 모델이라고 생각했던 겁니다.

둘째, 이성이란 주체의 완전성과는 다른 차원에서, 대상세계를 올바르게 인식할 수 있는가? 이 문제에 대해 데카르트는 긍정적으로 답합니다. 그 근거는 급속히 발전하고 있던 근대과학입니다. **과학의 발전을 통해 대상적 진리, 즉 객관적인 진리를 인식할 수 있다**는 것입니다. 여기서 데카르트의 동시대인이었던 갈릴레이가 철학적으로 갖는 중요성을 확인할 수 있습니다.

갈릴레이가 피사의 사탑에서 질량이 다른 두 물체를 떨어뜨려 보았다는 유명한 실험은 믿을 수 없는 '신화'라고 합니다. 갈릴레이에게 중요했던 것은 오히려 실험보다는 자연과학(당시로선 물리학)을 수학화하는 것이었습니다. 왜냐하면 경험적인 사실은 그 자체만으론 극히 불확실한 것이어서, 그대로 둔다면 결코 진리가 될 수 없다고 생각했기 때문입니다. 그것은 반복해서 확인할 수 있는 법칙으로 정식화되어야 했고, 따라서 수학적인 형태로 요약될 수 있어야 비로소 '참된 지식'(진리)이란 자리를 차지할 수 있다고 생각했습니다. 그래서 그는 "자연이란 수학적, 기하학적 기호들로 가득찬 책"이라고까지 말했습니다.

이런 생각은 근대 최고의 물리학자인 뉴턴에게도 마찬가지였습니다. '만유인력의 법칙'(사실 '보편중력의 법칙'이 더 좋은 번역인데)을 서술한 그 유명한 책의 제목은 『자연철학의 수학적 원리』였습니다.

데카르트 역시 이러한 작업을 통해 경험적 지식의 불명료함을 씻고 분명하고 뚜렷한(clare et distincte) 판단―이 말을 흔히 '명석판명한 판단'이라고 번역하는데, 이는 우리말의 '명석하다'(똑똑하다), '판명되다' (분명히 드러나다)와 전혀 무관합니다. 이는 일본어를 그대로 음독 번역해서 그런 것입니다―에 도달할 수 있다고 생각했습니다. 그런 의미에서 데카르트 자신도 수학적 작업에 무척 많은 시간을 쏟았습니다. 예를 들면 그는 기하학조차 좀더 분명하고 뚜렷한 것으로 바꾸려 했습니다. 기하학은 사실 직관에 의존하는 것이죠. 데카르트는 이처럼 직관에 의존하고 있던 기하학을 좀더 분명하고 뚜렷한 대수학(代數學)으로 재구성하려 합니다. 그는 x축과 y축 등으로 이루어지는 '데카르트 평면'이란 좌표평면 상으로 기하학을 옮겨 놓습니다. 그래서 그냥은 삼각형에 대해 말할 수 있는 것이 아무것도 없는데, 좌표평면에 옮기면 특정한 삼각형은 세 변의 길이가 어떻고 꼭지점이 어디 있고 하는 식으로 대수적으로 서술될 수 있는 도형이 되는 것입니다.

　이것은 데카르트의 수학적인 면에서의 작업이었고, 철학적인 면에서 데카르트는 자연과학을 수학화하는 것이 진리에 도달하는 길임을 보여주려고 했습니다. 갈릴레이 역시 자연과학에 수학을 도입했지만, 그것이 어째서 옳은지, 왜 진리인지는 증명하지 않았습니다(그는 과학자였으니까요). 한편 데카르트는 갈릴레이의 주장이 어째서 옳은 것인지를 증명하는 게 바로 (자신의) 철학이 해야 할 일이라고 생각했습니다.

　앞서 보았듯이, 데카르트에게 확실하고 완전한 개념의 모델은 수학이었습니다. 따라서 어떤 지식을 수학적인 형태로 환원할 수 있다면 그것은 본유관념과 일치하는 지식, 즉 진리라고 할 수 있습니다. '본유관념'이란 개념은 이래서 또 다른 중요성을 얻게 됩니다. 데카르트는 바로 이런 방식으로 철학이 과학의 근거를 확실하게 마련할 수 있을 것이라고 생각했습니다.

　요컨대 과학을 통해 진리에 이를 수 있다는 것은 데카르트 이래 근대철학 전반을 사로잡았던 일종의 '믿음'이었습니다. 이젠 오직 참된 지식만이 정당화될 수 있으며, 오직 과학적 지식만이 참된 지식의 자리를 차지할 수 있었습니다. 따라서 **근대에는 어떤 지식도 자신이 과학적임을 입증할**

수 있을 때에야 비로소 존재할 권리를 얻게 됩니다. 이런 사고방식을 한마디로 말해 '과학주의'라고 할 수 있습니다. 근대를 특징짓는 이 '과학주의'라는 사고방식은 이미 데카르트 철학에서 가장 중심적이고 주된 지위를 차지하고 있음을 확인할 수 있습니다.

셋째, 정신과 육체의 일치(통일) 문제, 혹은 윤리학의 문제입니다. 데카르트도 잘 알고 있는 사실이지만 인간의 육체, 감정, 정념(passion), 이러한 것들은 이성과 달리 절제할 줄도 자제할 줄도 모르고 굉장히 불안합니다. 그리고 우리는 그것을 안정되게 만들거나 억제하기 위해서 이성을 동원하는데 그다지 잘 되진 않습니다. 예를 들면 억울하게 남한테 맞았을 때, 그리하여 머리 끝까지 화가 나면서 싸우려는 감정이 불끈 솟아날 때, 이성은 어디 있는지 꼬랑지도 보이지 않고, 많은 사람이 불안해하는 상태가 되지요. 즉 사람들의 삶과 직결된 문제가 바로 정신과 육체의 일치, 이성과 감정의 일치라는 문제로 제기되는 겁니다. 이걸 흔히 '가치론' '윤리학' '도덕론' 등의 이름으로 부르지요.

데카르트가 최고의 학문으로 도덕학을 제기하는 맥락도 이와 같습니다. 그는 학문을 커다란 나무에 비교합니다. 그 뿌리는 형이상학─'세계는 이렇다'고 밝혀주는 핵심적인 원리─인데, 이 형이상학은 '나는 생각한다, 고로 나는 존재한다'로부터 나오는 철학적 원리들입니다. 그리고 그 형이상학의 뿌리 위에 줄기가 나오는데, 그 줄기는 물리학입니다. 그리고 그 줄기에서 뻗어나오는 가지들에서 의학, 역학, 도덕학 이런 열매들이 맺힌다고 합니다. 그리고 도덕학이 이러한 것들 중 최고의 열매라고 합니다.

데카르트에 의하면, 자연을 지배하기 위해서는 자연을 알아야 하듯 우리가 우리 자신의 육체를 지배하고 통제하기 위해서는 우리 자신의 육체를 알아야 합니다. 그리고 그 육체에 작용을 미치고, 육체에서 파생하는 감정과 정념을 규제하고 그 힘을 조절하려면 감정과 정념에 대해 알아야 한다는 것입니다. 그래서 그는 『정념론』이라는 책을 씁니다.

그런데 바로 여기서 문제가 발생합니다. 신에게서 독립할 자격을 얻으려면 신이나 성직자가 없어도 인간(주체)이 올바로 살아갈 수 있어야 하는데, 답답하게도 인간의 육체나 감정은 제멋대로고 이성과 같지 않더라는 것입니다. 이성이 아무리 옳다고 하더라도 육체가 제멋대로라면 인간이 신으로부터 독립하는 것은 정당화되기 어렵다는 문제가 당연히 제기됩니다. 그래서 그에게는 "어떻게 육체를 이성적으로 통제할 수 있을까?"하는 문제를 다루는 '도덕론'이 중요하게 됩니다.

이것이 바로 데카르트의 도덕론이 서있는 기초입니다. 그건 한마디로 말하면 감정과 정념, 욕망과 육체적 활동을 진리에 도달할 수 있는 완전한 능력을 가진 이성이 통제하고 지배하는 것입니다. 그런데 이 이성(정신)이나 육체나 각자가 독립적인 실체임은 아까 본 바와 같습니다. 그렇다면 인간의 이성, 정신은 대체 육체나 육체적 욕망, 정념에 대해 어떻게 지배력을 행사할 수 있을까요? 요컨대 인간의 정신과 육체는 어떻게 (이성에 따라) 일치될 수 있을까요?

이제 그에게는 정신과 육체가 만날, 그래서 육체가 정신의 말을 듣고 통제에 따라줄 그러한 장소가 필요하게 됩니다. 다시 말해서 영혼 속에 정념을 불러일으키고, 무언가를 욕망하게 만들고, 동시에 육체로 하여금 사물을 향하게 하거나 피하게 만드는 어떤 장소가 있다는 것입니다. 그것을 데카르트는 '송과선'(松果腺)이라고 합니다. 이것을 통해 정신과 육체가 만나거나 교감할 수 있을 것이며, 이로써 양자가 일치할 수 있으리라고 주장합니다. 그에 따르면 송과선은 뇌의 한복판에 있다고 하는데, 어떠한 해부학자도 아직 이것을 찾아내지는 못했습니다.

다만 하나의 문제가 다시 남는데, 그것은 이 송과선은 도대체 어떠한 '실체'인가 하는 것입니다. "송과선은 사유하는 실체인가, 연장을 가진 실체인가? 송과선은 정신인가 아니면 육체인가?" 하는 문제가.

아무튼 데카르트는 송과선까지 발명하면서 이 정념론에 기초해 '잠정적인' 도덕론을 제시합니다. 그는 우리의 욕망에는 '도달할 수 있는 것'과 '도달할 수 없는 것'이 있다고 합니다. 그리고 도달할 수 없는 것은 욕망하지 말고 포기하라고 합니다. 결국 **가급적 이성에 의해 통제되는 상태를 위해서 제멋대로인 육체를 통제하고 욕망을 억제하라**는 것이 그의 도덕론의 요체였던 것이고, 이는 사실 이성 혹은 영혼에 의해 세계가 파악되고 움직여질 수 있다는 그의 본래의 이상에 맞는 도덕론이었습니다. 이런 의미에서 데카르트는 이미, 대중의 무지를 일깨우고 이성에 따라 행동하도록 하라는 윤리학적 계몽주의의 선구자였던 셈입니다.

근대철학의 딜레마

지금까지 근대철학은 주체라는 범주를 신으로부터, 그리고 동시에 대상으로부터 분리시킴으로써 성립했음을 보았습니다. 그리고 그러한 분리와 동시에 발생하는 문제가 있었습니다. (인식)주체와 (인식)대상의 일치, 혹은 정신과 육체의 일치라는 문제가 그것입니다. 이처럼 대상에 일치하는 인식을 '진리'라고 했으며, 이 '진리'가 바로 근대철학이 도달해야 할 목표였음 또한 보았습니다.

이것이 근대철학의 문제설정입니다. 그런데 이것은 만들어지자마자 곧 딜레마(벗어날 수 없는 곤란)에 빠지게 됩니다. 예컨대 주체가 인식한 것이 대상과 일치하는지 아닌지, 다시 말해 진리인지 아닌지를 어떻게 보증하느냐 하는 문제가 발생합니다. 이것은 생각보다 이해하기가 쉽지 않으므로 조금 우회하도록 합시다.

여러분 가운데 자기 얼굴을 모르는 분 있습니까? 예상대로, 아무도 없군요. 그럼 다시 하나 질문을 하지요. 여러분들 중에 혹시 자신의 얼굴을 직접 본 사람이 있습니까? 역시 아무도 없군요. 그런데 아무도 자기 얼굴을 직접 본 적이 없다면서, 어떻게 모두 다 자기 얼굴을 알고 있다고 생각하시는 건가요?

아마 여러분은 거울이나 수면에 비친 모습을 통해 자신의 얼굴을 보았다고 말하겠지요. 그러나 여러분이 거울에서 본 게 자기 얼굴인지 어떻게 알지요? 그게 자기 얼굴이라고 판단하려면, 이미 자기 얼굴에 대해 알고 있어야 하지 않습니까? 그런데 여러분은 자기 얼굴을 직접 본 적이 없습니다. 즉 자기 얼굴이 어떤지 미리 알고 있지 못합니다. 만약 거울을 처음 본 사람이 있다면 그는 그 거울에 대고 말을 걸었을 게 틀림없습니다. 그게 자기라고 어떻게 생각할 수 있겠습니까?

여기서 나 자신은 거울에 비치는 대상입니다. 거울은 그 대상을 비추는 주체지요. 거울에 비치는 대상(나)과 그걸 비추는 거울(주체)이 일치하는지 아닌지는 나와 거울만 가지고는 알 수 없습니다. 혹시라도 누군가가 옆에서 보고는, "거울에 비친 모습하고 네 얼굴하고 똑같다"고 말이라도 해준다면 모를까.

결국 인식하는 주체와 인식되는 대상이란 두 개의 항(項)만으로는 인식한 게 대상과 일치하는지 아닌지, 진리인지 아닌지 알 수 없다는 것입니다. 즉 진리는 주체가 확인하고 보증할 수 있는 게 아니며, 그렇다고 대상이 확인하고 보증해 줄 수 있는 건 더욱 아니란 말입니다.

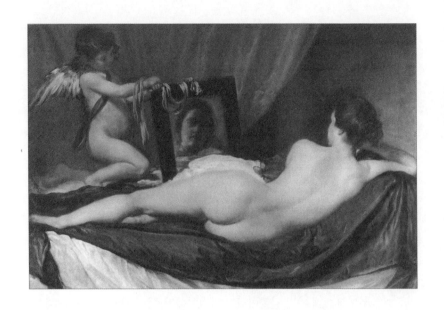

(그림 1-11) 거울과 반성

벨라스케스의 「비너스」Venus다. 벨라스케스는 미인의 등만을 보여준다. 정말 미인 맞나? 미인 앞에는 거울이 있고, 그 거울 안에 희미하게 미인의 얼굴이 보인다. 비너스는 자신의 얼굴을 보고 있다. 그러나 그게 자기 얼굴이란 걸 알고 있을까? 나르키소스는 그걸 몰랐다. 그래서 물에 비친 제 얼굴을 사랑하다 물에 빠져 죽었다. 바보짓? 아니다. 여러분은 자신의 얼굴을 본 적이 있는가? 그럴 줄 알았다. 없을 것이다. 그렇다면 대체 거울에 비친 모습이 내 얼굴이란 걸 어떻게 알 수 있을까? 더구나 내 얼굴과 정확히 일치한다는 걸 말이다. 벨라스케스는 나르키소스의 비극을 피하기 위해, 거울 옆에다 천사를 한 명 앉혀 두었다. 아마도 그 천사가 말하겠지. "이게 네 얼굴이야." 비너스의 얼굴을 볼 수 있고, 거울에 비친 것도 볼 수 있는 자만이 진실을 알 수 있다. 그러나 만약 그 자리에 천사가 아니라 악마를 앉혀 두었다면? 그가 말하는 '진실'을 믿어야 할까? 결국 거울을 보는 우리에겐 항상 천사나 '신'이 필요하다. 진실을 보증해 줄 존재가. 세상의 모든 것을 보고 인식하는 '나'라는 주체 또한 마찬가지다. 내가 아는 게 진리인지 대체 누가 확인해 줄 것인가? 그래서 신이 죽었다는 지금도 많은 사람이 신이 없으면 불안해 하며, 신을 대신할 무언가를 끊임없이 찾는 게 아닐까? '진리' '돈'…….

비슷한 이야기가 조세희의 소설 『난장이가 쏘아올린 작은 공』에 나옵니다. 굴뚝 청소부가 두 명 있었습니다. 그 두 명이 각각 굴뚝 청소를 하고 내려왔습니다. 그런데 굴뚝 하나는 깨끗했고 다른 하나는 더러웠기 때문인지, 한 명의 얼굴은 까맣고 다른 한 명의 얼굴은 하얗습니다. 자, 그러면 누가 얼굴을 씻으러 갈까요? 다 아시겠지만, 더럽고 검은 얼굴의 굴뚝 청소부가 아니라 깨끗하고 흰 얼굴의 굴뚝 청소부가 얼굴을 씻으러 갈 것입니다. 왜냐하면 더러운 상대편의 얼굴을 보고 자신의 얼굴도 그럴 것이라고 생각하기 때문입니다.

이러면 난점이 뭔지 좀더 분명해졌으리라고 생각합니다. 이 두 사람(인식주체/대상)만으로는 내 얼굴이 어떻다는 판단과 실제 내 얼굴의 상태가 일치하는지 아닌지 확인할 수 없다는 것입니다. 얼굴이 더럽다는 판단을 한 게 사실과 정반대일 수도 있는 것입니다.

위의 두 가지 이야기는 똑같은 딜레마를 보여주고 있습니다. 이 딜레마는 **인식주체와 인식대상을 나누고, 양자가 일치하는 게 진리라고 한다면, 어떤 지식이나 인식이 진리인지 아닌지는 결코 확인할 수도 없고 보증할 수도 없다**는 난점을 가리킵니다. 그게 일치하는지 아닌지 확인해 주는 제3자—예를 들면 신—가 없다면 근대철학으로선 이 딜레마를 벗어나는 게 불가능합니다. 주체가 신에게서 벗어남으로써 발생한 근대철학의 '원죄'인 셈입니다.

이 딜레마는 근대철학에 고유하게 나타납니다. 중세에서는 그러한 문제가 제기되지 않습니다. 세계가 어떻게 존재하는가, 나라는 존재가 무엇인가? 이것은 '창조론'이 설명해 줍니다. 또 무엇이 진리인가? 어떤 게 진리인가? 그것은 '계시론'이 보증해 줍니다. 또한 어떻게 살아야 하는가? 이것은 성서 혹은 계시진리를 따라 살아가면 되는 것이었고, 이를 전하는 교회와 성직자의 말에 따르면 충분했습니다. 이것이 곧 진리를 실천하는 것이었지요.

그런데 데카르트의 '주체'가 '선악과'(善惡果)를 따먹은 겁니다. 신으로부터 독립한 거죠. 그렇다면 독립된 '나'라는 존재가 어떠한 존재인지 새로이 대답해야 합니다. 이것이 '존재론'이라는 철학의 분과를 만들어냅니다. 또한 예전에는 신의 계시에 의해 보증되었던 주체와 객체의 일치가, 신으로부터 독립함과 동시에 불확실하고 알 수 없는 게 됩니다. 이제 철학은 주체가 진리를 인식할 수 있는지, 인간의 인식능력이 어디까지인지를 대답해야 했습니다. 그래서 '인식론'이라는 분과가 성립하게 됩니다. 그리고 삶의 유일한 잣대였던 신의 계시 대신에 인간이 어떻게 살아야 하는 것인지를 재는 잣대가 필요하게 됩니다. 이것이 '가치론' 혹은 '윤리학'('도덕론')입니다.

이리하여 데카르트 이래 존재론, 인식론, 가치론이라는 근대철학의 세 가지 분과가 성립하게 됩니다. 여기서 가장 핵심적인 문제는 인식론의 문제이고 진리의 문제였습니다. 왜냐하면 신으로부터 독립해도 좋은 것인지, 그러한 능력이 인간에게 있는 것인지를 입증해야 했기 때문입니다. 인간이, 주체가 신에게서 독립하려면 그럴 수 있는 최소한의 능력, 즉 진리를 인식할 수 있는 능력이 있어야 했기 때문입니다. 만약 그게 없다면 신에게서 독립하는 것은 너무도 무모한 짓이 될 게 분명하기 때문입니다. 따라서 근대철학에서 중심적인 문제는 대개 인식론적인 형태로 제기되며, 인식론이 가장 발전하게 됩니다.

신에게서 독립하려는 이 근대철학자들에겐 등대불 같은 하나의 희망이 있었습니다. 그것은 갈릴레이에 의해 본격적으로 급진전되고 있었던 '과학혁명'이었습니다. 과학자들의 얘기를 통해 '세상은 이렇다'는 성경의 말씀은 사실과 다르다는 게 드러났습니다. 오히려 신의 말씀이 아니라, 실제의 세계를 과학적으로 연구하는 게 진리에 이르는 길이라는 생각을 하게 된 겁니다.

신학 없는 철학, 신에게서 벗어난 주체(인간)에게 가장 필요했던 것은 바로 이 과학이었습니다. 이 때문에 **근대철학의 가장 뚜렷한 특징이 '과학주의'가 되었다**는 것은 차라리 자연스러운 것 같습니다. 철학자들은 모두 스스로 과학자가 되려고 했으며, 모든 지식은 과학이 되어야만 했습니다. 즉 근대철학은 과학이란 위성을 가지고 주체/진리란 범주의 주위를 빙글빙글 돌고 있었던 것입니다.

그러나 과학주의가 근대철학의 딜레마를 해결해 주진 못합니다. 왜냐하면 과학이 도달해야 할 목표점이 진리라면, 어떤 지식이 과학인지 아닌지는 과학 자신이 확인하고 보증할 수 없는 것이기 때문입니다. 다시 말해서 과학이란 지식 역시 주체/진리라는 범주가 야기한 근대철학의 딜레마에 빠져들어가고 마는 것입니다.

따라서 분명한 것은 주체와 대상 사이에, 진리를 판단해 줄 어떤 절대적 존재로서 제3자가 없다면 양자의 일치(진리)를 보증할 수 없다는 것입니다. 물론 이 제3자 역시 진리의 보증자가 되려면 진리를 인식할 수 있는 능력이 있는 절대적 재판관이 되어야 합니다. 이를 위해 데카르트는 결국 다시 신을 끌어들였던 것입니다. 나중에 보게 될 버클리나 헤겔도 다시 일종의 '신'을 끌어들입니다. 그런데 이것은 어떻게 보면 근대철학이라고 하는 문제설정, 즉 주체와 대상을 나누고 양자의 일치를 목표로 하는 철학에서는 해결할 수 없는, 해결해야 하지만 그 안에서는 결코 해결할 수 없는 문제였으며, 그러한 의미에서 '근대철학의 딜레마'라고 이야기할 수 있는 것입니다.

더불어 근대철학이 부닥칠 또 하나의 딜레마가 있습니다. 그것은 한 마디로 '유아론의 딜레마'라고 할 수 있는 것입니다. 예를 들어 지금 이 자리에는 100명 정도의 사람이 있는데, 여기 있는 사람들은 모두 '나는 생각한다, 고로 나는 존재한다'라고 말할 수 있는 '주체'라고 할 수 있습니다. 그런데 만약 이러한 다수의 주체들이 모여서 동일한 것에 대해 상이한 판단을 했을 때 과연 누구의 말이 맞는가, 그리고 그것을 누가 보증하느냐 하는 문제가 발생할 수 있습니다. 이것은 첫번째 딜레마와 관련되어 있는 것입니다. 이러한 견해는 극단적으로는 유아론, 즉 '내가 알고 있는 것만이 진리이고 진리는 주관적이다'라는 견해로 나가기도 하는데, 이렇게 되면 데카르트가 주체를 신에게서 떼어내었을 때와의 생각과는 달라지는 것이죠. 이는 사실 대상과 일치하는 진리를 하나로 확정하지 못한다는 딜레마에서 기인하는 것이며, 그 딜레마의 이면인 셈입니다.

이후 근대철학은 이 문제(일치의 문제)를 풀기 위한 다양한 방법들을 보여줍니다. 성공 여부와는 무관하게, 바로 이 딜레마로 인해 매우 다양한 인간의 사고영역이 개척됩니다. 근대철학은 이 딜레마의 궤도를 따라 운행하는 기차였던 셈입니다.

2. 스피노자 : 근대 너머의 '근대'철학자

데카르트와 스피노자

스피노자는 근대철학을 통틀어서 가장 독특하고 '변종'같은 철학을 세웠습니다. 그는 데카르트의 영향 아래 철학을 연구했고, 데카르트 철학에 대한 나름의 근본적인 비판을 수행했습니다. 나중에 보겠지만, 대부분의 근대철학자가 데카르트에 대해 비판적 입장을 취하고 있습니다. 그렇지만 그 비판의 근본성에서 가장 두드러진 게 바로 데카르트와 거의 동시대에 살았던 스피노자였음은 상당히 역설적입니다.

이런 이유에서 스피노자의 철학을 살펴봄으로써 우리는 데카르트의 철학이 갖는 특징, 나아가 근대철학의 문제설정이 갖는 중요한 특징에 대해 좀더 명확하게 이해할 수 있습니다. 따라서 스피노자에 대해 다소 상세하게 얘기하는 것은 그런대로 이유를 찾을 수 있는 셈입니다.

스피노자의 문제의식은 명시적으로 데카르트의 철학이 갖는 중요한 전제와 관련되어 있습니다. 이는 이 두 철학자 간의 상호관계를 보여주기도 합니다. 일단 여기서는 데카르트의 중요한 전제에 대한 스피노자의 비판을 보면서 시작하기로 합시다. 이를 크게 세 가지 측면으로 나누어 살펴봅시다.

(그림 1-12) 알브레히트 뒤러, 「자화상」

르네상스기 독일의 대표적 화가 뒤러(Albrecht Dürer)의 「자화상」이다. 인간의 자화상이 그려지기 시작한 것은 르네상스기부터였다. 그 이전에는 그림에 서명하는 것조차 피조물로서 자신의 위치를 자각하지 못한 것으로 비난받았다. 그러니 자신의 얼굴을, 그것도 이렇게 정면에서 그린다는 것은, 자신에 대한 자만의 징표라고 비난받을 만한 일이었다. 하지만 뒤러는 거기서 멈추지 않았다. 마치 예수의 얼굴과 자신의 얼굴을 교묘하게 겹쳐놓은 듯이 그렸다. 흔한 사이비 종교 교주들처럼 자신을 '재림 예수'라고 착각했던 것일까?(실제로 그는 정확히 12명의 제자를 데리고 있었다.) 아니면 인간에 내재하는 신성을 표현하려고 했던 것일까? 아마도 후자가 더 정확할 것이다. 가령 레오나르도 다빈치의 「모나리자」 또한 인간의 얼굴에 성모의 얼굴을 겹쳐 그려 놓지 않았던가! 이처럼 사람의 모습을 이상적인 형상으로 그리는 것은 르네상스 미술의 중요한 특징이다. 이를 두고 혹자는 신성한 존재로서 '인간' 발견의 징표라고 말한다. 그럴 것이다. 휴머니즘의 시대가 시작된 것이니. 그러나 특별한 존재로서 인간을 발견하는 것에는, 인간 아닌 것에 가해진 특별한 억압이 수반되었다는 점 또한 잊어선 안 된다. 인간중심주의에 따르면, 저 희고 숭고한 얼굴과 달리 '검고 흉한' 얼굴을 가진 '것'들로 하여금 인간을 위해 일하게 하는 것은 당연한 일이었던 것이다.

첫째는 '존재론'이라고 부른 것과 관련됩니다. 앞서 말했듯이, 데카르트는 신에게서 사고와 행동의 중심인 주체를 떼어내는데, 그로 말미암아 주체는 불가피하게 대상세계와도 분리되게 됩니다. 그런데 데카르트가 '주체'라고 할 때, 그것은 적극적·능동적인 것이고, 자연의 다른 생물과는 다르게 사고하는 힘이 있으며, 그걸 이용해 자연세계를 지배하는 힘을 갖고 있음을 뜻합니다. 반면 '대상'인 자연세계는 조용히 주체의 처분만 기다리고 있는 정적이고 수동적인 게 됩니다.

이제 신을 대신해서 '주체'라는 이름표를 단 인간이 세계의 중심에 서게 된 것입니다. 자연은 이 주체가 정복하고 지배하며 이용해야 할 세계가 됩니다. 그리고 자연에 대한 과학적 지식은 여기에 필요한 정보를 줄 것입니다.

이런 점에서 데카르트의 철학은 '반자연주의'라고 말할 수도 있겠습니다. 요즘 목소리를 키워가고 있는 환경주의자나 생태론자의 입장에서 보면, 데카르트야말로 자연을 이토록 파괴한 '원흉'이라고 생각할 것 같습니다.

스피노자가 데카르트와 자신의 경계를 정하는 지점 중 하나는 바로 이곳입니다. 그가 보기에 자연은 단지 수동적인, 그래서 지배되어야만 하는 대상은 아니었습니다. 데카르트적인 관점에 대비해서 스피노자는 자연 자체가 수동적인 것이지만, 동시에 능동적이고 활기있는 것임을 주장하려고 합니다. 그렇다면 이것을 어떻게 '보여줄' 것인가? 이것이 스피노자가 설정한 중요한 문제 가운데 하나였습니다.

둘째로는 주체와 분리된 대상을 어떻게 인식할 것인가, 어떻게 하면 진리에 도달할 수 있는가 하는 문제입니다. 이와 관련해서 과학에 대한 절대적인 믿음으로서 '과학주의'가 등장한다고 말씀드렸습니다.

이 문제는 스피노자에게도 중요한 문제였습니다. 여기서 그는 두 개의 실체를 가정하는 데카르트를 비판하고, 실체는 오직 하나만 있을 수 있다고 주장합니다. 또한 개념이나 지식은 실제 대상과 전적으로 다른 것이어서, 양자가 일치하는 일은 불가능하다는 입장을 취합니다. 한마디로 "개라는 개념은 짖지 않는다"는 것이지요. 양자가 일치하는 건 불가능하지만, 양자는 단일한 실체의 속성이어서 애초부터 일치할 수밖에 없다는 게 그의 생각입니다. 또한 어떤 판단이 올바른지 아닌지를 알려면 진리를 미리 갖고 있어야 한다는 역설까지 지적합니다. "진리가 진리와 허위의 기준이다"라는 것이지요.

셋째로 윤리학에 관한 것입니다. 데카르트에게나 스피노자에게나 '윤리학'이란 말은 지금 우리가 사용하는 것보다 그 범위가 훨씬 넓습니다. 단지 도덕에 대한 사고만이 아니라 육체적, 정신적 존재로서 인간에 대한 이론을 포함하고 있지요. 알다시피 데카르트가 보기에 인간에게는 자연적인 요소가 남아 있는데—육체가 그것이지요—이 때문에 인간은 결코 이성적이지만은 않게 됩니다. 따라서 데카르트로서는 인간의 이러한 성격을 이성에 의해 억제하고 통제해야 한다고 생각합니다. 이게 그의 도덕론의 원칙이지요. 이러한 의미에서 데카르트의 윤리학은 정확하게 계몽주의의 기반을 마련했다고 할 수 있는 요소를 분명히 가지고 있습니다.

이런 특징 역시 스피노자로선 경계선을 긋는 또 하나의 지점입니다. 그는 감정이나 욕망, 정념 등을 이성에 의해 억제하고 억압하는 것은 현실적이지 않을 뿐만 아니라 옳은 것도 아니라고 봅니다. 오히려 스피노자는 인간이 자연과 다른 어떠한 것이 아니라 자연의 일부임을 분명히 합니다(이러한 '자연주의'는 앞서 말했던 존재론에서부터 일관됩니다). 따라서 스피노자는 계몽주의적인 윤리학과는 애초부터 다른 방향으로 나아갑니다. 이제 이를 좀더 자세히 살펴봅시다.

스피노자의 '자연주의'

존재론적인 측면에서 스피노자의 철학은 '실체'(substantia)와 '양태'(modus)라는 두 개념으로 요약됩니다. 실체란 개념에 대해선 앞서 말씀드린 바 있지요. 물론 사상가마다 그 개념에 부여하는 내용에 차이는 있다는 점은 염두에 둡시다.

실체와 양태에 대해 다시 한번 「터미네이터 2」란 영화를 예로 들어 생각해 봅시다. 자유자재로 변하는 터미네이터 T-1000이란 친구를 전체 세계라고 가정합시다. 그러면 실체는 '터미네이터'로서 수행할 임무가 그것인데, 이 친구가 숱하게 자유자재로 모습을 바꾸지만 그래도 바뀌지 않는 것을 가리킨다고 했습니다. 그것은 거꾸로 그러한 바꿈(변화)의 원인이기도 합니다. 즉 그가 그처럼 수없이 모습을 바꾸는 것은 오직 '터미네이터'로서의 임무를 수행하기 위한 것이지요. 물론 영화에선 이 임무를 미래의 컴퓨터가 입력한 것이지만, 일단 이 T-1000이란 친구를 전체로 가정하면 '터미네이터'란 임무는 변화의 원인이며, 그 변화에 의존하지 않는 요인입니다. 또 그것은 무한히 다른 모습으로 변화될 수 있다는 점에서 무한한 특징을 갖습니다. 이래서 '무한자'라고 하지요.

한편 이런 변화들을 스피노자는 '변용'(modification ; 변형)이라고 합니다. 그리고 이 변화된 모습 각각을 일컬어 '양태'라고 합니다. 예컨대 때에 따라선 경찰관, 때에 따라선 어머니로 변하는 그 모습 각각을 일러 양태라고 하는 겁니다. 이는 다른 것(타자)에 의존합니다. 예컨대 잡음없이 검문을 통과해야 할 때는 경찰관의 모습을 취했다가, 주인공을 유인해 잡아내려고 할 때는 그의 어머니 모습을 취하기도 합니다. 이처럼 각각의 '양태'(경찰관, 어머니)는 그때그때의 상황에, 좀더 근본적으로는 실체에 의존하고 있는 겁니다.

이처럼 스피노자는 자연 혹은 우주를 변화하는 존재로 생각하고 있었습니다. 이 우주 전체를 포괄하고 있으며, 그것의 변화를 일으키는 원인이 바로 실체입니다. 이 실체는 다른 것에 의존하지 않기에, 다른 것들을 원인으로 갖지 않습니다. 자기 자신이 바로 자기 자신의 원인입니다. 이래서 자기 원인이라고 하지요. 이걸 스피노자는 '신'이라고 부릅니다. 스피노자에 따르면 실체, 신은 바로 자연(우주) 밖에서 그것을 만드는 게 아니라 자연 안에 있는, 모든 변화의 원인을 가리킵니다. 이건 자연 자체를 뜻하지요. 이런 뜻에서 '자연은 실체'라고 할 수 있습니다.

이런 점을 고려해 볼 때, 스피노자의 '신'이란 개념은 종교적인 절대자가 아니라 바로 자연 안에 있는, 변화를 만들어내는 요인을 가리킨다고 할 수 있습니다. 이걸 흔히 '범신론'이라고 합니다.

다른 한편 자연은 변화하는 각각의 개체들로 이루어집니다. 예컨대 태어나고 늙어가는 인간에서 흐르는 물과 변화하는 계절에 이르기까지 극히 다양하고 가변적인 것들의 집합이 바로 자연이지요. 이처럼 변화하는 개체들 각각을 일러 '양태'라고 한 셈인데, 이런 뜻에서 '자연은 양태'라고 할 수 있습니다.

그렇다면 이제 "실체는 양태로 '표현'된다"고 말할 수 있을 겁니다. 스피노자에게 이 '표현'이란 말은 여러 가지 의미를 갖는데, 여기서는 '존재한다'는 뜻입니다. 즉 "실체는 양태로서 존재한다"는 뜻입니다(들뢰즈, 『스피노자와 표현의 문제』*Spinoza et la probléme de l'expression*). 다시 말해 양태는 실체가 '변용'된 것이라고 말할 수 있습니다. 이건 경찰관이든 어머니의 모습이든, 간호사의 모습이든 복도바닥의 모습이든 어떤 모습을 갖지 않고는 T-1000이란 친구가 존재할 수 없음을 생각해 보면 쉽게 이해가 될 것입니다. 때론 손이 칼로 되기도 하고 몽둥이로 되기도 하는데, 이 역시 마찬가지로서 '양태'라고 할 수 있지요.

자연에 존재하는 모든 개체들은 이처럼 '양태'로서 존재합니다. 실체의 변용된 모습인 양태로서 말입니다. 그래서 "개체의 본질은 양태다"라고 스피노자는 말합니다. 그리고 이 양태들, 이 개체들 전체를 싸안고 있으며, 그것들 전체를 만들어내는 원인이 바로 실체인 거지요. 따라서 스피노자가 보기엔 실체란 오직 하나밖에 없는 것입니다.

실체와 양태에 대한 이런 식의 얘기가 무얼 뜻하는 것인가는 깊이 되씹어 봐야 합니다. 먼저 모든 양태는 실체가 '양태화'된 것이라고 했지요. 신은 양태들과 따로 존재하지 않으며, 실제론 양태들만이 존재함을 뜻합니다. 저도 양태의 하나, 여러분도 양태의 하나, 창밖의 은행나무도 양태, 저 컴퓨터도 양태, 이 테이블도 양태, 저기 지나가는 고양이도 양태, 저 너머 북한산도 양태…… 모두가 양태입니다. 그런데 이 모든 양태(mode)는 모두 실체(신)이 변한 모습, 신이 취한 특정한 양상(modality)이라고 했지요. 이는 모든 양태가 바로 신이라는 걸 뜻합니다! 여러분 각각이 신이고, 저도 신이고, 이 테이블도 신, 저 은행나무도 신…….

그렇기에 모든 양태는 존재론적으로 평등합니다. 모두 신이라는 존귀한 존재로서 평등합니다. 종종 인간의 존엄성을 말하면서 인간은 존귀한 존재라고 말하지만, 인간만 존귀한 게 아니라 은행나무도 인간과 마찬가지로 존귀하고, 이 테이블도, 저 고양이도 인간에 조금도 모자람 없이 존귀합니다. 그것들 모두가 신이니까 말입니다. 이 얼마나 놀라운 생각입니까! 존귀한 존재와 그렇지 않은 것의 위계나 차별 같은 건 없습니다. 다만 양태로서, 어떤 모습으로 어떻게 살아가는가만 다를 뿐입니다. 각각이 다른 모습인 채 평등하고 동등한 신인 것입니다.

또 하나, 저나 여러분, 생물이나 무생물 모두 양태로 본다는 것은, 양상을 달리함에 따라 다른 양태로 얼마든지 바뀔 수 있음을 뜻합니다. 저는 강의를 듣는 여러분과 만나선 강사라는 양태로 지금 여기 존재하고 있습니다. 이따 저녁 때 친구들과 술을 마실 땐, 친구라는 양태로 바뀌고, 어머니를 찾아가면 아들이란 양태가 되었다가, 집에 돌아와 아들과 놀 때는 아버지란 양태가 됩니다. 우리는 모두 이처럼 다르게 양태화될 수 있는 존재, 얼마든지 변화 가능한 존재라는 겁니다. 변함없는 본질을 가진 실체가 아니기에, 하나의 실체가 취한 다양한 양태의 하나이기에 얼마든지 다른 양태로 달라질 수 있는 겁니다.

이 점에서 스피노자는 라이프니츠와 상반됩니다. 라이프니츠는 "개체의 본질은 실체"라고 합니다. 모든 개체 각각이 그 내부에 고유한 힘을 가지며, 개체 각각이 실체라는 거죠. 개체 각각에 존재하는 실체를 라이프니츠는 '단자'(monad)라고 부릅니다.

다시 말해 라이프니츠의 경우에는 모든 개체가 곧 실체인 데 반해, 스피노자의 경우에는 개체란 실체의 변형된 모습이고 양태입니다. 실체는 이 양태의 근저에서 이 모든 양태들을 모두 싸안는 것입니다. 따라서 스피노자에게 실체는 하나임에 반해 라이프니츠에게는 모든 것이 다 실체이기에, 실체는 무한히 많이 있는 것입니다.

스피노자는 실체는 자기원인이라고, 즉 그 자체의 원인에 의해 존재한다고 했습니다. 그렇다면 실체는 자연 안에 있는 "무언가를 스스로 만들어내는 힘"을 가리킬 따름입니다. 다른 말로 하면 자연 안의 생산적인 힘, 그것이 바로 실체지요. 자연은 이 생산적인 힘으로 가득차 있다는 것입니다.

따라서 자연은 그 외부에 있는 어떤 무엇에 의해 창조된 게 아니라 자연 스스로가 만들어가는 것입니다. 이런 점에서 스피노자는 신이 자연을 창조했다는 견해에 정면으로 맞서고 있는 셈입니다. 덕분에 거듭 쫓겨나서 고생을 해야 했지만 말입니다.

이처럼 스스로 자신을 만들어가는 힘이란 뜻에서 그는 자연을 '산출하는 자연'(natura naturans; '능산적 자연'이라고 흔히 번역합니다)이라고 합니다. 능동적이고 생산적인 자연이라는 뜻이지요. 동시에 자연이라는 것은 하나하나의 개체들, 양태라고 부르는 것들의 집합입니다. 그렇다면 자연은 당연히 양태들로 존재한다고 볼 수 있는데, 양태는 아까도 얘기했듯이 실체에 의해 만들어지는 것이고, 수동적인 것입니다. 이런 뜻에서 그는 또 자연을 '산출되는 자연'(natura naturata; '소산적 자연'이라고 흔히 번역합니다)이라고 합니다.

결국 '산출하는 자연'과 '산출되는 자연'이란, 자연이 갖고 있는 능동적이고 생산적인 측면과 수동적이고 산출물적인 측면을 동시에 지적하고 있는 것입니다. 자연은 이렇게 만들어지는 자연이면서 동시에 만들어가는 자연입니다. 다시 말하면 자연이란 능동적인 힘과 수동적인 힘의 결합체라는 말입니다.

자연에 공존하는 이 두 가지 상반되는 힘을 통해 스피노자는 자연을 '생성'으로 파악하려고 합니다. 요컨대 인간이나 자연이나 하등 구별되는 것이 아니며, 오히려 인간은 이런 자연의 일부일 뿐이라는 것입니다.

이러한 스피노자의 관점은 자연이, 주체가 하는 대로 통제되고 내맡겨진 정적인 것이 아니라 자기 스스로를 만들어가는 능동적인 힘을 가지고 있다는 것을 강조하고 있습니다. 이 점에서 스피노자의 관점은 자연은 수동적이고 피동적인 대상이며 과학으로 무장한 인간에 의해 지배될 대상이라고 보는 근대적인 '반자연주의'에 반대하는 것이며, 오히려 들뢰즈가 '자연주의'라고 부를 수 있었던 그런 관점이기도 합니다. 이는 또한 데카르트가 자연에서 주체를 떼어내면서 함께 떼어냈던 주체적이고 능동적인 측면을 다시 자연에 돌려주는 것이기도 합니다.

진리와 공리

'인식론'적인 측면에서 보면 스피노자의 논의는 '실체' '속성'이라는 개념으로 요약됩니다. 그는 데카르트처럼 두 개의 실체를 가정하면 독립적인 두 개의 실체가 서로 일치할 수 있는지 없는지를 확인할 수 없다는 것을 잘 알고 있었습니다. 그래서 그는 데카르트가 말하는 '사유'와 '연장', 혹은 물질과 정신이라는 것을 실체의 속성이라고 합니다. 다시 말하면 실체는 많은 속성을 가지는데, 그 중에 '연장'과 '사유'는 인간이 알고 있는 두 가지 속성이라는 겁니다.

잠시 여기서 사유와 연장이 실체의 속성이라고 하는 점에 주목합시다. 스피노자가 '신'이라고 불렀던 실체는 기독교적 관념과는 달리 정신적 존재가 아니라 사유와 연장을 모두 갖고 있는 물질적 존재입니다. 따라서 신이란 영원하고 완전한, 그래서 오직 말씀으로서만 존재하는 어떤 것이 아니라 공간 안에 자리를 잡고 있는, 즉 연장을 가지고 있는 자연 그 자체인 것입니다.

실체는 이 속성들을 통해서 '표현'된다고 합니다. 아까 실체가 양태로 '표현된다'는 말은 실체가 양태로 '존재한다'는 말이었죠. 여기서 실체가 속성들로 표현된다는 말은 실체가 속성을 통해서 '인식된다'는 것을 뜻합니다. 즉 이 두 가지 속성 모두 실체가 갖는 본질을 '표현'하기에 그것을 통해 우리는 실체를 인식할 수 있다는 겁니다(들뢰즈, 앞의 책).

이렇게 스피노자는 데카르트가 부닥쳤던 '일치'의 문제를 피해 갑니다. 아니 좀더 정확히 말하면 정신과 육체, 사유와 연장이 일치하는지, 어떻게 확인할 수 있는지 하는 문제가 전혀 발생하지 않습니다.

예를 들어 생각해 봅시다. 반지름이 5인 원이 있다고 합시다. 이 원의 '실체'를 어떻게 표현할 수 있을까요? 우선 "이 원의 면적은 25π다"라는 식으로 표현할 수 있습니다. 또 다른 방식으로는 "이 원의 둘레의 길이는 10π다"라는 식으로 표현할 수 있습니다. 이는 둘 다 그 원의 가장 중요한 속성에 대해 말해주고 있습니다. 즉 동일한 원의 본질을 다른 속성(면적/길이)으로 표현한 것입니다. 여기서 이 두 명제는 서로 다른 내용을 담고 있습니다. 다른 속성(차원)의 것인만큼 동일할 수 없으며, 결코 동일해서도 안 됩니다. 같다면 두 개로 있을 필요가 없는 것이죠. 같다면 그 두 가지가 서로 다른 속성이 될 리도 없는 것이고.

따라서 이 두 명제는 동일하지 않은, 서로 다른 명제인 건 분명합니다. 그렇지만 또한 분명한 건 그 두 명제가 하나의 '동일한 원'—이걸 실체라고 비유했지요—의 본질을 표현한다는 것입니다. 단지 두 명제는 동일한 실체를 다른 측면, 다른 차원에서 표현한 것입니다. 하나는 면적이라는 속성에서, 또 하나는 길이라는 측면에서 원을 파악한 거죠.

그렇기 때문에 이 양자는 분명히 서로 다른 명제이지만, 그것만큼이나 동일한 실체를 표현하고 있다는 점에서 근본적으로 일치하고 있는 셈입니다. 즉 그 양자가 동일한 것을 표현하는 것인 한 그 본질에서는 당연히 일치하는 것이기 때문에, 데카르트를 당혹케 한 곤란한 문제가 스피노

(그림 1-13) 에덴 동산의 아담과 이브, 그리고 에덴에서의 추방

인간은 신이 빚은 피조물이란다. 저기 보이는 남자와 여자가 인류의 조상이란다. 신은 인간뿐 아니라 그 주위에 있는 뱀도, 사과나무도, 풀도, 대지와 하늘도, 고딕 스타일의 예배당도, 심지어 시간도 모두 만들었단다. 그렇다면 그 신은 누가 만들었을까? 하늘도, 대지도, 어떤 자연도 존재하지 않았을 때, 신은 어디서 무얼 하고 있었을까? 에덴 동산에서 저렇게 아담과 이브를 꾸짖고 있는 저 신은 대체 에덴 동산 안에 있는 것일까, 밖에 있는 것일까? 다시 말해 그는 자연 안에 있는 것일까, 밖에 있는 것일까? 밖에 있다면, 그는 대체 어떻게 아담과 이브의 행동을 보고 꾸짖을 수 있었을까? 안에 있다면 그는 자연의 일부, 우주의 일부라는 말 아닌가? 어떻게 그는 자신이 만든 것 안에 있을 수 있었을까?─스피노자는 이런 난감한 질문에 대해 솔직하게 대답한다. 신이 자신이 만든 것과 다르다면, 그는 거꾸로 자신이 만든 것에 의해 규정된다("자연이 아니다"). 그렇다면 그것은 오직 자기 스스로에 의해서만 자신을 규정한다는 실체(신)의 정의에 어긋난다. 따라서 신은 자연의 바깥에 있지 않다. 신이란 자연 안에서 자연의 무한한 생성과 변화를 만들어내는 힘이고(능산적 자연), 각기 그때마다 만들어진 자연이다(소산적 자연). 위 그림은 헤르조그 폰 베리의 기도서 『아주 풍요로운 시대』에 실려 있는 그림이다.

자에게는 아예 발생하지도 않는 것입니다.

"개라는 개념은 짖지 않는다"라는 유명한 말은 이런 맥락에서 쉽게 이해할 수 있을 겁니다. 연장이라는 측면에서 본 개(현실적인 개)와 사유라는 측면에서 본 개('개'라는 개념)는, 아까 원의 면적과 길이에서 보았듯이 다르다는 것입니다. 개는 짖지만 '개'라는 개념은 짖지 않는 것입니다. 그러나 그 양자가 다르다고 해서 서로 아무 상관없는 것이라고 할 사람은 없을 것입니다. 이 양자는 근본에서는 서로 일치합니다. 개라는 동물에 결합되어 있는 질서와 '개'라는 개념에 요약되어 있는 질서는 일치한다고 보는 것이지요. 즉 양자 모두 동일한 실체를 표현하는 것입니다. 이는 스피노자가 '진리'란 당연히 도달하는 것으로 간주하는 극히 낙관적인 생각을 갖고 있었음을 보여줍니다.

그럼에도 불구하고 다른 문제가 생깁니다. 예컨대 반지름 5인 원의 면적을 '25π다' 혹은 '27π다'라고 상이하게 판단했을 때, 즉 하나의 속성에 대해 상이한 판단이 있을 때, 어떤 것이 대상과 일치하는가 하는 문제는 피해갈 수 없는 문제였습니다.

이와 관련해 유명한 명제가 있는데, 그는 『에티카』의 2부에서 "진리가 진리와 허위의 기준이다"라는 정리를 제출합니다. 비유하자면 '빛이 빛과 어두움의 기준이다'라는 말을 합니다. 빛과 어두움은 빛이 '있다' '없다'라는 식으로 구별되지, 빛과 어두움 외부에 있는 제3자에 의해 구별되는 게 아니라는 것입니다. 마찬가지로 무엇이 '있다'/'없다' 역시 존재가 '부재'함으로써 정의되는 것입니다. 그래서 존재와 무의 기준은 존재가 되는 것입니다. 이러한 의미에서 진리가 진리 자체의 기준이라는 것입니다.

약간 우회하여 생각해 봅시다. 앞에서 거울 얘기를 했었지요? 여러분

(그림 1-14) 인간의 얼굴, 몇 개의 기계들로 조립된 구성물

롬왈드 하주메(Romuald Hazoumé의 작품으로 왼쪽은 「제너럴 된 주르」*General D'un jour*, 오른쪽은 「그리스인」*Le Grec*이다. 2000년 광주 비엔날레에서 본 것 가운데 가장 재미있는 작품이었다. 쓰레기장을 뒤져 찾아낸 플라스틱 통과 모자, 다리미 등이 저렇게 멀쩡히 인간의 얼굴을 한 조각품이 되었다. 아프리카 조각을 닮은 더 훌륭한 작품도 있었는데, 도판을 구할 수 없어서 안타깝다. 작가의 유머 감각도 탁월하지만, 작품을 구성한 발상은 더욱 놀랍다. 인간의 얼굴, 그것은 몇 개의 기계들로 조립된 구성물이라는 것이다. 휴머니스트들이 떠올리는 그 숭고한 얼굴이 쓰레기 더미에서 찾아낸 요소들의 조합이라는 것이다. 백인들의 휴머니즘에 대한 아프리카인의 풍자일까? 아니면 쓰레기로 버려진 것들조차 인간과 다르지 않은 존귀함을 갖고 있다는 것을 보여주려는 것일까?(사진 제공, 재단법인 광주비엔날레)

(그림 1-15) 도공(Dogon)족의 '조각'

굳이 뻐딱하게 보는 것보단, 여기서 보이듯이 차라리 숲에 굴러다니는 나무조각으로 동물의 형상과 섞인 사람의 얼굴을 만드는 아프리카인의 전통을 떠올리는 게 더 좋을 듯하다. 하지만 이 경우에도 인간에게서만 신의 형상을 보는 기독교적 휴머니즘과는 달리, 동물이나 나무토막, 버려진 쓰레기에서조차 존귀한 '신'의 형상을 보는 아프리카인의 사유를 보는 듯해서 기쁘다. 혹은 적어도 인간과 물소, 나무와 쓰레기에서 등가성을 보는 사유를. 여기서 스피노자의 위대한 '자연주의'를 발견할 수도 있을 듯하다. 그것은 자연이란 인간을 위해 봉사하도록 만들어졌다, 그러니 잘 보존하자는 식의 인간중심적 자연주의보다는 인간과 자연, 자연과 기계, 생물과 무생물의 모든 대립을 넘어서 모든 것을 '신'의 일부(양태)라고 보는 태도에 더 가깝기 때문이다.

이 거울에 비친 모습을 보면 그걸 자기 얼굴이라고 생각한다고 말입니다. 그때 하나의 질문을 던졌습니다. 그게 내 얼굴인지 어떻게 아느냐고 말입니다. 그런 판단을 하려면 이미(!) 내 얼굴에 대해 알고 있어야 한다고 말입니다.

다른 경우도 마찬가집니다. "존 레논은 위대한 예술가다"라는 판단을 하려면 이미 위대한 예술가가 뭔지 알고 있어야 합니다. 즉 훌륭한 음악가란 어떤 사람이라는 기준을 미리 갖고 있어야 합니다. 저 창 밖에 있는 나무를 보고 '포플러 나무'라고 말하려면, 그리고 그게 참인지 아닌지 알려면 무엇이 포플러 나무인지 이미 알고 있어야 합니다.

만약 진리는 대상을 인식해서 얻는 거라고 생각한다면, 따라서 '진리'라는 기준이 이미 먼저 있는 게 아니라고 한다면, 진리를 보증하는 문제가 당장 발생합니다. 데카르트가 그랬듯이. 예를 들어 여러 개의 돌 가운데 진짜 보석을 가려내야 한다고 합시다. "여섯번째 것이 진짜 다이아몬드고 나머지는 가짜다"라고 제가 말했다고 합시다. 그 판단이 참인지 거짓인지 누가 알겠습니까? 얼마든지 틀릴 수 있겠지요. 그렇다면 보석 감정사를 데려왔다고 합시다. 제가 골라낸 것을 보고 그가 "이건 유리조각이군"라고 했다 합시다. 그럼 제 말은 거짓임이 판명나겠지요. 그러나 저는 이의를 제기할 겁니다. "당신 말을 어떻게 믿느냐? 가짜 보석감정사가 아니란 보장이 있느냐?"고. 그럼 그 사람은 자기를 보증해 줄 사람(보석감정사 자격증을 발행한 사람)을 보증인으로 내세우겠지요. 그러나 그 보증인이 가짜인지 아닌지 어떻게 알겠습니까? 그럼 그 보증인은 또 다른 보증인을 내세워야 합니다. 그렇지만 그 보증인의 보증인이 정말 보석을 확실하게 가려낸다는 것 역시 또 다른 보증인을 필요로 합니다. 정말 확실한 보증인을 마련하기 위해선 이처럼 '무한히 소급'되어 올라갈

(그림 1-16) 살아 있는 조각을 위한 TV 브래지어

「오페라 섹스트로닉」으로 백남준과 함께 외설 혐의로 체포된 적이 있는 첼리스트 샤를로트 무어맨. 그
녀와 백남준의 유명한 퍼포먼스 「살아 있는 조각을 위한 TV 브래지어」의 한 순간이다. 여기서 첼리스
트는 특별한 존재인 '인간'이 아니라 살아 있는, 혹은 움직이는 조각이고, 그 조각은 가슴을 가리기 위해
TV를 브래지어로 착용하고 있다. "내가 브래지어를 입고 있다" 내지 "인간이 기계를 사용한다"는 식
의 관념과 정반대로 백남준은 인간과 기계의 경계를 가로지르면서 전체를 기계적 조립물로, 하나의 아
상블라주(assemblage)로 만든다. 하지만 인간은 특권적인 존재, 다른 모든 것을 '사용하는' 존재고 지
배하는 존재라는 생각을 갖고 있는 사람에게, 그리고 "인간은 기계가 아니다"라고 외치는 사람에게, 이
스피노자주의적 발상은 얼마나 당혹스런 것일지(그렇게 생각하면서도 당혹해 하지 않았다면 못 알아본
것이다!). 인간도, TV도, 첼로도, 혹은 나무토막도 모두 양태들일 뿐이다. 인간 내지 자연과의 대립에서
벗어나서 일반화된 의미의 저 '기계'들, 그것은 이웃한 것들과 어떤 관계를 맺는가에 따라 그 본질이 달
라지는 스피노자의 '양태'와 정확하게 동일한 것이다. 그래서일까? 백남준은 TV와 기계들로 첼로를 만
들기도 하고, 자기 자신의 몸으로 첼로를 만들기도 한다. 현과 활, 첼리스트와 적절하게 접속된 공명통,
그것이면 첼로를 정의하기에 충분하다는 것이다.

수밖에 없습니다.

스피노자는 이것처럼 허망한 것은 없다고 합니다. 왜냐하면 아무리 거슬러 올라가도 끝이 없기 때문이지요. 스피노자는 데카르트가 이같은 무한소급을 멈추기 위해 어쩔 수 없이 신을 끌어들인다고—스피노자는 여기서 자신이 '무신론자'라는 것을 슬쩍 드러냅니다—비판합니다. 게다가 무한소급을 따라 이렇게 거슬러 올라갈 때조차도 '이게 다이아몬드인지 유리인지'를 판단하려면 이미 어떤 게 다이아몬드고 어떤 게 유리인지 진리의 기준을 갖고 있어야 하는 겁니다.

이는 사실 과학의 역사에서도 나타납니다. 예를 들어서 뉴턴 시대에 누가 "운동하는 물체의 속도가 빨라지면 그 질량이 늘어난다"고 말했다면 그 말은 거짓이요, 그 사람은 물리학의 ABC도 모르는 사람으로 간주될 겁니다. 왜냐하면 그 시대에는 '질량은 변하지 않는다'는 것이 이미 진리였기 때문입니다. 이 '진리'가 "속도가 빨라지면 질량이 늘어난다"는 말이 참인지 거짓인지를 가르는 기준이 된 겁니다. 상대성이론이 새로 진리의 자리를 차지하고 있는 현대라면 사정은 정반대가 되겠지요.

요컨대 사유와 연장이 실체의 속성이라는 스피노자의 주장은 데카르트적인 문제, 즉 근대철학의 중심이 되는 문제를 애초부터 피해 갑니다. 그런 문제는 스피노자에게서는 제기조차되지 않습니다. 이런 점에서 스피노자는 근대적인 문제설정과 큰 거리를 두고 있는 셈입니다. 한편 그는 역설적으로, 인식을 통해 '진리'에 이르려는 근대적인 주체에게 그건 **목표가 아니라 오히려 출발점임**을 가르쳐 줍니다. 즉 인식에 이르려면 이미 '진리'를 가지고 있어야 한다고 말입니다.

이는 어떤 인식도 진리라고 생각되는 것에 대한 믿음에서 출발한다고 하는 후기 비트겐슈타인의 입장과 비교됩니다. 이런 맥락에서 『에티

(그림 1-17) TV에도 불성이 있습니까?

백남준은 빈번하게 TV 안에 가부좌를 튼 부처의 상을 집어넣는다. 혹은 이 작품처럼 상품과 상품화된 삶이 끊임없이 배어나오는 화면에 낯선 배경을 가진 부처를 등장시키기도 한다. TV가 불법(佛法)과 같은 다른 종류의 삶을 가르치는 기계일 수 있음을 보여주려는 것일까? 아니면 반대로 부처마저도 TV 속에 박제가 되어 갇힌 이 험한 세상을 보여주려는 것일까? 어쨌든 이 작품 「TV 부처」는 조주(趙州) 선사(禪師)의 유명한 화두를 떠올리게 한다.

어떤 스님이 조주 스님에게 물었다. "개에게도 불성이 있습니까?" 조주 스님의 대답, "없다." 아래로는 개미에서 위로는 부처에 이르기까지 모든 것이 불성이 있다고 했는데, 조주 스님은 왜 개에겐 불성이 없다고 했을까?

약간 장난을 해보자. 어떤 스님이 남준 스님에게 물었다. "TV에도 불성이 있습니까?" 남준 스님의 대답, "있다."(이런! TV에도 불성이 있다고?) 다시 스님이 물었다. "언제 성불합니까?" 남준 스님의 대답, "하늘이 땅 위에 내려앉을 때 성불한다." "하늘은 언제 땅 위에 내려앉습니까?" "TV가 성불할 때 내려 앉는다."

카』의 각 부(部)가 '정의'와 '공리'에서 출발하는 것은, 단지 기하학적 형식을 유추해서 쓴 거라기보다는 자기가 참이라고 간주하고 있는 것을 출발점으로 삼고 있음을 인정하는 형식이라고도 하겠습니다.

하지만 그렇다고 스피노자가 진리를 단지 수학적인 공리, 혹은 반대로 자의적인 가정이나 규약 같은 걸로 생각했다고 할 순 없습니다. 여기서 주목할 것은 그가 사용하는 '적합하다'(adaequatus)라는 개념입니다. 진리란 참된 관념이고, 참된 관념은 '적합한 관념'이라고 하지요. 적합한 관념이란 물리적 원인을 있는 그대로 표현하고, 그 원인과 관련된 우리의 상태를 있는 그대로 표상해 주는 관념입니다. 쉽게 말해 올바른 원인을 포함하고 있는 관념입니다. 그런데 스피노자가 말하는 '원인'이란 무엇보다 '작용인'입니다. 즉 결과를 만들어 내는 요인들을 말합니다. 원인에 대한 '적합한' 관념을 갖는다는 것은 바라는 결과를 만들어 낼 수 있는 원인의 관념을 갖는 것이지요. 가령 원에 대한 적합한 관념은 '한 점에 컴퍼스 끝을 꽂고 한 바퀴 빙 돌리는 것'입니다. 이것이면 원을 충분히 그릴 수 있으니까요.

이런 점에서 그가 말한 '적합성'이란 적절한 결과에 도달할 능력을 뜻하고, 그런 점에서 실용적인(pragmatic, 언어학적 맥락에선 '화용론적'이라고 번역됩니다. 후기 비트겐슈타인을 다시 떠올리게 합니다) 것처럼 보입니다. 도달한 결과의 적절성이 관념의 옳고 그름을 확인해 주는 거지요.

다시 돌아가면, 진리란 처음부터 있어야 한다고 했습니다. 판단의 기준이 처음부터 있어야 한다는 겁니다. 그러나 그게 정말 진리인지는 확인할 길이 없습니다. 자신이 옳고 그름의 기준이니까요. 그런 점에선 공리와 같은 것인지도 모릅니다. 그러나 단지 거기에 머물러선 안 됩니다. 실제로 유효한 결과를 만들어낼 수 있어야 합니다. 즉 적합성을 가져야 합니다. 그것은 원인의 관념이 만들어 낸 결과를 처음부터 있는 진리로 소급시켜 진리임을 확인해 주는 경로인 셈입니다. 사실은 이런 결과에 대한 직관적 예감 속에서 최초의 출발점 내지 잣대로 삼았던 것이겠지요.

그렇기에 그의 진리 개념은 단지 데카르트처럼 공리적이고 형식적인 것이 아니며, 또한 자의적이고 규약적인 것도 아닙니다. 적합성을, 실제적인 결과를 만들어 낼 수 있어야 합니다. 그런데 그것은 또 실용적이고 경험적이지만, 공리처럼 형식적인 진리 개념을 출발점으로 도입한다는 점에서, 수학적 추론의 근거로 삼는다는 점에서 경험주의적이지 않습니다. 이런 점에서 스피노자의 진리 개념은 데카르트적인 형식적 개념과도 다르고, 영국의 경험주의자들의 그것과도 다른 고유한 개념입니다. 근본적으로 보면, 그는 관념과 실재를 분리하고 양자의 일치를 확인하려는 지점이 아니라, 현실적이고 실용적인 적합성과 공리적 형식성이 만나는 접점에서, 가장 먼저 도달하고선 소급적으로 확인되는 그런 놀라운 진리 개념을 제안하고 있는 거지요.

결국 이런 점에서 그는 근대철학이 시작되자마자 거기서 벗어난, 근대철학 최초의 반항자요 근대 최초의 '탈근대적' 철학자였던 건 아닐까 생각합니다.

'무의식'의 윤리학

다음으로 스피노자의 윤리학을 보겠습니다. 윤리학은 스피노자에게 독특한 자리를 차지합니다. 스피노자에게 그것은 한마디로 '인간의 문제'를 다루는 영역이었습니다. 스피노자는 인간이 어떻게 작동해서 어떻게 대상을 파악하고, 어떻게 오류를 범하고, 어떻게 감정을 갖거나 감정에 매이게 되고, 어떻게 욕망이라는 것이 생겨나는지, 나아가서 그 욕망을 어떻게 해야 하고, 욕망을 가진 존재로서의 인간이 어떻게 살아야 하는가를 연구하려고 합니다. 이런 관심을 다루는 것이 '윤리학'인 거지요. 스피노자는 이것을 가장 중요한 주제로 생각했던 것 같습니다. 그의 가장 중요한 책 제목이 『에티카』('윤리학'이란 뜻입니다)인 것을 보면 이는 상당히 설득력을 갖습니다. 사실 스피노자의 문제설정에서는 근대철학의 꽃이었던 인식론이 따로 독립되어 있다고조차 하기 어렵습니다.

또한 스피노자는 정치적으로 굉장히 급진적인 사람이었고, 그래서 자유주의와 공화주의를 근본적인 형태로 주장하는 급진적인 정치철학 책을 쓰기도 했습니다(『신학-정치학 논고』). 그가 윤리학을 중심으로 사고한 것도 따지고 보면 그가 정치철학, 인간의 삶에 대해 강한 문제의식을 갖고 있었다는 사실과 무관하진 않을 것 같습니다.

스피노자 윤리학은 한마디로 말하면 만남의 윤리학입니다. 스피노자는 모든 것을 양태(mode)라고 한다고 했지요? 실체가 양태화된 것이지만, 각각의 양태는 다른 양태와 구별됩니다. 여기 있는 제가 거기 있는 여러분과 구별되고, 이 책이나 컴퓨터, 저기 있는 나무와 구별됩니다. 삶이란 이런 양태들 간의 만남의 과정입니다. 강의란 제가 여러분과 특정한 양상(modality)으로 만나는 것이고, 공부란 제가 이 책과 만나는 것이며, 글을 쓰는 행위는 제가 컴퓨터와 만나서 이루어집니다. 먹는다는 것은 제가 음식이란 양태와 만나는 것이지요.

그런데 만남에는 좋은 만남과 나쁜 만남이 있습니다. 제가 여기서 이리 떠들고 있는데, 여러분이 재미없고 졸리기만 한다면, 그건 나쁜 강의, 나쁜 만남이고, 즐겁게 듣거나 뭔가 꽂히는 게 있어서 몰두하여 듣는다면, 그건 좋은 강의, 좋은 만남입니다. '좋다'/'나쁘다'는 양태들마다 다를 수 있습니다. 재미있고 얻는 게 있는 분에겐 좋은 강의일 테지만, 반대로 뭔 소리야 싶어서 졸음만 오는 분에겐 나쁜 강의겠지요. 따라서 좋다/나쁘다는 건 양태마다 다른데, 제게 '좋다'는 것은 제가 만난 어떤 양태로 인해 제 능력의 증가가 발생하는 것을 뜻합니다. 그렇게 능력의 증가가 발생할 때 '기쁨'이란 감응(affectus)이 발생합니다. 반면 능력의 감소를 야기하는 만남도 있습니다. 제가 상한 우유를 먹는다거나, 두통을 앓으면서 커피를 마시는 경우 제 신체적 능력은 감소합니다. 청산가리를 먹었다면, 치명적으로 감소하여 죽게 될 겁니다. 그처럼 능력의 감소가 발생할 때엔 '슬픔'이란 감응이 나타납니다. 분노나 우울 등의 여러 감정들은 모두 슬픔의 감응의 일종입니다.

이런 점에서 스피노자는 모든 감정들을 기쁨과 슬픔이란 두 개의 감응에 따라 나눕니다. 윤리란 좋은 삶을 사는 방법입니다. 좋은 삶이란 나쁜 만남을 최소화하고 좋은 만남을 최대화하는 것입니다. 이 좋음/나쁨이 스피노자 윤리학의 기본 범주입니다. 이는 '선/악'이라는 도덕(moral)의 범주와 비슷해 보이겠지만 아주 다른 것입니다. 상한 우유를 먹는 건 몸에 나쁜 것이 되지만, '악'이라고 할 순 없지요. 좋은 만남이란 앞서 말했듯이 능력의 증가를 야기하는 만남, 기쁨의 감응을 산출하는 만남을 행하는 것입니다. 또한 피할 수 없을지라도 슬픔의 감응을 야기하는 만남을 최소화하는 게 덜 나쁜 삶이겠지요. 따라서 스피노자 윤리학의 핵심은 간단합니다. 기쁨의 감응을 야기하는 양태와의 만남을 지향하는 행위가 그것입니다. 이를 '기쁨의 윤리학'이라고 명명할 수 있을 겁니다.

우리의 신체와 영혼은 이처럼 신체의 능력을 증가시키려는 삶을 추구합니다. 어떤 양태도 자신의 존재를 지속하려는 힘이, 그런 성향이 있기 때문입니다. 다들 좀더 생명을 지속하고 싶어 하잖아요? "죽고 싶어"

라고 하는 말조차 대개는 "살고 싶은데 지금 너무 힘드니 도와줘!"라는 호소지요. 그래서 자살하려는 이들은 끊임없이 자살할 거라는 메시지를 보낸다고 합니다. 그걸 잘 들어 주어야 합니다.

존재를 지속하려는 성향은 단지 인간에게만 고유한 건 아니지요. 동물이나 식물은 물론 심지어 무생물에게도 있습니다. '관성'이 바로 그런 거지요. 멈춘 것은 계속 멈춘 채 있고자 하고, 운동하는 것은 계속 운동하려는 성향, 그게 관성이지요. 존재를 지속한다는 것은 존재할 능력을 유지하고 확장하는 겁니다. 신체나 영혼의 능력을 증가시키는 건 그런 점에서 존재를 지속하는 데 필요한 겁니다. 반면 능력의 감소는 그대로 두면 존재의 지속이 곤란해지는 지점에 이르게 됩니다. 병든 신체를 그냥 두면 죽음에 이르게 되는 것처럼 말입니다.

그렇기에 모든 양태는 존재를 지속하려고 하는 한, 능력의 증가를 추구하게 될 겁니다. 그게 기쁨의 감응을 산출해 주는 것이니, 기쁨의 윤리학은 양태의 본성에 부합한다고 하겠습니다. 여기서 존재를 지속하려는 이 성향 내지 '노력'을 스피노자는 '코나투스'라고 명명합니다. 이런 점에서 보면 윤리학이란 코나투스가 추동해 가는 것이라고 해도 좋을 겁니다. 그런데 코나투스는 신체와 영혼의 상태를 합치시키려는 힘이기도 합니다. 인간은 기본적으로 육체와 영혼으로 나누어지며 이 양자는 서로 합일적(통일적)이라는 것입니다. 육체는 라틴어로 코르푸스(corpus), 영혼은 멘스(mens)라고 합니다. 앞의 말은 영어나 불어에서 육체·신체를 뜻하는 corps의 어원이고, 뒤의 말은 mental·mentality(mentalité)처럼 정신·영혼과 관련된 말의 어원이지요. 알튀세르는 mens란 말은 영혼이나 정신으로 흔히 번역되지만 그런 식으로 번역될 수 있는 말이 아니라고 하면서, corpus와 마찬가지로 일종의 '힘'(fortitudo)이라고 합니다(알튀세

(그림 1-18) 어떤 것도 될 수 있는

영국 화가 베이컨(Francis Bacon, 1909~92)의 「조지 다이어의 세 연구」*Three Studies of George Dyer*라는 작품이다. 베이컨은 언제나 이처럼 사람의 모습을 정육점에 매달린 고깃덩어리로 만들어 버린다. 얼굴은 뭉개지고, 눈·코·입은 뒤섞인다. 모든 기관은 자신의 정해진 자리에서 벗어나 다른 것과 혼합된다. 이렇게 뭉개고 섞는 작업을 극한으로 밀어붙인다면 어떻게 될까? 모든 것이 고르게 섞인 하나의 알(卵)이 되지 않을까? 사실 우리는 모두 그 알을 거쳐서 나왔다. 수정란, 거기에는 어떤 기관도 없다. 그것의 표면은 어떤 자극이 어떤 강렬도로 새겨지는가에 따라 다르게 변용되며 다른 기관이 된다. 손과 발, 눈과 코가 그렇게 만들어진 것이다. 그렇다면 지금 우리의 표면은 어떨까? 손은 수저와 접속하면 밥을 뜨지만, 펜과 접속하면 글을 쓰고, 운전대와 접속하면 자동차를 몬다. 그것은 근육과 피부에 다른 힘과 에너지의 분포를, 다른 강렬도의 분포를 통해서 그렇게 다른 일을 하는 다른 '양태', 다른 '기계'가 된다. 식사-기계와 글쓰는-기계, 운전-기계, 여기에 대체 공통된 하나의 본질이 있을까? 정해진 본질이 없으며, 어떤 것(양태)도 될 수 있는 잠재적 상태, 그것이 바로 베이컨의 알-신체고, 스피노자의 알-실체다.

르, 앞의 글).

실제로 『에티카』를 보면 육체와 정신을 모두 힘으로 정의하고 있으며, 이 '힘'을 가장 중요한 원리로 설정하고 있습니다. 들뢰즈에 따르면, 앞에서도 이야기했지만 '표현'이라는 말이 중요한 위치를 차지합니다. 실체가 자신을 양태들로 '표현한다'고 할 때, '표현한다'는 말은 여기선 '활동한다' '산출한다'는 뜻입니다(들뢰즈, 앞의 책).

스피노자가 윤리학을 연구하는 기본원리는 '육체는 정신과 합일적이다'라는 명제입니다. 즉 육체와 정신의 결합체로서 인간에게는 양자를 합일(통일)시키려는 **코나투스**(conatus)라는 것이 있다고 합니다. 이것은 어떤 상태를 '지속하려는 힘'이라고 합니다. 이 힘은 인간에게만이 아니라 실체의 양태인 모든 것들, 즉 모든 개체들에 다 있다고 합니다. 예컨대 멈춰 있던 것을 계속 멈춘 상태에 두려고 하는 것, 운동하는 것을 계속 운동하려는 상태에 두려고 하는 것—'관성'이 이런 힘의 대표적인 것이지요—을 일러 코나투스라고 합니다(국역본에서는 '노력'이라고 번역되어 있는데[강영계 역, 『에티카』, 서광사], 이는 의식적인 활동이란 의미가 강하게 포함되어 있어서 적당하지 않습니다. 예컨대 '관성'처럼 의식과는 직접 관련이 없는 어떤 '힘'을 가리킵니다).

마찬가지로 인간에게도 육체와 영혼을 일치(합일)시키려는 힘이, 즉 코나투스가 있다고 합니다. 도식적인 예를 빌리면, 제가 넥타이를 매고 강단에 섰을 때와 운동화를 신고 공을 하나 들고 운동장에 서 있을 때의 정신적 힘(mens)은 달라진다는 것입니다. 마찬가지로 정시에 출근해 공장에서 기계에 맞춰 일을 하는 사람과 유치원에서 아이를 가르치는 사람의 멘탈리티 역시 달라진다고 할 수 있습니다.

이처럼 정신적 힘은 육체가 어떤 상태에 있느냐에 따라 그에 맞추어

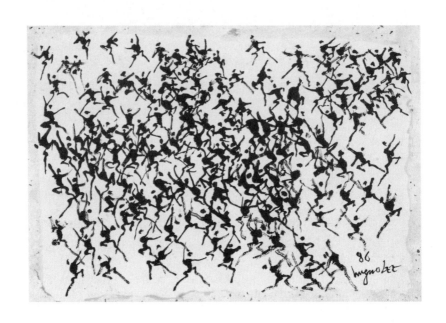

(그림 1-19) 이응노, 「군상」

이응노는 후기에 이처럼 하나의 흐름을 이루는 인간들의 군상을 주로 그렸다. 종종 대중(mass)이라는 말로 불리는 이런 군상은 어떤 때는 하나의 집합체를 이루기도 하고, 어떤 때는 그 집합체에서 벗어나는 흐름을, 그리하여 다른 집합체로 변환되는 흐름을 이루기도 한다. 무리(衆)지어 사는(生) 이 모든 것을 '중생'이라고 해도 좋을 것이다. 사실 학교든 가족이든, 문학이든 철학이든, 모든 개체들은 둘 이상의 대중들로 만들어진 집합적 구성물이다. 그래서 독신자 같은 개인조차도 항상-이미 다른 사람들과의 관계를 포함하고 있는 '군상'이고 '중생'이다. 이는 생물학적으로도 그렇다. 내 몸은 10조 개의 세포들로 이루어진 집합적 구성물이고, 시시각각 태어나고 죽으며 변하는 '중생'들의 집합체다. 스피노자는 모든 개체를 이러한 집합체로, '중생'으로 본다. 따라서 개인과 집단, 개체와 집합체 간의 대립은 스피노자의 사상에선 존재하지 않는다(사진제공, (주)가나아트 갤러리).

변하며, 반대로 정신적 상태에 따라 육체가 맞춰 변하기도 한다는 것입니다. 이처럼 육체와 정신을 합일시키고 일치시키는 무의식적인 힘이 바로 '코나투스'지요.

이 코나투스가 정신과 관련되면 '의지'라고 불리고, 육체와 정신에 동시에 관련되면 '욕망'이라고 불린다고 합니다. 예컨대 빠삐용처럼 갇힌 상태를 벗어나려는 강렬하고 끝없는 '의지'를 생각할 수 있겠습니다. 그 의지는 육체를 움직여냅니다. 계속 잡히고, 잡히는 횟수가 늘 때마다 고통과 신체구속은 더해 가는데도 그는 결코 포기하지 않지요. '욕망'이라면 얼른 떠오르는 것은 성욕, 식욕이지요. 이는 일단 육체를 어떤 상태로 지속시키려는 욕구인데, 이러한 육체의 욕구에 따라서 정신적으로 성욕이나 식욕을 채우려는 힘이 발생하지요. 이처럼 육체와 정신을 합일시키려는 힘(코나투스)을 중심으로 스피노자는 윤리학의 문제를 연구합니다 (이러한 코나투스 개념은 동양철학에서 말하는 기氣란 개념을 서양철학의 언어로 이해하는 데 가장 근사적인 것이 아닌가 생각합니다).

따라서 데카르트라면 당연히 이성의 통제 아래 두려고 할 이 '욕망'이 스피노자에겐 바로 인간의 본질을 이루는 게 됩니다. 육체와 정신을 합일시키려는 힘으로서 코나투스가 인간의 본질이라고 말하는 셈이니 말입니다. 따라서 스피노자는 데카르트처럼 그것을 억누르거나 통제하려고 하지 않습니다. 아니 억제하거나 통제하려는 것은 어쩌면 소용없는 것인지도 모릅니다. 프로이트라면 이 점에 관해 훨씬 더 설득력 있는 얘기를 하고 있지요.

한편 스피노자는 이 욕망이라는 것이 타자에 의존한다고 말합니다. 왜냐하면 욕망 역시 하나의 '양태'로서 타자에 의존하는 것이기 때문입니다(좀더 정확하게 말하면 '유한양태'라는 개념을 사용해야 합니다. 스피노자에게 유한하다는 것은 다른 것에 의존한다는 것과 동일합니다. 그리고 양태 들 각각은 모두 유한한 양태[유한양태]입니다. 어떤 개체가 취하는 모습[양 태]은 다른 것과의 관계 속에서, 다른 것에 의존해서 만들어지는 것이란 말입니다). 이것을 제 식으로 해석하면, 인간의 욕망은 다른 인간과의 특 정한 관계 속에서 만들어진다는 것입니다.

인간의 욕망이 이처럼 타자와의 관계 속에서 만들어진다는 말은 인 간의 욕망이 변화될 수 있다는 것을 의미합니다. 그렇다면 데카르트처럼 이성에 의해 욕망을 통제하고 억압하는 게 아니라 인간관계를 바꿈으로 써, 즉 **욕망을 만들어내는 조건을 바꿈으로써 욕망 자체를 전환시키는 게 훨씬 더 현실적으로 중요**한 게 됩니다. 인간 간의 관계를 바꿈으로써 욕망 자체 를 바꾸려고 해야지, 욕망을 억누르려고 하면 아무것도 안 된다는 것입니 다. 이런 점에서 스피노자는 데카르트의 윤리학적 계몽주의와는 전혀 상 반되는 길을 제시하고 있습니다.

이상과 같은 의미를 종합해 볼 때 스피노자의 '코나투스'란 일종의 '무의식'이라고 할 수 있을 것 같습니다. 이를 저는 정신-육체의 합일 속 에서 파악된 새로운 무의식 개념으로 이해하고 싶습니다. 그러나 이는 프 로이트가 말하는 것과는 매우 다른 것으로서, 제 식으로 말하자면 일종의 **생체무의식**이라고 하고 싶습니다.

이런 맥락에서 우리는 꿈에 대한 스피노자의 이야기도 이해할 수 있 을 겁니다. 그에 따르면 내가 꿈을 꾼다는 것은 내 의식과는 무관하게 내 육체와 정신의 상태 속에서 나오는 것이고, 내가 그것을 의식하지 못한 다고 하더라도 그것은 내 안에서 작동한다고 합니다. 이러한 것들이 이후 프로이트의 이론에서 매우 중요한 역할을 하게 된다는 건 대개 다 알고 계실 겁니다. 이런 점에서 스피노자의 '윤리학'은 무의식 개념에 의해 인간의 행동과 정서, 욕망과 정신 등을 사고하려 했던 결코 근대적이지 않은 사고를 보여준다고 할 수 있습니다.

스피노자의 탈근대적 '이탈'

이상에서 본 것처럼 스피노자는 데카르트의 영향 아래 철학적 사고를 시작했지만, 데카르트가 열었던 근대적 문제설정에서 크게 벗어나고 있습니다. 데카르트가 명시적으로 보여주었던, 그리고 과학에 대한 신뢰 뒷편에 자리잡고 있던 근대적인 '반자연주의'에 대해 스피노자는 명확하게 반대의 깃발을 내건 셈입니다. 또한 주체를 대상에서 분리해내며, 그 '주체'를 사고와 판단의 중심으로, 나아가 세계의 중심으로 삼으려고 했던 '주체철학적인' 문제설정에서 애시당초 벗어난다는 것도 이미 살펴보았습니다. 이럼으로써 주체-객체(대상)의 일치라는 문제 자체가 스피노자에겐 제기되지 않으며, 나아가 인식이 진리를 제공하리라는 근대철학적 신념과 달리 차라리 진리가 인식에 앞서, 판단에 앞서 존재해야 한다는 역설을 지적함으로써 근대적 인식론에서 완전히 이탈합니다.

　나아가 인간의 육체적 힘과 정신적 힘을 통일시키는 '코나투스'란 개념을 통해, 그리하여 의식으로 파악되지 않는 무의식적 힘을 통해 인간의 삶과 욕망 등 '윤리학'의 문제를 파악합니다. 이런 독특한 방식은 '나'란 곧 '생각하는 나', 즉 의식과 동일시되는 '나'를 뜻하던 데카르트의 사고와는 매우 다른 것이며, 이후 보겠지만 근대적 사고 전반과는 전혀 다른 길을 걸어가는 것이었습니다. 이런 것에 비한다면, 스피노자가 욕망이나 정념에 대한 통제를 뜻하는 윤리학적 계몽주의와 다른 길을 간다는 것은 그리 대단한 일이 아닌 것 같습니다.

이런 의미에서 스피노자는 근대철학이 낳은 근대철학 최초의 '이탈자'요 반항자인 셈입니다. 즉 스피노자는 **근대 최초의 '탈근대인'**이었던 것입니다. 이같은 특징은 이후 다른 근대철학자들의 사상을 살펴보면 더욱 두드러지게 보일 것입니다.

이후 스피노자가 근대철학의 중심에 들어가는 것은 결코 쉬운 일이 아니었습니다. 그의 독창적이고 탁월한 사상에도 불구하고 그는 근대철학자들로부터 이른바 '죽은 개' 취급을 당합니다. 그의 철학이 갖는 탈근대적 성격을 생각해 볼 때, 더구나 그게 근대철학의 독립이 성취된 직후의 일이었음을 생각해 볼 때, 어찌 보면 이는 당연한 일이었는지도 모르겠습니다. 네그리의 말마따나 스피노자는 근대적 문제설정 안에서는 결코 이해될 수 없는 하나의 '변종'(anomalie)이었던 것입니다(네그리, 『야성적 변종』*L'Anomalie sauvage*).

물론 나중에 스피노자주의자임을 자처하고 나선 사람들이 있어서 스피노자가 다시 철학의 중심으로 진입하기는 합니다. 그건 특히 셸링이나 헤겔에 의해 그렇게 되는데, 이를 위해 스피노자의 철학은 근대적인 형태로 전환되고 자신이 가장 반대했던 목적론으로 바뀌는 대가를 치러야 했습니다. 예컨대 실체와 속성이란 개념은 주체/객체의 동일성을 입증하는 개념적 수단이 되고, 실체와 양태는 절대정신과 그것의 외화(소외)라는 개념으로 변형됩니다(이에 대해선 헤겔을 다루면서 다시 언급하겠습니다).

결국 스피노자가 근대철학의 중심으로 들어가기 위해선 자신이 처음부터 분명히 벗어났던 근대적 철학으로 변형됨으로써 가능했던 것입니다. 반면 근대적 사고방식에 대한 비판 속에서 등장한 탈근대적 철학자들이 스피노자에게서 그 중요한 자원을 발견하는 것은 이런 점에서 보면 오히려 쉽게 이해할 수 있을 것입니다.

제2부

유명론과 경험주의
― 근대철학의 동요와 위기

1. 유명론과 경험주의

실재론과 유명론

근대철학의 다음 장은 경험주의라고 불리는 철학적 흐름입니다. 이는 주로 영국에서 발달했고, 지금까지도 영국와 미국을 중심으로 독자적인 흐름을 형성하고 있습니다. 그들의 사고방식을 한마디로 요약하면 "인식주체의 경험이 지식의 연원이자 진리의 근거"라는 것입니다.

철학사에서 이런 경험주의의 중요한 사상가로 꼽히는 사람은 아시다시피 베이컨과 로크, 버클리와 흄입니다. 그러나 경험의 중요성을 얘기한 것으로 경험주의 사상가가 될 수 있는 게 아니라면, 베이컨은 흔히 알고 있는 이 사상가들의 반열에 오르기는 어려울 것 같습니다. 러셀조차도 "베이컨은 자신이 과학에 대해 그토록 강조했으나 사실은 당시의 가장 중요하고 일반적인 과학적 지식도 갖지 못했다"고 비판하고 있습니다(반면 『리바이어던』*Leviathan*으로 유명한 정치사상가 홉스는 오히려 이런 철학적 전통을 만들어내는 데 매우 중요한 역할을 합니다. 이는 '유명론'이라고 불리는, 경험주의의 모태와 관계된 것입니다).

여기서 경험주의의 주장을 단순히 요약하는 것은 별로 의미가 없을 것 같습니다. 차라리 경험주의를 이전의 철학적 전통과의 연관 속에서 다루고, 그것이 데카르트가 세운 근대철학적 문제설정과 어떤 관계에 있는지 검토하는 게 유용할 것 같습니다. 이런 맥락에서 저는 경험주의 철학을 '유명론'과 근대철학의 긴장 관계 속에서 다루려고 합니다.

유명론(唯名論)은 영어로 nominalism이라고 합니다. 여기서 nom은 이름이란 뜻입니다. 이름을 뜻하는 라틴어 nomen/nominis에서 나온 말인데, 영어에서 명사를 가리키는 noun이나 이름이란 뜻의 프랑스어 nom이 이 말에서 나온 것입니다. nominal은 '명목적인'이란 의미고요. 그래서 nomialism은 '명목론'(名目論) 혹은 '유명론'이라고 번역하지요.

유명론이란 한마디로 말해 '오직 이름일 뿐'이란 뜻입니다. 무엇이 '오직 이름일 뿐'인가? 중요한 건 바로 이것인데, '보편적인 것'(the general)은 오직 이름뿐이란 주장입니다. 예를 들어 '인간'이란 말을 생각해 봅시다. 지금 이 자리에 계신 분 가운데 '인간'이 아닌 분 있으면 손들어 보세요―아무도 없군요. 그렇다면 지금 이 자리에는 백 명 남짓의 '인간'들이 있는 것입니다. 그 중 저도 인간이고, 저기 있는 저분도 인간이고, 저 뒤에 있는 저분들 역시 인간임에 틀림없습니다. 그렇다면 이 강의실에 '인간'이 있다고 말할 수 있는 걸까요? 매우 어리석은 질문 같습니다만, 철학자들은 대개 이런 어리석어 보이고 당연해 보이는 문제를 갖고 붙들고 늘어지거나 때론 논쟁하기도 하지요.

그러나 이 문제는 매우 중요한 질문입니다. 특히 중세의 수도원에서 연구하던 중세 신학자나 철학자들에겐 말입니다. 그들 가운데 한 부류는 이렇게 말합니다. "지금 이 자리에 '인간'이란 존재는 없다. 다만 김xx라는 개인, 이xx라는 개인, 최xx라는 개인들만 있을 뿐이다. '인간'이란 그 개인들에 붙인 이름일 뿐이다."

그러나 다른 부류의 사람들은 반대로 말합니다. "여기 있는 모든 개인이 바로 인간 아닌가? 그렇다면 이 자리에 인간이 있다는 사실을 누가 감히 부정할 수 있을 것인가? 따라서 '인간'이라는 보편자(보편적인 것)는 분명히 존재한다."

여기서 전자는 보편적인 것(예컨대 '인간')은 오직 이름일 뿐이라고 주장하기 때문에 '유명론'이라 하고, 후자는 보편이 실재한다고 주장하기 때문에 '실재론'(realism)이라고 합니다. 이들 두 입장은 중세 후기에 접어들면서 나타나는데, 나중에 중세철학에서 가장 중요한 논쟁의 하나가 됩니다(주의할 것은 근대에 와서 물질이 실재한다는 주장 역시 유물론 혹은 '실재론'이라고 불리는데, 이것과 혼동하지 않는 것입니다).

그럼 이런 주장이 왜 문제가 되는가? 여기서 잠시 상상력을 동원해 봅시다.

그리 오래지 않은 옛날, 프랑스에 어떤 미련스럽게 우직한 철학자가 있었습니다. 그는 당시 중세철학의 가장 큰 논쟁인 실재론과 유명론 간의 논쟁에 큰 관심을 갖고 있었지요. 그는 '보편이란 게 실재한다'는 실재론자의 주장이 옳다고 확신했어요. 그래서 그것을 예증하려고 했지요. 그래서 그는 악마를 찾아내려고 마음을 먹었어요. 일단 어디 가야 찾을 수 있는지 알아야겠어서 도시의 수도원을 찾아가 신부들에게 물었지요. 악마는 대체 어디 있느냐고. 또 어떻게 생겼느냐고. 그걸 잡으려면 무엇이 필요한지도 말입니다.

수도사는 두 부류가 있었다더군요. 진지하게 자기가 본 악마의 모습을 설명해주면서, 그걸 잡으려면 손바닥에 꼭 맞는 검은 십자가와 마늘 두 쪽이 있어야 한다고 가르쳐주던 사람이 그 한 부류를 대표했지요. 다른 한 부류는 그건 하늘나라에 있으니 당신이 찾을 순 없을 거라고 하더라는 거예요.

그러나 우직한 철학자는 악마가 인간이 사는 이 세상에 존재하지 않는다면 인간 사회에 존재하는 악을 설명할 수 없을 거라고 생각해서 실제로 악마를 찾아나섰다더군요. 음습한 늪지를 돌아다니기도 하고 한없이 깊은 동굴을 찾아다니기도 했으나 결국 악마를 찾지 못했다는 거예요. 늙어서 힘도 빠진데다 굶주림에 지친 그는 어느 한 마을의 부잣집을 찾아갔지요. 지친 몸과 마음을 회복할 때까지 좀 먹고 쉬게 해달라고 말입니다. 그러나 그 집 주인은 늙고 병든 걸인이라 생각해서 물을 끼얹으면서 내쫓았다더군요. 그때 그는 발견했던 겁니다. 바로 악마의 모습을. 급하게 검은 십자가와 마늘 두 쪽을 꺼내들고는 악마를 향해 저주의 주문을 외웠지요. 그러나 그의 눈앞에는 굳게 닫혀진 대문만 있었을 뿐이었지요. 동네를 돌며 떠들고 다녔지만, 그 집 주인이 악마라는 말을 누구도 믿어주지 않았어요. 어쩔 수 없이 그는 젖은 어깨를 축 늘어뜨린 채 그 마을의 수도원을 찾았지요. 다행히 수도원에서 쫓겨나진 않았다고 하더군요.

그런데 그는 수도원에서 밤에 화장실을 가다가 어떤 수녀를 능욕하는 악마의 모습을 보았다는 거예요. 그러나 그때는 십자가와 마늘이 없었기 때문에 그냥 소리를 질렀다더군요. '악마다!'라고. 모든 사람들이 한밤중에 뛰쳐나왔지요. 그러나 그것은 악마가 아니라 어여쁜 수녀와 데이트를 하던 바람난 신부였던 거예요. 그 당시 이런 일은 수도원에선 흔히 있는 일이었으나, 공개되면 창피를 당할까봐 수도원은 새로이 악마를 보내어 그를 달래더라고 하더군요. 많은 돈을 주면서 말이에요. 그런데 사람들은 이 악마를 수도원장이라고 부르더라는 거예요.

결국 그는 크게 깨닫고 악마 찾는 일을 중단한 채 고향으로 돌아오고 말았지요. 악마는 따로 존재하는 게 아니라, 인간의 내면에 깊숙이 숨어 있다는 것을 깨닫고 말입니다. 악마라고 불리는 존재가 따로 있는 게 아니라 단지 여러 개인들 속에 존재하는 공통된 특징을 묶어서 가리키는 이름임을 깨달았던 거지요. 그래서 그는 그 뒤 유명한 유명론자가 되었다고 하더군요. 물론 그 결과 교회에서 파문당하고 말았지만, 그것이 그의 신념을 꺾어놓진 못했다고 해요.

보편 논쟁

이렇듯 보편 개념은 단지 이름일 뿐이라고 보는 것이 유명론이고, 보편 개념이 실재한다고 보는 것이 실재론입니다. 그 이견의 뿌리는 고대철학까지, 플라톤과 아리스토텔레스에게까지 거슬러 올라갑니다. 실재론적 입장은 플라톤 이래 주된 흐름이 되었습니다. 플라톤은 '이데아'의 세계가 실재하고, 인간의 지식이란 그 이데아 세계에 대한 기억이며, 따라서 진리란 그 '기억'을 되살려 이데아의 세계에 다시 도달하는 것이라고 생각했습니다. 따라서 이데아라는 보편 개념은 실재하는 것이며, 모든 보편 개념은 이데아의 세계에 근거하고 있기에 역시 실재하는 것으로 생각되었지요. 이런 점에서 플라톤은 강력한 실재론의 입장을 견지하고 있었던 셈입니다.

　반면 유명론은 이름에 걸맞은 입장이 분명하진 않았던 것 같습니다. 다만 아리스토텔레스 이래 플라톤의 강한 실재론에 대해 의문이란 형태로 그 단서들이 있었던 것 같습니다. 이런 의문을 요약하여 다시 제기한 사람이 있었습니다. 바로 포르피리오스(Porphyrios)인데, 이 사람은 신플라톤주의자인 플로티노스(Plotinos)의 제자입니다. 그는 아리스토텔레스의 『범주론』을 해설하면서 다음과 같이 쓰고 있습니다.

　"유(類)나 종(種)에 대해서 과연 이것이 실제로 존재하는지 아니면 머릿속에서만 존재하는지, 나아가서 이것이 존재한다면 정신적인 것인지 물질적인 것인지, 또는 감각적인 사물과 별개의 것인지, 아니면 감각적인 존재에 부수적인 것인지"는 아직 해결되지 않은 문제다. "이것은 굉장히 깊은 연구를 필요로 하는데, 나는 문제 제기만 하고 정리는 못하겠다"(『중세철학사』, 민음사, 1985에서 재인용).

포르피리오스의 이 책은 보에티우스(Boethius)의 번역본을 통해 중세 사회에 알려지는데(이것이 그 이후에 큰 영향을 미칩니다)거기서 보에티우스는 '보편자'가 더 한층 현실적이라고 보는 입장을 '실재론'이라고 하고, 반대로 '개별자'만이 현실적이고 '보편자'란 우리의 지적 능력 속에만 존재하는 명목적인 것이라고 보는 입장을 '유명론'이라고 합니다.

중세철학은 앞서 말했듯이 아우구스티누스의 영향 아래 있었습니다. 특히 중반기까지 그 영향력은 거의 절대적이었지요. 아우구스티누스의 철학이 신플라톤주의에 입각한 것이었고, 이데아 자리에 신의 개념을 대신 갖다놓은 것임도 앞서 말했지요. 그러니 중세철학의 전반기를 지배한 것은 플라톤 철학이었다고 할 수 있습니다. 다시 말해 실재론이 지배적인 경향이었습니다. 사실 신학적 사고방식 속에서는 유명론을 받아들이기 힘듭니다. 극단적인 경우, 자칫 신이란 존재를 '오직 이름뿐인 것'으로 간주할 위험마저 있기 때문이지요.

그러나 인간의 지식이 성장함에 따라 플라톤식의 논리를 빌린 신학으로는 점점 감당하기 어려운 문제들이 나타나게 됩니다. 자연에 대한 관찰이나 지식을 성서의 내용과 신학체계 안에서 새로이 설명할 수 있는 이론적 틀이 필요하게 된 것도 그래서입니다. 이에 힘을 준 게 바로 아리스토텔레스의 철학이었습니다. 거기서는 플라톤과 달리 이데아 세계가 따로 있는 게 아니라 모든 사물 속에 들어 있다(형상)고 합니다. 이런 사고를 빌려 '스콜라철학'이 탄생하게 됩니다. 토마스 아퀴나스는 여기에 결정적인 역할을 한 사람이지요. 여하튼 이런 새로운 조류가 만들어지면서 보편자가 따로 있는 게 아니라는 생각이 나타나게 되는데, 이것이 훗날 유명론으로 이어집니다.

'보편논쟁'이라 불리는 논쟁을 통해서 유명론은 비로소 자기 이름을 얻게 됩니다. 이 논쟁은 짐작하다시피, 실재론자와 유명론자 들이 싸운 것입니다. 말할 것도 없이 대부분의 신학자들은 실재론자들에 해당되는데, 신(보편자)이 세상을 창조한 것이며, 개별자들은 신에 의해서 만들어지고 죽으면 다시 신에게로 돌아간다고 말합니다. 그래서 이들은 라틴어로 universalis ante res, 즉 "보편이 앞선다"("보편이 먼저다")라고 말합니다. 에우리게나, 안셀무스, 기욤 드 샹포라는 사람이 대표적인 실재론자이지요.

안셀무스는 신의 본체론적인 증명으로 유명한 사람입니다. 그는 "신은 '완전한 존재'다. 존재라는 속성이 없다면 그건 불완전한 것이다. 따라서 완전한 존재는 존재를 속성으로 가져야 한다. 그러므로 완전한 존재인 신은 존재를 속성으로 갖는다. 따라서 신은 존재한다"고 논증합니다. 이런 방식으로 신을 증명하는 것을 '본체론적 증명'(ontological proof 혹은 '존재론적 증명')이라고 합니다. 여기서도 알 수 있듯이, 그는 '신=완전한 존재'라는 개념정의에서 신의 존재를 끄집어낼 정도로 강한 실재론자였습니다.

기욤은 좀더 극단적입니다. 그에 따르면 보편적인 실재인 '인간다움'이 먼저 존재하는 것이며, 이것이 개개의 실재에 내재하게 되는 것이라고 합니다. '인간다움'을 생각하지 않고 신이 어떻게 사람을 창조할 수 있었겠느냐는 거지요.

반대로 유명론자들은 매우 소수의 사람들로 제한되어 있었는데, 이는 무엇보다 교회 입장에서는 유명론을 허용하기가 곤란했기 때문입니다. 그들의 주장은 한마디로 universalis post res, 즉 "보편이 뒤따른다"("보편이 나중이다")라는 것입니다. 대표적인 사람으로는 우선 로스켈리누스(Roscellinus)와 아벨라르두스(Abaelardus)를 들 수 있습니다.

로스켈리누스는 유명론을 본격적으로 주장하다가 매우 고생한 사람입니다. 그에 따르면 예컨대 '흰 것'(보편)이 있다고 하는 것은 흰 박스나 흰 테이블 같은 개개의 개체가 있는 것이지, 흰 박스나 흰 테이블 등과는 별도로 '흰 것'이 따로 존재하는 것은 아니라고 합니다. 여기까진 그럭저럭 좋았지요. 하지만 그는 여기서 더 나아갑니다. 이런 견해를 '신'과 '삼위일체'에까지 적용합니다. 그는 "신이란 개별적으로 존재하는 세 가지 신적 존재─성부와 성자와 성신─의 결합인데, 사실은 이 세 가지 신적 존재의 공통된 특징에 이름을 붙인 것이다"라고 주장합니다. 한마디로 신이란 이름에 불과하다는 주장이니, 중세에, 그것도 수도원에서 이런 주장을 하고도 살아남으려면 목이 몇 개 있어도 모자랄 것입니다. 게다가 그는 "신이란 이름일 뿐이고, 실상은 성부와 성자와 성신이란 세 명의 신이 있는 것이다"라고 합니다. 중세에 이런 이야기를 했으니 교황청에서 가만 있었겠습니까? 그 뒤에 감금되고 쫓겨나고 도망다니고……. 그래도 즉각 화형당하지 않은 건 정말 신의 은총이었을 겁니다. 그 이후 유명론은 오랫동안 크게 대두하지 못합니다.

아벨라르두스 역시 유명한 유명론잡니다. 그는 엘로이즈와의 연애 사건으로 더 유명한 사람이죠. 엘로이즈는 파리의 한 주교의 조카딸인데 그는 이 여자를 유혹해서 도주했다가, 그 여자 집안의 무사들에게 잡혀 손목을 잘리우고 수도원에서 은둔생활을 하다 죽었지요. 낭만적인 프랑스인들은 그가 죽은 지 700년이 지나고 나서 엘로이즈와 그를 합장해 주었다고 합니다.

아벨라르두스는 원래 실재론자인 기욤과 유명론자인 로스켈리누스 모두에게서 배웠습니다. 그러다 보니 그는 두 주장의 강점과 약점을 다 알게 되었고, 따라서 두 가지 모두를 넘어설 수 있는 유리한 위치에 설 수 있었습니다. 그는 기욤과 로스켈리누스 모두 잘못되었다고 합니다. 기욤 말처럼 '인간다움'이 실재하는 건 아니지만, 그렇다고 로스켈리누스처럼 '인간다움'이란 없다는 주장도 지나친 것이라고 합니다. 만약 그렇다면 여기 있는 모든 사람을 지칭하면서 쓰는 '인간다움'이란 말에 무슨 의미가 있겠냐는 것이죠.

그래서 그는 universalis in rebus, 즉 "보편은 개별 속에 존재한다"고 말합니다. 이때 보편자는 어떤 구체적인 사물이 아니라 개념일 뿐이며, 개별적인 사물이 갖는 특이한 요인을 생략해서 만들어지는 것이라고 합니다. 즉 그것은 어떤 사물이 아니라, 생략과 추상에 의해 성립된 개념이라고 합니다. 이런 점에서 그는 분명 유명론자에 속합니다.

아퀴나스와 오컴

보편논쟁은 유명론자들을 억압함으로써 종식되었습니다. 실재론자가 승리한 것인데, 당시로선 당연한 결과인지 모릅니다. 그렇다고 이 논쟁에서 제기된 문제가 '해결'된 것은 아닙니다. 다만 억압되고 은폐되었을 뿐입니다. 하지만 중요한 것은 논쟁이나 문제가 억압한다고 없어지진 않는다는 것입니다. 논쟁은 뒤에 가서 다시 나타납니다.

중세 후기에 유명론과 관련해 새로운 주장들이 다시 나타납니다. 토

(그림 2-1) 고딕성당과 스콜라철학

중세철학의 꽃은 통상 토마스 아퀴나스의 『신학대전』으로 집약된 스콜라철학이라고 말한다. 아리스토텔레스의 철학을 신학적으로 채색하여, 신이 창조한 우주의 모든 것을 해석하려 했던 이 거대한 시도를 통해 아퀴나스는 "믿기 위해선 이해하라"는 유명한 슬로건을 남겼다. 그 시기 중세 문화의 또 다른 꽃은 고딕성당이었다. 건축과 조각, 스테인드글라스 등 모든 예술적·문화적 능력이 집약된 성당은 당시 글을 읽지 못했던 대부분의 대중들에게 신적인 세계를 알려주기 위해 만든 일종의 '책'이었다. 글자 없는 책. 그래서 혹자는 고딕성당을 '돌로 쓴 스콜라철학'이라고 말했다. 눈을 가늘게 뜨고 유심히 살펴보라. 중세철학이 한눈에 들어올 것이다(그림은 비올레-르-뒥Viollet-le-Duc이 그린 「7개의 탑을 가진 대성당」).

마스 아퀴나스와 오컴(William of Ockham)이 두 개의 대비되는 입장을 대표합니다. 유명론과 관계해서 토마스 아퀴나스의 주장은 '중용적 실재론'이라고도 불립니다. 반면 오컴은 유명론의 입장을 명확하게 했지요. 토마스 아퀴나스는 당시 아리스토텔레스 저작에 대한 번역 및 주석의 대가였던 알베르투스 마그누스(Albertus Magnus)의 제자입니다. 이 사람은 신학을 아리스토텔레스 철학의 체계에 입각해서 재구성하려는 시도를 했는데, 사실은 아퀴나스가 이 사람보다 훨씬 탁월했습니다. 말 그대로 청출어람(靑出於藍)이었죠. 그래서 그 선생조차 '교회의 빛'이라는 말로 제자를 존중해 줄 정도였습니다.

　스콜라철학에서 가장 중요한 주제는 현실과 자연 속에서 신의 존재를 증명하는 것이었습니다. 아퀴나스는 이런 문제의식을 가지고, 아까 이야기했던 안셀무스의 '본체론적인 증명'을 비판합니다. 그것은 개념적인 상태의 증명일 뿐, 신을 실제적이고 자연적인 상태에서 증명한 것이 아니라는 거지요.

　아퀴나스는 다섯 가지 방법으로 신의 존재를 증명하는데, 그 중 가장 대표적인 것이 아리스토텔레스가 말하는 '부동(不動)의 동자(動者)'(움직이지 않는 운동자)를 이용한 것입니다. 모든 피조물, 예컨대 여러분이 존재하려면 여러분들의 부모가 있고, 또 그 위에 부모(여러분의 조부모)가 있고…… 이런 식으로 거슬러 올라갈 수밖에 없습니다. 그는 "운동하고 존재하는 사물들, 개체들은 누군가에 의해 태어나고 만들어진 것이다. 그것을 만들어낸 것 역시 또 다른 것에 의해 만들어진 것이다. 이런 식으로 거슬러 올라가면 다른 것을 만들어낸 원인이지만 스스로는 다른 것에 의해 만들어지지 않은 것이 있어야 한다. 스스로는 움직이지 않지만, 다른 것을 움직이게 하는 이 최초의 원인이 바로 신이다."

(그림 2-2) 이카루스의 추락

고딕성당은 당시 도시에서 가장 높은 건물이었다. 그것은 신이 계신 저 하늘을 향해 무한히 상승하고 자 하는 욕망의 표현이었다. 하지만 신에게 가까이 가려는 인간의 이러한 욕망은 성당을 '좀더 높이' 짓기 위한 경쟁으로 이어졌고, 급기야 보베(프랑스)에서는 성당이 통째로 무너져 버리는 사건이 발생한다. 바벨탑? 하지만 그처럼 신과 맞먹으려는 시도라기보다는 신에게 좀더 가까이 가보려는 시도였다는 점에서, 태양을 향해 좀더 높이 올라가려다 추락한 이카루스의 비극에 더 가까워 보인다. 위 그림은 브뤼겔(Bruegel)이 「이카루스의 추락」이라는 동명의 그림을 위해 그려 보았던 판화인데, 약간 아래에 날개를 달고 있는 사람이 이카루스의 아버지 다이달로스다. 이카루스는 태양에 더 가까이 올라가 있는데, 이미 날개를 붙인 밀납이 녹아 몸이 균형을 잃은 탓에 막 추락하려 하는 순간이다. 그런데 우연일까? 이카루스를 그린 브뤼겔은 바벨탑을 건축하는 장면을 최소한 세 번을 그렸고, 그 중 둘은 유명한 그림으로 남아 있다. 브뤼겔 자신이 하늘을 향해 올라가고 싶었던 것일까?

결국 '부동의 동자'란 바로 창조주란 말이지요. 이 창조주가 내린 은총의 빛, 즉 신의 빛이 인간의 이성을 완성한다고 말하며, 이성적 진리와 종교적 진리는 신으로 귀착되기 때문에 동일하다고 합니다. 그렇다면 이성이 인식할 수 있는 '신의 진리'가 중요해지고, 이 '신의 진리'를 이성이 인식할 수 있게 하는 것이 철학자들의 과업이 됩니다. 이제 "믿기 위해선 이해하라!"는 슬로건이 나오며, 철학은 이런 과업에 봉사할 임무, 즉 '신학의 시녀'라는 임무를 공식적으로 부여받게 됩니다. 이것이 스콜라철학의 기본 모토지요(이런 식으로 아퀴나스는 아리스토텔레스의 체계에 입각해 신과 자연세계를 통일시켜 이해하려고 했습니다. 신학과 철학, 이성적인 세계와 신적인 세계, 신학적인 멘탈리티와 철학적인 멘탈리티의 통일이야말로 스콜라철학의 기초를 이루는 것입니다).

그리고 그는 '형상'과 '질료'라는 아리스토텔레스의 개념으로 자연계를 설명합니다. 아리스토텔레스의 형상과 질료라는 개념을 잠깐 살펴봅시다. 예를 들어 이 나무탁자의 질료는 나무입니다. 질료는 재료가 되는 소재, 이러한 것을 뜻하지요. 그러나 나무만 가지고는 탁자가 되지 않습니다. 나무가 탁자가 되려면 설계도로 요약될 수 있는 형상이 있어야 합니다. 넓은 판대기와 네 개의 발, 그리고 몇 개의 버팀목이 있을 때 그것은 탁자가 되는 것이지요. 그렇다고 질료가 없으면 그것 역시 탁자가 되지 않습니다. 이런 식으로 설계도라고 할 수 있는 형상과 질료(재료)인 나무가 있어야 나무탁자가 만들어질 수 있는 것입니다. 이런 뜻에서 질료와 형상이 결합해서 사물을 이룬다고 말합니다.

이런 관점을 아퀴나스도 그대로 받아들입니다. 재료, 그리고 신이 만들어준 구조·형상 같은 것들이 모든 개체에 들어 있다고 말합니다. 그가 유명론과 실재론에 대해 이른바 '중용적 실재론'이라는 입장에 서는 것도

(그림 2-3) 루앙 대성당

고딕 양식의 대표적 건축물 중 하나가 루앙 대성당(Cathédrale Notre-Dame de Rouen)이다. 로마네스크 양식이 요새와 같은 방벽으로 '신의 나라'를 둘러치고 있었다면, 고딕 양식은 빈 틈 하나 없이 창문과 조각상으로 가득한 벽, 스테인드 글라스로 채워진 창, 찌를 듯이 솟은 뾰족탑과 교차 늑골로 받쳐진 아치 등으로 신의 나라를 과감하게 장식한다. 프랑스에서 주로 발달한 이 성당들은 대개 성모 마리아에게 헌정되었고, 그래서 대부분 이름에 '노트르담'(Notre-Dame)이라는 이름이 붙어 있다. 꼽추 카지모도 때문에 유명해진 '노트르담 대성당'의 정식 명칭은 '노트르담 드 파리'(Cathédrale Notre-Dame de Paris)고, 빅토르 위고의 소설도 원래 제목은 『노트르담 드 파리』*Notre-Dame de Paris*였다. 나중에 이러한 양식에 변형을 가한 성당들이 많이 지어지는데, 후기 고딕 양식이라고 하며, 주로 영국에서 크게 발달했다.

이와 연관돼 있습니다.

그에 따르면 '보편적인 것'은 형상으로서 개별 내부에 존재한다고 합니다. 이 탁자, 저 탁자 모두에 공통된 형상이 포함되어 있듯이 말입니다. 소크라테스에게도 인간이란 형상이 있고, 강의하는 제게도 인간이란 형상이 있듯이 말입니다. 즉 개별적인 모든 사물 내부에 보편자의 그림, 형상이 존재한다고 하는 것입니다. 이런 의미에서 아퀴나스는 보편자가 형상이라는 형태로 개별 '내부에' 존재한다고 합니다.

한편 추상 개념, 예를 들어 '인간다움'이라는 개념은 여러 사람들이 가진 공통된 속성을 추출해 낸 것이기 때문에, 이것이 개별적인 사람들보다 먼저 존재할 수는 없다고 합니다. 추상적인 개념으로서의 보편은 개별 '뒤에' 존재한다는 겁니다. 그렇지만 신이 갖고 있는 관념, 즉 '이데아'에 대해서는 정반대로 말합니다. 인간의 모습에 대한 관념을 신이 갖고 있지 않다면 인간을 창조할 수 없는 것처럼, 신이 갖는 관념은 모든 개별적인 사물이 존재하기 '전에' 존재해야 한다는 겁니다.

결국 아퀴나스는 세 가지 얘기를 다 하는 셈입니다. "형상으로서 보편은 개별 속에 존재한다. 또 추상적 개념으로서 보편은 개별 뒤에 존재한다. 그리고 신의 관념으로서 보편은 개별보다 먼저 존재한다"고 말입니다. 이것은 단지 이름일 뿐인 보편자(추상적 개념)가 있음을 인정한 것이지만, 사실은 그걸 제외하면 보편자는 실재한다는 주장입니다. 간단히 말하면 보편 개념만 이름이고, 다른 보편자는 실재한다는 실재론의 입장입니다. 어찌보면 (추상) 개념만이 개념(이름)이고 다른 보편자는 실재라는 주장이고, 덧붙여 근본적인 보편자(중세의 '이데아')는 개별보다 앞서 존재한다는 주장입니다.

반대로 윌리엄 오컴이라는 사람은 당시의 유명론자로 가장 유명합니다. 그는 "보편 개념은 기호다. 이 기호에 상응하는 실재는 없다. 사물에 앞서가는 보편자는 신의 정신 속에도 없다"고 합니다. 예를 들어서 추상적인 '언제' '어디'같은 것은 실재하지 않으며, 오직 구체적인 장소와 구체적인 시간만이 실재한다고 합니다. 관련된 사물들은 있을 수 있지만, 그런 것을 떠난 '관계'라는 추상적인 존재란 없으며, 1, 2, 3 같은 숫자들은 실재하지만 일반적인 '수'라는 것은 없다고 합니다. 결국 보편 개념은 이름일 뿐이지 실재하지 않는다고 합니다.

그런데 오컴은 이런 논리가 기독교 교리에까지 적용된다면, 신학적 교의 자체가 붕괴할 것임을 알고 있었습니다. 그 자신이 교리 자체의 처참한 붕괴를 피하려고 그랬던 것인지, 아니면 그로 인해 자신에게 가해질 교회의 탄압을 피하려고 그랬던 것인지, 그는 이러한 주장을 오직 이성이 작용하는 영역에만 한정시켜 버렸습니다. 이성과 달리 "믿음은 불합리한 것이고"(credo quia absurdum), 믿음의 영역인 신학에는 앞서와 같은 이성의 논리가 통용되지 않는다는 것입니다.

그에 따르면 모든 지식은 경험에서 나옵니다. 개별적인 대상을 경험하는 데서 말입니다. 그런데 "신에 대한 경험은 존재하지 않으며, 따라서 신에 대한 고유한 지식 역시 불가능하며, 따라서 믿음은 불합리하다"고 합니다.

이로써 오컴은 신학을 합리적 이성으로부터 떼어내고, 철학과 신학을 분리시킵니다. 이렇게 함으로써 그는 신학적 원리에 따라 철학을 통해 신의 섭리를 이해시켜야 한다는 스콜라철학을 해체시키고 철학과 신학을 분할하려고 합니다.

이미 후기에 이르러서인지 아니면 아리스토텔레스 덕분인지, 이런 주장 정도는 논란은 되었을망정 그로 인해 화를 당할 정도는 아니었던 모양입니다. 그런데 그는 여기서 더 나아가 신학과 이성이란 영역이 서로 별개라면 교회는 정치에 개입하면 안 된다고 주장합니다. 당시 교황은 세속정치에 굉장히 깊이 관여하고 있었는데, 오컴은 이것까지 비판합니다. 그 때문에 그는 교황에게 잡혀 투옥되었으나 탈출에 성공해서, 당시 교황과 다투고 있던 바이에른 주의 루드비히 왕 밑에서 은신합니다. 오컴은 이때 "당신이 칼로써 나를 지켜주면 나는 펜으로써 당신을 지켜주겠다" 고 하여, 또 하나의 유명한 말을 남겼습니다.

유명론과 경험주의

지금까지 우리는 중세철학에서 유명론과 실재론의 대립을 살펴보았습니다. 근대철학, 특히 경험주의를 다루는 자리에서 이토록 장황하게 중세철학을 이야기하는 것이 어찌보면 뜬금없어 보일지도 모르겠습니다. 하지만 유명론과 경험주의의 관계를 본다면 이런 장황함은 용납될 수 있을 것입니다.

알다시피 유명론은 중세 전체를 지배한 실재론에 대한 반대로서 제기되었습니다. 그것은 이데아와 유사한 보편자가 세계를 만들어내고 움직인다는 사고에 대한 반대입니다. 한마디로 말하면 이데아와 같은 관념으로 세계를 설명하려는 관념론에 대한 비판으로 기능하고 있었던 것입니다.

이러한 반대는 주로 개별적인 사물이나 현실에 대한 지식을 강조하는 방식으로 제시되었습니다. 예컨대 하늘에 떠다니는 이데아나 관념에다가 사물을 꿰어맞추는 게 아니라, 땅 위에 있는 저토록 다양한 사물들을 올바로 관찰하고 그것들의 움직임을 정확하게 인식함으로써 올바른 지식은 만들어지리라는 것입니다.

따라서 유명론자들이 개별적인 사실에 대해 정확하게 관찰하고 경험하는 걸 강조하는 것은 어쩌면 당연해 보입니다. 경험적 연구나 관찰과 무관하게 이미 알려진 사실들을 신학적 원리에 따라 해석하고 꿰어맞추는 스콜라철학과는 반대로, 개별 사실들을 강조하고 그것이 원리에서 벗어난다면 벗어나는 대로, 있는 그대로 인식하자는 견해가 생겨 나오는 것은 바로 이 유명론적 전통 속에서입니다. 이런 의미에서 **유명론이 어떤 관념이나 보편원리로써 전체를 다 설명하려는 경향에 대해 해체적이고 비판적인 효과를 갖는다**는 건 분명합니다.

결국 중요한 것은 예전에는 신학적 원리나 신의 말씀에 맞는 한에서만 사실이나 경험이 유의미했다면, 이제는 종종 그러한 원리로는 설명되지 않으며 때론 정면충돌하기도 하는 사실들에 일차적인 중요성을 두자는 것입니다. 사실 유명론이 가능했던 것 자체가 신학적 원리에서 벗어나는 사실들 때문이었을 것 같습니다. 초기의 신플라톤주의적 철학이 후기의 아리스토텔레스적 철학으로 바뀐 것 자체가 그런 요소들과 무관하지 않을 것입니다.

따라서 유명론이 점점 목소리를 키워가고 있다는 사실은 경험이나 경험적 지식에 대한 지적인 개방이 시작되었음을 의미합니다. 우리가 구체적으로 접하고 경험하는 구체적 사물, 구체적 지식에 대한 개방 말입니다. 이런 생각이 '경험주의'라고 부르는 흐름에 그대로 이어진다는 것은 대개 다 알고 있을 겁니다.

2. 로크 : 유명론과 근대철학

로크의 입지점

알다시피 로크는 경험주의를 하나의 사조로, 흐름으로 만들어낸 사람입니다. 이러한 로크의 철학을 떠받치고 있는 두 개의 지반이 있습니다. 하나는 데카르트가 새로운 장을 열었던 근대철학의 문제설정입니다. 신에게서 독립한 주체, 그래서 존재·인식·가치의 새로운 중심이 되었던 근대적 주체가 로크 철학에서도 마찬가지로 가장 중요한 지반이 됩니다. 진리라는 인식의 목표 역시 마찬가지지요.

다른 한편 그는 갈릴레이, 뉴턴, 호이겐스 등이 이룩한 과학혁명의 획기적 효과 속에서 사고했습니다. 즉 근대 초의 과학혁명이 로크의 사상 형성에 결정적인 역할을 합니다. 이제 과학은 진리에 이르는 가장 커다란 길, 어쩌면 암묵적으로는 유일한 길로 간주됩니다. 데카르트가 기초를 닦아놓은 과학주의가 탁월한 과학자들의 성공적인 작업으로 인해 반석 같은 위치를 얻게 됩니다.

따라서 로크는 과학 발전을 가로막는 허구적인 원리나 개념, 사고 등을 제거하는 '청소부'로서의 역할을 자임합니다. 이런 관점에 선 그에게는 경험과 관찰만이 과학에 이르는 유일한 길로 보였습니다. 다시 말해 경험과 관찰이야말로 과학에 이르는 왕도라고 생각했던 것입니다. 이런 사고방식이 흔히 '경험주의'라고 부르는 것이고, 현재에 이르기까지 영미 철학에선 주류를 이루는 입장입니다.

이처럼 경험과 관찰을 중시하는 입장은 똑같은 과학주의라고 해도 데카르트와는 크게 다른 것입니다. 데카르트는 알다시피 경험과 관찰의 불확실성을 지적하면서, 오히려 이성에 내재해 있는 본유관념과 그것에 의거한 연역적인(예컨대 수학적인) 지식이 우리로 하여금 진리에 이르게 하리라고 생각했지요.

반면 로크의 생각은 경험이나 관찰에 의하지 않은 지식이나 개념, 예컨대 신학적인 우주론은 오히려 올바른 관찰에 입각한 과학적 지식의 발전에 방해가 된다는 것입니다. 이런 점에선 데카르트의 본유관념 역시 마찬가지라는 겁니다. 그런데 앞서 우리가 유명론과 연관해서 얘기했던 것을 생각해 본다면, 경험과 관찰을 중시하는 로크의 입장은 분명 유명론적 전통에 직접적으로 맞닿아 있는 것임을 알 수 있습니다(유명론자 오컴 역시 영국 출신이었습니다).

요컨대 로크의 과학주의는 유명론적 전통에 따르면서 데카르트와는 전혀 다른 고유한 흐름을 만들어낸 것입니다. 그렇지만 로크의 철학은 데카르트가 마련해 놓은 근대철학의 문제설정 위에서 만들어진 것입니다. 요컨대 독립적인 인식주체를 축으로 삼아 신학적 사고에서 벗어났으며, 과학이란 이름의 진리를 목표로 삼아 추구하고 있는 근대적 철학입니다. 이런 점에서 중세적 유명론과는 전혀 다른 흐름이기도 합니다.

한마디로 말해 유명론과 근대적 문제설정의 결합을 통해 로크는 중세적 유명론과도, 데카르트적 근대철학과도 다른 독자적인 흐름을 철학 안에 만들어낸 것입니다.

'본유관념' 없는 진리를 위하여

데카르트가 진리의 근거를 이성과 이성의 본유관념에서 찾았다는 것은 앞서 거듭 말했던 것입니다. 그러나 로크가 보기에 이런 본유관념이란 중세적이고 스콜라철학적인 잔재였습니다. 로크가 지금 있다면 이런 식으로 예를 들 수도 있을 것 같습니다.

「불을 찾아서」란 영화가 있지요. 불을 사용하던 원시인들이 불씨가 꺼지자 불을 찾아오라고 몇 사람의 대표를 보내고, 이들은 고생 끝에 불을 찾아옵니다. 그러나 원시인들은 너무 기쁜 나머지 불을 물에 빠뜨려 꺼뜨리고 맙니다. 그런데 이때 주인공은 그걸 찾는 과정에서 배운 불피우는 법을 써서 불을 피우려고 하지요. 물론 잘 안 되어, 그걸 가르쳐준 여자가 대신 피워 주지요.

불을 피울 줄 몰랐던 원시인이라면 어디엔가 있는 불을 찾아 쓸 줄밖에 몰랐을 것이고, 따라서 불이란 누가 준 선물처럼 생각했을 겁니다. 프로메테우스가 제우스 몰래 가져다 준 선물이 바로 불이었다는 식의 신화가 보여주듯이 말입니다. 그러나 이 영화에서도 보여주지만, 불이란 신이 우리에게 준 선물(본유관념)이 아닙니다. 오히려 그것은 불이 나는 과정을 자세히 살펴보고 경험함으로써 배운 것입니다.

좀더 정확한 예를 들어 봅시다. 제가 들은 바로는 부시맨은 수를 8인가까지밖에 세지 못한다고 합니다. 그걸 넘는 수는 그냥 '많음'인 거지요. 비단 부시맨만이 아니라 모든 인류에게 그런 시절이 있었을 겁니다. 숫자가 만들어지고 그것을 써서 수학적 계산을 하기 시작한 것은 길게 잡아야 5000년 정도 전입니다. 그럼 그 이전에는 어땠겠습니까? 있어봐야 '적다'/'많다' 정도 아니면 '하나'/'다수' 정도 아니겠습니까?(이게 지금까지도 언어상에 남아 단수/복수라는 형태로 존재하는 것입니다.)

그렇다면 산수와 같은 매우 자명해 보이는 수학적 지식 역시 타고난 것이라고 하기는 힘들다는 게 로크의 생각입니다. 따라서 로크는 어떠한 본유관념도 있을 수 없다고 합니다. 이는 어린 아기나 야만족의 경우를 생각해 보면 쉽게 알 수 있는 것이라고 합니다. 반면 우리의 지식은 모두 경험의 산물이라고 합니다. 만약 데카르트처럼 경험 이전에 이성이 있다고 말한다면, 그건 틀림없이 '백지'(tabula rasa)일 거라고 합니다.

로크가 보기에 데카르트가 생각하는 '완전한 개념'은 신이 준 것이 아니며, 타고난 것도 아닙니다. 오히려 그것은 경험에서 추출된 것이며, 불완전한 모습들을 관찰하여 불완전성을 제거하고 완전한 모습을 그려 낸 것일 뿐이라고 합니다. 그런 점에서 보편은 단지 개별에서 추상된 것이며, 그 공통된 특징에 붙인 이름일 뿐이라는 유명론의 논지와 유사함을 쉽게 알 수 있습니다.

여기서 더 나아가 로크는 모든 보편 개념(일반 개념)은 우리의 사고가 만들어낸 것이며, 다만 이름으로서 의미를 가질 뿐이라고 합니다. 그는 단순관념과 복합관념을 나누는데, 단순관념은 저 누런 금속을 보고 '금'이라고 판단하거나 '노랗다'고 판단하는 것을 말합니다. 복합관념은 우리의 사고가 이 단순관념들을 결합해서 만듭니다. '금'이라는 단순관념과 '산'이라는 단순관념을 결합해 '황금산'이란 관념을 만드는 경우가 이에 해당됩니다.

단순관념은 사물에 의해 자극되어 만들어집니다. 반면 복합관념은 단순관념들을 지성(understanding)이 결합해서 만듭니다. '신'이나 '인간'과 같은 보편 개념은 모두 복합관념입니다. 따라서 그것은 인간의 오성(깨닫는 능력)이 만들어내는 것이며, 그 자체로 실재하는 것이 아니라 단지 명목적인 것입니다.

보다시피 로크는 데카르트의 본유관념과 이성/진리의 개념, 보편 개념에 대해 유명론의 입장에서 비판하고 있습니다. 이런 반박을 통해 로크는 본유관념을 끌어들이지 않고도 진리에 도달할 수 있음을 보이려고 하는 것입니다. 경험과 관찰에 입각한 지식이 바로 그것이지요.

로크의 딜레마

그런데 로크는 곧 딜레마에 빠집니다. 이는 두 가지로 나누어 볼 수 있는데 하나는 실체에 관한 것이고, 다른 하나는 진리에 관한 것입니다.

첫째로 실체에 관한 것. 로크는 경험을 통해 우리의 감각은 대상에 대한 지식을 얻는다고 말합니다. 그런데 로크가 환각이나 착각에 의한 경험을 생각하고 있는 게 아니기 때문에, 경험을 통해 '나'를 자극하는 요인이 있어야 합니다. 예를 들면 내가 어떤 사물을 보고 '빨갛다'고 지각했다면, 나로 하여금 빨갛다고 생각케 한 무엇인가가 있어야 한다는 겁니다. 만약 그게 없다면 나는 착각한 거거나 꿈을 꾸고 있는 거겠지요.

물론 경험이나 관찰한 바가 잘못되어서 나중에 수정하는 일이 생길지도 모릅니다. 혹은 그게 원래 빨간 건지, 아니면 다른 건데 우리가 그렇게 감각하는 건지도 모릅니다. 마치 태양이 무슨 색인지 모르지만 대개는 노란색으로, 때로는 주홍색으로 보이듯이 말입니다. 내가 노랗다고 하건 벌겋다고 하건 태양이 있음엔 분명하다는 겁니다.

이처럼 로크는 '빨갛다' '노랗다' 같은 단순관념을 야기하는 것을 '물질적 실체'라고 합니다. 이 물질적 실체(예를 들면 태양)가 우리(주체)의 감각을 자극해서 단순관념('빨갛다' '노랗다')이 생기도록 한다는 거지요.

물론 이 물질적 실체는 우리가 어떻게 경험하든 불변인 채 있을 것입니다. 다른 말로 하면 우리의 경험으로 환원되지 않는 것이며, 우리의 감각적 경험 외부에 있는 것입니다.

다른 한편 태양을 보면 언제나 태양으로 인식할 수도 있어야 합니다. 같은 걸 보고서 언제는 태양이라고 했다가, 언제는 찐빵이라 하고, 또 언제는 농구공이라고 해서는 올바른 인식이 성립될 수 없기 때문이지요. 이처럼 인식의 불변적인 주체를 로크는 또 하나의 실체라고 합니다. 이건 '정신적 실체'지요.

결국 로크는 물질과 정신이라는 두 개의 실체를 받아들입니다. 이 두 개가 없으면 어떠한 올바른 지식도, 진리도, 과학도 불가능하기 때문입니다. 생각해 보세요. 똑같은 걸 보고서 언제는 태양이라고 했다가, 또 언제는 찐빵이라고 한다면, 어떻게 진리나 과학이 있을 수 있겠습니까? 또 물질적 실체(태양)가 없는데 마치 있는 것처럼 노랗다고 하거나 빨갛다고 한다면, 꿈과 과학(진리) 간에 무슨 차이가 있겠습니까?

인식주체와 인식대상을 나누는 근대철학 안에서 로크처럼 진리로서의 과학을 추구하려 하는 한, 물질적 실체를 끌어들이는 것은 불가피한 일처럼 보입니다. 결국 데카르트 비판에서 시작한 로크는 아이러니하게도 데카르트의 주장으로 되돌아온 겁니다. '실체' 같은 보편 개념은 오직 이름일 뿐이라는 유명론에서 시작해, '실체'가 없어선 안 된다며 두 개의 실체(물질과 정신)가 있다는 '반유명론적인' 주장으로 되돌아온 겁니다.

둘째로 진리에 관한 것. 이는 '제1성질'에 관한 것입니다. 예컨대 태양의 수가 몇 개인가 생각해 봅시다. 제가 면밀히 관찰한 바에 따르면 태양은 하납니다. 혹시 다르게 생각하시는 분 있나요? 여기에는 없는 것 같군요. 그럼 지금 이 강의실의 온도는 어떤가요? 저는 따뜻하다고 '경험'합니다. 저분은 추워 보이는군요. 다른 분은 춥진 않지만 썰렁하다고 느낄 수도 있을 겁니다. 혹시 덥다고 느끼는 분도 있을지 모르겠습니다. 즉 이 강의실의 온도는 사람마다 다르게 느낄 수 있습니다. 여기서 춥다고 경험한다 해서 그를 비웃을 사람은 없을 겁니다.

그러나 태양이 두 개라고 경험하시는 분이 있다면 다른 모든 사람은 그가 농담을 하고 있거나 헛소리를 하고 있는 거라고 생각할 겁니다. 태양의 숫자를 경험하는 것이나 이 방의 온도를 경험하는 것이나 '경험'하기는 마찬가진데, 왜 이토록 달라지는 걸까요?

이에 대해 로크는 말합니다. 이 방의 온도는 그걸 느끼는 주체에 따라 달라지는 성질이지만, 태양의 숫자는 주체와 상관없는 성질이기 때문이라고. 이처럼 주체에 따라 다르게 경험하는 성질을 그는 '제2성질'이라고 하고, 주체에 상관없는 성질, 즉 모든 사람이 동일하게 느끼는 성질을 '제1성질'이라고 합니다. 제2성질은 경험 안에 있지만, 제1성질은 물체 자체에 속하는 성질이라고 합니다.

그리고 진리가 가능한 것은 바로 이 제1성질 때문입니다. 이로 인해 인식과 대상은 일치할 수 있고, 모든 사람이 동일하게 받아들일 수 있는 지식인 진리가 가능하게 되는 것입니다.

그런데 잘 생각해 봅시다. 제1성질은 어떻게 해서 진리를 제공해줄 수 있는 걸까요? 우리가 제1성질을 동일하게 경험해야 하는 이유는 뭘까요? 로크에 따르면, 그건 사물에 속하는 성질이기 때문이라는 겁니다. 즉 사물들은 그런 성질을 타고난다는 겁니다. 따라서 제1성질은 사물이 갖는 일종의 '본유성질'(타고난 성질)인 셈입니다.

로크는 데카르트의 본유관념을 유명론의 입장에서 비판하며 주체로부터 본유관념을 떼어냅니다. 그러나 진리가 가능하다는 걸 주장하기 위해서 그는 그 성질(타고난 성질)을 사물들에게 돌려줍니다. 제1성질이라는 '본유성질'로 말입니다. 이런 점에서 그는 비록 뒤집힌 형태로지만, 다시 데카르트의 주장으로 되돌아오는 것입니다. 유명론에 반(反)하는 주장으로 말입니다.

유명론의 근대화

앞서 우리는 로크의 경험주의가 두 가지 지반 위에 서 있다고 말했습니다. 표면상으로 그것은 근대철학과 과학주의였지만, 사실상은 근대철학과 유명론이었음을 보았습니다.

중세에 유명론은 보편 개념이 실재한다는 주장의 반론으로 제출되었고, 실재하는 것은 개별자라는 '존재론적' 성격의 사상이었습니다(중세에 별도로 존재론이 있었던 건 아니지만, 그 성격은 존재론이라고 나중에 불리는 것과 유사하다는 점에서 따옴표를 쳐 '존재론적'이라고 한 것입니다). 보편자에 대한 개별자의 우위를 주장하는 '존재론'이었지요. 그것은 신학적 문제설정 속에 있었으나, 본질적으로 신학과는 화해하기 힘든 것이어서 끊임없이 신학과 충돌하고 억압받기도 했습니다.

반면 **로크에 이르러 유명론은 근대적 문제설정에 포섭**되게 됩니다. 인식주체가 신에게서 독립해 있고, "이 주체가 진리에 이르는 길은 무엇인가?"라는 문제의식 속에서 개별적 사실들에 대한 관찰과 경험의 중요성을 강조하는 기능을 하게 되는 것이죠. 이런 점에서 유명론은 '인식론'적 성격의 사상이 됩니다.

따라서 로크의 철학은 '유명론의 근대화' 혹은 '근대화된 유명론'이라고 말할 수 있겠습니다. 다시 말하면 경험주의란 바로 **근대화된 유명론**

이라고 할 수 있다는 겁니다.

그런데 유명론이 중세에는 신학과 충돌했다면, 이제는 근대철학의 과학주의와 충돌하게 됩니다. 로크는 근대적 문제설정 속에서 근대과학의 기초를 유명론을 통해 마련하려 했습니다. 그러나 앞서 본 것처럼 로크 역시 (인식)주체에서 출발하여 진리에 도달하려고 하는 근대적 문제설정 안에 서 있었고, 그러한 근대적 문제설정 안에서 과학이란 '대상과 일치하는 지식'임을 보증할 수 있었습니다. 그러나 그러기 위해서 로크는 물질과 정신이란 실체를 다시 끌어들여야 했고, 진리가 가능함을 보증하기 위해 '제1성질'을 만들어내야 했습니다. 이러한 실체와 제1성질이 유명론의 사고방식과 정면에서 충돌한다는 것은 앞서도 말한 바입니다.

이는 결국 **근대적 문제설정(특히 과학주의)과 유명론 사이의 갈등과 대립**을 보여줍니다. 이것이 로크로선 어느 것 하나를 취할 수 없게 만드는 딜레마의 정체였습니다. 다시 말해 로크가 처한 딜레마의 요체는 유명론과 근대적 문제설정(과학주의) 간의 긴장에서 비롯되는 것이었습니다. 이는 **유명론이 근대적 문제설정 속에 포섭됨으로써 생기는, '근대화된 유명론'의 내적 긴장이요 '모순'**이기도 합니다. 이 모순은 이후 버클리와 흄을 통해 경험주의 사상이 발전하면서 더욱 증폭됩니다.

버클리 : 유명론에서 관념론으로

버클리는 로크 비판을 통해 자신의 고유한 입론을 세웁니다. 그의 로크 비판은 일단 두 가지로 나누어 얘기할 수 있습니다.

첫째, 실체의 개념에 대한 비판입니다. 로크는 모든 복합관념은 오성(정신)이 결합한 것이고 명목적인 것일 뿐이라고 하면서, '실체'에 대해서

만은 예외로 한다고 합니다. 즉 물질과 정신이라는 실체는 '예외적으로' 실재하는 것으로 간주한다는 겁니다. 버클리는 이런 예외조항을 인정할 수 없다고 합니다.

둘째, '제1성질'에 관한 비판입니다. 로크는 대상의 성질이란 모두 인식주체가 경험한 것이요 주관적이라고 하면서, 오직 제1성질만은 예외로 둡니다. 그러나 버클리는 제1성질만 유독 물질 그 자체에 속하는 객관적 성질이라고 할 이유가 없다고 합니다. 그가 보기엔 경험되지 않는 성질이란 알 수 없는 성질이요, 알 수 없는 성질이 있다고 하는 것은 모르는 것을 안다고 하는 말처럼 앞뒤가 안 맞는 것이라고 합니다.

이런 비판을 통해 버클리가 도달한 곳은 근대철학의 밑바닥입니다. 물질적 실체를 가정하면, 이것이 지식과 일치하는가라는, 확인할 수 없는 문제가 발생한다는 겁니다. 이는 근대철학의 딜레마를 다루면서 이미 확인했던 것입니다. 따라서 이 문제를 미연에 방지하려면 '물질적 실체', 즉 '물질'이란 개념을 없애 버려야 한다고 합니다.

따라서 버클리는 말합니다. "물질이란 존재하지 않는다. 존재하는 것은 오직 지각된 것뿐이다." 이제 내 책상은 내가 연구실 문을 닫고 나서는 순간 '존재했던 것'(지금은 존재하지 않는 것!)이 됩니다. 왜냐하면 내가 그것을 지각하지 않기 때문에.

버클리가 이토록 과감하게 나갈 수 있었던 것은 그가 과학에는 별다른 관심이 없었던 주교였다는 사실 때문인 것 같습니다. 근대적 문제설정에서 물질을 부정하자마자 과학은 불가능해진다는 것이 로크로 하여금 '예외'들을 만들게 했던 것인데, 버클리는 과학에 대한 미련이 별로 없었기 때문에 그런 '예외'를 두지 않을 수 있었던 것입니다.

그러나 이제는 다른 문제가 생겨납니다. 예컨대 누군가가 버클리에게 물었습니다. "당신 부인은 지금 안 보이는데(지각되지 않는데), 그럼 존재하지 않는 건가요?" 멀쩡한 마누라를 죽었다고 할 수야 있겠습니까? 생각 끝에 버클리가 말합니다. "전능하신 하느님께서 지각해 주시고 있기 때문에 우리 집사람은 존재하고 있다오." 정말 주교다운 대답입니다. 그러나 전능하신 하느님께서 지각하고 계시다면 네스 호의 괴물도, 무시무시한 공룡도, 아담과 이브가 놀던 파라다이스도 어딘가에 존재하고 있을 것임에 틀림없지 않을까요? 다시 말해 이름붙일 수 있는 모든 것은 다 존재하고 있다고 할 수 있지 않을까요? '이데아'라는 보편자 역시 하느님이 계신데 존재하지 못할 이유가 어디 있겠습니까? 아주 기묘한 방식으로 유명론은 자신의 반대물(실재론)로 바뀌고 마는 것입니다.

다른 한편 버클리는 '물질'이란 실체를 제거하지만, 정신에 대해선 그렇지 않습니다. 왜냐하면 지각하는 정신이 없다면 대체 경험이 어떻게 가능하겠으며, 지각이 어떻게 가능하겠습니까? 따라서 버클리에게는 정신이란 실체만 존재하며, 이 실체가 지각하는 것만이 존재하는 것이 됩니다. 결국 '정신'이란 실체 앞에서 버클리는 유명론에 일종의 유보조항을 달아두고 있는 셈입니다. 자기가 비판했던 로크처럼 말입니다.

요약하자면, 버클리의 주장은 유명론에서 관념론으로 나아간 것이라고 말할 수 있겠습니다. 중세의 유명론은 실재론에 대항하는, 반관념론적이고 유물론적인 성격을 갖는 것이었습니다. 이런 뜻에서 흔히 유명론을 중세의 유물론이라고도 하지요. 로크의 유명론 역시 이런 성격이 분명했습니다. 그것은 데카르트 철학의 관념론적 성격에 대한 비판이라는 의미를 갖는 것이었습니다. 물론 그것이 근대적 문제설정 안에서 딜레마에 처했다고 해도 말입니다.

반면 버클리에 와서 유명론은 정반대의 성격을 띠게 됩니다. 그는 로크가 남겨두었던 물질이란 실체를 제거합니다. 사실상 이는 개체의 실재성을 제거하는 것입니다. 유명론이 보편 개념의 실재성을 부정하지만, 개체의 실재성을 주장하는 것이었음을 상기하면 버클리의 이 작업은 양면성을 갖는 셈입니다. 유명론의 주장처럼 모든 보편 개념이 이름일 뿐이라면, 개체만이 실재한다고 할 때 그 '실재성' 역시 보편 개념이므로 이름일 뿐인 것으로서 제거되어야 합니다. 이런 점에선 유명론의 연속선상에 있습니다. 그러나 유명론이 본래 개체의 실재성을 주장하는 것이었다면, 그래서 신학에 대항하는 적극적 의미를 가질 수 있었다면, 개체의 실재성을 제거하는 버클리의 주장은 유명론의 부정이기도 합니다.

사실 이런 식의 부정을 거치면 남는 것은 아무것도 없습니다. 왜냐하면 '존재한다', '지각한다'는 말조차 보편성을 갖기 때문에 제거되어야 하기 때문이지요. 이는 버클리 자신이 정신이란 실체를 예외로 남겨둘 수밖에 없었다는 점에서 거꾸로 확인됩니다. 이는 유명론과 근대철학 사이에 있는 근본적인 곤란을 드러내는 방식의 하나일 것입니다.

어쨌든 버클리는 '물질'이란 개념을 제거함으로써 정신과 그 정신이 지각한 것만을 세상에 남겨두었고, 그 결과 유명론은 관념론으로 전환되어 버렸다고 할 수 있습니다. 이는 어떤 측면에서 보면 근대적 문제설정 안에서 유명론의 논리를 끝까지 밀고 가려면 어쩔 수 없이 거쳐야만 하는 불가피한 행로였는지도 모릅니다.

3. 흄 : 근대철학의 극한

과학주의에서 회의주의로

근대철학을 그 극한으로까지 몰고 갔던 사람은 누구보다 흄이라고 할 수 있습니다. 흔히 알다시피 흄의 철학은 '회의주의'로 불려지는데, 대개는 '회의주의'에 대한 비판으로 그의 사상에 대한 평가를 일축합니다. 그러나 진리를 추구한 근대철학에서 그러한 회의주의가 나타난 것은 무엇 때문이며, 그 의미는 무엇인가 하는 문제는 근대철학 전반을 이해하는 데 오히려 매우 역설적인 중요성을 갖습니다.

흄의 출발점은 로크와 비슷합니다. 그 역시 엄격한 과학적 지식을 추구합니다. 그에 따르면 "자연과학의 성과를 빌려 인간학을 구성해야 한다"고 합니다. 그는 과학의 일종으로 간주되던 심리학에 기초해서 '경험적 인간학'을 구성하려고 합니다. 여기서 경험과 관찰이 일차적 위치를 차지함은 물론입니다. 이런 점에서 흄이 경험주의의 전통에서 출발하는 것은 분명합니다. 그 역시 불확실한 것들을 비판적으로 검토함으로써 인간에 대한 확실한 과학을 구성해야 한다는 근대적 과학주의를 공유하고 있었던 셈입니다. 흄은 여러 가지 관계들을 구분한 다음 그 중 과학이란 이름에 걸맞은 확실한 게 무언가를 찾아나섭니다. 마치 데카르트가 그랬

(그림 2-4) 모네, 「루앙 대성당」 연작

그리스의 전통적인 광학이론에 따르면, 우리가 사물을 보는 것은 눈에서 시선이 나가 그것이 대상과 접촉함으로써 이루어진다고 한다. 다만 데모크리토스나 루크레티우스는 반대로 사물의 형상이 우리 눈에 들어오는 것을 '본다'고 보았다. 19세기 후반에 물리학자 헬름홀츠는 본다는 것은 빛의 입자가 사물에 반사되어 눈의 망막에 상을 그리는 것이라고 했다.

인상주의자들은 헬름홀츠의 이 이론에 큰 영향을 받았다. 그 이론에 따라 과학적으로 사물을 재현하려고 했던 이들은, 자신의 눈에 들어오는 빛이 어떤가에 따라 사물은 다르게 보이며, 따라서 다르게 그려져야 한다고 생각했다. 따라서 아침에 본 성당과 한낮에 본 성당, 저녁의 어스름한 빛에 본 성당은 모두 다른 형상으로 그려져야 했다. 그래서 모네(Claude Monet)는 루앙 대성당을 이렇게 각기 다른 모습으로 그렸다. 그가 '연작'들을 많이 남긴 것은 이 때문이다. 그러나 사물의 인상은 빛의 속도에 따라 달라지는데, 그림을 그리는 속도는 아무리 빨라도 그럴 수가 없었다. 인상주의의 딜레마. 그렇다면 이들이 그린 그림은 과연 과학적인 재현이라고 할 수 있을까? 아니, 그림은 꼭 그렇게 과학적인 재현이어야 하는 것일까?

버클리는 "존재하는 것은 지각된 것이다"라고 했고, 흄 또한 존재하는 것은 우리가 갖고 있는 '인상'들일 뿐이라고 말했다. 따라서 모든 존재하는 것은 다른 '인상'을 가질 때마다 다르게 존재하는 것이다. 세상은 오직 그렇게 우리가 갖고 있는 표상으로만 존재할 뿐이며, 표상 뒤에 어떤 사물이, 불변의 대상이 있다고 보는 것은 습관에 의한 착각이라는 것이다. 이런 점에서 보면, 영국 경험주의자들의 철학은 후세의 인상주의 화가들과 매우 유사한 것처럼 보인다. '철학적 인상주의'라고 해야 할까? 그런데 이는 '대상'이니 '실체'니 하는 불확실한 것을 철학에서 내몰기 위해 오직 확실한 것으로만 철학을 수립하려는 생각에서 시작한 것이었는데, 결론은 오직 불확실하고 일시적인 인상들밖에 없다는 것으로 끝이 나고 만다. 인상주의의 딜레마가 이미 철학적 아이러니로 예견된 것일까?

듯이 말입니다. 그에 따르면 철학에는 일곱 가지 관계가 있는데, 이 중 '유사관계' '양적 관계' '질적 관계(성질의 등급)' '반대관계'는 확실하지만, '동일관계' '시간/공간상의 관계' '인과관계'는 확실하지 않다고 합니다. 예를 들어 쌍둥이가 서로 닮았다는 건 확실하지만, 그렇다고 그들이 동일한 모습을 하고 있는지는 확실하게 확인할 수 없다는 것입니다.

이 중 특히 문제가 되는 게 인과관계입니다. 인과관계는 예컨대 손을 비비면 따뜻해진다든지, 나무를 비벼대면 열이 나고 이를 오래 지속하면 연기가 나며 불이 붙는다든지, 물건을 놓치면 떨어진다든지 하는 것처럼 두 개의 현상이 연속해서 나타나는 것을 말합니다. 이때 앞의 것을 원인, 뒤의 것을 결과라고 하지요.

그러나 흄은 인과관계란 '연접된, 시간적으로나 공간적으로 붙어 있는 두 인상(현상)의 관계에 대한 습관적인 판단'이라고 합니다. 예컨대 나무를 비비면 불이 붙는다는 것은 그런 경우를 자주 보다보니 생긴 습관이라는 겁니다. 그렇지만 그게 언제나 반드시 그런 것은 아니라고 합니다. 영화 「불을 찾아서」에서 주인공이 배운 대로 나무를 맞대 세워 비벼대지만 불은 붙지 않습니다. 그를 따라온 여인이 비비자 불은 다시 붙지만, 어쨌거나 나무를 비비면 불이 붙는다는 건 언제나 반드시 타당한 결론은 아니라는 겁니다. 다만 자주 일어나는 일이라서, 불이 붙을 것이란 판단을 하는 습관이 형성되어 있을 뿐이라는 거지요.

따라서 그는 확실한 네 가지 관계는 과학에 합당하지만, 인과관계를 비롯한 나머지 세 가지는 과학을 구성할 수 없다고 합니다. 그러나 알다시피 모든 법칙은 인과관계에 의해 표시됩니다. 인과성 없이는 어떠한 법칙도 생각할 수 없으며, 법칙 없이는 어떠한 과학도 생각할 수 없습니다. 결국 그는 애초의 뜻과는 반대로 과학의 불가능성을, 진리의 불가능성을

(그림 2-5) 아프리카 가면

"오직 인상만이 있을 뿐이다"라는 경험주의자의 말은 이렇게 바꿔 말해도 좋을 듯하다. "인상 뒤에는 아무것도 없다." 그런데 비슷하게도 니체는 이렇게 말했다. "가면 뒤에는 아무것도 없다." 무슨 말일까? 가면 뒤에는 가면을 쓰는 얼굴이 있지 않은가? 아니면 얼굴 없는 허공이. 배트맨도, 쾌걸 조로도 가면 뒤에는 평범한 시민이 있지 않은가? 그러나 그 가면을 쓰는 순간, 그는 평범한 시민이 아니라 배트맨이고 조로일 뿐이다. 가면을 쓴 채로 그가 평범한 시민으로 행동한다고 생각해 보라! 마찬가지로 우리는 엄마 앞에선 아이가 되고, 학생 앞에선 교사가 되며, 연인 앞에선 그의 커플이 된다. 아이의 가면, 교사의 가면, 연인의 가면, 그 각각의 순간에는 그 가면만이 있을 뿐이다. 가면을 벗으려 하면 상대방은 하나같이 놀라고 당혹하며, "정신차려!" 하고 외친다. 그렇게 우리는 수많은 가면들을 바꾸어 쓰면서 다른 인물이 되어 산다. 그 가면들 뒤에 '나'가 따로 있는 게 아니라 각각의 순간에 어떤 가면을 쓴 인물만이, 가면만이 있는 것이다. 각각의 순간마다 우리의 모든 얼굴은 하나의 가면인 것이다. 인상주의, 그것은 어쩌면 니체가 말한 '가면의 철학'은 아닐까?

입증하고 만 것입니다. 이로써 근대철학의 목표는 도달할 수 없는 지점이란 결론에 이르게 됩니다. '회의주의'란 이러한 도달 불가능성을 표현하는 말인 셈입니다.

주체의 해체, 주체철학의 해체

흄은 버클리가 남겨둔 유보조항을 비판하면서 경험주의를 좀더 극단으로 밀고 갑니다. 버클리는 지각된 것을 관념이라 하고, 지각하는 것을 정신이라 합니다. 예를 들면 어떤 물건을 보고 '사과'로 지각한다면 '사과'는 관념이고, 그걸 지각한 것은 정신이라는 겁니다. 그런데 알다시피 버클리는 "존재하는 것은 지각된 것이다"라고 하며, 지각되지 않은 것은 존재하지 않는 것으로 간주합니다. 그러나 지각하는 정신만은, 지각되는 게 아니지만 존재한다고 합니다. 요컨대 지각하는 '주체', 인식하는 주체(데카르트)가 '정신'이란 이름으로 그대로 남아 있는 것이지요.

하지만 흄은 이런 예외조차 인정하지 않습니다. 흄은 사물을 보고 생긴 것은 인상이요, 그 인상의 기억이나 결합으로 만들어진 게 관념이라고 합니다. 사과가 지금 앞에 없지만 예전에 본 사과를 떠올리거나, '사과밭'이란 말을 만든다면 그건 관념인 거지요. 인상과 관념의 차이는 사고로 눈을 잃은 장님을 생각하면 쉽게 이해됩니다. 선천적인 장님은 사과란 말을 들어도 아무것도 떠올리지 못합니다. 그는 인상도, 관념도 갖지 못합니다. 그러나 사고로 눈을 잃은 장님은 사과란 말을 듣고 빨간색의 먹음직스런 과일을 떠올릴 수 있지요. 그는 인상은 갖지 못해도 관념은 가질 수 있는 겁니다.

인상은 직접적인 것이고 관념은 한번 거쳐서 만들어진 것입니다. 그

(그림 2-6) 베네치아 가면

가면(假面)은 글자처럼 '가짜 얼굴'이 아니다. 아프리카나 이른바 원시부족들에게는 특히 그렇다. 그들은 영양의 가면을 쓰면 정말 영양의 신체가 되어 움직이고, 영양의 느낌, 영양의 감응(affect)을 주며 춤을 춘다. 그런 식으로 가면은 그들을 동물이 되게 하고, 다른 신체를 생성하게 한다. 하지만 우리는 이런 가면의 용법을 잘 모른다. 거꾸로 가면을 '진짜 얼굴'(이게 사실은 하나의 가면인데)을 가리기 위해 사용하는 경우를 잘 안다. 가면무도회, 거기서 사람들은 가면의 얼굴대로 춤추지 않으며, 가면이 담고 있는 감정과 감응을 표현하지 않는다. 그들은 다만 자신의 얼굴을 가리고, 자신의 감정과 느낌을 가리기 위해 가면을 쓴다. 가면이 '가짜 얼굴'이 되는 것은 바로 이때다. 그러나 혹시 그 경우에도 가면은 자신의 얼굴을 가리려는 욕망을 음각으로 드러내는 건 아닐까? 마치 자신의 마음을 감추기 위해 자신의 표정을 지우는 도박장의 포커 페이스처럼.

러나 둘 사이에 본질적인 차이는 없다고 합니다. 그저 우리의 감각을 자극하는 강도의 차이만이 있을 뿐입니다. 흄에 따르면 '정신'이 따로 있는 게 아니라, 다만 관념과 인상의 다발만이 있을 뿐이라고 합니다. 어떤 때는 슬픈 감정이 나타나기도 하고, 어떤 때는 무서움이 나타나기도 하고, 또 어떤 때는 동그란 컵에 대한 관념이 나타나기도 하는, 이러한 것들이 스치고 지나가는, 그리고 그것들이 묶여 있는 것들의 집합으로밖에 정의될 수 없다고 합니다.

흄은 '나' '주체' '자아' '정신'으로 불리던 것에 대해 그것은 인상과 관념의 묶음, 지각의 다발일 뿐이라고 합니다. 그건 다만 인상이나 관념이 번갈아 스쳐가는 극장, 그것도 무대조차 따로 없는 극장 같은 거라는 거죠. 결국 '나'라는 게, '정신'이라는 게 따로 없다는 것입니다.

예컨대 「토탈 리콜」이란 영화를 보면 컴퓨터 시뮬레이션을 뇌에 주입함으로써, 화성 총독의 친구인 주인공이 총독의 권력에 대항하는 반란자가 됩니다. 전혀 다른 사람이 된 거지요. 동일한 사람이 인상과 관념, 그 기억(리콜)의 다발이 바뀜에 따라 전혀 다른 사람이 되는 거지요. 그렇다면 '나'라고 하는 항구적인 주체가 과연 있느냐는 질문이 당연히 제기되지 않겠습니까?

이리하여 흄은 '정신'이나 '주체'라는 범주를 해체하게 됩니다. 데카르트는 물론이고, 로크나 버클리도 자명한 것으로 간주했던 근대철학의 출발점을 말입니다. 이와 같은 흄의 주장은 어떤 실체도 인정하지 않는 버클리식의 유명론을 '정신'이나 '주체'에 대해서까지 적용시킨 것으로 볼 수 있습니다. 즉 근대적 문제설정 속에서 유명론을 끝까지 밀고 나간 결과, 근대철학의 출발점이었던 '주체'라는 범주를 해체하게 된 것이라고 볼 수 있습니다.

근대철학의 전복

위에서 본 것처럼 흄은 근대철학의 목표라고 할 수 있는 '진리' 혹은 '과학'의 불가능성을 보여주었습니다. 나아가 좀더 근본적으로 근대철학의 입지점인 '주체' 자체가 결코 안정적이거나 자명한 것이 아님을 또한 보여주었습니다. 근대의 과학주의는 물론, 주체철학 자체가 어떤 근본적 곤란에 처해 있음을 보여준 것입니다.

이는 근대적인 문제설정이 안고 있었던 딜레마를 폭발적으로 드러낸 것이라고 할 수 있습니다. 이것은 **근대철학의 '극한'이요 '한계지점'**이었습니다. 이로써 근대적 문제설정은 해체되며, 근대철학의 '위기'라는 사태가 초래됩니다. 그래서 그 이후의 대다수 철학자가 이 위기에서 어떻게 벗어날 수 있을까 하는 노력을 하게 되고, 이것이 그 이후의 근대철학을 새롭게 발전시키게 됩니다.

어쨌든 흄의 주장은 모든 것을 의심하는, 급기야 '생각하는 나'(정신, 주체)까지도 의심하는 극단적인 회의주의였습니다. 이같은 흄의 회의주의는 '한계선에 선 근대철학'의 다른 이름이었고, 그러한 의미에서 흄은 근대철학의 '한계인'이었다고 할 수 있습니다.

하지만 그는 여전히 근대적 문제설정의 한계 '안에' 있었습니다. 처음에 본 것처럼, 그는 인간에 대한 과학을 구성하겠다는 목표를 가지고 있었고, 참된 지식·확실한 지식이 어떻게 가능한가를 엄밀하게 검토하다 보니 인과적인 과학은 불가능하다는 결론에 도달한 것이었지요. 그런 점에서 흄의 문제설정 자체는 근대적인 것이라고 할 수 있습니다.

그렇다면 우리는 다음과 같이 얘기할 수 있습니다. 흄은 근대철학의 문제설정에서 출발해, **유명론적 사고의 해체 효과를 그 내부에서 최대한 작동**

시킨 것이며, 그 결과 근대철학의 한계선에 도달한 것입니다. 그 한계선이란 출발점과 이어져 있는 것인데, 결국은 한 바퀴의 원을 그리면서 출발점에 다시 도착한 것입니다. 그리고 거기서 출발점 자체를 근대철학의 내부로부터 해체시켜 버리는 것입니다.

따라서 근대의 한계 안에 있던 흄으로서는 그 자신이 드러낸 근대철학 자체의 근본적 딜레마 앞에서 당혹해 하고 난감해 합니다. 『인성론』의 결론에서 그는 이렇게 말합니다. "우리 앞에 놓여 있는 선택지는 잘못된 이성, 아니면 무이성뿐이다. 나로서는 여기서 어떻게 해야 할지 모르겠다. 내가 할 수 있는 일은 일반적인 이성이 할 수 있는, 즉 이러한 난관이 거의, 아니 전혀 주목되지 못하고 있다는 것을 보여주는 것뿐"이라고 말합니다. 그리고 그 말의 두 페이지쯤 뒤에서 "인간의 동일성, 나라는 주체의 동일성에 대한 견해를 엄밀히 검토한 결과, 나는 완전히 미궁에 빠져서 어떻게 그 견해들을 수정해야 할지 또 어떻게 그것들을 일관되게 만들 수 있을지 솔직히 알 수 없다"고 하면서 자신의 책을 끝내고 있습니다.

탈출도, 귀환도 아닌……

흄이 수행한 근대철학의 해체는 분명 근대적 문제설정의 경계 내부에 있는 것이었습니다. 그렇지만 그가 단지 그 안에만 머물러 있었다고 하는 것은 정확한 평가가 아닐 것 같습니다. 때로 그는 그 경계선 밖으로 넘어갑니다.

여기서 두드러진 것은 '믿음'에 대한 흄의 이론입니다. 흄에게 인과관계는 습관에 불과한 것이었습니다. 이것은 인상이나 관념을 결합시켜 어떤 지식을 형성합니다. 이 지식은 '법칙'이 아니라 '믿음'입니다. 즉 참된 지식이나 진리 대신에 믿음이란 개념이 들어서는 것입니다.

흄은 믿음을 이렇게 정의합니다. "현재의 인상과 관련이 있는, 혹은 그것들로 결합되어 있으며 그것들로 연합되어 있는 생생한(살아 있는!) 원리"라고 말입니다. 믿음은 힘을 가지며 생생하게 살아 있어서 그것을 믿는 사람에게 실제적인 효과를 갖습니다. 또한 그것은 견고하고 확실하고 안정감을 갖는다고 합니다. 그래서 사람들 개개인에게 확실한 지식이라는 '감'을 주고, 그것에 입각해서 행동하게 만든다고 합니다.

흄에 따르면 믿음은 '허구'와 다르며, 심지어 허구가 아니라고 합니다. 그러면 믿음과 허구는 어떻게 다른가? 두 가지 점에서 다르다고 합니다. 첫째, "느낌이 다르다." 둘째, "파악하는 방식이 다르다."

느낌이 다르다는 것은, '확실하고 안정감이 있다' 혹은 '옳다'라고 느끼는 것은 믿음이 되지만, 그렇지 못한 것은 믿음이 못 된다는 것입니다. 예컨대 두 사람이 『레 미제라블』*Les misérables*을 읽는다고 합시다. 한 사람은 돈키호테 같아서 거기 나오는 얘기를 역사적 사실로 읽었다고 합시다. 다른 한 사람은 단지 소설 속의 얘기로만 읽었고 말입니다. 두 사람은 동일한 순서(책에 나와 있는 순서)로 동일한 '관념'을 얻게 되지만, 그 얘기를 역사적 사실로 믿는 사람은 이것을 참이다, 실제로 있었던 일이다라고 생각할 것입니다. 따라서 시사하는 가치가 있다면 그것을 믿고 따를 것입니다. 그러나 소설책(허구)으로 읽은 사람은 '이럴 수도 있지'라는 식으로 받아들일 겁니다. 이 경우 하나의 소설책이 두 사람에게 서로 상이한 영향력을 미친다고 할 수 있을 것입니다. 요컨대 상이한 '효과'를 갖는 것이죠. 여기서 이런 개념이 매우 불충분하고 모호하다는 것을 물고 늘어지진 맙시다. 오히려 주목해야 할 것은 믿음의 개념 그것이 갖는 영향력의 문제, 효과의 문제입니다.

근대철학에서 믿음을 다루는 전형적인 방식은 그것을 허구, 허위, 비진리로 다루는 것입니다. 데카르트가 그랬듯이, 믿음이란 대상에 대한 참된 인식을 가로막는 장애물일 뿐입니다. 그것은 넘어서야 할 허구의 세계일 뿐입니다.

그러나 믿음에 대한 흄의 견해는 그것을 다루는 극히 새로운 사고법을 보여주고 있습니다. 흄은 어떤 지식이 진리인가 아닌가를 따지는 게 아니라—이것은 근대적인 물음이지요—이 지식이 그걸 믿는 사람에게 어떤 효과를 갖는가를 질문하고 있는 것입니다. 즉 진리의 문제설정을 벗어나 있다는 것입니다.

이는 어쩌면 당연해 보입니다. 왜냐하면 흄이 보기에 진리란 존재하지 않는 것이기 때문입니다. 이런 점에서 믿음에 대한 흄의 논의는 참된 지식의 가능성을 검토하는 것에서 시작했지만, 그것에 대한 철저한 해체에 이르러 얻은 새로운 결과물이라고 볼 수 있습니다. 참(진리)은 아니지만 사람들이 참으로 믿고 있는 그러한 관념이 존재한다는 거죠. 나아가 그것이 어떻게 작용하는가라는, 결코 근대적이지 않은 질문까지 했다는 것입니다. 흄은 이제 근대적 한계의 외부로까지 나간 것입니다.

그렇지만 그는 여기서 멈추고 다시 근대 안으로 회귀합니다. 앞서 그가 난감해 하는 모습도 보았지만, 여기서도 그는 "믿음이고 추론이고 다 거부하고 싶다"고 말합니다. 왜냐하면 진리를 찾아야 하는데 결국 '진리는 없다'로 판단되었던 셈이고, 진리를 찾고 싶은데 진리가 아닌 것만 있다는 이야기밖에 못했으니, 이런 논의 자체를 자기는 다 거부하고 싶다는 것입니다. 결국 그는 **근대의 외부로 나가자마자 다시 내부로 회귀하고 마는 것**입니다.

4. 근대철학의 위기

유명론과 경험론의 관계에 대해서, 그리고 로크·버클리·흄의 사상을 유명론과 관련해서 다음과 같은 몇 가지 결론으로 요약할 수 있을 것 같습니다.

첫째, 유명론은 로크에 의해 근대적인 문제설정으로 포섭되었습니다. 그 결과 유명론이 가지고 있었던 '반관념론적인' 성격은 근대철학 내부에서 딜레마를 드러내고, 결국 극한으로까지 가게 됩니다. 버클리와 흄의 작업이 바로 그것이었습니다. 그리고 거기서 유명론은 관념론으로, 혹은 회의주의로 전환되었지요. 경험적 지식에 대한 신뢰에서 출발한 경험주의는 그 반대물로, 즉 경험이라는 것은 도대체 믿을 수 없고 진리를 형성할 수 없다고 하는 반대물로 전화되었습니다. 결국 이렇게 함으로써 근대철학은 위기에 처하게 되었습니다. **회의주의는 극한에 선 근대철학, 극한에 선 유명론의 다른 이름**이라고 볼 수 있습니다.

둘째, 아까 흄은 근대의 한계선에, 그 경계선에 서 있다고 했습니다. 그는 근대적인 문제설정 안에서 유명론적 관점을 극단으로까지 밀고 나감으로써 근대적 문제설정의 끝에 도달합니다. 그런데 그곳은 바로 근대철학의 출발점이었습니다. 흄은 거기서 근대철학의 출발점이 결코 자명하거나 확실한 게 아니라 취약하고 불확실한 것이라는 것을 절감하면서 이것을 폭발적으로 드러냅니다. 그리고 거기서 근대철학의 출발점이었던 주체라는 개념, 진리라는 개념을 해체시켜 버립니다. 이로써 근대철학 전반의 기초를 뒤흔드는 '위기'가 시작된 것입니다. 흄 자신조차 그로 인해 당황하게 되고 난감해 하게 되는 이 '위기'가 이후 근대철학을 새로이 규정합니다.

스피노자와는 달리 흄이 근대철학의 위기를 야기했으며, 스피노자에 비해서 쉽사리 많은 사람들로 하여금 자신이 제기한 문제와 대결하게 만들었던 것은, 흄이 근대철학의 문제설정에서 출발했고 여전히 그 안에 머물며 근대철학의 딜레마를 드러내는 곳에서 멈추어 서 있기 때문입니다. 반면 스피노자는 근대적인 문제설정 자체를 비껴가고 애초부터 그 외부에 섰기 때문에 대다수의 근대철학자들로부터 이해받지 못했고, 외면당했던 것입니다.

셋째, 흄은 주체를 관념의 다발로 보았으며 그 다발이 믿음을 형성하는 것으로 보았습니다. 이 믿음은 그걸 믿는 '주체'에겐 생생하고 안정적인 사실로 간주되며, 따라서 실질적인 효과를 갖습니다. 이는 지식이나 관념을 다루는 근대적인 방식에서 벗어나는 것이었습니다. 이는 개인들의 사고와 행동을 규정하는 표상체계(예컨대 이데올로기나 담론)의 이론으로 나아갈 수 있는 요소를 갖고 있었습니다.

그러나 흄에게 믿음은 단지 **개인적이고 주관적인 것**일 따름이었습니다. 이 믿음이 어떠한 사회-역사적 조건에서 형성되며, 그것이 어떤 방식으로 개인들을 포섭하고 움직이는가를 사고하기에는 흄의 이러한 탈근대적 요소는 너무나 미약했습니다. 믿음을 형성하는 사회-역사적 조건에 대한 이론 역시 아직은 사고하기 힘들었음은 물론입니다.

반면 믿음을 '주체'인 개인이 갖고 있는 관념이라고 본 점에서 그는 여전히 근대철학의 내부에 머물러 있음을 확인하게 됩니다. 결국 흄이 근대철학의 외부로 나가면서 찾아냈던 탈근대적 요소는 근대적 문제설정에서 벗어나지 못함으로써 개인들이 가진 관념에 머물고 마는 것입니다.

제3부

독일의 고전철학
― 근대철학의 재건과 '발전'

1. 칸트 : 근대철학의 재건
2. 피히테 : 근대철학과 자아
3. 헤겔 : 정점에 선 근대철학

1. 칸트 : 근대철학의 재건

근대철학의 위기와 칸트철학

앞서 말했듯이 '근대철학의 비조'라는, 지금까지도 데카르트가 누리고 있는 영광은 신학의 지배 아래 있던 철학, 신의 지배 아래 있던 인간을 신학과 신으로부터 독립시킴으로써 근대적 사고를 가능케 하는 근대적 문제설정을 기초지우고 방향지웠다는 공적에 기인하는 것입니다. 그런데 데카르트로선 자명하고 확실하다고 생각했던 '생각하는 나' 즉 인식주체가 매우 불확실하며, 진리 역시 극히 취약한 기초를 갖고 있음이 흄으로 인해 드러났습니다. 진리는커녕 인과법칙조차도 있다고 할 수 없으며, 주체가 있는 게 아니라 다만 지각의 묶음만이 있다는 것입니다.

이는 데카르트가 마련한 근대철학의 전제가, 그 출발점과 목표가 붕괴된 것을 의미하며, 따라서 근대적 문제설정 자체가 위기에 처하게 되었음을 뜻한다는 것은 앞서 말했습니다. 칸트가 자기의 철학적 작업을 시작하는 곳은 바로 이 붕괴와 해체의 지점입니다.

애시당초 칸트가 발딛고 있던 곳은 이성주의 철학이었습니다. 즉 칸트는 이성이 진리를 인식할 수 있는 타고난 능력을 갖고 있다는 생각을 하고 있었습니다. 그러나 칸트는 주체 자체가 이성의 자명한 출발점이 아니며, 진리에 이르기에는 지극히 취약한 기초라는 흄의 비판을 받아들입니다. 그는 "흄의 비판을 통해 독단주의의 잠에서 깨어났다"고 말합니다. 다시 말해 자명한 것으로 가정된 '주체'라는 출발점이나, 진리를 인식할 수 있는 '주체'의 능력이 사실은 근거없는 독단이었다는 것입니다. 그래서 칸트는 처음부터 질문을 다시 던져야 한다고 생각합니다.

그는 한마디로 "인간이란 무엇인가?"라고 질문합니다. 인간―이전에는 '주체'라고 했는데, 칸트는 '인간'이라고 표현합니다―에 대해, '인간은 무엇을 알 수 있는가?' '인간은 무엇을 할 수 있는가?' '인간은 무엇을 바랄 수 있는가?'라는 세 가지의 질문을 던지는 겁니다. 첫번째 질문인 '인간은 무엇을 알 수 있는가'에 대해서 다루고 있는 것이 『순수이성 비판』입니다. 두번째 질문인 '인간은 무엇을 할 수 있는가'는 인간의 행동·당위·도덕 등에 관한 문제인데, 이것을 다루고 있는 게 『실천이성 비판』이지요. 세번째 질문인 '인간은 무엇을 바랄 수 있는가'라는 것은 인간의 목적개념에 대한 질문인데, 이에 대해 다루고 있는 것이 『판단력 비판』입니다.

결국 이 세 가지 질문은 인식-행동-목적이라는 인간의 가장 중요한 세 가지 활동이 이성에 의해 즉 인간이란 주체 자신에 의해 근거지어질 수 있는 것인가를 다시 묻는 것이었습니다. 칸트는 이렇게 함으로써 '주체'라는 지반에 새로이 기초공사를 하려고 합니다. 근대적 문제설정에서 보건대, 주체 즉 신에게서 독립한 '인간'이 진리를 인식할 수 없다면 '철학'이나 과학은 불가능한 것이었지요.

따라서 동요하고 깨져 버린 주체를 어떻게 위기에서 구해낼 것인가, 불가능하다고 판단된 참된 지식·진리를 어떻게 새로이 기초지울 것인가 하는 문제가 근대철학자 칸트가 보기엔 가장 시급하고 절박한 문제였던 것입니다. 근대적 주체로서의 인간과 진리를 확고하게 재건함으로써 근대적 사고의 기반을 다시 다지고, 근대철학을 위기에서 구할 수 있으리라고 생각했던 것입니다.

이제 칸트는 '주체가 출발점이 될 자격이 있는지, 자격이 있다면 무엇 때문인지, 주체가 참된 지식에 도달할 수 있는지'에 대해 연구하려고 합니다. 이를 위해 칸트는 주체를, 이성을 피고로서 법정에 세워보자고 생각합니다. 그래서 피고인 이성이 무엇을 알 수 있는지, 어디까지 알 수 있는지, 나아가 무엇을 할 수 있는지 시험해 보자고 합니다. 이것이 칸트의 '이성 비판'이라는 계획입니다.

이것은 흄이 극한적 형태로 제기했던 문제를 다시 근대적 틀 안으로 끌어들이면서 근대적으로 재배치하려 했던 것으로 볼 수 있습니다. 즉 칸트는 근대적 문제설정을 '진리를 인식할 수 있는 주체가 어떻게 가능한가'란 질문을 통해 다른 형태로 전환시키려는 것입니다. 데카르트가 자명한 것으로 전제하고 출발점으로 삼았던 것들을, 그게 어째서 출발점이 되어야 하는 것인지 연구하려는 것이지요. 이를 위해 칸트는 경험, 지각경험, 감각경험 같은 것들을 기초짓는 선험적 기초가 있다면 가능하지 않을까, 그렇다면 그 '선험적 주체'란 무엇일까를 찾아내려고 하는 것입니다. 그럼으로써 확실한 주체를 재건하려고 하는 것입니다.

결론적으로 말해 **칸트의 이 계획 속에서 주체(인간)는 진리를 인식할 수 있는 중심의 자리로 복귀**하게 됩니다. 이것이 칸트철학이 누릴 수 있었던 영광의 이유이기도 합니다. 철학사에서 칸트가 차지하는 독보적인 위치는 이처럼 '근대철학의 위기' 속에서 이해될 수 있다고 생각합니다. 즉 그는 위기에 처한 근대철학을 구해내 튼튼한 기초 위에 재건함으로써 근대적인 사고의 기반을 확고하게 해주었던 것입니다.

근대적 문제설정의 재건

그렇다면 이제 칸트가 어떤 식으로 근대철학의 기초를 재건하는지 살펴봅시다. 크게 세 가지로 나누어 얘기하는 게 유용할 것 같습니다.

첫째는 '진리' 개념의 전환과 재건입니다. 알다시피 흄은 귀납론과 인과법칙을 부정했습니다. 귀납론을 빌려, "이제까지 본 모든 까마귀가 다 까맸다. 따라서 모든 까마귀는 까맣다"고 한다 합시다. 그러나 이후에 갈색 까마귀나 회색 까마귀가 안 나온다는 보장이 없는 것이고, 혹시라도 그런 까마귀가 한 마리라도 발견되는 날이면 앞서 한 말은 거짓이 됩니다. 또 인과관계란 관찰한 사람이 갖는 습관적인 추론이라고 했지요.

이렇게 되면 경험적 지식은 어떤 확실한 지식, 참된 지식을 줄 수 없습니다. 즉 진리는 경험을 통해 얻어지지 않는다는 겁니다. 이게 칸트가 받아들인 흄의 비관적인 결론이었지요.

또한 칸트는 '(사)물 자체'(Ding an sich)와 '현상'을 구별합니다. 반점이 찍힌 거울에는 '산소 같은 여자'를 비추어도 '곰보 같은 여자'로 나타납니다. 옆으로 휘어진 거울에는 늘씬한 슈퍼모델을 비추어도 '숏다리' 뚱보로 나타납니다. 우리는 사물을 눈이나 귀 같은 감각기관을 통해 받아들이는데, 이 감각기관이 우리 인식에서 일종의 거울 같은 역할을 하지요. 우리는 이 거울을 통해 사물을 인식합니다. 이 거울에 비친 사물의 모습을 칸트는 '현상'이라 하고, 거울에 비추기 전의 사물을 '사물 자체'('물 자체')라고 합니다.

그런데 우리의 감각기관도 마찬가집니다. 그것이 사물을 있는 그대로 비추는 기관인지 구부려 비추는 기관인지 우리 자신은 알 수 없습니다. 마치 거울이 자신이 어떤 식으로 비추는지 알지 못하듯이 말입니다. 우리가 사물에 대해 아는 것은 우리 눈에 비친 대로지요. 요컨대 현상만 알 수 있는 것입니다. 우리 눈에 비치지 않은 사물을, 즉 사물 자체를 안다고 말하는 것은 우리 눈에 비치지 않는 것을 본다는 말처럼 형용모순(어불성설)이라는 겁니다.

칸트는 사물 자체를 인식하는 게 불가능하다고 말하는 것입니다. 그런데 진리를 대상과 일치하는 지식, 사물 자체와 일치하는 지식이라고 한다면 진리는 불가능하다는 결론을 피할 길이 없습니다. 이와 유사한 어려움은 버클리나 흄 또한 지적한 적이 있습니다. 이 때문에 근대철학의 목표가 와해되어 버린 것이지요.

따라서 칸트는 진리라는 개념을 이렇게 두었다간 '진리'는 불가능하다는 결론을 내릴 수밖에 없다고 생각합니다. 그렇다면 진리의 개념을 아예 다른 식으로 정의할 수는 없을까? 이 질문을 통해 칸트는 진리를 재건하려고 합니다.

칸트는 이제까지 진리를 대상에서 구하려는 노력은 방금 말한 것처럼 실패할 수밖에 없다고 봅니다. 인간의 눈이 사물 자체를 비출 수 없는데, 대체 사물 자체의 법칙을 어떻게 알겠습니까? 어차피 알 수 없는 게 '사물 자체'라면, 아무리 날고 뛴들 '사물 자체'에 대한 지식은 있을 수 없습니다. 우리의 지식은 모두 '현상'에 대한 것이지요. 요컨대 인식대상은 현상이고, 이는 인식하는 주체가 만드는 것이란 겁니다.

거칠게 말하면, 원래는 어떤지 모르지만 모든 이의 눈에 '곰보 같은 여자'로 비친다면 그게 곧 참일 거라는 거지요. 그렇다면 문제는 우리 눈에 비친 '곰보 같은 여자'가 '사물 자체'와 일치하냐 아니냐를 두고 고민할 게 아니라, 우리 모두가 그걸 '곰보 같은 여자'로 판단하게 하는 방식

(그림 3-1) 세계를 보는 창

화가는 수평선과 수직선이 나란히 교차하는 격자창을 통해 세상을 본다. 그리고 격자가 그려진 캔버스에 창 밖에 있는 세계를 옮겨 그린다. '세계를 보는 창', 격자가 새겨진 이 창은 마치 수학적인 좌표처럼 기능한다. 우리는 어떤 형상이나 선을 좌표상의 동일한 위치관계를 유지하면서 옮겨 놓으면 동일한 형상이나 선을 정확하게 재현할 수 있다는 것을 알고 있다. 크기만이 축소된, 하지만 비례관계는 정확히 유지되는 형상. 이것은 서양 근대 회화에서 사물을 눈에 보이는 대로 정확하게 재현하는 데 가장 중요한 기초가 되었다. 덕분에 예술은 이제 '진리'를 추구하는 활동이 된다. 그런데 격자가 달린 저 '세계를 보는 창'은, 아니 세계를 보는 격자는 과연 세계에 속한 것일까, 아니면 세계를 보는 인간에 속한 것일까? 아, 이 그림에는 잘못된 것(오류)이 포함되어 있다. 무얼까? 바로 격자창 밖으로 보이는 풍경을 그린 화가의 그림이다. 그 풍경은 그림 속 화가의 시점이 아니라, 이 그림을 보는, 혹은 이 그림을 그린 사람의 눈에 보이는 형상대로 그려졌다. 이걸 보면 격자는 정작 창문에 있는 게 아니라 이 그림을 그린 화가의 눈 속에 있는 건지도 모른다.

(이를 '판단형식'이라고 합니다)을 연구하는 것이라고 합니다. 즉 진리는 대상에서 찾을 게 아니라 대상을 만드는 우리의 판단형식에서 찾아야 한다는 거지요.

이처럼 대상이 인식을 만드는 게 아니라 인식이 대상을 만든다는 생각, 진리는 대상에서가 아니라 주관(주체)의 판단형식에서 찾아야 한다는 생각은 이전의 생각을 크게 뒤바꾸어 놓은 것입니다. 이를 두고 칸트는 '코페르니쿠스적 전환'이라고 합니다. 예전에는 지구를 우주의 중심에 두고 태양을 비롯한 모든 별이 그 주위를 돈다고 생각하다가, 코페르니쿠스에 이르러 우주의 중심은 다른 데(태양) 있다고 생각하는 발상의 전환이 있었던 것인데, 칸트는 자기가 행한 발상의 전환을 여기에다 비유한 것입니다.

칸트철학에 단골로 등장하는 '선험적 종합판단'이니 '아 프리오리'(a priori ; 선천적)니 하는 말들이 중요한 건 바로 이런 맥락에서입니다. '선험적'이란 말은 '경험적'이란 말과 반대짝입니다. '경험적인 것'이란 인간이 경험을 통해서 알게 되는 것입니다. 반면 '선험적인 것'이란 경험하지 않아도 아는 것이지요. 예를 들면 "모든 미인은 예쁘다"가 그렇습니다.

'분석판단'은 주어에 이미 술어가 포함되어 있는 것입니다. "모든 미인은 예쁘다"라는 명제는 분석판단입니다. 왜냐하면 '미인'이란 주어에 이미 '예쁘다'라는 술어가 포함되어 있기 때문입니다. '종합판단'은 주어에 술어가 포함되어 있지 않은 것입니다. 예를 들어 "모든 미인은 키가 크다"는 명제가 그렇습니다. '미인'이란 주어를 아무리 분석해도 '키가 크다'는 건 알 수 없기 때문이지요.

여기서도 보듯이 분석판단은 선험적입니다. '미인'이란 주어에 이미 '예쁘다'라는 술어가 포함되어 있으니, 경험하지 않아도 알 수 있는 거지

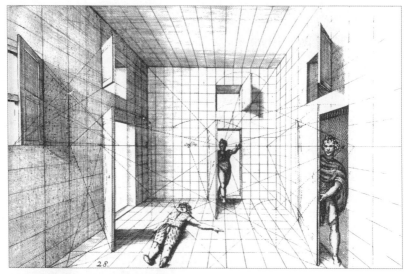

(그림 3-2, 3-3) 투시법적 공간

위의 그림은 1560년 경에 출판된 투시법에 관한 책에 있는 삽화다. "격자는 화가의 눈에 있는 게 아니라 세계 자체에 속해 있다"고 말하려는 것일까? 바닥과 천장, 사면의 벽이 모두 격자로 가득하다. 열린 문이나 창문의 비스듬한 평행선들은 각각 자신의 소실점에 모인다. 사람들은 이 격자로 가득한 공간 안에 있거나 그 안으로 들어온다. 정면에서 손을 번쩍 들고 들어오는 사람의 오른쪽 눈은 방 안의 평행선들이 모이는 소실점에 위치해 있으며, 그래서 격자를 만드는 선이 모이고 있지만, 이를 눈에서 격자를 만드는 선이 나오는 것으로 오해해선 곤란하다. 정면에 있는 인물의 시선에선 아무런 그물도 발사되지 않고 있을 뿐 아니라, 정면 인물의 눈에 닿는 선은 최소한으로 처리됨으로써 오히려 그는 그물 같은 저 격자의 공간 안에 사로잡혀 있음을, 그가 보는 것은 그 격자화된 공간 안에 있음을 보여준다. 아래 그림은 세를리오(Sebastiano Serlio)의 「비극을 위한 무대」 *Scene for a tragedy*다. 세를리오는 좀더 세련된 스타일로 이런 격자화된 공간을 '객관화' 한다. 그가 그린 「희극을 위한 무대」, 「비극을 위한 무대」에는 투시법에 따라 변형된 격자가 바닥의 바둑판 같은 포장도로, 건물의 벽, 기둥 등에 촘촘하게 새겨져 있다.

요. 따라서 이는 언제나 타당하고 확실합니다. 그러나 대신 우리에게 아무런 지식도 추가해 주지 않지요. '미인은 예쁜 여자다'라고 정의해 놓고는 "모든 미인은 예쁘다"라고 하는 것이니, 대체 뭐 새로운 게 있겠습니까? 이런 걸 흔히 '동어반복'(tautology)이라고 하지요.

반면 종합판단은 대개 경험적이고 후천적입니다. '미인'들을 많이 보지 않고서는 '모든 미인은 키가 크다'고 할 순 없는 일이니 말입니다. 주어에 없는 것을 얘기하려면 대개 경험을 통해야 하지요. 따라서 주어에 없는 지식을 우리에게 추가해 주지요. 대신 언제나 타당하지도, 확실하지도 않습니다. 미인이지만 키가 작은 여자도 얼마든지 있을 수 있지 않겠습니까?

그런데 우리에게 새로운 지식을 추가해 주면서도 언제나 확실하고 타당한 그런 판단은 없을까? 이게 바로 칸트 고민의 핵심입니다. 선험적 명제처럼 언제나 확실하고, 종합판단처럼 새로운 걸 추가해 주는 판단은 있을 수 없는가? 이걸 칸트는 "선험적 종합판단은 가능한가?"라고 묻습니다. 그리고 그가 내린 대답은 "있다"는 것입니다. 예를 들면, "모든 삼각형의 내각의 합은 180도다"라는 판단이 그렇습니다. 알다시피 이 명제는 유클리드 기하학에선 언제나 타당하지요. 삼각형을 많이 그려 보고 각을 재 보지 않아도 이 명제는 언제나 타당합니다. 그런데 삼각형이란 주어를 분석한다고 '내각의 합이 180도'라는 결론은 나오지 않습니다. 즉 이 명제는 우리에게 삼각형의 성질에 대해서, '삼각형'이란 주어에는 없는 내용을 새로이 가르쳐주고 있는 것입니다. 따라서 종합판단이지요.

이같은 선험적 종합판단이야말로 인간을 진리에 도달케 해주는 판단형식이라고 합니다. 이렇듯 칸트는 진리를 밖에서 찾는 게 아니라, 언제나 올바르면서도 새로운 지식을 추가해 주는 판단형식에서, 즉 '선험적

(그림 3-4) 브룩 테일러, 「레오나르도의 창」

3차원의 세계를 2차원의 평면에 정확히 재현하는 방법을 '투시법'(perspective)이라고 부른다. 1425년 피렌체의 브루넬레스키가 대중들 앞에서 그 정확성을 보여주는 실험을 했고, 10년 뒤 초기 르네상스의 천재 알베르티가 유클리드 기하학을 빌려 그것의 '과학성'을 증명한 뒤, 이 방법은 이후 거의 500년 동안 서양의 시각예술을 지배했다. 알베르티도 여기서 보이듯이 시점과 대상 사이에 화면을 놓고, 대상과 그려진 상의 비례관계가 정확히 일치함을 보여주는 식으로 '과학성'을 증명했다. 위 그림은 브룩 테일러(Brook Taylor)가 그린 「레오나르도의 창」*Leonardo's Window*이다. 그림에서 화면에 격자는 없지만, 앞서 그림 3-1의 「세계를 보는 창」과 동일한 위상을 갖고 있다. 화면에 그려진 육면체의 형상은 「세계를 보는 창」과는 달리 우리 눈이 아니라 시선이 발사되는 레오나르도의 눈에 보이는 모습이다. 그런데 테일러는 세를리오와 달리 세계를 보는 창, 그 격자란 이처럼 사물을 보는 인간의 눈 안에 있는 것임을 보여주려는 듯하다. 칸트는 이 격자와 같은 창이 누구의 눈에든 있으며, 누구의 머릿속에든 있다고 생각했다. 그것은 누구든 사물을 본다는 경험을 하려면 먼저 갖추어야 할 형식이라는 점에서 '선험적'이다. 그리고 위치에 따라 형상은 달라지지만, 그 창의 격자적 형태는 변함없다는 점에서 '보편성'을 갖는다. 진리란 사물의 세계에 있는 게 아니라 바로 이런 선험적 주관의 형식에서 찾아야 한다는 것이 칸트의 핵심적 아이디어였다. 이를 칸트는 '코페르니쿠스적 전환'이라고 불렀다.

종합판단'에서 찾는 겁니다. 이것이 발상의 전환을 통해 칸트가 새로이 얻은, 진리에 이르는 길입니다. 이로써 칸트는 흄에 의해 철저히 해체되었던 진리의 개념을 새로이 재건하게 됩니다.

둘째, 근대적 '주체'의 재건입니다. 근대철학의 '확실한' 기초요 출발점이었던 주체는 흄의 비판을 통해 '지각의 다발' '관념의 다발'로 해체되어 버렸습니다. 진리가 불가능하다는 것에 더해 이젠 아예 인식하는 주체조차 불가능하다는, 극히 부담스런 결론에서 칸트는 시작해야 했습니다. 그러나 어디든 길은 찾는 자에겐 있게 마련입니다. 칸트는 죽음 직전의 위기에서 근대적 '주체'를 살려냅니다. 과연 어떻게 살려낼까요?

칸트가 보기에 인간의 인식은 경험과 더불어 시작됩니다. 물론 흄이 지적한 것처럼 경험적 인식은 매우 불확실해서 진리가 되기에는 어려움이 많습니다. 그런데 누구나 경험을 통해 인식한다고 하면 인간으로 하여금 동일한 방식으로 경험할 수 있게 해주는 뭔가가 있을 겁니다. 도대체 그게 뭘까요?

약간 어려우니 돌아갑시다. 비유해서 말하자면, 우리가 사는 이 자본주의 사회에선 누구나 물건을 갖고 싶으면 살 수 있습니다. 경험이 다양하듯이 우리가 살 수 있는 물건도 다양합니다. 그러나 물건을 사는 사람이면 누구도 피해갈 수 없는 게 있습니다. 한마디로, 돈이 있어야 한다는 겁니다. 이건 누가 무엇을 사든 꼭 필요한 겁니다. 경험도 그렇습니다. 눈이 없으면 보지 못하고, 귀가 없으면 듣지 못하듯이 ___이 없으면 경험이 불가능한 게 있습니다. 이 ___에 무엇이 들어가야 할까요? 이게 칸트가 낸 문제입니다. 데카르트라면 이 문제에 쉽게 대답했을 것입니다. 그건 '주체'라고. 주체가 없으면 어떤 경험도 불가능하다고 말입니다. 그러나 흄 말대로 이 '주체'란 여러 가지 관념과 감각 등으로 이루어진 복합체입니다. 여기에는 항구적이고 항상적인 게 있는지도 확실하지 않습니다. 따라서 칸트는 다르게 대답합니다.

그것은 경험보다 먼저 존재해야 합니다. 물건이야 외상으로 사고 돈은 나중에 갚을 수도 있지만, 경험이나 인식에는 외상이 안 통하기 때문이죠. 경험을 가능케 하는 조건은 경험보다 먼저 있어야죠. 이런 걸 칸트는 '선험적(先驗的) 조건'이라고 합니다. 그리고 앞서 본 것처럼 이것은 경험에 좌우되지 않는 확실성을 가져야 합니다. 다음으로 그건 모든 인간들이 반드시 가져야 하며, 동일한 형태(형식)을 갖고 있어야 합니다. 달러냐 마르크냐 하는 구별 이전에 '돈'이라는 공통된 형식을 말입니다.

자, 또 하나. 우리가 어떻게 인식에 이르는지 칸트를 따라가 봅시다. 언덕배기에 못 미쳐 돈키호테와 그의 종 산초가 있습니다. 그런데 언덕배기에 있는 물체를 바라보며 돈키호테가 외칩니다. "저기 팔이 넷 달린 거인이 있다!" 그러자 그 옆에서 산초가 말합니다. "주인님, 저건 거인이 아니라 풍차인데요."

두 사람의 판단은 이처럼 크게 다를 수 있습니다. 칸트 용어로 말하면 '현상'은 이처럼 다르게 경험될 수 있습니다. 그러나 돈키호테나 산초나 인식을 하려면 일단 감각기관을 통해 언덕배기의 물체를 받아들여야 합니다. 커다란 몸집에 팔 네 개가 돌아가는 물체를 말입니다. 이처럼 대상(물체)을 받아들이는 기관을 칸트는 '감성'(Sinnlichkeit)이라고 합니다. 어떤 인식도 감성을 통해 받아들이는 데서 시작하지요.

그런데 우리가 대상을 받아들이는 데는 반드시 필요한 게 있다고 합니다. 풍차든 거인이든 '있다'는 건 반드시 어딘가에 자리를 차지하고 있음을 뜻합니다. 요컨대 거인이 있는지 없는지, 그게 거인인지 풍차인지를

'공간' 안에서 감지하는 거지요. 공간이라는 형식이 없다면, 저게 무언지를 떠나 있는지 없는지도 알 수 없지요. 또한 공간은 보거나 듣는 게 아니며, 따라서 경험되는 게 아닙니다. 반면 공간이란 보거나 듣거나 느끼는 경험이 가능하려면 꼭 있어야 하며, 경험보다 먼저 있어야 합니다. 이래서 칸트는 '공간'이란, 감성을 통해 대상을 받아들이는 데 필수적이며 모든 인간이 경험보다 앞서 가지고 있는 형식이라고 합니다. 이걸 칸트식의 말로 표현하면 '선험적 감성형식'이라고 하지요.

'시간'도 마찬가집니다. 거인이나 풍차가 '있다' '없다'는 건 어느 시점에 있다, 없다지요. 즉 시간이 없다면 있다 없다를 지각하는 건 불가능합니다. 이것 역시 경험보다 선행하며, 경험을 가능케 해주는 감성의 형식이지요. 이래서 칸트는 시간과 공간은 경험에 선행하며, 모든 인간의 인식에 필수적인, 그리고 경험을 가능하게 해주는 것이라고 합니다. 다시 말해 '감성' 수준에서, 앞의 ___에 들어갈 말이 바로 시간과 공간이라는 '선험적 감성형식'이지요.

이렇듯 감성을 통해 물체를 받아들인 다음에는 그것이 하나인지 둘인지, 큰 건지 작은 건지, 또 언제나 팔이 돌고 있는 건지 아니면 우연히 돌게 된 건지 판단하게 됩니다. 바람이 불어서 팔이 도는 건지, 아니면 팔을 돌려서 바람을 일으키는 건지도 판단하게 됩니다. 그리고 그 물체를 죽이는 게 가능한 건지 불가능한 건지도 판단합니다. 이처럼 받아들인 물체를 분별해내고 그 물체에 대한 종합적인 판단을 하는 기관을 칸트는 '지성'(Verstand)이라고 합니다.

딸기가 수박보다 작다는 판단이 가능하려면 '크다' '작다'라는 범주가 먼저 있어야 합니다. 나무를 비비면 불이 난다는 판단이 가능하려면 그런 경우를 많이 경험해야 하지만, 그것만으론 부족합니다. '나무를 비빈다'는 경험과 '불이 난다'는 경험을 결합해서 "나무를 비비면 불이 난다"고 판단할 수 있어야 합니다. 이러려면 두 현상(경험)의 관계가 필연적이라고 판단할 수 있어야 합니다. '필연성/우연성'이란 범주가 바로 이 경우에 필요합니다.

'지성'이란 분별하는 능력(분별력)입니다. 크다, 작다, 하나다, 다수다, 필연적이다, 우연적이다 등의 '범주'를 통해 대상의 성질을 구별해내고 그것들을 결합해서 "나무를 비비면 불이 난다"는 판단을 만들어내는 능력인 거죠. 그런데 이런 능력이 활동할 수 있으려면, 그래서 경험에서 어떤 판단을 이끌어낼 수 있으려면 최소한 '범주'가 있어야 한다는 게 칸트의 생각입니다. 이 범주가 없다면 사물을 비교하는 것도, 사물들의 연관(필연적이다, 우연적이다 등등)을 찾아내는 것도 불가능하다는 겁니다. 따라서 '범주'는 경험보다 먼저 있어야 하며, 경험에 좌우되는 게 아니라 경험을 좌우하는 것입니다. 인간이 판단하는 데 필수적인 최소한의 범주를 칸트는 12개로 나누어 제시하고 있습니다(p.164 참조).

바로 이 범주로 인해 인간은 법칙을 인식하고 사물들에 대한 판단을 할 수 있다고 합니다. 이것은 언제나 있는 것이며 변화되지 않습니다. 그리고 이것이 공통되기 때문에 인간은 공통된 판단 혹은 공통된 인식에 도달할 수 있으며, 이로 인해 진리에 이를 수 있다고 합니다. 이래서 칸트는 범주를 '선험적인 지성형식'이라고 합니다. 따라서 '지성'의 수준에서는 '범주'야말로 ___에 들어갈 말인 셈입니다.

감성만으론 느낄 순 있어도 판단할 순 없습니다. 지성만으론 인식할 자료가 없기 때문에, 느끼지도 판단할 수도 없습니다. 이래서 칸트는 "지성 없는 감성은 맹목적이고, 감성 없는 지성은 공허하다"고 말합니다. 즉 감성과 지성이 결합해야 인식할 수 있다는 말입니다.

그러나 인식은 거기서 멈추지 않습니다. 감성을 통해 시작한 인식은 지성을 통해 '이성'에 다다릅니다. 이때 '이성'은 인간의 이성이란 말이나 이성주의라는 말과는 달리, '하나의 원리로 통일시키는 능력'이란 뜻을 갖습니다. 이는 칸트만의 고유한 개념입니다.

'이성'은 경험을 넘어서, 하나의 원리로 다양한 경험들을 통일시켜 파악하려는 욕구를 갖고 있습니다. 쉽게 말하면 '근본적인 데까지 밀고나가는 성질'을 갖고 있는 겁니다. 예컨대 인간은 근본적인 원인을 찾으려는 성질을 갖고 있습니다. 부모님이 나를 낳았다는 것만으론 결코 만족하지 않습니다. 그래서 부모님은 누가 낳았고, 그들은 또 누가 낳았고……, 결국 근본적으로 모든 인간을 낳은 궁극적인 원인에 가 닿고 싶어한다는 겁니다. 생명의 신비함과 소중함을 깨달은 사람은 나무나 돌뿐 아니라 세상 모든 것에 생명이 있다는 식으로 자기가 중요하다고 생각한 것을 확대하고, 그것을 통해 모든 것을 통일적으로 파악하려고 합니다. 이게 바로 '이성'이 하는 일이지요. 그리고 이런 '이성'의 형식을 '이념'이라고 합니다. '세계' '자아' '신'이 바로 그것이지요.

그런데 언제나 끝을 찾아나서다 보면 사고가 나게 마련입니다. '이성' 역시 그렇습니다. '원인'이든 '생명'이든, 하나의 원리로 모든 걸 통일시키려다 보니 당연히 경험하지 못한 데까지 나아갑니다. 경험하지 못한 것을 하나의 원리로 설명하려다 보니 서로 상충되는 주장이 나타나며, 양쪽 다 옳다고 증명되는 경우가 생깁니다.

예를 들면 "시간과 공간은 끝이 있다"와 "끝이 없다"는 두 개의 주장이 다 증명될 수 있습니다. 어디선가 시작한 시점이 없다면 시간을 말하고 시간을 재는 게 어떻게 가능하겠습니까? 따라서 시간에는 시작하는 점(끝)이 있는 거라고 할 수 있습니다. 반면, 어디엔가 시간이 시작하는 점이 있다고 합시다. 그러면 그 시점 이전에는 시간이 없다고 할 수 있을까요? 시간 이전에 시간과 다른 어떤 것이 시간 대신 있었다는 건 말이 안 됩니다. 따라서 그 '시점' 이전에도 시간은 있어야 합니다. 따라서 시간은 끝이 없다고 하는 것도 옳은 것으로 증명됩니다.

이처럼 서로 상반되는 주장이 둘 다 옳다고 증명되는 경우를 칸트는 '이율배반'이라고 합니다. 그는 『순수이성 비판』에서 이율배반의 예를 여러 개 드는데, 예컨대 물질의 더 쪼갤 수 없는 작은 단위는 있다/없다 등이 그것입니다. 이처럼 이성이 이율배반에 빠지는 것은 이성이 경험을 넘어서 하나의 원리를 추구하기 때문에 불가피한 것이라고 합니다. 이런 점에서 이는 인간 이성(넓은 의미)의 한계를 보여주는 것이라 하겠습니다.

그러나 이런 한계에도 불구하고 칸트는 어떤 경험이나 인식도 피해갈 수 없으며, 또한 확실하고 선험적이라는 미덕을 갖고 있는 것들을 찾아낸 셈입니다. 선험적 감성과 선험적 지성이 그것인데, 이런 능력을 합해서 '선험적 주체'라고 부릅니다. 이는 관념이나 감각의 '다발'에 불과한 경험적 주체와 달리 모든 주체에 공통되며, 경험이나 감각에 좌우되는 게 아니라 그것을 좌우하며, 확실하고 항구적이라는 특징을 갖습니다. 따라서 그것은 어쩌면 경험적인 개인을 넘어서 있다는 뜻에서 '객관적 주체'라고도 할 수 있을 것입니다.

이로써 칸트는 흄에 의해 해체되어 버린 근대적 주체를 '선험적 주체'라는 확고하고 튼튼한 것으로 되살려낸 것입니다.

셋째, 근대적 윤리학(도덕철학)의 확립입니다. 칸트가 윤리학 혹은 도덕철학의 문제를 다룬 책은 알다시피 『실천이성 비판』입니다. 인간의 의지와 행동을 대상으로 하고 있는 이 책에서, 칸트가 던지는 도덕철학의 가장 근본적인 질문은 이것입니다.—"인간의 의지(및 행동)는 이성의 힘만으로 규제될 수 있는가?" 바꿔 말하면 인간의 의지와 행동을 규제하는 원리가 인간의 이성 안에 있을 수 있는가, 모든 인간이 따라야 할 보편적인 원리가 있을 수 있는가 하는 것입니다.

앞서 보았듯이 이는 근대적 윤리학에서 가장 중요한 질문입니다. 인간의 이성이 신에게서 독립해 존재하고, 인식하며, 행동할 수 있는가가 근대철학의 독립을 확보하기 위한 질문이었으니 말입니다. 따라서 인간의 의지를 규제할 보편적인 원리가 이성의 내부에 있다는 것은 인간 이성의 실천적 자율성이 원리적으로 확보될 수 있음을 뜻하는 셈입니다. 이는 어쩌면 이성이 확보할 수 있는 '최종적' 자율성인지도 모릅니다.

이를 위해 칸트는 모든 인간에게 해당되는 '보편타당한 윤리원칙'을 찾으려고 했습니다. 그는 여기서 유명한 말을 하지요. "너는 언제나 네 의지의 준칙이 보편적인 입법원리로서 타당하게 행동하라"라고 말입니다. 즉 어떤 행동을 하려고 하는 너의 의지가 법으로 제정되어도 좋을 만큼 보편적인 거라면 그것대로 행동하라는 것입니다. 사실 이는 법적인 보편적 형식을 취한 규칙을 선악의 잣대로 삼으라는 말이고, 실질적으로는 법에 정한 바를 선이라고 생각하라는 것입니다.

여기서 우리는 선과 법에 관한 통념과 매우 다른 관념을 발견하게 됩니다. 통상 법은 그것이 선한 것이기 때문에 보편성을 갖고, 그래서 법이 되었다고 우리는 생각하지요. 즉 선이야말로 법의 기초요 근거라고 생각한다는 겁니다. 그러나 칸트가 보기엔 그런 선은 입장에 따라 얼마든지 다를 수 있는 것이고, 따라서 모두가 동의할 수 있는 보편성을 갖기가 힘들다는 것입니다. 반대로 칸트는 계율을 통해 선을 정의하는 유대적-기독교적 전통으로 돌아갑니다. 계율을 지키는 것이 선이듯이, 법으로 정한

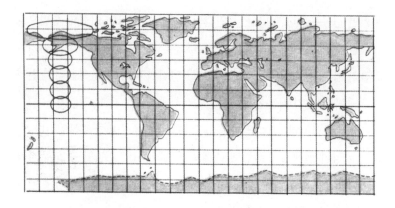

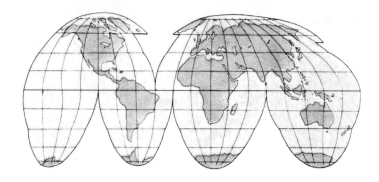

(그림 3-5a, 3-5b) 두 개의 세계지도

그런데 격자는 모두 저렇게 평행한 직선들이 직각으로 교차하는 것만 있을까? 칸트는 그렇다고 생각했다. 그는 오직 유클리드 기하학만이 유일한 기하학이던 시대에 살았기 때문이다. 그러나 19세기에 이르면 다른 종류의 공간을 구성하는 다른 기하학들이 생겨난다. 그리고 그것은 우리가 사는 지구 자체로 인해 현실성을 가질 수 있었다. 예컨대 지구의 표면은 구(球)다. 그래서 경선은 모두 평행하지만, 그 평행선은 모두 구면을 따라 휘어져서 남극과 북극에서 만나면서, 사각형이 아니라 거대한 삼각형을 이룬다. 삼각형 내각의 합은 유클리드 기하학에선 180도지만, 여기선 180도보다 항상 크고 가지각색이다. 따라서 지구 위에 격자를 만들 경우, 그 격자를 어떤 관점에서 어떻게 펼치는가에 따라 지구는 다른 모습으로 그려진다. 두 개의 지도 가운데 위의 것은 직교하는 격자에 따라 그려진 지도인데, 양극으로 가까이 감에 따라 길이와 면적이 커진다. 그린랜드 섬이 유럽대륙과 맞먹을 정도로 커 보이는 것은 그래서다. 반면 아래 지도는 형태나 크기를 정확히 그리기 위해 격자를 구 위에 그려진 것처럼 구부렸다. 하지만 그걸 평면에 옮기다 보니 지구가 갈래갈래 찢어져 버리고 말았다. 그렇다면 이처럼 유일한 보편적인 '격자'가 사라진 시대에, 칸트가 꿈꾸었던 보편적 진리는 과연 가능한 것일까? 가능하다면 어떻게?

것을 지키는 것이 선이라는 겁니다. 다시 말해 선이 법의 기초인 게 아니라, 반대로 법이 선의 기초라는 겁니다.

이런 원칙에 서서, 칸트는 '자유'의 개념을 새로이 정의합니다. 칸트에 의하면 의지의 자유, 행동의 자유란 다음과 같은 원칙에 따르는 것입니다―"나는 할 수 있다, 왜냐하면 해야 하기 때문에." 즉 보편적인 도덕원칙이란, 본질적으로 내가 어떻게 "해야 한다"는 규정입니다. 칸트는 거기에 따라 사는 것만이 선이며, 올바른 윤리적 삶이고, 인간으로서 자신의 자율성과 자존을 지키는 길이라고 생각했던 겁니다. 따라서 자유란 "해야 한다"는 원칙, 의무에 따라 사는 것과 동일한 뜻을 갖습니다.

이런 점에서 칸트의 윤리학은 극도로 계몽주의적인 성격을 갖습니다. 인간 개개인이 갖는 욕망이나 의지는 '보편적인 입법원리'가 될 수 있는 한에서만 받아들여지고, 그렇지 않은 것은 모두 자율성과 자존을 위해 억제되고 통제되어야 하기 때문입니다. 입법원리에서 어긋나는 의지나 욕망, 법에서 벗어나는 행동은 인간의 자율성을 포기한, 한마디로 인간이기를 포기한 것이 되는 셈입니다. 따라서 그런 원리에 따르도록 훈련되지 못한 대중은 일깨워지고 계몽되어서, 이 도덕적 원리에 따라 살도록 새로이 '갱생'해야 하는 것입니다. 계몽주의 시기 도덕철학은 이런 실질적인 의미를 갖고 있었던 셈입니다.

보다시피 칸트의 도덕철학에서 두드러진 것은 '법'적인 개념이 강하다는 것입니다. 보편적인 도덕원칙도 입법원리로 정의되었고, 자유나 선 역시 도덕법칙에 의해 정의되었습니다. 이는 공화주의자로서 프랑스혁명에 고무되었던 칸트로선 당연한 것처럼 보입니다. 이는 혈연, 무력, 종교가 지배하던 중세와 달리 법을 통해 지배를 확립하려 했던 부르주아지의 관점을 보여주는 것이라고도 할 수 있겠습니다.

그렇다면 이제 '신'은 어떻게 되는가? 칸트는 『순수이성 비판』에서 신을 증명하려는 모든 시도가 성공하지 못했고, 진리를 추구하는 순수이성의 영역에서 신은 증명될 수 없다고 말합니다. 이로써 데카르트도 쫓아내지 못했던 신을 이론적인 이성의 영역에서 쫓아냅니다.

실천적인 이성의 영역에서도 가장 근본적인 원리를 보편적인 도덕원칙이 차지함으로써 신이 개념적으로 들어설 자리는 없었습니다. 그러나 그는 사람들을 보편적 가치에 따라 행동하게 하는 데 신이 필요하다고 생각합니다. 다시 말해 도덕철학적인 필요에 의해 실천이성이 신의 존재를 '요청'한다는 것이지요. 이런 점에서 "도덕행위란 신에 대한 실천적 긍정"이라고 말합니다.

그러나 여기서 중요한 것은 신의 존재가 '실천이성의' 요청에 의한 것이란 점입니다. 이성의 필요에 의해 신의 존재가 받아들여진다는 것은, 이성이란 신의 피조물이요 그것을 인식하는 수단이었던 시대와는 근본적으로 다른 전환을 담고 있는 것입니다. 과감하게 말하자면 신이 이제는 이성의 필요에 의해 존재하게 되었다는 것이고, 신이 이제는 이성에 의해 포섭되었다는 것입니다. 이로써 종교 자체가 근대적인 윤리학을 위해 복무하는 도덕철학이 된 것입니다. 이런 점에서 칸트는 근대 윤리학의 확립자요 완성자임에 틀림없으며, 칸트철학은 '근대철학의 승리'를 선언하는 것이었음에 틀림없습니다.

새로운 난점들 : 영광의 그늘

칸트는 흄에 의해 전면화된 '근대철학의 위기'속에서 작업했습니다. 그는 위기 속에서 붕괴된 근대철학의 지반을 새로이 복구하려고 했습니다. 그것은 근대적 문제설정을 형성하고 유지하는 기둥으로서 '진리'와 '주체'를 새로운 형태로 재구성하는 것이었습니다.

이를 위한 칸트의 전략은 크게 두 가지로 요약할 수 있을 것입니다. 첫째는 **진리의 주관화**입니다. 즉 진리를 외부의 사물이나 대상에서 찾을 것이 아니라 주체 자체의 내부에서 찾자는 것이지요. 둘째는 **주체(주관)의 객관화**입니다. 모든 주체가 선험적으로 가지고 있으며, 경험이나 인식의 기초가 되는 필수적인 형식을 주체 내부에서 찾아냄으로써 그것이 모든 주체들에게 공통된 것임을, 따라서 객관적인 것임을 보여주려고 하였습니다.

이 두 과정의 복합으로 인해 진리는 주관화되면서 동시에 주관적인 데 머물지 않을 수 있었습니다. 이는 어떤 의미에선 주관과 객관, 주체와 대상의 통일을 이루기 위한 칸트적 길이었던 셈입니다. 어쨌거나 칸트는 이런 방식으로 주체와 진리를 되살려내는 데 성공한 것입니다. 이로써 근대철학의 위기를 극복하고, 근대철학을 확고한 지반 위에서 새로이 구성할 수 있었습니다. 이것이 칸트철학이 향유했던 그 '영광'의 이유가 아닐까 생각합니다.

이로써 칸트철학은 근대적 문제설정의 딜레마를 해소하고 위기의 요인을 근본적으로 제거한 듯이 보였습니다. 그러나 문제는 생각보다 훨씬 어렵고 뿌리깊은 것이었습니다. 새로운 해결은 새로운 방식으로 문제를 생성시키거나 '전이'시킵니다. 칸트철학 자체 내에는 이미 **새로운 위기의 요소들**이 자리잡고 있었습니다. 그것은 앞서처럼 세 가지 차원에서 간단하게 요약할 수 있습니다.

첫째, 진리에 관한 문제입니다. 이는 진리를 주관화하는 전략과 관련된 것입니다. 칸트는 현상이란 우리가 지각하고 인식한 것이고, 따라서

(그림 3-6) 두 개의 상이한 '선험적 주관'

그럼 격자가 지구 표면에 있는 게 아니라 보는 사람의 눈 안에, '선험적 주관'의 눈 안에 있다고 하면 문제가 해결될까? 불행하게도 카메라의 발전은 이번에도 칸트의 편을 들어주지 않았다. 렌즈를 어떤 것을 쓰느냐에 따라 이렇게 다른 상들이 만들어진다. 그렇다면 유클리드식의 격자로 세상을 보았던 '투시법'은 세상을 정확하게 재현하는 방법일까? 그것은 우리의 시지각에 대한 과학적 이론이라고 할 수 있을까? 혹시 사람들 눈이 저 렌즈들처럼 수정체의 두께나 굴절도 등에 따라 제각각이라면? 아니, 게다가 수정체를 통과한 상이 맺히는 것은 망막인데, 눈알이 둥그니 망막 역시 분명히 둥글게 구부려져 있을 게 아닌가? 더구나 우리는 두 개의 눈으로 보는데, 투시법은 그림 3-4가 잘 보여주듯이 '애꾸눈'의 시각상을 보여주는 것은 아닌지?

주관 안에 있는 것이라고 하지요. 대신 주관 밖에는 '사물 자체'를 남겨두고 말입니다. 사물 자체는 알 수 없는 것으로 남겨두고 우리의 인식을, 진리를 단지 현상에 관련된 것으로 제한합니다.

그럼 우리가 인식하는 '현상'과 '사물 자체'는 어떤 관계를 갖는가? 물론 칸트는 그건 아무도 모른다고 합니다(이게 바로 근대철학의 딜레마지요!). 따라서 현상에 대한 지식은 사물 자체와 어떤 연관을 갖는지 아무도 모릅니다. 진리란 오직 주관의 형식으로만 정의됩니다. 그렇다면 우리가 진리라고 간주하는 지식(예컨대 선험적 종합판단)은 어떻게 정당화될 수 있는가? 그것은 경험하기 이전부터 "누구든 오인하는" **선험적 허위, 선험적 허구**일 가능성은 없는가? 모든 사람이 공유하는 '선험적 허위'라면 그것이 진리로 간주되어도 좋은가? 그건 마치 고대에는 모든 사람이 해가 도는 것을 옳다고 생각했으니 천동설이 진리라고 말하는 것과 유사하지 않은가?

이 문제에 적절한 예를 우리는 앞서 칸트의 예에서 찾을 수 있습니다. 예컨대 삼각형의 세 내각의 합은 180도라는 명제가 그렇습니다. 이건 칸트에 따르면 선험적 종합판단입니다. 즉 선험적으로 타당한 진리입니다. 그러나 지구 위에서 그려지는 어떤 삼각형도 세 내각의 합은 180도보다 큽니다. 지구의를 생각해 봅시다. 여기 적도와 두 개의 경선으로 이루

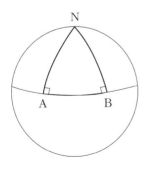

어진 삼각형이 있습니다. 적도와 경도는 직각으로 만나지요? 그렇다면 삼각형의 내각의 합은 180도(90도+90도)보다 북극에서 만나는 각만큼 큽니다. 따라서 칸트가 선험적 진리라고 생각했던 명제가 사실은 지구 위에선 맞지 않는 거짓인 것입니다!

(그림 3-7) 들로네,「에펠탑」

사태는 점입가경, 혹은 '갈수록 태산'이었다. 여러 가지 격자가 있을 수 있다는 것으로 인해 '선험적 주관'의 격자로 진리의 기초를 삼으려던 칸트의 구상이 깨진 데 이어, 이제는 하나의 시점에서 여러 개의 격자를 뒤섞고 병렬하려는 시도가 나타났다. 피카소는 1906년「아비뇽의 처녀들」이란 그림에서 투시법을 완전히 깨버리고, 전혀 다른 각도에서 본 얼굴을 뒤섞어 아가씨의 얼굴을 그리고, 등짝 위에 앞 얼굴이 달린 몸뚱이를 그렸다. 이른바 '입체파'가 그 해에 탄생한다. 위의 그림은 들로네(Robert Delaunay)의「에펠탑」*La Tour d'Eiffel*이다. 이 그림에서 들로네 역시 여러 각도에서 본 에펠탑의 모습을 하나의 시점에서 본 것처럼 섞어서 그렸다. 이럼으로써 투시법은 시각예술에 대한 지배를 포기해야 했고, 투시법이란 코드에서 벗어난 붓은 새로운 형상, 새로운 이미지를 다양한 방향에서 생산하기 시작했다. 이로써 '재현'이라는 오래된 강박증에서도 벗어났다. 물론 그렇다고 해서 예술에서 '진리'를 찾으려는 시도가 쉽게 사라지진 않았다. 아직도 주위에서 그런 간절한 노력의 잔영을 발견하는 것은 아주 쉬운 일이다.

예전에는 주체와 대상 간에 일치를 확인할 수 없다는 문제로 인해 진리의 개념이 딜레마에 빠지고 위기에 처했다면, 이제는 사물 자체와 현상, 사물 자체와 선험적 주체 간에서 또 다시 딜레마에 빠지고 위기에 처하는 것입니다.

둘째, 선험적 주체에 관한 문제입니다. 흔히 지적되는 순수이성의 추상성이나 비역사성은 일단 그냥 넘어갑시다(이는 피히테나 헤겔, 뒤에는 딜타이 등에 의해 집중적으로 지적됩니다). 근본적인 난점은 '선험적 형식' 자체에 있습니다.

먼저, 지성의 선험적 형식인 '범주'를 봅시다. 칸트의 12개 범주는 사실 아리스토텔레스의 10개 범주를 약간 변형시킨 것인데, 여기서도 볼 수 있듯이 선험적 형식인 범주는 철학자마다 다르게 설정할 수 있다는 것입니다. 그렇다면 이 범주가 모든 판단의 전제가 되는 '선험적 형식'인가에 의문이 제기될 수밖에 없습니다. 왜냐하면 범주 이전에 **범주를 나누는 어떤 기준**이 있어야 하며, 그게 사람마다 다를 수 있다는 말이 되기 때문입니다. 그에 따라 칸트와 아리스토텔레스의 범주는 다르게 설정된 것이라고 해야겠지요.

다음으로 선험적 감성형식인 '시간과 공간'입니다. 사실 칸트가 이런 주장을 할 수 있었던 건 뉴턴의 물리학 덕분이었습니다. 칸트의 철학은 뉴턴의 물리학에 기초하고 있었고, 그걸 통해 (물리학을 포함한) 과학의 기초를 확고히 하려고 했던 것입니다. 예전에 데카르트가 갈릴레이에 기초해서, 그것을 확고히 하려 했던 것과 마찬가지로 말입니다.

그런데 알다시피 뉴턴 물리학에서 시간과 공간은 절대시간이요 절대공간입니다. 마치 다양한 물체의 길이를 재는 자의 눈금처럼 그 자체는 불변적이고 절대적이며, 다른 것의 변화를 재는 기준이 바로 시간과 공간

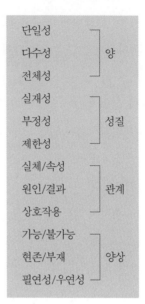

아리스토텔레스의 범주표	칸트의 범주표	
실체	단일성	
성질	다수성	양
분량	전체성	
관계	실재성	
장소	부정성	성질
시간	제한성	
위치	실체/속성	
양상	원인/결과	관계
능동	상호작용	
수동	가능/불가능	
	현존/부재	양상
	필연성/우연성	

입니다. 그것은 경험에 의해 달라지거나 변화되지 않는 것입니다.

그런데 아시겠지만 이런 이론은 20세기 들어와서는 유지되지 못합니다. 아인슈타인은 상대성이론으로 그것을 해체한 장본인인데, 그에 따르면 빛의 속도에 가까울 정도로 빨리 운동하는 비행체 안에서는 시간이 천천히 갑니다. 그래서 그런 우주선을 타고 오랫동안 여행한 비행사는 지구에 사는 그의 아들보다 젊은 모습으로 우주선에서 내릴 수도 있다는 겁니다. 시간이란 이처럼 조건에 따라 다르게 '경험되는(!)' 것입니다. 공간도 그렇습니다. 그것은 균질적으로 텅 비어 있는 게 아니라, 중력이 강한 곳에서는 구부러져 있다고 합니다. 즉 중력장에 의해 다르게 만들어지고 '경험된다'는 겁니다. 그렇다면 시간과 공간을 선험적 형식이라고 하기는 불가능해집니다. 이를 알기 위해서는 칸트 사후 100여 년이 필요했지만 말입니다. 어쨌거나 근대적 주체에 기초한 칸트의 선험적 주체 역시 또 다른 위기의 요소를 이미 자체 안에 포함하고 있었던 것입니다.

셋째, 순수이성과 실천이성의 분리 문제입니다. 칸트에게 실천적인 판단을 하는 이성은 이론적인 판단을 하는 이성과 전혀 별개의 것입니다. 심지어 이론적인 이성의 영역에선 신을 쫓아내도, 실천이성의 영역에선 필요에 의해 다시 불러들이기도 할 만큼 따로 놉니다. 여기서 순수이성은 '선험적 형식'이라는 이유로, 진리를 기초지우는 확실한 근거로서 정당화됩니다. 그러나 실천이성은 어떻게 정당화될 수 있는가? 다시 말해 '보편입법의 원리'라는 도덕철학은 무엇에 의해 정당화될 수 있는가?

여기서 다시 진리를 끌어들일 수는 없습니다. 왜냐하면 실천이성은 순수이성과 전혀 별개의 영역이기 때문이고, 칸트에게 행동이나 의지는 진리와 전혀 별개의 영역이기 때문입니다. 그렇다면 보편적 윤리학의 근거는 무엇인가? 실천이성 자신이 스스로를 근거지웁니다. 바로 여기서 칸트의 비판철학은 '독단론'으로 전환됩니다. 개인들의 의지와 욕망을 오직 보편적 입법원리에 끼워맞추려는 독단론이, 자유를 해야 할 것(의무)에 따르는 것으로 정의하는 독단론이, 그리고 선(善)을 (자신이 설정한) 도덕법칙에 의해 정의하는 독단론이 나타나는 것입니다.

2. 피히테 : 근대철학과 자아

'자아'의 복권

피히테는 오직 12개의 범주만을 가지고 있는 칸트의 선험적 주체가 확실한 만큼이나 공허하다고 생각하며, 주체(피히테 용어로는 '자아')의 활동과 무관하게 정의되어 있다고 비판합니다. 오히려 판단의 범주나 원리는 자아(주체)의 활동과정의 산물이라고 봅니다. 하지만 특히 그가 주목하는 지점은 칸트철학의 인식론적 문제점입니다. 그것은 '사물 자체'와 '선험적 주체'라는 칸트의 개념에 관련된 것입니다.

피히테는 일단 '사물 자체'가 논리적으로 성립될 수 없다고 봅니다. 칸트에 따르면 사물 자체는 '있기는 있으되 인식되지 않는 무엇'입니다. 그러나 사물 자체가 인식되지 않는 무엇이라면 사물 자체가 있다는 것은 어떻게 인식했는가 하고 피히테는 반문합니다. 무언가가 있는데 그것을 인식할 수는 없다는 말은, "맛이 있긴 있는데 맛을 알 수는 없어"라는 말처럼 부당하다는 것입니다. 즉 인식할 수 없는 것이라면 말을 할 수도 없을 거라는 겁니다.

이로 인해 칸트 체계의 부정합성이 나타난다고 합니다. 체계를 만들어가는 논리는 서로 배타적인 것을 함께 설명할 수 없는 법인데 칸트의 경우에는 사물 자체와 현상이라는, 서로 배타적인 것을 포함하고 있기 때문에 부정합성과 모순이 나타난다고 합니다. 나아가 이론적으로도 칸트가 해결하려고 했던 진리의 문제를, 다시 말해 대상과 주체의 동일성이란 문제를 해결할 수 없다고 봅니다. 사물 자체와 현상 간의 심연은 결코 메워질 수 없기 때문입니다.

다른 한편 선험적 주체의 개념 역시 근본적이지 못하며 불철저하다고 합니다. 왜냐하면 선험적 주체에 대해 무언가 말할 수 있다는 건, 선험적 주체에 대해서 인식하고 판단하며 말하는 또 다른 주체가 먼저 있어야 하기 때문입니다. 요컨대 선험적 주체에 대해 인식하고 말하는 칸트는 선험적 주체보다 앞선 주체인 셈이 됩니다. 결국 가장 근본적인 것은 설명될 수 없다는 결론이 나옵니다.

그렇다면 피히테로선 두 가지 문제를 눈앞에 두고 있는 셈입니다. 하나는 사물 자체와 현상, 대상과 주체를 어떻게 하면 통일적으로 설명할 수 있는가 하는 문제입니다. 피히테 자신의 용어를 쓰면 자아와 비아(非我)를 어떻게 통일적으로 설명할 것인가 하는 문제입니다. 다른 하나는 선험적 주체보다 더 근본적인 것, 다시 말해 경험적인 조건에 전혀 제약되지 않기에(무제약적이기에) 설명될 수 없는 '자아'를 어떻게 얘기해야 할 것인가 하는 문제입니다.

피히테는 이 두 가지 문제를 동시에 해결할 수 있는 방법을 모색합니다. 그것은 어찌 보면 매우 간단합니다. 자아와 비아를, 주체와 대상을 연관지우고 통일시키는 원리를 '자아'로서 정립하는 것입니다. 직접적으론 경험되지도 않고 인식되지도 않으나 주체와 대상을 연관지워 주는 활동, 그리고 그 활동의 결과를 통해서만 스스로를 드러낼 뿐인 이 원리를 피히테는 '자아'라고 합니다(이때 '자아'는 비아와 함께 짝을 이루는 자아와 다릅니다. 이는 일종의 절대자입니다. 이 '자아'를 절대적 자아라고 합시다). 그리고 바로 이 자아의 활동을 연구하는 것이 바로 지식의 연구에서 핵심이며, 이런 점에서 '지식학'이란 "자신의 본질적인 통일성 안에서 자기 스스로를 서술하는 지(知)"라고 합니다. 피히테에게 철학이란 바로 이 '지식학'을 말합니다.

피히테의 철학적 테제

피히테의 철학 전체를 특징짓는 세 가지 테제가 있습니다. 그 각각은 테제, 안티-테제, 진테제란 성격을 갖고 있는데, 이는 흔히 변증법을 요약할 때 등장하는 단어들이지요. 이 세 개의 테제를 통해 피히테는 지식학을 구성하려고 합니다.

첫째 테제―"경험 등 모든 사실의 설명에 근거가 되는 이 자아는 다른 무엇보다도 먼저 자아 자신 안에 정립되어 있어야 한다." 이는 '자아의 정립(定立)'이라고 요약됩니다.

피히테에게 '자아'는 모든 정신적 활동을 가능하게 해주는 절대적인 근거입니다. 경험이나 인식의 절대적인 출발점이자 근거를 이룬다는 점에서 절대적 자아인 거지요. 이러한 절대적 자아가 정립되어 있지 않으면 어떤 인식도 경험도 불가능합니다. 마치 인식하는 내가 없이는 어떤 인식도 불가능하듯이 말입니다. 이 자아를 존재하게 하는 다른 근거(예를 들면 '나는 생각한다'와 같은)는 필요없습니다. A가 A인 것에 다른 이유가 필요없듯이 말입니다. 단지 존재하기 때문에 존재합니다. "자아는 존재한다. 그리고 자아는 자신의 단순한 '존재함'에 의하여 자신의 존재를 정립한다." 이 절대적 자아는 연관들을 정립하는 판단작용이며 정신의 활동입니다. 이런 의미에서 피히테는 말합니다. "나는 활동한다, 고로 존재한다."

둘째 테제—"자아는 비아를 반정립한다. 나아가 자아는 비아를 자기 안에서 반정립한다." 자아는 비아를 자기에 대립되는 것으로 세운다[反定立]는 말입니다. 이는 흔히 '자아의 부정-비아의 정립'으로 요약됩니다.

자아는 정신적 활동이라고 했습니다. 그런데 어떤 활동도 대상이 있어야 합니다. 비유하자면 먹는다는 활동은 음식이란 대상이 있어야 하고, 땅을 파는 활동은 팔 땅이 있어야 하며, 대화라는 활동은 상대가 있어야 합니다. 인식도 마찬가지지요.

그런데 어떤 대상을 정립하려면 나는 이미 그것을 알고 있어야 합니다. 이게 음식이 되는지 아닌지, 이게 파야 될 땅인지 아닌지, 이 사람이 내가 말하려는 상대인지 아닌지를 먼저 알아야 한다는 겁니다. 이를 피히테는 "대상이 자아 안에 이미 놓여 있어야 한다"고 말합니다. 이는 자아의 부정이라는 성격을 갖기에 '비아'라고 합니다. 즉 자아가 비아를 정립하는 겁니다.

셋째 테제—"자아는 자아 안에서 가분적(可分的) 자아에 대해 가분적 비아를 반정립한다." 좀 어려워 보이지요? 하지만 겁낼 건 없습니다.

애초에 자아는 스스로를 정립했지요? 그리고 자아는 활동이기 때문에 비아를 자기 안에 정립해야 했고요. 그럼 이제 절대적 자아는 자아와 비아로 나뉘게 되겠지요? 애초의 자아는 자아만으로 있었는데, 이제는 자아와 비아로 나뉘어 존재하게 된 겁니다. 셋째 테제는 이처럼 나뉠 수 있는 자아(가분적 자아)와 나뉠 수 있는 비아가 서로 대립하게 된 것을 말합니다. 거칠게 말하면 먹는 자아와 먹을 음식인 비아가, 말할 자아와 말 상대인 비아가 서로 마주 서 있게 된 것을 가리킵니다. 경험하는 의식을 얘기할 수 있는 건 바로 여기서부터지요. 경험이란 경험하는 자아와 그

대상이 있어야 하니 말입니다.

이 세번째 테제는 마주 서 있는(반정립된) 자아와 비아의 종합(Synthese)을 표현합니다. 이 대립에 의해 자아도 비아도 구별을 획득합니다. 자아도 대상(비아)도 이 구별을 통해 내용을 획득합니다. 활동하는 자아가 먹는 나인지, 땅을 파는 나인지, 아니면 대화하는 나인지는 이 대립을 통해서 정해지는 것이기 때문이지요. 여기서 비아는 대상이 갖는 다양성을 대변합니다. 반대로 자아는 그것들을 하나로 묶어서 나와 관계지우기에 통일성을 대변합니다.

결국 피히테가 출발점이라고 생각한 절대적 자아란, 활동을 통해 자아와 비아를 동시에 정립하는 '자아'입니다. 이런 뜻에서 피히테는 자아와 비아의 종합만이 절대적이라고 하지요.

요약하면, 피히테는 칸트처럼 선험적 철학을 발전시키려고 합니다. 그러나 선험적 주체가 아닌 '자아'에서 출발합니다. 이 자아는 자기 안에 자아를 정립하고, 또한 비아를 정립합니다. 피히테에게 인식의 '대상'이란 비아일 뿐입니다. 자아 외부에 있는 어떤 것도 그는 인정하지 않습니다. 칸트가 말하는 사물 자체 역시 마찬가집니다. 모든 대상은 '자아' 안에 있고, 자아와 통일되어 있습니다. 그는 이 통일만이 절대적이라고 말하지요. 자아는 비아와의 관계 속에서 정의되는 것이기에, 비아에 의해 제약됩니다. 따라서 자아가 사용하는 범주나 원리는 칸트 생각처럼 초역사적이고 추상적인 게 아니라 구체적이고 역사적인 것이 됩니다.

이런 철학적 관점에서 피히테는 자아의 무제한적인 자유를 강조합니다. '자아는 무한을 향한 행동자'라고 말하는데, 이것은 극도로 자유주의적이고 개인주의적인 태도를 보여줍니다. 그는 도덕적 질서는 완전성을 추구하는 자아의 노력 속에 있으며, 이 도덕적인 질서야말로 신적인 질서라고 합니다. 칸트가 신적 질서를 도덕적 질서로 환원했다면, 피히테는 도덕적 질서를 다시 자아의 노력으로 환원하는 것입니다. 하지만 이러한 견해는 바로 자유주의가 갖고 있는 근본적인 한계에 부딪히게 됩니다. 즉 무한한 자아들이 서로 부딪치고 상충하게 되었을 때는 어떻게 할 것인가라는 거죠.

이에 대해 그는 국가주의적인, 혹은 '사회'주의—오늘날 말하는 '사회주의'가 아니라, '사회'에 의한 통제의 이념—적인 견해를 제출합니다. 요컨대 자아들의 상충과 충돌을 방치하는 게 아니라, 전체가 조화로울 수 있도록 국가가 통제해야 한다는 것입니다. 이런 관점에서 그는 심지어 '개체의 소멸'까지 주장합니다.

자아철학의 봉쇄장치

지금까지 본 것처럼 피히테는 선험적 주체를 발견하려는 칸트의 기획을 좀더 근원으로 밀고 가려고 했습니다. 즉 선험적 기획의 연장선상에 있습니다. 그는 **칸트의 선험적 자아보다 더 근원적인 것으로서 무규정적 자아에서 출발**합니다. 칸트적인 선험적 주체조차 거기에 의존해야 하는 '자아'의 존재에서 출발하는 것입니다.

이로써 피히테는 근대철학적 출발점으로 되돌아가는 것처럼 보입니다. 있음 그 자체가 '자명한', 존재로서의 자아로 말입니다. 이 자아가 활동한다는 사실만으로도 자아는 존재하고 있음이 자명하다고 합니다. 비록 이 자아를, 데카르트처럼 사유한다는 사실에서 도출하는 게 아니라 하더라도 말입니다.

이 '자아'는 주체와 대상을 연관지어주는 활동입니다. 즉 주체와 대상을 자기 안에 포괄하고 있는 전체입니다. 이런 점에서 '절대적 자아'라고 할 수 있다고 했습니다. 결국 피히테는 근대철학의 출발점이었던 '나'(자아)를 절대화하여 절대자의 자리를 부여합니다. 예전에 신이 차지하고 있던 자리를 이젠 '자아'가 차지하게 된 것입니다. 어떤 점에서 보면 피히테는 이 근대적 자아를 신의 자리로 밀어올림으로써 칸트에 의해 재건된 근대철학이 이젠 완전히 승리를 거두었음을 선언하는 셈이기도 합니다. 이로써 근대적 주체철학은 새로이 '자아의 신학'을 구성하기 시작합니다. 자아라는 절대자를 신의 자리에 옮겨놓은 학문을 말입니다. 이 '신학' 안에서 모든 것은 자아의 소산이며, 자아활동의 결과물입니다. '자아'라는 이름의 주체가 모든 것을 결정하는 자리를 차지하게 됩니다. 이래서 피히테의 철학을 '주관적 관념론'이라고 흔히 말합니다.

다른 한편 모든 대상은 자아 외부에 있는 게 아니라 '자아' 내부에 있습니다. 이 '자아'를 벗어나 있는 사물 자체는 따로 없다고 합니다. 나아가 주체와 대상 모두가 자아 안에 통일되어 있기 때문에, 주체와 대상의 일치를 어떻게 보증하느냐 하는 문제는 아예 생겨나지 않는다고 봅니다. 그건 항상-이미 '자아' 안에서 통일되어 있기 때문입니다. 피히테에게 이 통일성은 '절대적'입니다.

이로써 사물 자체가 일으키는 난점은 물론, 근대철학이 언제나 부딪혀야 했던 주체와 대상의 일치를 어떻게 확인하고 보증할 수 있는가라는 난문은 해소되는 것처럼 보입니다. 왜냐하면 일치는 자아에 의해 처음부터 항상-이미 절대적으로 보장되어 있기 때문입니다.

그러나 '자아' 안에서 자아에 의해 비아가 만들어진다고 하는 것이, 그 비아(대상)를 자아가 올바로 인식한다는 것과는 전혀 다른 문제임을 주목할 필요가 있습니다. 먹는 활동으로서 '자아'가 먹는 자아와 먹히는 비아(음식)를 자기 내부에서 반정립시킨다 하더라도, 자신이 무얼 먹는지 모르는 경우가 얼마든지 있지 않겠습니까? 그걸 아무리 '음식'으로서 이미 판단하고 먹기 시작한다 해도 말입니다. 광인이 똥을 쨈(음식)으로 '자기 안에 정립하고' 먹는다 해서 그게 똥에 대한 올바른 인식이라고 할 순 없는 일일 테니 말입니다.

나아가 그걸 똥이란 대상으로 정립하는 자아와 쨈이란 대상으로 정립하는 자아가 있다면, 이 두 자아가 모두 옳은 것으로 인정될 수 있을까요? 피히테에 따르면 그렇다, 인정될 수 있다고 해야 합니다. 하나는 그걸 똥이란 대상으로 반정립한 것이고, 다른 하나는 그걸 쨈이란 대상으로 반정립한 것이기 때문입니다. 이제 그 많은 자아들이 모두 자기의 대상을 반정립하고 그걸 진리라고 부를 자유를 누릴 수 있게 된 것입니다. 누구는 태양이 지구 주위를 돈다고 하고, 누구는 지구가 태양 주위를 돈다고 하는 게 모두 다 진리가 될 수 있는 '혁명적' 방법인 셈입니다. 이는 진리를 확인할 수 없다는 근대철학의 딜레마가 다른 형태로 변형되어 나타난 것입니다.

그러나 피히테가 진리의 문제를 '절대적으로' 해결하는 데서 뚫고 나가야 할 근원적인 장애는 차라리 '차이'와 '불일치'를 사고할 수 없다는 점에 있습니다. 피히테가 보기에 주체와 대상은 '자아' 안에서 절대적으로 일치되어 있습니다. 따라서 차이와 불일치는 사고될 여지가 전혀 없습니다. 그런데 문제는 불일치를 사고할 수 없다면 새로운 것을 사고할 수도 없다는 것입니다. 새로운 것은 기존의 판단과 '다른'(불일치하는) 사실이나 대상을 주목함으로써 비로소 인식될 수 있다는 점에 우리는 주목해야 합니다.

전체적으로 피히테의 철학으로는 다수 지식의 대립과 충돌, 그것을 통한 새로운 사실의 발견, 그 결과로서 새로운 지식의 출현이라는 중요한 사태를 이해하기 곤란해집니다. 즉 **진리를 아예 처음부터 절대적으로 보장하려다 보니 실제로 역사 속에서 진행되는 지식의 변화와 발전을 이해할 여지를 스스로 봉쇄해 버린 것입니다.** 딜레마가 '해결'된 대신 사상적인 봉쇄가 나타난 것입니다.

3. 헤겔 : 정점에 선 근대철학

비판철학과 헤겔

헤겔은 '변증법'이란 이름이 살아 있는 한 그 이름을 잊기는 어려울 정도로 변증법적 사고를 체계화한 철학자로 유명합니다. 특히 헤겔의 제자임을 자처했던 맑스를 통해서, 그리고 맑스주의 내의 유수한 철학자들을 통해서 헤겔은 헤겔철학의 영역 밖으로까지 그 영향력을 확대해 왔습니다. 20세기의 중반기까지, 그리고 일부 지역에선 지금까지도 헤겔은 가장 영향력 있는 철학자 중 한 사람입니다.

헤겔의 사상은 매우 복잡하고 난해하며 걸쳐 있는 범위가 방대해서, 지금과 같은 자리에서 제대로 요약하는 것은 능력을 떠나 어려운 일이라고 하겠습니다. 저 역시 이런 무리한 욕심은 애초부터 내지 않을 생각입니다. 다만 우리가 지금 다루고 있는 주제와 관련해서 헤겔의 입론을 가능한 한 간략히 검토해 볼 생각입니다.

근대철학과 헤겔의 연관을 얘기하기 위해선, 피히테의 경우에도 그랬듯이 칸트철학에서 시작해야 합니다. 헤겔은 칸트의 비판철학을 비판함으로써, 그리고 그 뒤를 이은 피히테와 셸링을 비판적으로 섭취함으로써 자기 고유의 문제설정을 세웁니다. 여기선 일단 비판철학에 대한 헤겔의 비판을 두 가지로 나누어 살펴봅시다.

첫째, 칸트는 사물 자체라는 현실과 인식 주체를 분리합니다. 이때 현실은 주체의 손이 가 닿을 수 없는 것이 되고, 인식이란 서로 분리된 양자를 사후적으로 이어주는 과정으로 나타납니다. 이렇게 되면 사물 자체란 인식을 통해 표상되어야 할 어떤 것이 되지만, 그 표상이 올바른지의 여부는 (주체의) 의식 외부에선 확인될 수 없다는 난점이 발생한다고 합니다. 불가지론에 빠지는 거지요. 그렇다고 피히테처럼 '자아' 안에 양자를 끌어넣음으로써 해결하는 주관주의 역시 대안이 아니라고 봅니다. 그렇다면 어떻게 하면 주관주의에 빠지지 않으면서 현실(객관)과 주체를 통일시킬 수 있을 것인가?

둘째, 칸트는 진리의 기초를 확보하기 위해 '인식 이전의 인식능력' (선험적 능력)에 대한 연구를 하려고 했습니다. 그러나 헤겔은 '인식 이전의 인식능력'을 연구하는 것은 물에 들어가지 않고 수영을 배우려는 것과 마찬가지로 곤란하다고 봅니다. 인식능력을 연구하는 것 자체가 하나의 인식이기 때문에, 지금 가지고 있는 인식에서 벗어나 인식능력을 연구하기는 불가능하다는 것입니다. 그렇다면 올바른 인식, 참된 인식의 기초나 기준은 어떻게 확보될 수 있을 것인가?

이 두 가지 질문을 가지고 헤겔은 자기의 고유한 길을 찾아냅니다.

'절대정신'의 변증법

헤겔 역시 사물 자체와 주관, 현실과 주체를 분리시키지 않기 위해선 근원적인 통일을 처음부터 설정해야 하리라고 생각합니다. 피히테는 이 근원적인 통일을 '자아'를 절대화해서 만들어냈지요. 하지만 헤겔이 주목하는 건 오히려 친구였던 셸링의 방법입니다. 셸링 역시 주체와 객체의 동일성을 '절대자'라고 생각하며, 그런 절대자에서 출발해야 한다고 생각합니다. 그러나 피히테의 생각처럼 자아가 비아를 만들어내는 것은 아니며, 반대로 비아가 자아를 만들어내는 것도 아니라고 합니다. 피히테와 달리 자연과학에 관심이 많았던 그는 자아를 근거로 자연을 도출할 수는 없는 일이라고 비판합니다. 오히려 주체-객체의 동일성을 확보하기 위해선 자연을 주체화하는 데서 출발해야 한다고 생각하죠. 즉 자연이 곧 주체요 정신이라고 보자는 겁니다.

셸링이 보기에 자연은 정신이자 동시에 자연 안에 있는 정신 자체의 산물인 물질이라고 합니다. 따라서 자연은 자신을 객체로 정립하는 주체로 간주됩니다. 자연은 곧 무한한 활동이지요. 주체-객체가 통일된 절대자란 바로 이 자연을 두고 하는 말이라고 봅니다. 개개의 현상들은 이 절대자가 자신의 모습을 드러낸 것이라고 하지요. 이 현상들은 나름대로 하나의 '계열'(series)을 이루는데, 실재적인 게 우위를 차지하는 계열과 관념적인 게 우위를 점하는 계열이 있습니다. 흔히 말하는 좁은 의미의 '자연'이 전자에 속하고, 정신이나 역사는 후자에 속합니다.

헤겔이 주체와 객체의 동일성을 확보하는 방법은 이러한 셸링의 발상법에 빚지고 있습니다. 즉 그 자체가 객체기도 한 주체를 설정하는 것입니다. 이를 헤겔도 절대자, 절대정신이라고 합니다. 절대'정신'인 것은 그 전체의 본성이 활동적이고 산출적이라는 점에서 주체로서의 정신적인 성격을 갖고 있기 때문입니다.

그렇지만 헤겔의 사상과 셸링의 사상에서 보이는 동일성 때문에 그 차이를 놓쳐선 곤란합니다. 셸링의 경우 정신은 자연과 직접적으로 동일한 것으로 간주되고, 그에 따라 자연의 변화와 법칙 속에서 정신의 운동

(그림 3-8) 우주론적 개념이 장식된 거울

헤겔은 모든 것을 대립과 모순을 통해 사유했다. 남과 북은 대립되고, 동과 서도 대립된다. 존재와 무, 남과 여, 자연과 인간 등등. 이런 식의 사유가 '변증법'의 기초다. 중국 당나라 때 만들어진 저 청동 거울에는 동서남북의 방향을 따라 원을 그리며 중국의 우주론적 상징들이 배열되어 있는데, 헤겔 말처럼 음양의 대립으로 우주를 사유했던 중국인의 사유를 보여주는 것처럼 보인다. 중앙의 원에는 청룡, 주작, 백호, 현무가 동에서 시작해 원을 그리며 배열되어 있고, 다음 원에는 북쪽의 쥐를 필두로 12간지 동물들이 차례로 새겨져 있으며, 그 다음 원에는 8괘가, 그 다음 원에는 별자리가, 마지막에는 시가 한 수 적혀 있다. 대립을 통해 사유하는 방법에 따르면 동과 서의 대립은 청룡과 백호가, 남북의 대립은 주작과 현무가 상징적으로 표현한다고 말할 것이다. 글쎄? 좀더 잘 아는 동물을 보자. 동쪽엔 토끼가 있고 서쪽엔 닭이 있는데, 토끼와 닭은 대립하는가? 설마! 돼지와 뱀은? 들어보지 못했다. 각자가 가진 고유한 위치를 항상 무언가의 대립을 통해서만 보는 것은, 중요한 차이를 단칼에 잘라서 '이것이냐 저것이냐'의 거친 칼날로 재단하는 것으로 귀착되기 쉽다. A가 B를 좋아하여 친하게 지내는 것은 여러 가지 이유가 있어서일 텐데(우리는 얼마나 상이한 이유로 다른 친구들을 사귀는가!), 오직 그들의 성별만을 보아 연인이라고 간주하는 것은, 사람이 친해지는 것의 근저에서 오직 성욕만을 보는 사람과 그리 다르지 않은 폭력은 아닌지?

을 발견하는 '자연철학'이 중요한 것이 됩니다. 반면 헤겔에게 절대자는 무엇보다도 우선 '정신'입니다. 이 정신은 스스로를 외화(소외)하여 자연, 사회, 역사 등의 객체(대상)가 됩니다. 자연, 사회, 역사는 이 정신의 '표현'인 셈이지요. 여기서 특히 중요한 것은 자연이 아니라 정신이 중요한 역할을 담당하고 있는 사회나 역사지요. 이 때문에 헤겔에게도 자연철학이 없는 건 아니지만, 사회를 다루는 법철학이나 역사를 다루는 역사철학에 비하면 매우 부차적인 지위를 차지하고 있습니다. 그의 첫번째 주저가 『정신현상학』이었음은 이런 점에서 시사적인 듯합니다.

이처럼 사회나 역사로 전환된(외화된) 절대정신은 역사의 발전과정을 통해, 그리고 그 속에서 자기 발전과정을 통해 자기 자신에 대한 인식에 도달합니다. 이로써 절대정신은 다시 자기에게로 복귀('자기 내 복귀')하는 겁니다. 이런 의미에서 역사는 절대정신의 실현이란 목적을 향해 발전해 가는 '목적론적 과정'이라고 합니다.

알다시피 정신에서 대상으로, 그리고 다시 정신으로 돌아가는 이 원환운동, 그러나 끝날 때는 좀더 높은 단계로 고양되는 이 원환운동을 흔히 '부정의 부정'이란 말로 요약하지요. 이것은 정신과 대상의 변증법, 절대자의 변증법을 집약하고 있는 것이며, 헤겔의 체계 전체를 특징짓고 있는 '법칙'입니다.

요컨대 헤겔철학에서 절대자란 주관과 객관의 통일이지만, 이는 셸링철학에서와는 달리 '외화'와 '자기 내 복귀'라는 변증법적 운동을 통해 통일되어 가는 목적론적 과정입니다.

그러나 셸링과 헤겔 사이에는 좀더 중요한 차이점이 있습니다. 셸링에게는 자연과 정신이 무차별적으로 동일한 것이었습니다. 즉 그대로 두고 등호를 붙이면 되는 관계였지요. 그러나 헤겔의 경우는 동일성과 함께

(그림 3-9) 탈을 쓴 살람파수 원주민

살람파수(Salampasu) 원주민은 아프리카 킨샤사-콩고의 한 부족이다. 암흑같이 패인 눈, 드라큘라 같은 이빨, 부딪치면 머리가 뽀개질 듯한 이마, 송전탑을 닮은 머리 장식, 거기다 투박하지만 야만적인 느낌을 주는 칼까지 손에 들고 있다. 게다가 피부색은 얼굴을 가린 탈보다 더 뻘겋다. 그 앞에 얼굴이 창백한 가녀린 여인이나, 아니면 어여쁜 아이라도 한 사람 있다고 생각해 보라. 누가 대체 이 기이한 형상의 족속을 야만적인 미개인이라고 하지 않을 것인가! 인간의 위대한 특징이라는 이성 같은 것은 가면 뒤에도 없을 듯하고, 손에 든 칼은 주술적인 이미지를 담고 있어 보인다. 이성과 대립되는 비이성, 합리와 반대되는 비합리, 과학과 반대되는 주술, 한마디로 문명과 반대되는 미개ㆍ야만, 그것이 이들을 보면서 서구의 합리적 이성이 느꼈던 생각이었다. 생활방식과 문화의 차이는 이렇듯 헤겔적인 문명과 야만, 이성과 비이성의 대립 속에선 야만과 비이성을 뜻할 뿐이다. 그래서 오랫동안 이들은 인간이란 범주에 들어가지도 못했다. 이들은 이성을 갖지 못한 존재, 즉 동물인 것이다. 따라서 그들을 노예로 사용하는 것은 소나 말을 사용하는 것과 아무런 차이가 없었다. 만약 이들이 인간이라면 어찌할 것인가? 야만과 미개, 비이성에서 벗어나 여호와(!)의 품 안에, 이성의 품 안에 들어가게 해주어야 하고, 문명의 빛을 쪼여서 비합리적이고 주술적이고 신비적인 모든 것을 녹여 없애 주어야 한다. 한마디로 말하면, '이성' 안으로 동일화시키는 것이다. 그것이 이성의 반성적 능력이고, 차이를 싸안는 이성의 포용력이다. 그것이 이들의 삶을 문명을 향해 '진보'하게 할 것이고, 이들의 머리를 과학으로 '계몽'해줄 것이다. 이를 헤겔은 '발전'이라고 불렀다. 발전이라구?

'차이'를 포착하려고 합니다. 자연과 정신의 차이, 정신의 발전에서 나타나는 단계상의 차이, 나아가 시작할 때와 끝날 때의 차이를 자기 사상의 틀 안에 포섭하려고 합니다.

하지만 오늘날 푸코나 들뢰즈 등의 철학자들이 비판하는 것처럼 헤겔의 사상에서 차이란 오직 동일화시키는 힘('동일자'라고 합니다)인 절대정신에 포섭되기 위해 존재하는 것이며, 여기에 포섭되지 않는 것은 배제되고 억압되고 맙니다. 이런 점에선 '차이'가 차이로서 인정되는 것이 아니기 때문에, **헤겔에게 차이란 사실상 동일자의 포섭능력을 과시하는 요소일 뿐이며, '변장한 동일자'에 불과**하다고 할 수 있습니다(이는 그들이 계몽주의적 이성을 비판하는 방식이기도 합니다).

지식과 진리의 변증법

그러면 이러한 관점에서 헤겔은 진리 문제에 어떻게 대처할까요? 이와 관련해 우리는 헤겔이 말하는 지식과 진리의 변증법에 대해 간단히 살펴보아야 합니다.

헤겔에게 현실은 주체 외부에 있는 것이 아니라고 했지요? 다시 말해 인식의 대상은 주체 내부에 있는 것입니다. 이를 의식 내부에 있는 거라고 표현하지요. 이러한 사고법은 피히테에게서 발견되는 것과 유사합니다. 모르는 것을 먹을 대상이라고 생각하기는 불가능하기 때문입니다. 나는 내가 알고 있는 것만을 먹을 수 있고, 나는 내가 알고 있는 것만을 읽을 수 있는 것입니다.

이런 관점에서 헤겔은 지식을 "대상에 대한 주체의 연관"이라고 정의합니다. 물론 이것은 의식 내에서 만들어지는 연관입니다. 그렇지만 피

(그림 3-10) 페루 마추픽추의 잉카 문명 유적

사실 다른 피부, 다른 모습을 가진 인종에 대한 두려움은 어디서나 발견된다. 그러나 그것을 이성과 비이성, 문명과 야만의 이분법적 '대립'으로 포착하여 배제해야 할 어떤 것으로 보거나 아니면 계몽시켜 동일화시켜야 할 것으로 보는 것은, 더구나 그것을 철학으로까지 '승화'시킨 것은 서구 근대문명에 독특한 요소다. 그런데 거기에는 약간 곤란한 문제가 있다. 인도나 중국의 거대한 문명은 물론, 야만족이라고 생각해서 노예로 부리는 데 아무런 거리낌이 없던 아메리카 인디언에게도 마야 · 아즈텍 · 잉카 같은 거대한 문명의 흔적이 발견된 것이다. 서구와는 다른 종류의 이 이질적인 문명은 과연 문명인가 야만인가? 마야인들은 살아 있는 사람의 심장을 제물로 바친다는 이유로 야만으로 규정되었다. 하지만 자신들과 너무도 다르지만 '문명'이라고 하지 않을 수 없는 저 이질적인 세계를 대체 어째야 할 것인가? 헤겔은 여기에 묘안을 제시한다. 그것은 미개와 야만에서 문명과 이성으로 발전해 가는 과정에서 나타나는 다양한 중간 단계들이요 역사적 형태라고 보는 것이다. 그래서 그는 아담과 이브에서 시작해 서양 근대세계로 끝나는 이성의 역사적 발전 안에, 저 이질적인 세계들을 발전 단계에 따라 시간적으로 배열한다. 그리고 그것을 '역사철학'이라고 불렀다. 이런 점에서 헤겔식의 역사철학이란 발전이라는 관념을 이용해 이성이 정점에 자리잡은 역사 안에 이질적인 세계를 담는 방법이었던 셈이고, 따라서 결국 '발전'하면 서구의 문명을 닮게 되는 '동일화'과정임을 입증하는 방법이었던 셈이다.

히테와 달리 헤겔은 대상을 정립하는 게 곧 진리는 아니며, 따라서 지식이 진리는 아니라고 합니다.

그러면 이 지식이 진리인지 아닌지 어떻게 확인할 수 있는가? 칸트라면 여기에 개개의 지식이나 개개의 인식 이전에 존재하는 선험적 인식능력을 기준으로 제시하려고 할 것입니다. 그러나 앞서 말했듯이 헤겔은 인식 이전에 (진리의) 인식능력을 안다는 것은 물에 한 번도 들어가 본 적이 없으면서 수영을 할 줄 안다는 것처럼 어불성설이라고 합니다. 헤겔에 따르면 지식에 대한 평가기준은 역사적으로 형성된 의식(시대의식)에 의해서만 마련될 수 있다고 합니다. 이로써 헤겔은 지식에 대한 역사적 평가의 장을 열었다고 할 수 있습니다.

그러면 그 역사적 의식 속에서 진리 여부를 평가하는 기준은 무엇일까요? 예를 들어 지구의 운동에 대한 물리학자의 주장이 옳은지 그른지는 무엇으로 평가해야 할까요? 헤겔이 살던 19세기라면 당연히 뉴턴의 고전물리학이 그 평가기준이 될 것입니다. 반면 중세 초기였다면 천동설이란 지식이 그 평가기준이 되었을 것입니다. 다시 말해 진리의 기준은 이미 성립한 하나의 지식이 제공하는 것입니다. 그때그때 이미 옳다고 간주되는 지식이 말입니다. 헤겔은 스피노자의 말을 빌려 진리는 이미 가지고 시작하지 않으면 안 된다고 합니다.

그러나 알다시피 지식은 진리와 동일시될 수 없습니다. 적어도 중세에는 천동설이 진리였고, 19세기에는 고전물리학이 진리였다고 하지 않는다면 말입니다. 여기서 우리는 악순환에 접하게 됩니다. 지식의 평가는 진리를 기준으로 하는데, 이 기준은 지식이 제공한다는 악순환!

이 악순환은 앞서 우리가 근대적 문제설정의 딜레마라고 부른 것에서 연유하는 것입니다. 대상과 개념의 일치(진리됨)를 확인하고 보장해 줄 '믿을 만한' 재판관이 있을 수 없다는 딜레마 말입니다. 그런데 헤겔은 이 딜레마를 빠져나갈 묘책을 강구합니다.

진리는 분명히 지식과 다르기에 대상-지식 관계의 외부에 자리잡고 있어야 합니다. 그러나 대상 자체가 의식 내부에 있는 거라면, 대상과 개념의 일치로 정의되는 진리 또한 의식 내부에 있을 수밖에 없습니다. 대상도 개념도 모두 의식 내부에 있기 때문이지요. 요컨대 진리는 지식의 외부에 있지만, 의식 내부에 있는 것입니다. 그렇다면 의식 내부에 지식과 지식을 평가하는 기준이 모두 들어있는 셈입니다.

그렇다면 의식은 자기 내부에 진리의 기준을 가지고 있으며, 바로 의식이 이 기준으로 지식을 평가한다는 것입니다. 그 지식은 대개 그 시대에는 진리로 간주되던 지식이 되겠지요. 결국 의식이 발전함에 따라, 진리의 기준이 되었던 지식 자체도 의식이 스스로 검사하고 다시 평가한다는 말이 됩니다.

이는 의식 자신이 갖고 있는 기준을 의식 스스로 다시 검사한다는 점에서 자기 자신에 대한 의식입니다('자기의식'). 결국 진리란 이처럼 자신이 갖고 있는 기준 자체를 돌이켜 검사하고 정정해 가는 과정일 수밖에 없다는 것입니다. 따라서 진리란 의식 혹은 "정신 자신의 내적인 관계"라고 말합니다.

헤겔에게 이 의식이나 정신이란 어떤 개인의 의식이나 정신을 가리키는 게 아님은 앞서 말했지요. 그것은 스스로 운동하는 절대자요 절대정신입니다. 따라서 헤겔은 진리란 절대정신의 자기의식이라고 합니다. 쉽게 말하면 **절대정신이 스스로를 돌아보면서 진리의 기준을 계속 정정해 가는 과정**이란 뜻입니다. 그렇다면 **진리를 확인하고 보증해 주는 것은 발전해 가는 절대정신 자신**인 것입니다.

'철학의 종말', 근대철학의 종말

눈치 빠른 분들은 이미 짐작하고 계시겠지만, 이러한 헤겔의 사상은 스피노자의 영향을 강하게 받은 것입니다. 우선 셸링의 자연철학 자체가 그렇습니다. 자연을 정신으로 간주하는 관점은 자연을 실체의 양태로 간주하는 스피노자의 관점에서 유추한 것입니다. 헤겔에게 절대자(절대정신)란 스피노자식으로 표현하면 '실체'입니다. 그리고 이것이 외화되어 만들어내는 자연, 사회, 역사는 스피노자 개념에서 '양태'에 해당되지요. 한마디로 말하면 스피노자의 실체/양태 개념을 주체와 객체의 통일성을 이루어가는 목적론적 과정에 적용한 것입니다.

다른 한편 지식과 진리에 대한 변증법 역시 그렇습니다. 헤겔은 진리에 대한 판단에 앞서 진리의 기준을 미리 갖고 있지 않으면 안 된다는 스피노자의 명제를 받아들여, 의식이 자기 내부에 진리의 기준을 미리 갖고 있어야 한다는 명제를 제시합니다. 그리고 그것을 절대정신의 자기의식이란 개념으로 전환시킵니다. 따라서 이제 진리는 절대정신이 자기의식에 도달하는 과정과 동일한 것이 됩니다. 이래서인지 셸링은 물론 헤겔도 스스로 스피노자주의자로 자처했습니다.

사실 이러한 '적용'은 스피노자의 근본적 문제의식에서 벗어나는 '변형'입니다. 스피노자가 근원적으로 해결할 수 없는 문제를 만든다고 보아거부했던 주체와 객체라는 근대적 범주의 통일과 화해를 위해 실체와 양태란 개념이 복무하게 된 셈입니다. 연장과 사유라는 속성의 일치란 명제역시 주체와 대상의 일치란 명제로 전환됩니다. 나아가 헤겔은 이를 '절대정신의 자기실현'이라는 목적론적 과정에 포섭시켰는데, 이러한 목적론은 스피노자가 『에티카』에서 명시적으로 비판하며 거부했던 것입니다.

진리의 문제도 그렇습니다. 주체와 대상을 분할한 근대철학이 이 양자를 통일시킬 수 있는 방도를 마련하는 데 스피노자의 명제가 변형되어 사용된 것입니다.

이렇게 스피노자의 사상은 근대적 문제설정에 포섭되어 근대적 딜레마의 해결에 봉사하게 되었습니다. 이는 한마디로 말해 **근대화된 스피노자주의**라고 할 수 있을 것입니다. 결국 근대적 문제설정에서 처음부터 빗겨나 있었던 스피노자가 예전에는 이해되지 못하고 외면당했다면('죽은 개' 취급을 당했지요), 절정에 오른 근대철학자들에 의해 비로소 주목받고 그 영향력을 발휘하기 시작한 셈입니다. 그러나 이는 스피노자의 사상이 근대적 문제설정 안에 포섭되지 않는 한 애초부터 불가능한 것이었기에, '근대화'라는 비용을 치러야 했던 것입니다.

헤겔철학에 대한 일반적인 평가는 칸트에 의해 다시 부흥의 기치를 높이 든 근대철학을 정점에 올려놓았다는 것입니다. 좋은 의미에서든 나쁜 의미에서든, 저도 그러한 평가에 동의합니다. 이런 의미에서 헤겔철학을 '절정에 선 근대철학'이라고 할 수 있을 겁니다. 그것은 또한 근대철학의 딜레마를 해결하기 위한 매우 정교하고 복잡한 개념과 장치 들을 개발해 냈습니다. 특히 지식과 진리의 변증법은, 그것이 목적론적 과정으로서 간주되고 있다는 점에선 근본적인 난점이 있지만, 그럼에도 불구하고 지식의 역사적 정정과정 속에서 진리를 파악함으로써 진리에 대한 이전의 독단주의를 비판하는 적극적인 의미를 갖고 있습니다.

그렇지만 근대적 문제설정 안에 있었던 헤겔로선 또 다른 딜레마를 절감하게 됩니다. 진리란 스스로 돌아보며 자기가 갖고 있는 기준을 계속 정정해 가는 과정이라는 헤겔의 주장이 타당하다면, 헤겔이 생각해낸 이 진리의 기준 역시 이후 정정되고 폐기될 수 있다는 결론을 피할 수 없습니다. 그렇다고 헤겔 자신이 제시한 진리의 기준은 초역사적으로 타당하다고 하는 순간, 진리의 기준이 정정되어 가는 과정을 통찰한 헤겔 자신의 진리 개념은 장벽에 부닥칩니다.

이는 논리적인 난점이지만, 사실 진리 개념에 대한 입론을 제출하는 것조차 불가능하게 하는 난점은 아닙니다. 중요한 것은 진리기준 자체의 정정과정을 파악하는 입론의 현실성이요 효과니까요. 그러나 확고한 진리를 추구하는 근대적 문제설정 속에 있던 헤겔에게 이 난점은 결코 방치되어선 안 될 것으로 보였던 것 같습니다. 즉 그는 진리의 정정과정이라는 자신의 진리기준만은 절대적 진리의 자리에 두고 싶었던 것입니다.

그 방법은 어떤 것인가? 헤겔에게 그건 매우 간단한 것이었습니다. 진리와 지식의 변증법은 절대정신의 자기의식이라는, 절대적 진리를 향해 나아가는 **목적론적** 과정입니다. 그렇다면 그런 헤겔 자신의 주장이야말로 절대정신의 실현을 목격한 지식이라고 한다면, 예컨대 그 과정의 종착점에 이른 지식이라고 한다면 그것은 더 이상 정정될 이유가 없는 절대적 진리가 됩니다. 절대정신이 실현되는 과정을 다 목격한 사상, 따라서 절대적 진리라고 하는 것입니다.

하지만 이러려면 하나의 전제가 필요했습니다. 즉 헤겔의 지식이 형성된 당시야말로 절대정신이 실현되는 역사의 종착지가 되어야 했습니다. 그래야만 절대정신의 실현을 목격한 지식이란 주장이 통할 수 있을 테니 말입니다. 이제 그는 자기가 살던 시대를 절대정신이 완성되는 시대라고 정의하며, 프로이센 국가를 그 실현을 책임지는 국가로 간주합니다. 따라서 이제 더 이상 어떤 철학도 절대정신 완성 과정의 '증인'인 헤겔의 사상을 뛰어넘을 수 없게 되었습니다. 이제 철학은 '종말'을 고하게 된 것입니다!―단 헤겔의 사상 안에서만 말입니다.

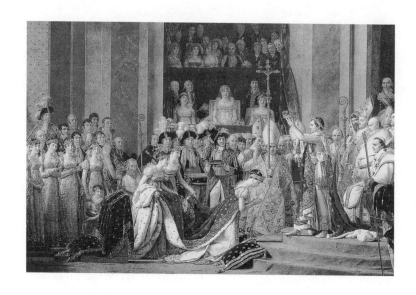

(그림 3-11) 다비드, 「나폴레옹과 조세핀의 대관식」

19세기 대표적인 궁정화가였던 다비드(Jacques Louis David)는 나폴레옹이 부인과 함께 황제로 등극하는 대관식(1804년 12월) 장면을 저렇게 멋들어지게 그렸다. 아마도 젊어서 한때 프랑스혁명에 열광했기 때문일 테지만, 그리고 나폴레옹이 프랑스혁명을 독일에, 아니 유럽에 전파하는 역할을 했다고 보아서 그랬을 테지만. 헤겔 역시 나폴레옹이야말로 이성이 외화되어 발전해 가는 역사의 종점에 있는 인물이라고 보았다. 헤겔에게 나폴레옹은 일종의 절대정신이었다. 그리고 자신이 살던 프로이센 역시 동일한 역사 안에 있다는 점에서 역사의 종점이요, 문명과 이성의 절대적 발전의 목적이라고 보았다. 여기서 철학은 국가와 하나가 된다. 국가철학, 철학적 국가. 누구나 자기가 사는 시대를 이전의 어떤 시대보다 발전되고 진화된 시대라고 보는 것은, 자기 자신의 모습을 모든 것에 대한 판단의 잣대로 삼는 대부분의 사람들의 특징이지만, 인류의 모든 것을 다 싸안고자 했던 거대한 역사철학을 구성해낸 헤겔은 그런 식의 발상을 조금도 쑥스러워 하지 않고 철학화해서, 아무런 거리낌 없이 끝까지 밀고 간다. 남은 일은 이제 역사가 거기서 멈춰주는 일이었다. "오, 시간이여, 이대로 멈추어다오! …… 어, 멈춰, 멈춰 달라니까!"

그 결과 근대적 독단론의 비판인 '진리의 지속적인 정정과정'이란 명제는 헤겔 자신의 주장에 이르러서는 정반대의 독단적 명제로 전환됩니다. 자신의 주장을 절대적 진리로 정립하기 위해 그는 역사마저도 완성시켜 버린 것이고, "프로이센 국가 만세"를 외치게 된 것입니다. 이는 헤겔 자신에게 이르러선 자신의 명제가 반전되었음을 보여줍니다. 즉 **역사 속에서 진리의 기준이 형성되고 그에 따라 지식이 검사되는 게 아니라 헤겔의 진리 기준을 위해 역사가 완성이란 이름을 얻고 지식의 정정도 중지되는 그런 사태가 발생한 것입니다.**

지식과 진리의 변증법이라는 헤겔의 명제는 사실 두 가지 선택지를 포함하고 있었습니다. 하나는 종결된 지식, 완전한 진리란 없고 지속적인 정정을 거쳐야 한다는 것입니다. 또 다른 하나는 절대정신 실현의 목적론적 과정을 통해 절대적 진리에 이를 수 있다는 것입니다. 이 중 전자가 갖는 비판적인 효과가 긍정적인 만큼 후자가 갖는 독단적인 효과는 부정적입니다.

그러나 근대적 문제설정에서 벗어나지 못했던 헤겔로선 절대적 진리란 목적을 포기할 수 없었으며, 따라서 목적론과 독단론을 선택할 수밖에 없었습니다. 이런 의미에서 엥겔스는 헤겔철학에서 완성된 '체계'와 혁명적인 '변증법'이 서로 모순되고 충돌하며, 결국은 체계의 완성을 위해 변증법을 굴복시킨다고 비판했던 것입니다.

결국 이러한 선택지는 근대철학이 갖고 있는 근본적 딜레마를 다른 형태로 보여주고 있는 셈입니다. 대상과 일치하는 지식이란 결코 확인될 수 없는 것이기에, 그런 진리란 궁극적으로는 불가능한 것으로 인정해야 하거나(첫번째 선택지), 아니면 "내가 곧 진리니라"는 확인할 수 없는 선언을 반복하는 것(두번째 선택지)이 바로 그것입니다.

(그림 3-12) 길레이, 「플럼 푸딩이 위험하다」

헤겔의 역사철학은 목적론적 과정으로 발전한다. 목적론은 뒤에 나타난 사건으로 앞에 있었던 사건을 설명한다. 즉 '목적'을 원인으로 간주한다. 사실 이렇게 설명하기 시작하면 모든 것이 최종의 '목적'을 위해 있었던 것이 된다. 건축공이 집을 짓기 위해 나무를 자르듯이, 프랑스 혁명은 나폴레옹을 왕좌에 오르게 하기 위해 발생했던 것이고, 마리 앙트와네트는 프랑스 혁명을 위해, 아니 나폴레옹을 위해 "빵이 없으면 케익을 먹으라"고 말했던 것이다! 물론 마리 왕비가 알지도 못했던 나폴레옹을 위해서 그랬을까만, 그것은 아무런 중요성도 없다. 역사가 개인의 의식 안에 있는 게 아니라, 반대로 개인의 모든 것이 역사 안에 있는 것이기 때문이다. 따라서 역사 안에 있는 모든 사람은 역사의 목적에 봉사한다. 자신이 알든 모르든 간에. 헤겔은 역사의 목적이 이성이기에, 이런 현상을 '이성의 책략'이라고 부른다. 영국 수상 피트와 나폴레옹이 지구를 난도질하고 있는 길레이(James Gillray)의 이 그림 또한, 절대정신이 국가를 지배하는 저 역사의 목적/종점을 위해 이성이 마련한 무수한 책략 가운데 하나가 될 것이다. 그에 따르는 침략과 강탈? 그것도 마찬가지다. 거기서 죽어가는 사람들? 그것도 이성의 실현을 위한 희생이고, 이성의 책략 안에 있는 것이다.

그렇다면 절대정신의 철학은 어떤 철학적 효과를 가져왔을까요?

앞서 차이가 동일성으로 환원된다는 것은 보았습니다. 차이가 그처럼 환원되는 한, 모든 개체는 이제 그것이 갖는 보편성을 통해서만 존재할 수 있습니다. 즉 개별성은 보편성으로 환원됩니다. 또한 모든 변화는 절대정신의 목적론적 운동에 포섭되며, 그 목적을 실현하기 위해 만들어지는 것이 됩니다. 즉 변화는 목적으로 환원되는 것입니다. 나아가 자연·사회·역사를 절대정신의 소외로 파악함으로써, 그것은 이제 관념으로 환원되게 됩니다. 헤겔철학은 절대정신의 자기의식이기에 그 안의 어떠한 내용도 절대적인 게 됩니다. 따라서 **이러한 환원 전체가 절대적인 것으로 됩니다.** 완성된 근대철학, 절정에 선 근대철학은 자신이 포섭할 수 없는 것은 어떠한 것도 용납하지 않는 전능한 이성의 자리를 차지하게 된 것입니다. 엥겔스의 말처럼, 이로써 철학은, 아니 최소한 근대철학은 '종말'의 길로 접어들게 됩니다.

제4부

근대철학의 해체

— 맑스, 프로이트, 니체

지금까지 초기 대륙의 이성주의 철학과 영국의 경험주의 철학, 그리고 독일 고전철학을 보았습니다. 그 속에서 근대철학의 문제설정이 어떤 것이었으며, 그것이 야기하는 딜레마는 무엇이었고, 그로 인해 생긴 난점들은 어떤 것이었으며, 그것과 연관해서 근대철학자들의 대처는 어떠했는지 등에 대해 살펴보았습니다. 그리고 근대철학이 그 근본적인 딜레마로 인해 위기에 처하게 되는 과정과 그 위기를 극복하려는 노력에 의해 새로운 사고방식들이 출현하는 과정까지 살펴보았습니다. 이 역동적 과정을 통해 근대철학의 역사가 어떻게 풍부하게 되었는지도 이해할 수 있다고 생각합니다.

그러나 지금까지 말했듯이 근대철학 내부에 있는 그 딜레마는 근대적 문제설정 안에서는 해결될 수 없는 것이었습니다. 따라서 좀더 근본적으로 사고하는 사람이라면 딜레마를 야기하는 근대적 문제설정 자체에 대해 의심하고 그것을 벗어나려 하는 것도 충분히 가능한 일이었습니다. 근본적으로 사고하기에 근본적으로 의심할 줄 아는 사람들이 있었으니 종종 '의심의 대가'라고 불리는 맑스, 프로이트, 니체가 바로 그들입니다. 어떠한 자명한 것이나 당연시된 판단, 당연시된 가치도 의문에 부치고, 그 의심을 극한까지 밀고 나가는 데 주저함이 없었던 사상가란 점에서 '의심의 대가'라고 불리는 것이지요. 그들에게 이런 명칭을 붙이는 데 토를 다는 사람은 별로 없는 것 같습니다.

데콩브(V. Descombe)가 쓴 프랑스 현대철학에 대한 책(*Modern French Philosophy*)에 따르면, 1950년대에 이르기까지 유럽의 지적 풍토는 3H에 의해 지배되었다고 합니다. 3H란 헤겔, 후설, 하이데거를 가리키는데, 프랑스에서 이들 세 사람은 특히 현상학과 실존주의를 통해 막대한 영향력을 행사하고 있었습니다. 반면 1960년대에 들어와 실존주의나 현상학, 혹은 역사주의에 대한 비판이 대두되면서 인간이나 주체를 출발점으로 삼는 '주체철학'을 좀더 근본적으로 넘어서려는 시도들이 나타납니다. 흔히 '구조주의'라고 불리는 흐름의 출현으로 이러한 시도들은 강력한 힘을 갖고 가시화됩니다. 앞서 말한 '의심의 대가' 세 사람이 중요하게 부각되는 것은, 그리하여 3H의 시대를 마감하고 그들의 자리를 대신 차지하게 되는 것은 이러한 흐름의 형성과 무관하지 않습니다.

지금 우리가 검토하고 있는 근대철학과 관련해서, 특히 그것을 넘어서는 데 가장 결정적인 역할을 했던 사람이 이 세 사람입니다. 그들은 이후 근대철학을 넘어서는 데 긴요한 디딤돌을 확고하게 마련한 것입니다. 그래서 이 세 사람이 어떤 식으로 근대철학을 해체하고 넘어서려 했는지 살펴보려고 합니다.

1. 맑스 : 역사유물론과 근대철학

맑스의 '유물론 비판'

맑스가 관념론을 비판했다는 사실은, 그가 유물론자였다는 사실만큼이나 유명합니다. 그러나 여기서 '유물론자' 맑스가 사실은 유물론에 대한 가장 근본적인 비판을 수행했다는 주장을 한다면 어떨까요? 그리고 이것이야말로 맑스가 근대철학과 근본적인 구획선을 그으면서 달라지는 출발점이라고 한다면 어떨까요?

맑스는 '실천'이란 개념을 철학에 끌어들인 장본인입니다. 또한 근대철학을 해체하는 데 맑스가 사용하는 결정적인 개념 역시 '실천'입니다. 다시 말해 **실천이란 개념을 통해 맑스는 근대철학의 문제설정을 넘어섭니다.**

그런데 이런 주장에 대해 당장 반박할 분이 있을 것 같습니다. "실천의 개념을 철학에 끌어들인 게 어째서 맑스인가?"라고 말입니다. "바로 앞장에서 나온 칸트는 『실천이성 비판』이란 제목으로 철학책을 쓰지 않았는가? 근대의 윤리학이란 바로 근대인들의 실천을 다루는 학문이라고 하지 않았는가?" 이런 반박 말입니다.

그러나 근대철학자들이 사용하고 있는 '실천'이란 말은 인간의 행동을 다루는 영역이란 의미를 벗어나지 않습니다. 칸트의 『실천이성 비판』도, '윤리학'이란 이름도 마찬가지지요. 실천이란 말은 다만 서술적인 의미로, 그것도 윤리학이란 영역에 제한되어서 사용되고 있을 뿐입니다. 이런 말을 '개념'이라고 하긴 아직 곤란합니다. 개념이란 대상을 파악하거나, 그 파악 방법과 관련해 다른 개념들을 조직해내고, 그것들과 긴밀히 결합되어 있는 특별한 용어이기 때문입니다.

예를 들면 데카르트의 '본유관념'이나 '연장' '사유' 같은 것이 그렇습니다. 칸트의 '선험적' '경험적' 같은 말들뿐만 아니라 '감성'이니 '범주'니 하는 말들이 그렇고, 헤겔의 '모순' '본질' '생성' 등도 그렇습니다. 이처럼 특별한 의미와 기능을 갖는 것이라면 '분명한'(clare) '뚜렷한'(distincte) 처럼 평범한 형용사도 개념이 되지만(데카르트 철학에서), 심오해 보이는 어려운 단어도 그런 특징이 없다면 개념이 되지 않습니다. 맑스가 실천을 개념으로 도입한다는 것은 그 말에 바로 이런 기능과 의미를 부여한다는 뜻입니다.

맑스가 철학적 개념으로 실천이라는 개념을 본격적으로 사용한 저작은 『독일이데올로기』와 그 책에 부록으로 실려 출판된 「포이어바흐에 관한 테제」였습니다. 여기서 맑스는 "포이어바흐 비판"이라는 형식으로 '실천'에 관한 몇 개의 핵심적인 명제를 제출합니다. 그것을 크게 네 가지로 나누어 살펴보지요.

첫째는 **대상**'으로서의 **실천**입니다. 포이어바흐에 관한 첫번째 테제에서 맑스는 다음과 같이 말합니다. "지금까지의 모든 유물론—포이어바흐의 유물론을 포함하여—의 주요한 결함은 대상, 현실을 객체의 형식으로만 파악했고 그것을 실천으로 파악하지 못했다는 것이다." 다시 말해 이제는 대상, 현실을 실천이란 형태로 파악해야 한다는 말입니다. 이게 대체 무슨 말일까요?

포이어바흐는 "인간이란 자기가 먹는 것과 다르지 않다"고 합니다.

인간이란 단백질 덩어리란 말이죠. 이 극단적인 문장에서 포이어바흐가 생각하는 유물론을 엿볼 수 있습니다. 이래서 그의 유물론을 흔히 '기계적 유물론'이라고 하지요. 맑스가 보기에 이런 유물론은 대상이나 현실을 단백질처럼, 그 자체만으로 존재하는 고정적인 객체로 파악하고 있다는 것과 다를 바 없습니다.

그렇다면 맑스 말대로 대상이나 현실을 실천으로 파악한다는 것은 대체 어떤 것일까요? 이 말을 쉽게 이해할 수 있는 좋은 예가 하나 있습니다. 여러분 가운데 혹시 「비지터」란 영화를 보신 분이 있는지 모르겠습니다. 약간 앞의 과거로 돌아가려던 중세의 영주가 마술사의 실수로 수백 년 뒤의 미래인 20세기에 떨어집니다. 그의 시종과 함께 말이죠. 돈키호테를 연상하면 20세기에 떨어진 중세인의 행동을 쉽게 상상할 수 있을 겁니다. 영주와 시종이 20세기로 날아와 처음 한 행동은 지나가다 세워둔 자동차를 괴물로 알고 두들겨 부수는 것이었습니다.

그들이 떨어진 곳에는 영주의 후손이 살고 있었지요. 치과 의사의 부인으로 말입니다. 시종의 후손 역시 그 부근에 살고 있었는데, 호텔을 소유하고 있었습니다. 그런데 그 호텔은 바로 영주가 원래 갖고 있던 성이었습니다. 영주는 놀라고 분노하지요. 자기의 성을 시종의 후손이 갖고 있고, 호텔로 사용하고 있는데다가, 자기의 후손은 그 밖에서 살고 있으니 말입니다.

자, 이쯤하고 다시 돌아갑시다. 중세에도 20세기에도 성은 그대로 있습니다. 벽돌로 높이 쌓은 담이 있고, 그 안에는 좋은 방과 정원이 있지요. 물론 약간 수리도 하고 개축도 했겠지만, 그거야 대세에 지장 없으니 무시합시다. 포이어바흐가 본다면 20세기에 남아 있는 성은 중세에 있던 영주가 소유한 성에서 크게 달라진 게 없습니다. 중세의 영주도 단백질이

(그림 4-1) 빈약한 부엌

브뤼겔의 그림 「빈약한 부엌」*Die magere Küche*이다. 브뤼겔은 장애인이나 아이들의 모습을 많이 그렸다. 그런데 정신없는 부엌을 그린 이 그림에서 젖먹는 아이, 식탁 앞에서 무언가를 들고 먹는 아이는 전혀 '조명발'을 받지 못하고 있다. 아니 그 정도가 아니라 다른 많은 인물과 소품들에 가려 잘 보이지도 않는다. 사진을 찍으면 언제나 어린이를 한가운데 앉히는 우리의 모습과는 아주 다른 태도다. 그러나 브뤼겔만 그랬던 건 아니다. 17세기 이전에는 아기 예수를 제외하고는 아이들이 그림의 중심 대상이 된 적이 없었다. 아이들을 위한 그림? 그런 건 없었다. 아니 어린이나 소년에 대한 특별한 관념 자체가 없었다. 어린아이란 그저 '조그만 어른'에 불과했다. 그래서 로미오나 줄리엣 같은 열 살 갓 넘은 '아이'들이 죽자사자 '연애'를 했고, 르네상스의 유명한 휴머니스트 에라스무스는 '아이'들을 위한 예절서에서 좋은 창녀 고르는 법을 떡 하니 써 놓았다. 심지어 『수상록』으로 유명한 몽테뉴는 자기 아이들이 몇 명인지, 그 중 몇 명이 죽었는지도 정확하게 기억하지 못했다. 아이들은 7~8세가 되면 다른 집, 가령 장인(匠人)의 집에 일을 배우러 보내졌고, 거기서 나이 많은 '사형'들과 섞여 똑같이 일하고, 똑같이 음담을 나누고, 여자를 사러 가기도 했던 것이다.

요, 그 후손도 단백질인 데는 차이가 없듯이 말입니다.

그러나 두 시기의 성은 본질적으로 다른 것입니다. 중세의 성은 영주의 권력이 나오며 어떤 돈을 치르고도 살 수 없는 것이었지만, 20세기의 성은 아무나 돈만 내면 먹고 잘 수 있는 호텔이, 돈만 있으면 누구나 살 수 있지만 돈이 없으면 아무리 잘난 기사가 창을 들고 설쳐도 뺏을 수 없는 건물이 된 것입니다. 돈과 관계없는 어떤 권력도 그 성 안에는 없습니다. 이처럼 완전히 다르기에 우스운 일이 생기고, 또 그래서 영화가 되는 거지요.

결국 이 성을 둘러싸고 어떤 사람들이 어떻게 생활하느냐에 따라 그 성의 본질이 달라지는 겁니다. 또한 이러한 변화는 시민혁명이나 산업혁명 같은 변화에 의해 만들어진 것입니다. 이 모두가 바로 실천에 의해 이루어진 변화이고, 따라서 성의 본질은 이같은 실천의 개입 없이는 올바로 이해할 수 없으리라는 것입니다. 포이어바흐처럼 관조한다면 성은 성일 뿐이지만요.

결국 포이어바흐는 대상을 정태적인 것, 지각에 의해 관조하기만 하면 올바로 파악할 수 있는 정적인 것으로 파악했던 것입니다. 대상 자체가 인간의 생활 과정, 실천 과정 속에서 변화되고 변혁되는 것을 보지 못했던 거지요. 성이란 대상을 단지 "높은 벽으로 둘러싸인 귀족들이 사는 집"으로만 파악할 뿐인 것입니다.

반면 맑스는 대상의 개념 자체를 바꾸려고 합니다. 맑스는 대상을 활동적인 생활 과정, 실천 과정으로서 파악하려 합니다. 의식과 대비되는 물질, 주체와 대비되는 대상이란 개념에서 벗어나, 물질 혹은 대상 자체를 물질적 생산방식으로 전환시키는 것입니다. 이것은 대상을 이해하는 방식을 근본적으로 변화시키는 것입니다. **이로써 대상은 사회적 맥락과 역**

(그림 4-2) 오후의 식사

프랑수아 부셰(Françis Boucher)의 그림 「오후의 식사」*The afternoon meal*다. '어린이'라는 말에 '순진무구한 존재' 하지만 '약하고 여리기에 어른들의 더러운 세계로부터 보호되어야 할 존재'라는 생각이 따라다니게 된 것은, 어린이가 어른과 다른 존재라는 구별이 발생한 17세기 이후의 일이다. 그리고 어린이를 위한 옷, 어린이를 위한 놀이, 어린이를 위한 방 등등이 따로 만들어지기 시작한 것은 그보다도 훨씬 나중의 일이며, 크리스마스가 지금처럼 어린이를 위한 축제로 만들어진 것도 19세기 중반의 일이다(물론 크리스마스가 이렇게 된 데는 상인들의 '공작'이 개재해 있지만). 어린이가 일하고 돈을 버는 경제적 대상이 아니라, 입 맞추고 안고 싶은 감정적 대상이 된 것은 이런 변화와 나란히 발생했다. 이후 어린이는 가정의 새로운 중심이 되었다. 근대는 어린이의 시대가 된 것이다. 부셰의 그림에서 아이를 바라보는 부모의 눈에는 애정과 사랑이 가득하다. 이와 나란히 부르주아의 가족 안에서는 새로운 욕망, 즉 가족주의가 나타나고 확산되었다. 사랑과 결혼뿐만 아니라 모든 사적 생활을 가정 안에서 '해결'하고, 가족적인 내밀성을 무엇보다 먼저 보호되어야 할 프라이버시로 뒤바꾸어 버리고, "모든 것을 가족을 위하여" 바치려는 욕망이. "홈, 홈, 스위트 홈"이라는 구호는 이런 새로운 욕망을 요약해서 표현하는 것이었다.

사 속에서 정의될 수 있게 됩니다. 그의 말을 빌려 표현하면, "성은 성이다. 특정한 관계 속에서만 그것은 호텔이 된다"는 것입니다.

둘째, 맑스는 포이어바흐를 비롯한 유물론자들이 '지각이나 감성, 즉 대상을 단순히 지각·직관·감각으로만 파악했다'고 비판합니다. 어떤 대상에 대한 지각을 단지 감각기관을 통해서 관조하는 행위로만 간주한 다는 겁니다.

이러한 포이어바흐의 생각은 헤겔의 관념론을 비판하면서 제시된 것입니다. 앞서 본 것처럼 관념론자들은 대상을 주체의 관념 속에서 정의 합니다. 이에 대해 포이어바흐는 "관념론자들은 사물을 더욱더 잘 보기 위해 인간의 육체에서 눈을 빼버렸다"고 비판합니다. 그리고 그 말을 그 대로 뒤집어 "좀더 잘 보기 위해서라면 차라리 눈을 갖고 개념을 없애는 편이 훨씬 낫다"고 말합니다. 그는 대상을 눈에 비치는 대상, 직관되는 대 상으로 파악하고자 한 것이지요.

그러나 맑스에 따르면 **지각이나 감성은 대상과 목적을 갖는 '활동'이요 '실 천'**입니다. 지각이란 대상을 그저 수동적으로 비추기만 하는 '거울'이 아 니라는 겁니다. 다시 말해 실천적 맥락에 따라 대상은 다르게 파악될 수 있다는 것입니다.

「비지터」의 예를 들어 봅시다. 중세의 영주와 시종이 20세기로 날아 와서 처음 한 행동이 지나가던 자동차를 악마가 보낸 괴물로 알고 '처치 하는' 것이었다고 했지요? 처음엔 시종이 덤벼들었다가 폭발음에 놀라서 도망칩니다. 그러나 영주는 수많은 전투 경험이 있어서인지 용감하게 싸 워서 그 괴물을 무찌릅니다. 운전수는 도망을 가고, 시종은 영주의 빛나 는 용기와 힘에 다시 한번 감복하게 됩니다.

물론 이는 극단적인 예지요. 그러나 이 극단적인 예를 통해 분명하

(그림 4-3) 탄차 끄는 아이들

18세기 중반쯤 그려진 「탄차 끄는 아이들」이다. '작은 어른'과 구별되는 '어린이', 그것은 그를 둘러싼 관계의 변화와 더불어 그의 삶 자체의 변화를 함축한다. 맑스라면 이렇게 말했을 것이다. "아이는 아이다. 특정한 관계 속에서만 그는 '어린이'가 된다." 그러나 적어도 19세기까지는 아이가 어린이가 되는 것도 단지 부르주아지에게만 해당되는 일이었다. 위 그림은 19세기 중반 이른바 산업혁명으로 자본주의의 첨단을 달리던 영국의 탄광에서 일하는 아이들의 모습을 그린 것이다. 대체 누가 이들의 순진무구함을 주장했으며, 대체 누가 이들의 순결함을 어른들의 타락한 세계로부터 보호해야 한다고 주장했던가! 맑스는 영국의 공장 감독관들의 보고서를 수다하게 인용하면서 심지어 4~5세의 아이들까지 공장에서 14시간 이상의 노동에 시달리고 있음을 보여준 바 있다. "지칠 줄 모르는 꼬마 노동자들", 그것이 이들의 이름이었다. 거의 동일한 시기, 거의 동일한 곳에서 이토록 다른 삶을 사는 아이들이 있었던 것이다. 따라서 맑스는 세상이 하나로 통일되어 있으며, 국가가 그 통일성과 인류성의 이념을 대표한다고 하는 헤겔식의 관념을 뒤집어 버린다. 아이들이 "홈, 홈, 스위트 홈"을 노래하는 달콤한 가정은 저렇게 처절하게 탄차를 끄는 노동자들이 있기에 가능한 것이다. 그것은 계급으로 분열된 세계일 뿐 아니라 두 계급이 서로 적대하는 관계에 의해 특징지어지는 세계인 것이다

게 말할 수 있는 것은, 이 중세인들로선 그것이 자동차라고 인식하는 게 불가능하다는 겁니다. 하늘에서 떨어진 서양인을 신의 사자라고 생각한 「인디아나 존스」에 나오는 원주민들도 마찬가집니다. 부시맨이 발견한 콜라병이 과연 콜라병이겠습니까? 중세의 신부들이 보기에 해는 아침에 떠서 저녁에 지는 거지요. 지구가 돈다는 건 머리가 돈 사람이 아니면 생각할 수 없는 거고 말입니다.

요컨대 실천적 맥락과 무관하게 어떤 대상을 지각하는 일은 없다는 겁니다. 사람들은 자신의 생활양식이나 일상적인 실천, 혹은 목적을 갖는 실천 속에서 사물을 지각하게 마련이라는 거지요.

셋째는 진리의 문제입니다. 포이어바흐에 관한 두번째 테제에서 맑스는 **인간이 대상적 진리를 가질 수 있는가의 문제는 이론의 문제가 아니라 실천의 문제**라고 합니다. 이것은 굉장히 오해가 많이 되는 구절입니다. 흔히 "길고 짧은 것은 대보면 안다"라는 식으로 받아들여져, 참인가 아닌가는 실천해 보면 안다라는 식으로 해석되어 버립니다. 이것이 유물론에서 진리를 검증하는 방법으로 간주된다는 건 잘 알고 있을 겁니다. 하지만 이런 실천 개념은 사실 실증주의자들이 말하는 '검증'개념과 별로 다르지 않지요. 그러나 맑스 말대로 대상이나 지각이 '실천'으로 파악되어야 한다면, 어떻게 실천하느냐에 따라, 혹은 어떻게 생활하느냐에 따라 똑같은 사물도 다른 것으로 경험하게 될 것입니다. 따라서 문제는 길고 짧은 걸 대보는 것처럼 쉽지만은 않습니다.

예를 들어 봅시다. 부시맨의 콜라병 얘기를 했지요? 부시맨에게 그가 들고 있는 게 콜라병이란 걸 말만으로, 이론적으로 증명할 수 있을까요? 그건 아마 불가능할 겁니다. 아리스토텔레스에게 사람을 노예로 다루어선 안 된다는 걸 설득하기 위해 휴머니즘이니 뭐니 하는 온갖 이론적 수

(그림 4-4) 사우스 피트스톤의 광부들

루이스 하인(Lewis W. Hine)의 사진 「펜실바니아, 사우스 피트스톤의 광부들」이다. 사회학자 출신의
사진작가인 루이스 하인은 노동자와 노동하는 아이들에 대한 관심과 애정을 갖고, 그들의 모습을 사진
에 담는 데 평생을 바쳤다. 사진을 유심히 보면 광부들의 대부분이 열 살이나 될까말까 한 아이들이라
는 것을 알 수 있다. 그의 사진집을 보면 정말 대여섯 살 된 아이들이 공장에서, 혹은 실내에서 일하고
있는 모습을 담고 있는 사진이 많다. 맑스가 공장 감독관 보고서에서 인용한 사실을 하인은 사진에 담
아 보여준다. 위 사진의 날짜는 1911년이다! 20세기에 들어와 10년이 지났어도, 아이들은 아직도 광산
에서 탄을 캐야 하는 상황에서 조금도 벗어나지 못했던 것이다. 합리성이 극도로 발달하여 삶의 모든
영역을 지배하게 된 이 자본주의적 근대 세계와 배고프면 수렵·채집을 하고 배부르면 '게으름'을 피
우며 느긋하게 살던 아프리카나 아메리카의 미개한 '원시 사회' 가운데 어떤 것이 더 '진보'한 사회고
어떤 것이 더 '발전'한 사회일까? 정말 역사는 발전과 진보의 방향으로 흘러가는 것일까? 어쨌든 노동
자나 노동하는 아이들을 다룬 루이스 하인의 사진들은 끔찍한 아동노동이 부인할 수 없는 사실임을 증
명함으로써, 아동노동을 금지하는 법안이 만들어지는 데 결정적인 역할을 했다.

단을 동원한들 그를 설득할 순 없을 겁니다. 그건 마치 농부에게 소를 노예처럼 일 시키고 부리면 안 된다는 걸 이론적으로 증명할 수 없는 것과 비슷합니다.

그러나 만약 부시맨 A가 콜라 먹는 행위를 자주 보고, 또 자기도 따라 마셔 본다면, 그게 콜라병이란 걸 이해하는 건 너무도 쉬운 일입니다. 이렇게 해서 그는 콜라병이란 판단을 확인하고 '검증'하는 것처럼 보이지요. 그러나 다른 부시맨 B가 있어, 그는 그 물건을 호두를 까먹는 데 사용했다고 합시다. 그럼 그는 그 병을 호두 까는 도구로 파악할 겁니다. 즉 그는 실천적으로 그 물건이 호두 까는 도구라는 걸 증명할 수 있겠지요. 또 다른 부시맨 C는 그 병에 입을 대고 불어봤다고 합시다. 그럼 그는 그 병에서 소리가 나는 걸 듣고 그 물건을 물소 뿔피리와 비슷한 것으로 생각할 겁니다. 그걸 실천적으로 증명하는 것은 매우 쉬운 일입니다.

이는 앞서 맑스의 테제에 비추어 본다면 당연한 일입니다. A, B, C 세 부시맨 각각은 나름의 '실천' 속에서 그 물건이 무엇인지(대상) 인식합니다. 그리고 실천 속에서 그것이 콜라병인지, 호두까기인지, 뿔피리인지 검증합니다. 따라서 이 세 사람의 부시맨이 모여서 이 물건은 무엇인가를 두고 논쟁을 벌인다면 아마 그 논쟁은 끝없이 계속될 겁니다. 이때 이게 어째서 콜라병인지 이론적으로 증명하려는 노력은 아무 소용이 없을 겁니다. 각자 자기 식의 실천을 통해 자기 주장을 증명할 수 있을 테니까요 (여기서 실천을 통해 그게 콜라병이라는 판단이 진리임을 검증할 수 있다는 생각처럼 순진한 게 또 어디 있겠습니까?).

따라서 맑스는 이제 진리의 문제를 **현실성과 힘, 차안성을 입증하는 문제**로 바꿔 버립니다. 그 물건에 대해 '영원한 진리'를 확보하는 것은 불가능합니다. 오히려 중요한 것은 어떤 판단이나 지식의 현실성과 타당성(옳

(그림 4-5) 빈민들의 놀이터

구스타브 도레(Paul Gustave Doré)의 그림 「더들리 가」*Die Dudley Street*다. 더들리 가는 19세기 중반 영국의 빈민 거주지역 중 하나였다. 길거리엔 아이들이 가득하고, 집의 문들은 거리를 향해 열려 있어서, 저 뒤에서 아이들을 헤치며 오고 있는 마차만 없다면 거리인지 집 안인지도 분간하기 힘들 정도다. 거리는 마치 많은 집들이 공동으로 사용하고 있는 거대한 거실처럼 보인다. 이 정도는 아니라 해도, 19세기 전반까지만 해도 거리는 '빈민들의 놀이터'였다. 아이들뿐만 아니라 어른들도 거리에서 공을 차고 노래를 부고 카드놀이를 했다. 사실 내가 살던 1970년대 서울의 '골목'도 다르지 않았다. 그곳은 적어도 동네 아이들이 만나고 어울리며 함께 놀던 '놀이터'였고, 생소하고 이질적인 사람과 만나고 어울리는 하나의 '세계'였다. 그러나 19세기 중반 '박애주의자'라고 자칭하던 부르주아들은 골목과 거리에서 사람들의 삶을 몰아내 버렸다. 그들이 보기에 그곳은 빈민의 아이들이 모여서 범죄를 배우고 갱단을 만들기도 하는 범죄의 온상이었던 것이다. 그래서 그들은 거리를 깨끗이 '청소'해 버렸다. 대부분의 도시들이 거리에서 공을 차거나 도박, 음주, 고성방가를 하면 체포하고 구금할 수도 있는 조례(條例)들을 만들었다. 이제 아이들은 집 안으로 쫓겨 들어가고, 거리는 저 아이들에 가려 주춤대고 있는 마차, 아니 자동차들이 다니는 공간, 그리고 이동하는 사람들이 지나가는 통과 공간이 되어버렸다.

음)을 확보하는 것입니다. 앞에서 예를 든 부시맨 B가 호두까기로 그 물건을 계속 사용한다면, 그리고 그게 매우 훌륭한 도구임을 입증한다면, 그 판단은 현실성과 힘을 입증한 셈이지요. 뿔피리도 마찬가지 방식으로 '옳음'을 입증할 수 있습니다. 반면 그렇지 못한 경우가 자주 나타난다면, 그리고 그 문제들이 심각한 것이라면 '옳다'는 판단은 유지되기 힘들 겁니다. 나중에 다시 말하겠지만, 이는 대상에 대한 새로운 개념과 함께, 근대적인 진리 개념으로부터의 근본적인 전환을 담고 있는 것입니다(이는 나중에 보겠지만, 비트겐슈타인의 그것과 유사합니다).

넷째로 **계몽주의 비판**입니다. 포이어바흐에 관한 세번째 테제에서 맑스는 '교육과 환경'에 의해 인간이 바뀐다는 생각(이게 바로 '계몽주의'지요)을 비판합니다. '사회를 우월한 부분과 열등한 부분으로 양분'하는 것, 가르치는 부분과 가르침을 받아야 할 부분으로 나누는 것, 이성적인 것과 비이성적인 것으로 나누는 것을 비판함으로써 계몽주의의 근본 관점인 이분법 자체를 비판합니다. 이는 계몽주의의 지반 자체를 해체하는 비판입니다. 전위와 대중을 갈라놓고 전위는 교육하는 자, 대중은 그 교육을 따라가면 되는 자로 파악하는 전통적인 관념에 대해, 이미 맑스는 계몽주의적 윤리학이라며 비판하고 있는 것입니다. 맑스의 이러한 비판은 계몽주의와 반계몽주의 모두를 떠나 **계몽주의적 이분법 자체를 비판한다는 점에서 극히 근본적**이라고 할 수 있습니다.

반면 맑스는 "환경은 인간에 의해 변화하며 교육자 자신도 교육받아야 한다"고 합니다. 그런데 교육자도 교육받아야 한다면 그는 누구에게 교육을 받아야 하겠습니까? 대중에게서? 그렇다면 이것은 단순히 계몽주의를 뒤집어 놓은 것에 불과합니다. 이런 사고방식에도 계몽주의적인 이분법이 그대로 잔존하고 있음을 잊지 말아야 합니다.

(그림 4-6) 가족궁전, 파밀리스테르

장-밥티스트 고댕(Jean-Baptiste Godin)은 얕은 그릇으로 자수성가한 사업가였다. 양심적인 사업가였던 그는 공장이 커지자 노동자들의 기숙사를 지으려 했는데, 이로 인해 코뮨주의자들인 푸리에주의자들과 만나게 된다. 푸리에주의자가 된 고댕은 한쪽에는 생산하는 공장을, 다른 한쪽에는 노동자들이 생활하는 '궁전' 같은 집을 짓는다. 그는 베르사이유 궁전의 형태와 유사한 모습의 집합주택을 만들고 '가족궁전'이란 뜻의 '파밀리스테르'라는 이름을 붙였다. 미음자 형으로 된 세 개의 집합주택이 있고, 그 가운데의 중정(中庭)에는 유리지붕을 덧붙여서 집회나 결혼식 등의 모임에 사용했다. 건물 뒤에는 아이들을 공동으로 키우는 탁아소가 있고, 건물 앞쪽에는 학교, 식당, 공작실, 무대가 있는 극장까지 포함된 공동 건물들이 있다. 노동자 주거문제가 매우 심각한 사회문제였던 유럽 전체에 이것이 준 영향력은 매우 컸다. 그때까지 노동자의 주거문제는 위생문제로서 공중위생법의 대상으로 다루어졌는데, 이는 빈민굴을 전염병의 진원지로 보는 것을 뜻했고, 따라서 철거가 주된 해결방법이었다. 그러나 노동자가 함께 '철거'될 수 없는 한, 이는 노동자 주거문제를 더욱더 악화시킬 뿐이었다. 이런 상황에서 파밀리스테르는 코뮨적인 조합의 형태로 집합적인 노동자 주거를 성공적으로 해결한 사례로 인정되었다. 고댕은 조합을 만들어 이 건물의 '소유권'을 조합원들에게 나누어 주었고, 그가 죽은 후에도 이들은 생산과 생활을 함께 하는 삶을 계속했다.

이로써 그는 근대적 윤리학 자체를 해체하고 있습니다. 이 해체된 자리에 맑스는 '혁명적 실천'이란 개념을 도입합니다. 혁명적 실천 속에서 교육자 자신도 교육받을 것이라고 말하지요. 사실 혁명적 실천의 상황에서 교육자-피교육자는 존재하지 않습니다. 오히려 이 혁명적 실천 과정에서 (대중과 전위를 나누어 얘기하자면) 대중에 의해서 전위가 교육받고 교육자 자신이 바뀌는 경우가 나타나는데, 이것은 대중이 전위를 가르친다는 의미보다는 혁명적 실천 속에서 교육자/피교육자 전체가 다 바뀌는 것을 의미합니다. 이런 점에서 계몽주의와는 근본적으로 다른 윤리학을, 아니 정치학을 열어주고 있는 것입니다.

이상은 '포이어바흐 비판'이란 형태로 제출되었지만, 동시에 그것은 헤겔 비판이라고도 할 수 있습니다. 결국 맑스는 포이어바흐와 헤겔에 대한 이중적 비판을 수행하는 가운데 근대철학의 문제설정 전체를 비판하고 있는 셈입니다.

어쩌면 맑스는 이런 방식으로 '유물론' 자체에 대해 비판하고 있다고 할 수 있습니다. 그것은 **근대적 문제설정과 개념에 사로잡혀 있는 유물론에 대한 비판**이라 할 수 있습니다. 이런 비판을 통해 맑스는 유물론 자체를 다른 것으로 치환하고 있는 것입니다. 이 기초 위에서 '역사유물론'이라 불리는 새로운 유물론의 형성이 비로소 가능해집니다.

역사유물론과 주체철학

맑스가 실천이라는 개념을 도입함으로써 야기된 철학적 지반의 변경이 있었습니다. 그것은 '진리'라는 근대철학의 목표는 물론, 대상 자체도 그냥 두지 않았습니다. 그러나 단지 파괴하는 데 머문 것만은 아닙니다. 물

(그림 4-7) 파밀리스테르의 아이들

파밀리스테르의 탁아소에서 아이들을 돌보고 교육하는 모습이다. 여기서 새로 시작한 공동육아 또한 많은 사람들의 주목을 받았다. 그러나 부르주아들은 파밀리스테르를 군대생활을 떠올리게 하는 공산주의적 병영이라고 비난했을 뿐 아니라, 여기서 이루어지는 공동육아에 대해서 "아이를 양육할 신성한 권리를 부모로부터 빼앗는 것"이라고 비난했다. 그러나 그 당시는 물론 20세기 들어서까지 노동자의 '아이'들은 부모에 의해 양육될 '기쁨'을 누릴 새도 없이 공장으로 광산으로 일하러 가야 했고, 일이 끝난 뒤에는 아무도 돌봐줄 사람이 없어 방치되어야 했다. 당시의 노동자들은 누구도 아이를 양육할 신성한 권리는커녕 양육할 시간도, 양육할 공간(주거)도, 양육할 돈도 갖지 못했다. 따라서 그 비난은 아마도 양심도 양식도 없는 사람이, '공동'으로 무언가를 한다는 사실 자체에 대해 느끼는 공포와 증오를 표현한 것이거나, 아니면 이들의 새로운 시도가 갖는 영향력을 시기하여 퍼붓는 욕이었다고 해도 결코 틀리지 않을 것이다.

질 개념조차 역사적으로 파악할 수 있는 이론으로서 역사유물론이 성립하게 되는 것이지요. 이처럼 역사유물론으로 진전됨에 따라 이제 맑스는 근대철학의 출발점이었던 주체(또는 인간)개념에 대해 근본적으로 새로운 사고를 할 수 있게 됩니다.

맑스는 **'인간'이란 개념 자체를 해체**합니다. 그는 '인간'이란 포이어바흐처럼 사랑이나 의지를 본질로 하는 존재로 정의될 수 없으며, 데카르트처럼 '이성'과 '정념'을 가진 존재로 정의될 수도 없다고 하죠. 왜냐하면 그것은 인간이 갖는 수많은 특성 중 몇 가지를 추출해서 인간의 본질이 그거라고 선언하는 데 불과하기 때문입니다. 이런 식이라면 사람마다 인간은 다르게 정의될 수 있을 겁니다.

맑스가 보기에 정말로 중요한 것은 실제로 존재하는 개인들이 어떤 사회적인 특징을 갖고 있으며, 그것이 어떻게 변하는가를 이해하는 것입니다. 그래서 그는 단적으로 말합니다. **인간은 사회적 관계의 총체**라고 말입니다.

앞에서 「비지터」란 영화 얘기를 했지요? 그 영화에는 영주의 후손과 시종의 후손이 나왔습니다. 영주는 중세 때 한 지방을 지배하던 귀족이요 지배자입니다. 시종은 그에게 딸린 노예 같은 존재고 말입니다. 한편 20세기에 사는 영주의 후손은 더 이상 귀족도 영주도 아니며 지배자도 아닙니다. 시종의 후손은 호텔을 경영하는 부르주아고요.

맑스로서는 이들이 갖는 (생물학적) 공통성이 그다지 중요하지 않습니다. 왜냐하면 인종적 공통성으로 말한다면 영주와 시종 간에도 별다른 차이가 없으니까요. 오히려 중요한 건 똑같은 생물인 그들이 누구는 영주로서 지배하고, 누구는 시종으로서 지배당한다는 사실입니다. 또 같은 핏줄을 타고난 후손이 20세기에는 더 이상 귀족으로 지배하지 않는다는 것

(그림 4-8) 코민테른 기관지 「코뮤니스트 인터내셔널」 제1호의 표지

노동자의 주거문제를 해결하려는 파밀리스테르의 시도나, "자유로운 개인들의 자발적 연합"에 의해 공동의 삶을 만들어 가려는 코뮨적인 노력들은 두 가지 방향에서 공격을 받았다. 하나는 자금을 쥔 부르주아들의 공격이었고, 다른 하나는 입장을 달리하는 사회주의자들의 비판이었다. 당시 사회주의자들은 이런 식의 해결책이 자본주의라는 근본적인 생산관계는 바꾸지 않은 채, 부분적이고 국지적으로 주거문제를 해결하려 한다는 점에서 못마땅하게 생각했다. 즉 노동자의 주거문제나 아이들의 양육문제 등은 자본주의적 생산관계 자체를 전복하는 혁명을 통해서만 근본적으로 해결될 수 있다는 것이다. 사회주의 혁명을 위해 "만국의 프롤레타리아여 단결하라!"라는, 저 그림의 맨위에 새겨진 맑스의 문장은 이처럼 주거문제는 물론 다른 모든 문제에 대해서도 그들이 내리려고 했던 유일한 해답이었다. 그것은 확실히 사실일 수도 있었다. 그러나 그런 혁명에 의해 자본주의가 타도되기 전에는 노동자의 삶은 코뮨적인 방식으로 조직될 수 없는가? 그것은 여전히 무의미하고 국지적인가? 만약 자본주의의 완전한 타도가 끊임없이 연기된다면, "자유로운 개인들의 자발적 연합" 또한 똑같이 연기되어 마땅한가? 이는 현재의 지배적인 맑스주의에 대해서도 여전히 유효한 질문으로 보인다.

입니다. 그 개인들의 본질을 이해하는 데 결정적인 것은 바로 이 차이들입니다. 이런 뜻에서 맑스는 말합니다. "흑인은 흑인이다. 특정한 관계 속에서만 그는 노예가 된다." 다시 말하면, "톰은 톰이다. 특정한 관계 속에서만 그는 시종이 된다"고 할 수 있다는 겁니다. 바로 이 말이 "인간은 사회적 관계의 총체"란 명제의 뜻입니다.

이런 관점에서 본다면 인간이란 선천적이고 항구적인 어떤 존재가 아니라 사회적 관계에 따라 만들어지는 것이며, 따라서 관계가 달라지면 다른 존재가 될 수도 있습니다. 예컨대, 「비지터」의 끝부분에는 이런 장면이 나옵니다. 영주는 시종을 데리고 다시 중세 시절로 돌아가려 하지만, 자유로운 공기를 맛본 시종은 돌아가지 않으려고 합니다. 그래서 시종은 자기 후손인 호텔 주인에게 자신의 옷을 입혀 대신 중세로 돌려보냅니다. 중세로 '끌려간' 시종의 후손은 그를 부리는 영주를 보며 어이없어 하지만, 그 명령에 따르지 않을 수 없습니다. 주위의 모든 사람이 그가 명령에 따르는 것을 당연시하고, 그걸 요구하기도 하며, 그렇지 않을 때는 비난과 징벌이 날아드니까 말입니다. 그는 이제 싫으나 좋으나 시종으로 살아갈 수밖에 없습니다.

결국 그는 상이한 사회관계 속으로 밀려들어감에 따라 시종으로서 살아가게 된 겁니다. 마치 아프리카의 자유인이 백인 손에 잡혀 미국으로 옮겨지는 순간, 좋든 싫든 노예가 되듯이 말입니다. 요컨대 인간이 사회적 관계 속에서 정의된다면, 사회관계가 달라지면 그 본질도 달라진다는 것입니다. 따라서 맑스는 순수한 '인간', 항구적이고 불변적인 '인간' 개념을 해체해 버립니다. 사회적 관계에서 동떨어져 인간을 정의하거나 얘기하는 것은 불가능하다는 것입니다.

이러한 주장은 근대철학의 출발점 자체를 근본적으로 뒤집어엎는 것입니다. 자명하고 확실한 출발점, 항구적인 기초인 '주체'가 따로 없다는 것이기 때문입니다. 오히려 반대로 '주체'란, '인간'이 그렇듯이 사회적 관계 속에서 만들어지는 구성물이요 결과물이란 겁니다. 동일한 사람이 20세기엔 호텔을 경영하는 주체로서 존재하지만, 중세로 밀려가선 시종이란 주체로 존재하게 되듯이 말입니다.

그렇다면 그 주체가 '사고'하는 내용이나 방식 역시 크게 달라질 수밖에 없습니다. 영주의 성을 사서 호텔로 만들겠다는 생각이 중세로 날아간 시종의 후손에게 과연 어떻게 가능하겠습니까? 반면 20세기의 자유로운 공기를 맛본 시종은 이제 더 이상 영주의 명령을 절대적으로 따라야 한다고 생각하지 않습니다. 심지어 되돌아가자는 영주의 명령까지도 따르지 않지요. 이래서 맑스는 개인들이 갖고 있는 의식이나 관념은 사회관계에 따라 달라질 수 있다고 말합니다. 데카르트의 말처럼 생각하기에 존재하는 게 아니라, 어떤 사회적 관계에 속하느냐에 따라 사고 자체도 달라진다는 것입니다. 그래서 그는 "사회적 존재가 사회적 의식을 규정한다"고 말합니다.

이러한 철학적 전환에 힘입어 **근대철학의 출발점을 이루던 주체 개념은 해체되고, 근대적 문제설정에서 연유하는 '주체철학'은 전복되고 맙니다.** 이는 맑스가 근대적 문제설정을 넘어서는 또 하나의 결정적인 지점이라고 할 수 있을 것입니다.

한편 주체철학의 지반을 떠나자마자 역사 개념 또한 변하게 됩니다. 이제 더 이상 역사는 어떤 주체—그게 '절대정신'이든 '인간'이든 간에—가 자신의 목적에 따라 만들어내는 무엇이 아닙니다. **역사 역시 이젠 사회적 관계에 의해 정의되고, 그것의 변화와 대체 과정에 불과한 게 됩니다.** 이런 의미에서 역사란 "주체도 목적도 없는 과정"(알튀세르)이라고 할 수 있을 것입니다.

헤겔과는 달리 맑스에게는 소외되거나 실현되어야 할 목적이나 정신 같은 것은 없습니다. 물론 초기의 소외론적 저작은 소외의 해체라는 목적을 향해 나아가는 과정으로 역사를 이해한다는 점에서 목적론적 관점이 있음은 분명합니다. 그러나 『자본』과 같은 '맑스적' 저작은 결코 그렇지 않습니다. 거기서는 다만 자본주의에서 자본축적의 역사적 경향만을 도출하고 보여줄 뿐입니다.

흔히 이러한 입론을 공산주의라는 이상적 상태를 목적으로 가정하는 '목적론'이라고 비판합니다만, 이는 목적론의 개념을 남용한 것입니다. 왜냐하면 어떤 경향을 말하는 것이나 어떤 상태로 되리라는 서술 자체가 목적론은 아니기 때문입니다. 목적론은 그러한 경향이 어떤 이념이나 목적을 실현하기 위해 있는 것으로 간주하는 것이죠. 스피노자 말마따나 원인을 목적으로 대체하는 것, 즉 **어떤 일의 원인을 정해진 목적을 실현하기 위한 것으로 간주하는 게 목적론이지, 어떤 경향을 갖는다는 게 모두 목적론은 아님**을 분명히 할 필요가 있겠습니다.

맑스철학의 근대성과 탈근대성

요약합시다. 맑스는 '실천'이란 개념을 통해 철학적 사고의 틀을 변환시킵니다. 우선 주체와 대상에 대한 근대적 개념을 해체합니다. 주체도, 대상도, 인식도, 진리도 모두 실천이란 개념에 의거해 새로이 정의내리죠. 진리 개념의 변환을 통해서 그는 근대철학이 추구하던 확고하고 불변적인 진리라는 목적 자체를 해체합니다. 또한 근대철학의 출발점이었던 자명한 주체 역시 해체해 버립니다. 이제 주체는 사회적 관계 속에서 만들어지는 것임을 분명히 합니다. 여기서 **주체는 출발점이 아니라 결과물**이란 것이 명확해지고, 그 결과 주체/진리라는 짝에 의해 형성되었던 근대적 문제설정 자체가 해체됩니다. 나아가 **인간을 특정한 주체로 만들어내는 사회 역사적 요인을 다루는 새로운 이론적 틀**을 제시합니다. '역사유물론'이 바로 그것입니다.

그런데 맑스의 이러한 해체는 근대적 문제설정 내부에서 그 딜레마와 모순을 드러내는 방식으로 행해진 게 아니라, 그 외부로부터 새로운 개념을 도입함으로써 이루어진 것이란 점에서 흄의 그것과 성격을 크게 달리합니다. 이처럼 해체가 다른 차원의 개입으로 인해 이루어짐으로써 해체는 파괴(회의주의)에 머물지 않습니다. 오히려 그것은 새로운 개념과 문제설정의 구성을 통해 예전의 문제설정을 해체하는 식으로 행해진 것입니다.

이 새로운 문제설정은 지식과 주체, 역사 등을 다루는 새로운 방법을 포함하고 있었고, '진리'(영원한 진리!)의 문제를 벗어나 현실성과 힘이란 차원에서 지식을 다루는 방법을 담고 있었습니다. 그것은 지식을 형성하고 있는 사회적이고 역사적인 조건 속에서, 지식의 형성과 기능을 다루는 방법이었습니다. 이 점에서 맑스는 진리를 극단의 회의에 몰아넣고 스스로 당황했던 흄과 달랐습니다.

다른 한편 주체를 이해하는 새로운 방법 또한 포함하고 있었습니다. 주체는 사회적이고 역사적인 조건 속에서 상이한 형태로 만들어진다는 테제를 통해, 이제 그러한 조건에 대한 연구에 의해 분석적으로 파악되어야 할 대상이 됩니다. 이는 인간이란 주체를 이해하기 위해선 심리학에 기초해야 한다는 발상(흄조차 여기서 결코 벗어나지 못했지요)과 근본적으로 다른 방법을 내포하고 있었습니다.

요컨대 맑스는 실천 개념을 도입함으로써 근대적인 문제설정 자체를 해체하고 있는 셈입니다. 그것은 근대철학을 벗어나는 개념들과 사고방법을 포함하는 새로운 문제설정을 만들어내는 것이기도 했습니다. 이것이 근본적으로 새로운 철학적 혁신을 가능하게 한 탈근대적 요소라고 할 수 있을 것입니다.

그러나 육상경주가 아니라면, 대열에서 벗어나 너무 앞서 나간 사람은 본대를 찾아 뒤돌아오게 되는 법인가 봅니다. 앞서 나간 사람은 언제나 외로움과 고통에 시달리다 미쳐버리거나 죽었지요. 아니면 다시 후퇴하거나요. 철학자도 여기서 예외는 아닌 것 같습니다. 맑스 역시 그런 것처럼 보입니다.

맑스는 헤겔의 영향이 아직 독일 전체를 지배하고 있던 시대, 산업혁명이 독일에서 아직 본격화되지도 않았던 시대에 살고 있었죠. 그러니 근대가 만개하기도 전에 근대를 넘어서 사고하려는 시도가 얼마나 힘들었을지는 우리도 충분히 짐작할 수 있습니다.

어디 그것뿐이었겠습니까? 맑스는 세인들의 이해를 훌쩍 뛰어넘은 탁월한 사상가가 되기를 거부하지요. 그에게 사상이란 대중 자신의 것으로 되어야 할 혁명의 무기였으니까요. 그래서 그는 자신의 철학을 대중과 결합하려고 노력했습니다. 심지어 『정치경제학 비판』 시리즈를 계획했다가 1권을 내고는 포기하고 말지 않았습니까? 아마 그것은 엥겔스말고는 그 책을 이해하는 사람이 거의 없었기 때문일 겁니다. 『자본』 1권의 서문에서 우리는 자신의 이론을 대중이 이해할 수 있는 것으로 가공하려는 맑스의 힘겨운 노력을 확인할 수 있습니다. 맑스의 사상을 더욱더 대중화하려는 노력은 이후 엥겔스가 필생의 사업으로 삼았던 것이기도 하지요.

그러기 위해선 근대적 대중이 이해할 수 있는 것으로 자신의 사상을

'번역'해 주어야 했습니다. 그것은 근대적 개념을 통해 자신의 새로운 사고방법을 설명하는 작업이었습니다. 즉 맑스 자신이 자신의 사상을 근대화해야 하는 역설이 있었던 것입니다. 그러나 '이러한' 번역이 정말 말 그대로 '번역'이기만 할 수 있겠습니까? 그 속에 자신의 사고가 포섭되지 않는 그런 '순수한 번역'이 어떻게 가능하겠습니까?

맑스철학이 근본적으로 새로운 영역을 개척했음에도 불구하고 근대적인 요소들을 포함하고 있는 것은 이런 점에서 어쩌면 당연하다 하겠습니다. 예를 들면 맑스는 진리에 대한 근대적 개념을 비판하면서도, 자신의 이론이 '과학'일 것이라는, 혹은 과학이 되어야 한다는 생각에서 벗어나지 못합니다. 즉 **과학주의라는 근대적 사고방식에 스스로 갇혀 있습니다.** 누구나 어떤 이론이든 과학일 때만 정당한 게 될 수 있다고 생각하는 시대에, 자신의 이론은 과학이 안 되어도 좋다고 생각하는 게 가능하겠습니까? 더구나 그가 대중과의 결합을 추구한 사상가라면 말입니다.

이런 측면에서 **실천의 개념 역시 '근대화'**됩니다. 즉 진리를 실천의 문제로 파악하려는 맑스의 명제는 물질적 대상과 지식이 일치하는가의 여부를 실천을 통해 검증한다는 지극히 근대적인 의미로 해석되게 됩니다. 레닌이나 심지어 엥겔스 역시도 이 점에서는 벗어나지 못합니다. 과학주의 안에서 실천 개념이 차지할 수 있는 자리는 아마 거기말고는 없었던 것 같습니다. 이후에는 유물론을 옹호하는 과정에서 '철학적 유물론'—이는 근대적인 대상, 물질 개념에 기초하고 있는 근대적 유물론이지요—으로 복귀하게 됩니다(이렇게 되는 데 결정적인 역할을 하는 것이 레닌의 『유물론과 경험비판론』입니다).

반면 이러한 과학주의에 반대하면서 인간의 존재론적 본질로서 '실천'이란 개념을 중심에 두는 사람들도 있었습니다. 흔히 '실천철학'이라고 불리는 흐름이 바로 그것입니다. 루카치, 그람시, 코지크(K. Kosík) 등의 철학자가 가장 대표적인 사람들이지요. 그러나 이 역시 어떤 불변하는 본질(존재론적 본질!)을 갖는 주체로 인간을 파악한다는 점에서, 근대적인 주체철학으로 되돌아가는 것입니다.

저는 오히려 맑스의 이 탈근대적인 '실천' 개념을 좀더 탈근대적인 방향으로 발전시킨 사람은 한 번도 맑스주의자였던 적이 없었고, 맑스에 대해서도 거의 언급한 적이 없는 비트겐슈타인이었다고 생각합니다. 『철학적 탐구』로 대표되는 후기의 비트겐슈타인을 염두에 두고 하는 말인데, 이에 대해선 나중에 다시 얘기하겠습니다.

2. 프로이트 : 정신분석학과 근대철학

철학자 프로이트?

아시다시피 프로이트는 철학자가 아닙니다. 그를 철학자로 다루는 철학사 책을 만나기도 그다지 쉽지 않을 겁니다. 그렇지만 그는 철학에, 특히 근대철학에 매우 결정적인 영향을 미친 사람임엔 틀림없습니다. 그것은 어찌보면 매우 간단한 단 하나의 개념 때문입니다. '무의식'이라는, 너무도 유명한 개념 말입니다. 이 개념은 근대철학의 기초였던 '주체'를, 그리하여 '주체철학' 전체를 해체시키는 데 결정적인 역할을 합니다. 프로이트가 전혀 의식하지 않았던 것이었음에도 불구하고 말입니다.

그러나 이러한 강력한 파괴 효과는 사실 무의식이란 개념 하나만으론 이루기 힘든 것이었습니다. 그건 어쩌면 다양한 증거와 임상적 사례들, 그리고 정신분석학이란 독자적인 학문을 창출해낸 체계적이고 강력한 개념들과 이론들이 있었기에 비로소 가능했을 겁니다.

여기서 프로이트의 이론을 자세히 소개할 수는 없으며, 그럴 필요도 없을 것입니다. 그래서 저는 무의식 개념의 변화와 발전만을 간략히 다루려고 합니다. 그것은 크게 세 단계로 나누어 볼 수 있습니다.

첫째 단계, **'무의식'을 발견합니다.** 그는 대학을 마친 뒤 프랑스의 유명한 생리학자이자 정신과 의사인 샤르코(J. M. Charcôt) 밑에서 공부를 합니다. 샤르코는 최면술에도 관심이 많았는데, 그 당시에 베른하임(H. Bernheim)이라는 의사가 최면술 요법을 통해 아주 주목할 만한 발견을 합니다. 그는 어떤 여자에게 최면술을 걸어, 최면이 깬 후에 우산을 펴도록 시켰답니다. 그랬더니 최면에서 깬 그 여자는 우산을 들고 펴더라는 것입니다. 그때 베른하임이 시치미를 떼며 왜 우산을 폈냐고 물었더니 그 여자는 그 우산이 자기 것인지 보려고 했다는 겁니다(물론 집요하게 계속 캐물은 결과, 누군가가 시킨 것 같다는 대답에 이르게 되었다고 합니다). 이처럼 최면 상태에서 암시받은 행동을 최면이 깬 후에도 하게 되는 현상을 '후최면 효과'라고 말합니다.

이는 자기가 왜 하는지 모르는 채 어떤 행동을 할 수 있다는 것을 보여줍니다. 물론 그 여자는 나름대로 이유를 대고 있긴 하지만, 실제로 그것은 근본적인 이유가 아니라 단지 '핑계'에 지나지 않는다는 것입니다. 이것은 의식되지 않지만 사고하고 행동하는 일이, 곧 의식과는 전혀 다른 차원의 영역이 있다는 것을 보여줍니다. 다시 말해서 전혀 의식되지 않은 채 판단하는 영역이 사람의 정신 안에 있다는 것입니다. 이처럼 정신 안에 있지만 의식되지 않는 영역을 프로이트는 '무의식'이라고 합니다.

그 뒤 프로이트는 브로이어(J. Breuer)라는 동료 의사와 함께 히스테리에 대해 연구하면서 이런 현상이 히스테리 환자에게도 나타난다는 걸 알게 됩니다. 브로이어의 환자 가운데 안나라는 여자가 있었는데, 이 여자는 히스테리 발작 증세를 보이고 있었습니다. 히스테리의 근본 원인은 안나 역시 모르고 있었는데, 브로이어는 최면 상태에서 그녀에게 지속적으로 캐물어 그 원인을 알아냅니다. 그리고 그 원인을 그녀에게 말해 주었더니 히스테리 증상이 없어졌다고 합니다. 이처럼 모르던 원인을 알아

(그림 4-9) 레메디오스 바로(Remedios Varo), 「정신분석가의 집을 나오는 여자」

스페인 출신의 초현실주의 화가 레메디오스 바로의 그림이다. 문패에 Dr. FJA(아마도 Freud, Jung, Adler의 이니셜일 게다)라고 적힌 정신분석가의 집에서 나오는 여자의 손에는 '아버지'임이 틀림없는 남자의 얼굴이 거꾸로 들려 있다. 그 밑에는 조그만 우물이 있다. 거기다 버리고 가라는 뜻일까? 이 여자도 버리려고 하는 듯하다. 바로는 아버지를 이처럼 떨구어 버리면, 아버지에게서 벗어나면, 정신적 질환(신경증)에서 벗어날 수 있다고 보는 것일까? 그러나 그것은 아버지로 상징되는 사회적 질서 전체와 결별하는 것이 되진 않을까? 정신병의 시작? 결국 우리는 아버지에 매여 있어도 문제고, 아버지에게서 벗어나도 문제다. 여인의 머리에는 머리카락 대신 아버지 수염 같은 '기운'이 꿈틀대며 뻗쳐 있다. 뜯어내도 남아 있는 아버지의 흔적처럼. 그리고 또 하나의 얼굴이 외투처럼 그 신체를 감싸고 있다. 두 얼굴의 시선은 각각 좌우로 엇갈려 있다. 아버지에게서 벗어난 '본능', 혹은 '거시기'를 보호하고 통제하는 자아의 옷일까? 아니면 내면의 무의식을 감추고 있는 의식의 껍데기일까? 정신분석가의 문 밑에서 은밀히 흘러나와 여인의 발목을 잡고 있는 희끄무레한 연기는, 아버지 대신 정신분석가의 손에 사로잡힌 운명을 암시하려는 것일까?

내 그걸 알려줌으로써 증상을 치료하는 방법을 '카타르시스 요법'이라고 합니다. 프로이트는 여기서 '무의식'이 존재한다는 것을 확신하게 됩니다. 그런데 이때까지는 무의식이 최면술이나 히스테리 환자처럼 특별한 경우에만 존재하는 것으로 생각합니다. 즉 무의식의 존재를 일반적인 게 아니라 우연적인 것으로 생각했던 것입니다.

둘째 단계, **무의식이 우연적인 게 아니라 보편적인 것**임을 발견합니다. 프로이트는 여기서 더 나아갑니다. 그는 브로이어와 싸우고 독립적으로 연구를 하게 되는데, 그가 선택한 주제는 바로 꿈이었습니다. 그 결과물이 바로 『꿈의 해석』이라는 책이지요. 그는 이 연구를 통해 무의식이 최면이나 히스테리에만 존재하는 게 아니라 모든 사람이 다 갖고 있는 보편적인 거라는 결론에 이릅니다. 왜냐하면 꿈을 안 꾸는 사람은 없으니까요.

꿈에는 잠재몽(潛在夢)과 현재몽(顯在夢)이 있는데, '현재몽'은 흔히 우리가 꿈이라고 부르는 것을 말하고, 잠재몽은 그 꿈에 왜곡된 모습으로 잠재해 있는 내용을 말합니다. '꿈의 작업'을 통해 변형되고 왜곡된 모습으로 나타난다고 하는데, 그 이유는 잠재몽이 도덕적으로 받아들이기 힘든 내용이어서 그대로 나타났을 때는 감당하기 힘들기 때문이라고 합니다. 이것이 수면을 방해하지 않도록 검열하고 왜곡시키는 거지요. 히스테리나 신경증에서 나타나는 증상처럼 꿈 역시 자신이 의식하지는 못하는 어떤 생각이나 욕망 등이 표현되는 것입니다.

한편 프로이트는 농담이나 실수, 일상생활에서까지도 무의식의 징후들을 찾아냅니다. 신경증 역시 이런 징후를 잘 보여주는 예라고 하지요. 이 예들은 한결같이 우리가 자신도 이유를 모르는 사고와 행동을 일상적으로 하고 있다는 걸 뜻합니다. 요컨대 무의식이 항상, 그리고 보편적으로 존재한다는 것입니다.

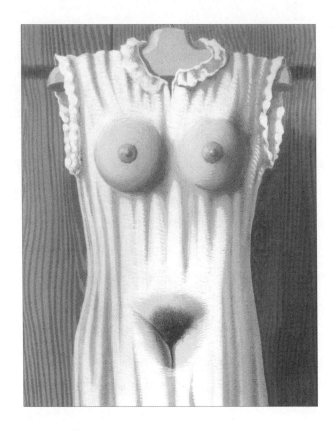

(그림 4-10) 세네트에게 바침

마그리트(René Magritt)의 그림 「세네트에게 바침」*Homage to Mack Sennett*이다. 프로이트의 이론을 가장 열광적으로, 그리고 가장 명시적으로 받아들인 사람들은 '초현실주의자'들이었다. 초현실주의(surrealism)란 현실을 넘나들려는 입장을 말하는 게 아니다. 대상의 겉에 드러난 것을 보는 '실재론'(realism)과 달리, 그것을 보이지 않는 어떤 것의 '징후' 내지 '증상'으로 보려는 태도를 초현실주의라 한다. 그들은 마치 정신분석가들이 그러하듯이, 모든 것에서 성욕의 징후를 보고, 모든 곳에서 성욕의 표상을 찾는다. 철학적 사유가 담긴 재치 있는 그림을 많이 그렸던 마그리트 또한 그들 중의 하나였다. 그는 이 그림에서 옷장에 걸린 옷에서도 그것이 가리고 있는 것을 본다. 혹은 옷장에서도 그것을 보고, 사람의 얼굴에서도 젖가슴과 음부를 보는 강력한 투시안을 가졌다. 그러나 사실 이런 투시안을 갖는 것은 그리 어렵지 않다. 자, 이제 눈을 지그시 감고 명상을 시작하라. 그리고 떠오르는 모든 대상을 남근이나 성욕의 대상, 그리고 엄마와 아버지에 연결시켜 보라. 가령 플러그는 남근이고, 콘센트는 질이고, 쭈쭈바는 남근이고 그것을 빨아먹는 것은 무엇을 의미하고 등등……. 눈이 훤히 밝아진 게 느껴지지 않는가? 이것을 찾아내는 데 재능이 있다고 생각되면, 주저 말고 광고 기획사를 찾으면 좋다. 알다시피 TV 광고의 많은 부분이 지금은 이런 상징을 일부러 만들어내고 있으니까.

그렇다면 다음과 같은 결론이 나옵니다. 인간, 혹은 인간의 정신은 의식과 무의식으로 분할되어 있으며, 의식과 무의식은 벽으로 단절되어 있어 의식은 무의식이 어떠한 상태인지, 무엇을 하고자 하는지 모른다는 것입니다. 프로이트는 이러한 무의식이 특히 성욕과 연관되어 있으며, 도덕적으로 용납되기 힘든 욕망이 대부분이기 때문에 억압되고 감추어진다고 합니다.

여기서 핵심적인 것이 바로 '오이디푸스 콤플렉스'입니다. 한마디로 말해 아버지를 죽이고 어머니와 성교하고 싶다는 '끔찍한', 그래서 억압되어진 욕망이 모든 인간에게 있다는 것입니다. 이를 거쳐야만, 즉 그 용납될 수 없는 욕망을 억압하고 통제해야만 어린아이는 비로소 인간의 질서 속으로 들어서게 된다고 하지요. 이 관문을 통과해야만 인간이 될 수 있다는 거지요.

셋째 단계, **무의식 자체 내에 분열이 있다는 것**을 인식합니다. 프로이트는 의식/무의식이라는 이론적 틀(위상학)을 가지고 있었습니다. 그런데 여기서 무의식 개념은 상반되는 두 가지 것으로 분할됩니다. 왜냐하면 성적인 욕망이나 통제되지 않는 충동이 무의식을 이룬다고 했는데, 이것을 억압하는 것 또한 의식된 행동은 아니기 때문입니다. 그래서 의식은 그것이 억압되고 있다는 것도 모르고 있습니다. 다시 말해 억압되는 욕망이나 억압하는 기제 모두 무의식이란 것입니다.

그래서 프로이트는 무의식을 두 가지 개념으로 분할합니다. 억압되는 욕망과 충동을 '거시기'(이드 id)라고 하며, 억압하는 기제를 '초자아'(super-ego)라고 합니다. 거시기는 '쾌락원칙'에 따라 움직이며, 초자아는 그것을 통제하려는 사회적 질서·도덕적 질서가 내면화된 것입니다. 이 양자는 언제나 충돌합니다. 거시기는 쾌락을 찾아서 움직일 걸 요구하

(그림 4-11) 거세된 남근

이 사진을 여기에 넣은 이유를 아직도 모른다면 어지간히 눈치가 없는 사람이다. 하늘을 향해 치솟은 건물, 거기서 정신분석가들은 발기한 남근을 본다. 남성성, 힘, 능력 등등을 상징하는 것, 그것이 바로 남근이다. 마치 우리가 자랑스레 일어선 자신의 남근을 보며 은근히 목에 힘을 주듯이, 도시의 건물들은 "내가 좀더 높아야 돼" 하며 경쟁하듯 하늘을 향해 치솟아 올라간다. "아시아 최고층" "세계 최고의 높이" 등을 목표로. 능력이 안 되면 남산탑처럼 산 위에라도 지어서 '최고 높이'를 자랑하고자 한다. 하지만 이는 단지 군사독재 시절 자랑할 것이라곤 없던 후진국의 특징만은 아니다. 정신분석가가 보기엔 얼마 전에 비행기 테러로 무너진 위 사진의 쌍둥이 빌딩이나, 100층을 넘은 최초 기록을 가진 엠파이어 스테이트 빌딩이 다르지 않을 것이다. 아마도 그의 눈에는 고스란히 무너져 내려버린 이 한 쌍의 빌딩이 '거세'의 상징처럼 보일지도 모르겠다. 그래서 "미국의 자존심"을 외치며, 확실한 증거도 없이 무고한 사람들을 죽이는 일대 전쟁을 벌인 것이라고 할지도. 어쨌든 정신분석가들에게 도시란 남근들이 경쟁하듯 세워지고, 그 남근 주변을 사람들의 욕망이 배회하는 초현실주의적 세계일지도 모른다.

고, 초자아는 그러면 안 된다고 금지하니까요. 이 충돌을 화해시키고 조절하는 것을 자아(ego)라고 합니다. 이것은 금지된 것을 피하면서 쾌락을 추구하도록 조정하는 역할을 합니다. '현실원칙'에 따라 움직이는 거지요. 거시기와 초자아가 무의식인 반면, 자아는 의식과 무의식 양자에 걸쳐 있다고 해야 할 것 같습니다. 그것은 의식을 떠받치고 있는 축이고 의식의 작용을 규정하기에 의식에 걸쳐 있지만, 무의식이 아니면 거시기와 초자아의 움직임에 개입할 수 없을 터이기에 그렇습니다.

무의식과 주체철학

무의식의 발견은 정신분석학의 최대 업적이고 정신분석학이 존재하게 되는 근거입니다. 그런데 프로이트의 무의식 발견은 근대철학과 어떤 관련을 가지고 있을까요?

결론적으로 말하면 무의식이란 개념은 철학의 영역에 들어오자마자 근대철학의 기초를 해체하는 강력한 작용을 합니다. 근대철학에서 주체는 의식과 동일시되었고("나는 생각한다, 고로 존재한다"를 보세요), 통일성을 갖고 있었으며, 따라서 당연히 투명한 존재였지요. 또한 주체가 모든 대상에 대해 판단하고, 대상에 의미를 부여하며, 대상을 지배하는 중심이었습니다. 요컨대 근대적 주체는 의식적 주체며, 통일성과 투명성·중심성을 갖고 있었다고 할 수 있습니다.

이는 데카르트나 칸트에게서 아주 분명하게 나타납니다. 데카르트에게 세계가 확실한 것은 '내'가 사고할 수 있기 때문이었지요. 칸트에게 세계나 진리는 (선험적) 주체 안에 있는 것이었고요. 그리고 이런 특징은 흄에게서도 마찬가지로 나타났습니다. 그가 '자아'를 지각의 다발로 해체시

(그림 4-12) 욕망은 잠들어 있을 때 옷을 벗는다

위 그림은 델보(Paul Delvaux)의 「잠든 도시」*La ville endormie*다. 델보 또한 초현실주의 화가인데, 그의 그림은 대부분 가슴과 치모를 드러낸 여인들로 가득차 있다. 특히 그는 그리스나 로마 풍의 건물이 질서정연하게 세워진 도시, 하지만 어딘가 썰렁하고 텅 빈 듯한 도시와 옷을 벗은 여인들을 나란히 병치시키는 경우가 많다. 옷을 입은 여인들이 대개 도시를 향해 서 있다면, 옷을 벗은 여인들은 대개 도시를 등지고 서 있다. 옷 또한 문명의 상징이라고 생각했던 걸까? 반면 옷을 벗은 여인, 어떤 것도 감추지 않은 신체는 욕망을 억누르고 억압하는 문명의 껍데기를 벗은 것으로 보인다. 그래서 이런 대비는 종종 루소를 연상시키는 문명과 자연의 대립 같은 것으로 간주되기도 한다. 이는 실제로 프로이트가 『문명과 그 불만』에서 쓰고 있는 것과 무관하지 않다. 잠든 도시를 옷 벗은 욕망이 걷고 있다. 잠든 도시와 잠들지 않는 욕망의 대비를 보여주려는 것일까? 아니 잠들어 있을 때 비로소 욕망은 옷을 벗어던지고 스스로를 드러내는 거라고 해야 할까? 그처럼, 꿈일까? 어둠과 교교한 달빛, 그리고 어둠으로 물든 신체들. 하지만 여기서는 누구도 옷을 다 벗지 못하고 있다. 대부분 옷을 입고 등장하는 남자야 문명의 일부라고 하자. 여인들은 옷을 반쯤 걸친 사람과 나뭇잎으로 옷을 삼은 사람만이 있다. 잠든 도시 안에서도 어느새 문명을, 옷을 다 벗어버릴 수 없게 된 숙명을 그리려던 것이었을까?

킬 때조차도 그것은 지각이나 인상, 혹은 관념으로 이루어진 것이었지요. 그것들이 아무리 변덕을 부린다 해도 판단의 중심이 '자아'인 건 분명했습니다. 그것들이 얼마나 지속적으로 확실하게 반복될지는 모르지만, '자아'가 볼 수 없는 어떤 영역이 있다고는 생각하지 않았습니다.

그런데 무의식이란 개념이 끼여들자마자 난감한 일들이 발생합니다. 첫째로 이제 주체는 의식과 동일시될 수 없습니다. 오히려 인간 정신의 커다란 부분은 무의식이라고 합니다. '생각하는 나' 이외에 '생각하는 나'가 알지 못하는 '나'가 인간 내부에 있다는 겁니다.

그렇다면 '나'는 더 이상 투명한 존재가 아닙니다. 신경증 환자의 행동이나 꿈을 생각해 보세요. 내가 왜 하는지도 모르는 행동을 하고, 내가 무슨 뜻인지도 모르는 장면이 의식이 잠든 사이에 눈앞을 스쳐갑니다. 따라서 내가 알지 못하는 행동을 내가 하며, 내가 알지도 못하는 욕망을 내가 갖고 있다면, 그래서 무의식에 의식이 접근하지 못하도록 철조망이 쳐져 있다면, '나'는 나 자신에 대해서도 알지 못하고 있는 게 됩니다. 무의식이란 의식의 접근이 봉쇄되어 있는 일종의 블랙박스인 셈이지요. 또 앞서도 말했지만, 인간의 정신 활동에서 대부분을 차지하고 있는 것은 무의식이라고 합니다. 무의식은 의식에 영향을 끼치며, 의식이 사고할 수 있는 가이드 라인이기도 합니다. 즉 자아는 거시기와 초자아가 만들어 놓은 경계선 안에서 작동할 뿐입니다. 때로는 자아(의식)가 손을 쓸 수 없는 행동을 야기하기도 하고, 때로는 의식이 몰두할 자리를 만들어 주기도 합니다. 따라서 이제 더 이상 자아(의식)가 중심이라고 할 수 없습니다. 중심성을 상실하게 된 겁니다.

더 나아가서 초자아는 내 욕망이 아닌, 그러나 내가 따라야 할 무엇이 내 안에 있다는 것을 보여줍니다. 그것은 분명히 '타자'입니다. 내가 태

(그림 4-13) 성 안토니우스의 유혹

초현실주의자들은 새로운 과거를 발견해냈다. 그들은 문학에서 욕망의 극한을 실험하고자 했던 사드를 역사의 망각 속에서 되찾아냈고, 그의 실험에 기꺼이 경탄을 아끼지 않았다. 미술에서도 그들은 자신들의 위대한 예언자를 찾아냈다. 히에로니무스 보쉬(Hieronymus Bosch)가 바로 그다. 르네상스기 중반의 플랑드르 화가였던 보쉬는 「성 안토니우스의 유혹」*The Temptation of St. Anthony*(위 그림)이나 「쾌락의 정원」과 같은 삼면화에서 몽환적이고 '엽기적인' 세계를 그림으로 그려냈다. 그것은 당시 플랑드르 화파의 다른 사람들처럼 기독교의 성인이나 예수를 그린 것도 아니었고, 새로이 그림의 중앙에 등장하게 된 새 인물을 그린 것도 아니었다. 성 안토니우스를 유혹하던 환상 안에서 사람의 형상은 두더쥐나 멧돼지, 새, 혹은 기이한 동물들과 뒤섞이고, 물고기를 타고 물 위를, 아니 하늘을 난다. 그뿐 아니라 「쾌락의 정원」의 유명한 지옥도에선 절단된 몸이 나무와 섞여 있고, 귀 두쪽과 나이프는 하나로 꿰어져 남근을 만들고 있으며, 옷 벗긴 신체를 꿰고 뚫고 때리는 극히 엽기적인 장면들이 정신없이 펼쳐져 있다. 굳이 정신분석에 심취한 눈이 아니어도, 그 중 많은 것이 성욕, 특히 변태적이라고 비난받던 성욕과 결부된 것임을 부정할 수 없다. 하긴 프로이트는 그리스까지 올라가 소포클레스의 오이디푸스를 끌어들이지 않았던가. 예언자 혹은 족보의 화려한 시발점이나 중간 매듭을 찾으려는 욕망, '아버지'를 찾으려는 욕망 역시 정신분석가나 초현실주의자에게도 다르진 않았던 모양이다.

어나기 전부터 있었으며, 내 의사나 욕망과 무관하게 만들어진 것, 그리고 내가 받아들이도록 나를 설득하거나 강제하는 것이 바로 초자아로서 내 안에 장착됩니다. 나의 성과 이름이 그렇고, 내가 해선 안 될 '짓'들이 그렇고, 내가 남들의 인정을 받으며 살아가기 위해 받아들여야 할 도덕과 가치가 그렇습니다. 사회적 질서를 의미하는 이 '타자'가 오히려 내 안에 장착되어 나를 움직이는 중심의 자리를 차지한다는 것입니다.

결국 '나' 혹은 '자아'라고 부르는 존재는 단일하고 일관된 성격을, 통일성을 갖지 않는다는 게 분명해집니다. 간단히 말하면 '주체'는 서로 대립되며 상충하는 부분들로 분열되어 있다는 거죠. 최소한 서로 대면하지 못하는 의식과 무의식, 서로 충돌하며 싸우는 거시기와 초자아로 나뉘어 있다는 것입니다.

그렇다면 결국 **주체란 통일적인 중심이 아니라 매우 이질적인 '복합체'이고, 자명한 출발점이 아니라 하나의 '결과물'이라는 결론**에 이르게 됩니다. '인간'이란 오이디푸스 콤플렉스를 통해서 만들어지는 것이며, '주체'란 (초자아라는) '타자'가 요구하는 규칙을 받아들여 행동함으로써 구성되는 결과물이란 것이지요. 이로써 근대철학의 지반이 해체되는 또 하나의 경로가 그려집니다.

이런 점에서 프로이트의 발견은 애시당초 철학의 영역 밖에서 행해진 것이었고, 철학적 주제와 관련된 것도 아니었지만 **'주체철학'이라는 근대철학의 지반을 철저하게 허물고 깨뜨리는 발견**이었습니다. 더구나 그가 제공한 다양한 임상적 사례와 문헌적인 분석들은, 해체가 일단 시작되면 끝까지 밀고 가도록 하기에 충분한 것이었습니다.

(그림 4-14) 드러난 욕망

위의 그림은 달리(Salvador Dalí)의 「드러난 욕망」이다. 달리는 델보와는 다른 방식의 '꿈'을 통해 욕망
을 보여준다. 달리에게 욕망은 명확히 성욕이며, 그래서 그의 그림은 대부분 성욕과 섹스를 직접적인
주제로 하고 있다. 그는 「욕망의 수수께끼」라는 그림에선 느끼한 질감의 벽에 얇은 구멍을 파고는, 그
구멍마다 수도 없이 그 답을 써 놓았다. "ma mére", 우리 엄마, 그것이 욕망의 모든 수수께끼에 대한 답
이다. 이 점에서 달리는 미술계의 프로이트였다. 이 그림은 달리가 즐겨 사용했던 일종의 중의적 '응축'
을 가장 단순한 형태로 보여준다. 오른쪽의 머리, 왼쪽의 꼬리를 보아 이 그림의 중심에 있는 것은 사
자다. 그러나 왼쪽의 털은 유심히 보면 여인의 머리털이다. 그 옆엔 젖가슴도 있다. 이처럼 이는 사자와
여인이 섞인 그림이다. 우리는 꿈속에서 이런 형상을 종종 본다. A의 모자를 쓰고, B의 얼굴에 C의 머
리 모양을 한 상(像). 이런 걸 프로이트는 '응축'이라고 불렀다. 여러 개의 이미지가 하나로 응축된 것이
란 말이다. 이미지를 섞는 꿈의 작업 방식 중 또 하나 중요한 것은 '치환'이다. 예를 들어 성교가 계단을
오르는 장면이나 다쳐서 피를 흘리는 것으로 나타나는 것이 치환이다. 이 그림에선 여인이라는 욕망의
대상이 사자의 형상으로 치환되어 나타나고 있음을 보여준다. 이런 식으로 달리는 응축과 치환에 의해
여러 가지 이미지들이 중의적으로 복합되는 형상을 탁월하게 만들어냈다. 프로이트를 이보다 더 철저
하게 써먹은 사람을 찾기 힘들 것 같다.

(그림 4-15) 욕망과 정치

그러나 달리가 단지 프로이트주의자였던 것만은 아니었을 것이다. 프로이트는 모든 욕망은 일차적으로 성욕이며, 그것이 '승화'되어야 지식이나 예술, 사회적 활동에 대한 욕망으로 변환된다고 보았다. 내가 지금 쓰고 있는 이 책도, 이 책을 읽고 싶다고 느끼는 여러분의 욕망도 성욕의 승화라는 것이다. 납득할 순 없지만 그렇다고 반박할 도리도 없다. 하지만 욕망이 어째서 모두 성욕이고, 그것의 승화인지가 증명된 것도 아니다. 이와 반대로 들뢰즈/가타리 같은 사람들은 사회적 욕망은 직접적으로 사회적이라고 주장한다. 그것은 성욕을 거치지 않고 사회적 장에 직접 투여된다는 것이다. 위의 그림은 달리의 「삶은 콩으로 만든 연한 구조물:내란의 예감」이다. 이 그림에서는 내란이라는 사회적 사건이, 신체를 찢고 가르는 신체적 고통으로 직접적으로 표현되어 있다. 이 강렬한 고통에서 승화된 성욕을 찾아내긴 결코 쉬운 일이 아니다. 이는 사회적 관계, 사회적 삶을 바꾸기 위해선 사회적 장에 투여되는 욕망의 양상을 바꾸어야 한다는 것을 함축한다. 이런 이론적 변환을 통해 '욕망'(성욕이 아니라)이 오히려 중요한 개념으로 부상할 수 있게 된다.

3. 니체 : 계보학과 근대철학

계보학의 문제설정

니체만큼 극단적인 평가들 사이에서 논란의 대상이 되고 있는 사람도 드물 것입니다. 니체 지지자들은 그의 사상이야말로 이제까지의 모든 철학적 사고와 단절하면서 새로운 사고 영역을 여는 위대한 사상이라고 합니다. 니체를 잘 모르긴 해도 '좋아하는' 사람들은 그의 신랄하며 시적인 경구들에서 새로운 사상의 징후를 느끼고 찬탄합니다. 반면에 극단적인 니체 비판가들은 반동적이고 파쇼적인 사상의 원천이요 집약이라는 지독한 비난을 퍼붓습니다. 니체를 잘 모르긴 해도 '좋아하지 않는' 사람들은 공격적인 문구들이 만들어내는 '초인'의 사상에서 파시즘의 심증을 굳히곤 합니다.

물론 극단적인 평가가 어떤 것이 가진 장점과 단점을 증폭해서 보여준다는 점에서 오히려 그것의 모습을 정확히 아는 데 도움을 주는 경우가 종종 있습니다만, 니체에게 가해지는 이 두 종류의 평가는 이런 미덕을 전혀 갖추지 못하고 있습니다. 정말 중요한 것은 니체의 독특한 사상이 대체 무엇을 새롭게 제기하고 어떤 사고의 대지를 개척하고 있는지를 이해하는 것입니다. 저는 이런 점에서 예언자의 모습도, 악마적 파시스트의 모습도 아닌 '철학자로서의' 모습을 니체에게서 발견해야 한다고 생각합니다. 근대철학과 관련해서 니체를 다루는 것은 이런 목적에 매우 적합하리라고 생각합니다. 그것은 니체가 말하는 '계보학'을 비판철학의 한 형태로 이해하는 것입니다(이러한 관점에서 니체를 해석한 저작으로, 니체철학에 대한 탁월한 연구서인 들뢰즈의 *Nietzsche and Philosophy*가 있습니다[국역은 『니체, 철학의 주사위』, 인간사랑]. 이하의 논의는 들뢰즈의 이 책에 크게 빚지고 있습니다).

저는 "니체의 문제설정은 무엇인가?"라는 차원에서 그의 사상에 접근해 보고 싶습니다. 그렇지 않으면 니체의 철학은 하나의 명구집 혹은 아포리즘 정도로 읽히거나, 문학적 수사에 가려 그의 고유한 문제의식이 드러나지 않기 십상이기 때문입니다. 적지 않은 사람들이 니체 저작의 이러한 성격 때문에 "니체의 철학에는 체계가 없다"거나 "그는 어떠한 체계를 만들려고 하지 않았다"는 말을 하기도 합니다. 그러나 어떠한 철학에 체계가 없다는 것은 앞뒤가 안 맞는 얘기를 이것저것 횡설수설한다는 이야기일 뿐입니다. 물론 체계가 완결되어야 한다고 생각하여 완결적이고 폐쇄적인 체계를 만들려는 발상과는 전혀 다른 것임을 전제한 위에서 말입니다만. 이런 점에서 저는 좋은 의미든 아니든 간에 니체철학에 체계가 없다는 말은 철저하게 잘못된 오해라는 들뢰즈의 비판에 동의하고 싶습니다.

니체의 고유한 문제설정에 접근하기 위해서는 니체의 '질문방식'에서 출발하는 것이 효율적일 것 같습니다. 니체는 다음과 같은 질문방식을 비판하는 데서 시작합니다. 예를 들면 "아름다움이란 무엇인가?"라는 식의 질문이 그것입니다. 그에 대해 누군가가 "이른 봄 거리를 화려하게 수놓는 벚꽃이나 저녁에 곱게 지는 노을, 늘씬하게 빠진 젊은 여인의 몸매

(그림 4-16) 어떤 것이 아름다운가?

샤세리오(Thédore Chassériau)의 그림 「에스더의 화장실」*The Toilet of Esther*이다. 오해하지 말라. 이 시기 프랑스의 화장실(toilet)은 우리처럼 대소변을 보는 곳이 아니라, 씻기도 하고 화장도 하며, 때론 몰래 찾아온 애인을 만나기도 하는 곳이었으니까. 그러니 옆에 시중 드는 하인이 있는 것도 당연하다. 그런데 세 명 중 누가 제일 예쁜가? 물론 주인공인 가운데의 에스더일 것이다. 이유는? 사실 아름답다는 느낌에 정확한 이유를 대기는 어렵다. 그래도 니체처럼 묻자. "어떤 것이 아름다운가?" 갸름한 얼굴, 쌍꺼풀이 있는 큰 눈, 높고 늘씬한 코, 얇고 붉은 빛이 도는 입술, 긴 목 등등. 다시 묻자. "어떤 것이 그가 제일 아름답다고 느끼게 하는가?" 그것은 백인의 얼굴을 아름다움의 척도로 갖고 있기 때문이다. 그 척도가 저 사람을 아름답다고 느끼게 만든다. 사실 아름다움의 척도는 대개 익숙한 것과 결부되어 있다. 못 보던 것은 사람이나 동물이나 모두 기괴하고 두렵게 느껴진다. 애를 키우는 부모는 대개 자기 자식의 얼굴이 가장 예쁘다고 느낀다. 익숙해진 나머지 자신의 아이가 미의 기준이 되었기 때문이다. 그런데 우리는 어째서 쌍꺼풀도 없고 찢어진 듯한 눈을 가진 전형적인 누런 황인종의 얼굴이 아닌 백인의 얼굴을 아름다움의 척도로 갖고 있는 걸까? "무엇이 백인의 얼굴을 아름다움의 척도로 삼게 만들었나?"

가 아름답습니다"라고 대답했다 칩시다. 만약 플라톤이나 소크라테스라면 이렇게 대꾸할 것입니다. "그것은 아름다운 것이네. 그런데 그것을 모두 아름답다고 한다면 거기에 공통된 아름다움이라는 것이 있어야 하지 않겠나? 바로 그게 무어냐는 걸세."

이는 아름다움의 '본질'이 무엇이냐는 질문입니다. 요컨대 꽃이나 노을, 몸매 같은 것들은 가상이고 그 근저에는 그것을 아름답게 만드는 본질이 있다는 것이죠. 이러한 질문방식은 플라톤 이래 서양철학 전체의 주된 흐름이 되어 왔던 질문방식이며, 흔히 서구 형이상학의 뿌리로 간주되는 질문이기도 합니다.

니체는 이러한 질문을 바꾸어 버립니다. "아름다움이란 무엇인가?"라고 묻는 게 아니라 "어떤 아름다움인가"를 묻습니다. 우리는 보통 쌍꺼풀이 지고 커다란 눈에 높은 코, 갸름한 얼굴이 아름답다고들 하지요. 그런데 그게 대체 어떤 아름다움이냐는 겁니다. 무엇이 그것을 아름답다고 느끼게 하느냐는 걸 묻는 겁니다. 알다시피 그건 서양인들의 얼굴을 척도로 하는 아름다움입니다. 자신이 속한 인종의 얼굴이 아니라, 세계를 지배하는 지배자로 왔던 백인들의 얼굴을 아름다움의 기준으로 삼고 있는 거지요. 덕분에 성형외과 의사들은 신이 났습니다. 다른 인종의 얼굴을 기준으로 하고 있으니, 대부분 고쳐야 하니까 말입니다. 개도 개 자신의 모습에서 아름다움을 찾겠지만, 인간 또한 자신의 모습에서 아름다움을 찾습니다. 그래서 "꽃보다 사람이 아름다워"라고 노래하는 거겠지요. 그런데 왜 우리는 자신이 아는 다른 인종의 얼굴을 아름다움의 기준으로 삼게 되었을까? 무엇이 그 얼굴이 아름답다고 느끼게 했을까? 이게 바로 아름다움을 묻는 니체적인 방식이고, 계보학적 방식입니다.

마찬가지로 그는 "진리란 무엇인가?"라고 묻지 않고 "어떤 진리인

(그림 4-17) 이거 진짜 훌륭한 거 맞나?

계보학은 말 그대로 보자면 계보를 찾는 학문이다. 그래서 통상 계보를 찾고 '아버지'를 찾는 작업으로 이해된다. 한국 록 음악의 '아버지' 누구, 한민족의 '아버지' 단군 등등. 그리고 거기서 이어지는 계보의 선을 그리는 것. 그러나 니체는 '족보학'이란 말에 더 부합하는 이런 종류의 계보학에 대한 비판을 '계보학'이라고 불렀다. 그것은 아버지나 신성한 기원을 찾아내는 작업이 아니라, 차라리 라 투르(La Tour)의 유머러스한 위 그림(제목은 「야바위꾼」*The cheat*)에 더 가깝다. '진리' '자유' '인간' '도덕' '정의' 등과 같은 훌륭하고 아름다운 관념들, 모든 활동의 목적이자 기원이라고 간주되는 그런 에이스 카드나 킹 카드 등을 보면서, "이거 진짜 훌륭하고 아름다운 것 맞나?" 하면서 그런 관념이 발생한 지점을 찾아가는 것이기 때문이다. 마치 눈 앞의 카드를 보고서, 의혹의 시선으로 감추어진 손을 찾아가는 두 여인의 뻐딱한 눈동자처럼. 그 위대한 관념을 그대로 믿는 것은 아무것도 보지 못하는 오른쪽의 저 여인처럼 눈이 있어도 보지 못하는 맹목적 순진성에 사로잡혀 있는 것이다. 그래서 니체는 '선'이니, '진리'니, '도덕'이니, '인간'이니 하는, 대개는 의문 없이 훌륭하고 고상하다고 믿는 그런 관념의 혈통과 '계보'를 찾아간다. 그리곤 그것이 어이없는 것에서 시작되었거나 끔찍한 것에서 비롯되었음을 보여준다. 그래서 니체는 이런 자신의 작업을 '망치 들고 하는 철학'이라고 불렀다.

가?"라고 묻습니다. 이는 '진리'를 포괄적으로 정의할 걸 요구하는 플라톤식의 질문과 달리, "진리라는 것을 사로잡고 있는 힘은 대체 어떤 것인가? 진리를 점령하고 있는 의지는 어떤 것인가? 진리라는 것 속에는 어떤 것이 표현되거나 숨어있는가?"를 묻고 있다는 데 핵심이 있습니다.

'의미'를 발견한다는 건 주어진 대상을 점령하고 있는 '힘'(force)을 아는 것입니다. 그리고 어떤 것이든 지배적인 힘과 피지배적인 힘이 결합되어 있습니다. 어떤 힘이 지배적인 것인가 아닌가를 구별해 주는 것이 '의지'라고 합니다. 거꾸로 이러한 의지는 힘들간의 관계에 의해서 정의되는 셈이지요. 이런 의미에서 이 의지가 힘들간의 관계를 만들어내는 것이라고 할 수 있습니다. 그래서 니체는 이 의지를 '힘에의 의지'(Wille zur Macht)라고 합니다.

힘에의 의지란 의지가 작용하는 일차적 대상이 힘이란 뜻을 함축하고 있습니다. 무언가를 하고자 하는 의지가 있을 때, 그 의지는 무엇보다 그걸 할 수 있는 힘을 향해 작용한다는 겁니다. 걷고자 하는 의지는 걸을 수 있는 힘을 가동시켜 걷게 만듭니다. 노래하려는 의지는 노래할 수 있는 힘을 향해 작용하여 노랫소리를 내도록 만듭니다. 만약 힘이 없다면, 힘을 만들어내는 방식으로 힘에 작용합니다. 중풍으로 몸을 다쳐 걷지 못하는 분들의 신체에 걷고자 하는 의지가 작용한다면, 그 의지는 먼저 걸을 수 있는 힘을, 그런 능력을 만들기 위해 노력하게 됩니다. 기타를 치고 싶은데 칠 능력이 없다면, 그 의지가 충분히 존재한다면 기타칠 능력을 얻기 위해 기타를 배우게 할 겁니다. 이런 식으로 의지는 힘에 작용하고, 그럼으로써 힘과 함께 작용합니다.

힘에의 의지는 힘을 복종시키려는 의지를 뜻하기도 합니다. 힘에 작용하여 힘을 복종시키려는 것이지요. 내가 만나는 환경에 대해서, 혹은

(그림 4-18) 신성한 기원?

위 그림은 구스(Hugo van der Goes)의 「인류의 타락」*The Fall of Man*이다. 성서는 인류의 조상이 신에 의해 낙원에서 창조되었다고 말한다. 따라서 신성한 기원을 찾는 계보학이라면 이런저런 인물을 거슬러 올라가 결국 아담과 이브에 이르고, 그것을 창조한 신에 이른다. 그런데 만약 신이 아담과 이브라는 두 인물에 의해 하나의 계보를 갖는 인류만을 창조했다면, 한 세대만 지나도 인류에겐 더없이 지대한 불행이 될 사태를 예견하지 못한 실수를 한 것이다. 왜냐고? 자, 에덴에서 쫓겨난 아담과 이브가 아이들을 낳았다. 그런데 그 아이들은 대체 누구와 결혼해서 아이를 낳아야 하지? 인간이라곤 부모인 아담과 이브, 그리고 같은 씨로 같은 배에서 나온 형제들만이 있는데. 동물과 결혼할 순 없는 일이니, 남매간의 근친상간을 피할 수 없었을 것이다. 그런데 만약 근친상간으로 가족을 이루기 시작하면, 사실 가족관계가 만들어질 수 없다. 내가 낳은 자식이 아들이자 누이의 자식이므로 조카가 되고, 아버지가 동시에 외삼촌이 되는 그런 사태가 발생하기 때문이다. 이런 사태는 단일한 조상과 순수한 혈통을 찾으려는 모든 '신화'들이 공통으로 맞게 되는 운명이다. 근친상간 없이 제대로 가족이 발생하려면, 하나의 순수한 혈통에선 불가능하다. 다른 외부인들, 다른 혈통을 갖는 사람들이 가족적 혈통 안에 항상 들어올 수 있어야만 한다. 그리고 이런 다른 혈통은 적어도 3개 이상이 있어야 한다. 따라서 단일하고 순수한 혈통, 인류의 단 하나의 기원, 이런 것은 애시당초 불가능하다. 족보학은 단일한 기원인 조상을 찾으려 한다. 반면에 계보학은 이처럼 그것의 비순수성, 기원의 우발성과 이질성을 드러낸다.

내가 기르는 동물에 대해서, 그것의 힘을 복종시키려는 의지가 그것입니다. 그런데 이는 자기자신에 대해서도 마찬가지입니다. 기타를 배운다는 것은 자신의 신체 안에 있는 힘을 복종하게 하는 것입니다. 이 경우 힘에의 의지는 자신에 대해 명령하려는 의지라고 해야 하겠지요. 그런데 니체는 이렇게 덧붙입니다. "모든 명령에는 (새로운) 시도와 모험이 따르기 마련이다. 명령을 할 때 생명체는 언제나 자신을 거는 것이다"(『차라투스트라는 이렇게 말했다』, 2부).

시도, 실험, 모험, 이는 하지 않던 것을 하는 것입니다. 새로운 환경 속으로 들어가 새로운 힘과 대면하는 것이며, 이제까지와 다른 방식으로 자신의 힘을 사용하는 것이지요. 그런 점에서 이는 새로이 대면하게 된 환경이나 대상의 힘을 복종시키는 것은 물론, 이제까지의 자기자신을 넘어서는 것을 뜻합니다. 사실 니체는 자신을 끊임없이 극복하는 것이 바로 생명의 비밀이라고 말합니다. 그 생명이 차라투스트라의 입을 밀어 말하는 자신에게 이렇게 말해주었다고 해요. "보라, 나는 끊임없이 자신을 극복해야 하는 존재다"(『차라투스트라는 이렇게 말했다』).

힘에의 의지란 이처럼 자신의 현재를 극복하려는 의지이기도 한 거지요. 이런 식으로 끊임없이 상승하고 고양되려는 의지 말입니다. 니체가 말하는 '초인'(übermensch)이란 이처럼 자기자신을 '넘어서는'(überwinden) 자를 뜻합니다. 좀더 고양된 상태를 향해 자신을 고양시키기 위해 자신의 힘을 사용하고 그것을 길들이는 의지, 그게 바로 힘에의 의지입니다.

이처럼 힘과 의지란 개념을 하나로 묶어 사용했는데, 여기서 사용된 힘과 의지 개념 각각에 대해서 좀더 살펴보아야 합니다. 먼저 '힘'에는 능동적인(active) 힘과 반동적인(reactive) 힘이 있다고 합니다. 여기서 반

(그림 4-19a, 4-19b) 산타 마리아 성당

투시법 이후 예술은 대상을 정확히 재현해야 한다는 믿음이 생겼고, 그래서 예술도 이젠 '진리'를 추구
하게 되었다고 했다(그림 3-1). 위의 그림은 초기 르네상스기의 대표적 건축가인 브라만테(Donato d'
Agnolo Bramante)가 만든 밀라노에 있는 산타 마리아 성당의 내부다. 정면에 제단이 있고, 그 뒤에 내
진(apse)과 합창대 자리가 있다. 그러나 평면도인 아래의 그림을 보면 내부가 십자형이 아니라 T자형
으로 되어 있음을 알 수 있다. 즉 앞에 보이는 제단 뒤편에는 공간이 없으며 평평한 벽일 뿐이란 것이다.
브라만테는 그 벽에다 그림을 그려서 내진과 합창대석이 있고, 공간이 있는 듯한 착각을 만든 것이다.
이 얼마나 놀라운 재현인가! 모든 재현은 이처럼 없는 것도 있는 것처럼 만든다(평평한 면에 깊이를 만드
는 투시법 자체가 바로 정확하게 눈을 속여 없는 깊이를 느끼게 하는 방법이다). 그런데 이 놀라운 재현은 바
로 놀라운 눈속임을 위한 것이 아닌가! 그렇다면 이는 과연 참을 뜻하는 진리를 구현하는 활동일까? 아
니면 없는 것을 있는 듯이 속이는 거짓을 실행하는 활동일까? 재현은 진리를 추구하는 활동일까, 아니
면 눈속임과 거짓을 추구하는 활동일까? 그렇게 추구되는 진리란 혹시 거짓의 다른 이름은 아닐까?

동적이라는 것은 진보에 반대되는 '반동'이란 뜻이 아니라, active에 대한 반대를 말합니다. 즉 active란 '작용적인 힘'이란 뜻이고, reactive란 '반작용적인 힘'이라는 뜻입니다. 후자는 자기에게 가해지는 어떤 힘에 대해 반응하여 반작용하는 힘을 말합니다.

다른 한편 의지에는 긍정적인 의지와 부정적인 의지가 있다고 합니다. 작용적인 힘에 대응하는 것이 긍정적인 의지이고, 반작용적인 힘에 대응하는 것이 부정적인 의지입니다. 대상 속에서 작동하고 있는 '의지'를 인식하는 것이 바로 가치를 아는 것이지요. 여기에서 긍정적인 의지와 부정적인 의지의 관계를 파악하는 것이 바로 니체가 말하는 '가치평가'(evaluation)입니다.

요컨대 니체는 철학에 '의미'와 '가치'를 새로이 도입하고 있으며, 이와 더불어 '힘'과 '의지'란 개념을 도입하고 있는 것이지요. 그리고 그는 이러한 의미나 가치를 파악하는 새로운 사고방식을 도입합니다. 그것은 개념이나 사물들을 의지의 '징후'로 보는 것이고, 어떠한 사물이나 개념을 힘에의 의지에 연루시키는 것입니다.

예를 들어 칸트가 "선험적 종합판단이 어떻게 가능한가?"를 연구하면, 니체는 칸트에게 "왜 그런 걸 연구하는가?"라고 질문하는 겁니다. 즉 칸트에게 선험적 종합판단이 왜 필요한가를 묻는 것이죠. 이로써 '선험적 종합판단'을 통해 칸트가 무엇을 하려고 (의지)하는지가 드러나리라는 것이며, 이를 통해 드러나는 게 바로 칸트철학에 내장되어 있는 가치요 힘에의 의지라는 겁니다.

계보학이 정의되는 것은 바로 이러한 관점에서지요. 그는 진정한 '비판철학'의 필요성을 강조합니다. 하지만 그가 보기에 칸트의 비판철학은 진정한 비판철학이 아닙니다. 즉 가치와 의지에 대해 묻지 않고 '순수한'

(그림 4-20) 하나의 물체와 세 개의 그림자

G, E, B 이 가운데 어떤 것이 저 물체의 진정한 모습일까? 어느 것도 아니다. 또한 그렇기에 어느 것이나 진정한 모습이다. 어디 저 세 개의 상뿐일까? 비스듬히 빛을 비추어 얻은 다른 모든 상들이 저 물체의 모습이다. 이처럼 모든 것은 보는 시점에 따라 다르게 보인다. 그것은 한 점에서 본 것이란 점에서 일면적이지만, 역시 일면적인 다른 모든 상과 마찬가지로 정확한 것이다. 이를 니체는 '투시주의'라고 불렀다. 니체는 어느 것도 특권적인 상이 아니란 점에서 대문자로 쓰는 진리(Truth)는 없으며, 동시에 세상에는 너무나 많은 진리들이 있다고 했던 것이다. 이는 이렇게 말해도 좋을 것이다 ─"진리는 없다. 왜냐하면 진리는 너무 많기 때문이다." 중요한 것은 각각의 점마다 잘 보이는 면이 다르다는 것이고, 그렇다면 잘 보려고 하는 것을 찾아서 정말 잘 볼 수 있는 자리에 서는 것이다. 그래서 투시주의는 진리는 오직 하나일 뿐이라는 생각에 반대하지만, 그렇다고 흔히 비난하듯이 '상대주의'와도 별 상관이 없다 (위 그림은 호프스태터Douglas R. Hofstadter의 「괴델, 에셔, 바흐」Göel, Escher, Bach).

인식능력만을 '순수하게' 인식하려는 것은 근본적으로 잘못된 질문이라고 생각하는 것입니다. 니체는 진정한 비판철학은 어떤 대상의 가치와 그것이 의미하는 의지를 파악하는 것이라고 합니다.

이러한 관점에서 니체는 진정한 비판철학으로서 '계보학'을 제시합니다. 계보학이란 어떤 대상이나 개념이 어떻게 만들어지고 어디서 연유하는지를 묻는 것입니다. '좋다' '나쁘다' '선하다' '악하다' 혹은 '참' '거짓'이라는 개념이 어떻게 만들어졌는가를 봄으로써, 그것이 어떤 의지의 산물인지를 보려고 합니다. '참' '거짓' 같은 자명해 보이는 개념을 힘에의 의지에 연루시켜서, 어떤 힘에의 의지가 작동하고 있는지를 밝혀내는 것이 바로 계보학의 과제란 겁니다.

여기에는 두 가지의 필수적인 요소가 있습니다. 하나는 모든 것을 가치에 연결시키는 것이고, 다른 하나는 그것을 더 밀고 나가서 가치 자체를 만들어내는 것, 따라서 가치를 이해하려면 그것에 조회해야 하는 기준점을 찾아내는 것입니다. 그것이 바로 힘에의 의지입니다. 이런 점에서 니체의 계보학이란 '가치의 철학'이요 '힘에의 의지의 철학'이라고 말할 수 있겠습니다.

요약하면, **니체는 힘과 힘에의 의지라는 개념을 핵심 개념으로 도입함으로써, 주어진 대상의 의미와 가치를 비판적으로 사고하고 평가할 수 있는 새로운 '비판철학'을 만들어낸 것입니다.** 바로 이것이 니체의 새로운 질문방식, 새로운 문제설정이 도달한 창조적인 귀착점이었다고 할 수 있겠습니다.

반(反)근대적 비판철학

가치의 철학, 힘에의 의지의 비판철학으로서 계보학은 "자명하고 확실한

(그림 4-21) 섹스의 도덕과 윤리

영어의 good은 두 가지 반대말을 갖는다. 하나는 bad, 다른 하나는 evil. 앞의 경우 '좋음'/'나쁨'이라고 번역된다면, 뒤의 경우는 '선'/'악'으로 번역된다. 담배를 피우는 것은 의사가 보기에 몸에 나쁘지만, 그렇다고 '악'은 아니다. 그러나 목사가 보기에 그것은 악이다. 계율을 어긴 것이기 때문이다. 섹스도 그렇다. 기독교는 성욕과 섹스를 악으로 간주했다. 즉 그것은 도덕의 대상이다. 그래서 그들은 섹스를 얼마나 했는지, 어떻게 했는지, 심지어 어떤 욕망과 느낌을 느꼈는지 자세하게 고해하도록 신도들에게 요구했다. 반면 『소녀경』의 중국인에게 섹스는 결코 악이 아니며, 단지 몸의 건강을 위해 적절히 조절해야 할 것이었다. 탄트라 요가를 하던 인도인 역시 마찬가지였다(위 그림은 인도 카쥬라호 사원의 미투나 조각상). 그들은 수행을 위해, 득도를 위해 섹스와 성적 에너지를 이용하려고 했고, 그래서 저렇게 치밀하고 정교한 기술로 만들어냈다. 니체에 따르면 선/악에서는 '하지 말라'라는 부정적인 금지로 정의되는 계율이 먼저 있고, 그 금지를 어기지 않는 것이 '선'이 된다. 따라서 "하고 싶은 건 무엇이든 하지 마"라는 부정적인 힘에의 의지가 작동하며, 항상 힘빼는 방식으로 작용한다. '좋음/나쁨'은 다르다. 도덕의 계보학. 니체처럼 스피노자도 이 두 가지를 구별한다. 스피노자는 선/악에서 도덕(moral)이 발생한다면, 좋음/나쁨에서는 윤리(ethic)가 발생한다고 보았다. 좋음이란 어떤 것과의 만남이 나에게 능력의 증가를 야기하는 것인데, 이때 우리는 기쁨을 느낀다. 윤리학의 목표는 '좋은' 관계에서 야기되는 기쁨을 극대화하고, 나쁜 관계에서 야기되는 슬픔을 극소화하는 것이다.

것"을 추구하려는 근대철학에 대해 새로이 근원적인 질문을 던집니다. "왜 그들은 자명한 것을 추구하는가? 자명하고 확실한 것을 추구하게 하는 것은 무엇인가? 자명하고 확실한 것을 통해 그들은 무엇을 하려고 하는가?"라는 질문 말입니다.

니체가 보기에 '자명한 것'이나 '확실한 것' '절대이성' 등은 모두 어불성설(contradictio in adjecto)입니다. '자명한 것'이란 말이 성립되는지, 그게 있는 건지가 문제되고 있는데, 따라서 '자명한 것이란 말'이 결코 자명하지 않은데, 그 자명하지 않은 말로써 어떻게 자명한 것에 도달하겠냐는 겁니다. 즉 확실하지 않은 말로 확실한 것에 어떻게 도달하겠냐는 것이고, 절대적이지 않은 말로 이루어진 '절대이성'이 과연 절대적이겠냐는 겁니다. 마치 '사물 자체'에 대해 이미 말하고 있으면서, 사물 자체에 대해 아무것도 인식할 수 없다는 말이 어불성설이듯이 말입니다.

그럼에도 불구하고 '자명한 것'을 찾아나선다면, 그리고 "이것이야말로 자명하고 확실하다"고 말한다면, '자명한 것'을 통해 무언가 하려는 바가 있는 게 아니냐는 것입니다. 자신의 주장이 자명하고 확실하다는 주장을 통해 자기 주장을 정당화하려 하거나(데카르트도, 칸트도 모두 그렇습니다), 당신 주장은 자명하지 않기 때문에 잘못된 것이고 아무 소용도 없다고 거부하고 반박하려 하는 거겠죠. 혹은 자명한 것을 추구하는 게 아니라면 어떤 사상도, 지식도 받아들이지 못하게 하는 효과를 가질 겁니다. 그렇지 않으면 '자명한 것'을 추구하는 자신의 사상이야말로, 심지어 아직 자명한 데 이르지 못했다 해도, 최고의 가치를 갖는 것이고, 이를 위해선 다른 어떤 방해도 용납할 수 없다는 확신을 주겠지요. 이런 걸 니체는 진리의지(진리에의 의지)라고 합니다.

니체는 근대철학의 창시자와 재건자인 데카르트와 칸트를 명시적으로 비판합니다. 이를테면 데카르트는 "나는 생각한다, 고로 존재한다"가 자명하고 확실하다고 했는데, 이는 '문법의 환상'이라고 합니다. "'나는 생각한다'고 하려니 '생각한다'라는 말의 주어가 있어야 한다. 따라서 '생각한다'의 주어인 '나'는 존재해야만 한다"는 생각이 거기 깔려 있다는 겁니다. 이는 동사를 사용하려면 주어가 있어야 한다는 문법이 만들어낸 환상이라는 것입니다.

따라서 데카르트의 명제는 결코 자명하지 않습니다. 오히려 니체는 '생각'이라는 것은 내가 원해서 나오는 것이 아니라 "그 무엇이 원해서 나오는 것"이라고 합니다. 여기서 그 무엇이란 당연히 힘에의 의지겠지요. 이러한 관점에서 니체는 이제까지 정당성이 보증된 어떠한 철학자도 없다고 합니다. 자명한 확실성은 처음부터 없는 것이고 모든 것은 애초에 의지가 작동하는 가치만을 갖는다고 말합니다.

그러므로 '자명한 것'을 추구하려는 근대철학의 문제설정 자체는 애시당초 잘못된 것이며 어불성설이라는 결론이 나오는 셈입니다. 그리고 그 출발점이 되었던 '나'란 주체는 문법의 환상에 불과하며, 반대로 '내가 하는 생각'이란 힘에의 의지의 산물이라고 합니다. 한편 니체는 의식되지 않는 무의식적이고 능동적인 힘이 있는데, 이것이 바로 '자아'(Self)를 구성한다고 합니다.

이러한 비판은 근대철학의 자명한 출발점이었던 주체 개념에 대한 해체 작용을 합니다. **근대적인 주체 개념**은 더 이상 자명하지 않으며, 또한 출발점이 아니라 **힘에의 의지가 구성해내는 결과물**이란 것입니다.

다른 한편 자명하고 확실한 것에 대해 퍼붓는 니체의 공격에는 '진리'라는 목적지에 대한 근본적인 의문이 포함되어 있습니다. 데카르트 이래 진리란 자명하고 확실한 것이었습니다. 그런데 자명한 주체뿐만 아니라 자명한 판단, 자명한 지식이 불가능하다면 대체 진리란 게 어떻게 있을 수 있겠습니까?

여기서도 그는 다른 방식으로 질문을 던집니다. 계보학적인 방법으로 질문을 던지는 것이죠. 예컨대 "어째서 진리가 필요한가?" "어째서 진리를 가지려 하는가"라고 묻는 것입니다. 바꿔 말하면 "왜 지식은 꼭 진리여야 하는가?"를 묻는 것입니다. 진리의 '의미'와 '가치'에 대해 근본적인 의문을 제기하는 것이지요.

이러한 물음에 대해 니체는 "진리는 없고 진리의지만이 있다"고 말합니다. 진리를 욕망하게 하고, 진리를 추구하게 하는 의지가 바로 진리의지입니다. 더불어 그는 이러한 진리의지가 어떤 가공할 효과를 야기할 것인지도 분석합니다. 한마디로 말하면 "그것은 유혹"입니다. 내가 찾고 있는 것은 진리라는 환상으로의 유혹이고, 내가 추구하고 있는 진리에 다른 거짓된 지식을 복종시켜야 한다는 의지로의 유혹이며, 거짓으로부터 사수되어야 한다는 착각으로의 유혹이고, 이걸 사수하기 위해선 다른 거짓을 전파하는 자들과 결연히 싸워야 한다는 신념으로의 유혹입니다.

에코의 소설 『장미의 이름』은 바로 이 문제를 다루고 있습니다. 수도원에서 발생한 연쇄살인 사건, 그것은 호르케 수도사의 진리에 대한 신념과 의지가 빚어낸 것입니다. 그가 보기엔 '코미디'는 결코 용납될 수 없는 거짓이었습니다. 그런데 난감한 것은 중세철학이 의존하고 있는 대철학자 아리스토텔레스가 코미디에 대한 철학적 문헌을 남겼다는 것이었지요. 그리고 더 나쁜 것은 감추어 둔 그 문헌을 찾아서 읽으려는 사람들이었습니다. 그래서 이들에 대해 호르케 수도사는 진리의 이름으로, 또한 신의 이름으로 죽음이라는 저주를 내렸던 것입니다. 윌리엄 수도사(앞에서 보았던 중세 후기의 대표적인 유명론자 오컴의 이름이 바로 윌리엄이었지요)가 그 사건의 주범이 호르케임을 찾아냈을 때, 호르케는 수도원과 함께 그 책을 불살라 버립니다. 자신의 '죄많은' 육신도 함께 말입니다.

또한 니체는 "진리란 반박되지 않는 그러한 종류의 오류"라고 말합니다. 참이냐 거짓이냐 하는 판단은 그것의 밑바닥에 깔려 있는 진리의지 안에서만 이루어지기 때문입니다. 예컨대 윌리엄 수도사가 아무리 설득한들 호르케 수도사가 결연히 지키려고 하는 신념을 반박할 수는 없을 것이며, 그것이 거짓임을 믿게 할 수도 없으리란 것입니다. 그 반대의 경우도 마찬가지겠지요. 그렇다면 진리만큼이나 많은 거짓이 우리들 삶의 조건이라고 할 수 있습니다.

이리하여 지식에 대한 질문 자체가 바뀝니다. 근대철학은 오직 진리일 때만 지식은 정당화될 수 있다고 보았습니다. 진리(과학)가 아니라면, 더군다나 진리(과학)를 추구하지 않는다면, 어떤 지식도 있을 자격이 없다는 것입니다. 따라서 거기선 어떤 지식이 참이냐 거짓이냐가 가장 결정적이고 중요한 질문이었습니다. 그러나 니체 말처럼 진리란 반박되지 않는 종류의 거짓이라면 대체 이런 질문이 무슨 의미가 있겠습니까?

니체처럼 진리가 아니라 진리의지만 존재한다고 하면, 그래서 지식이나 판단을 진리의지란 차원에서 파악하게 되면, 어떤 지식이 진리인가의 여부가 아니라 그 지식이 어떤 가치를 지향하고 있는가, 어떤 효과를 의지하고(willing) 있는가 하는 게 중요해집니다. 결국 이 질문을 통해 지식의 문제는 그것이 무엇을 지향하고 있고, 어떤 방식으로 작동하며, 어떠한 효과를 야기하는가 하는 문제로도 전환됩니다.

그리고 니체는 칸트에 의해 완성된 근대적 윤리학, 즉 계몽주의에 대해서도 명확하게 비판의 망치를 휘두릅니다. 칸트는 우리가 더 이상 누군가를 따르기를 원치 않을 때, 신이나 국가나 아버지를 따르려 하지 않을 때, 우리 자신을 따르도록 요구한다고 합니다. (실천)이성이 바로 이 새로운 복종을 지휘하는 새로운 군주인 셈이지요. 즉 칸트가 말하는 계몽주의적 이성은 외부의 어떤 강력한 권위들이 무너지게 되자 새로이 권위를 내부로 옮겨 놓은 것입니다. 니체에 따르면 이는 결국 우리를 유순하게 복종하도록 설득하는 작용을 할 뿐이라고 합니다. 따라서 복종 속에서만 인간을 합리적 존재로 나타나게 하는 계몽주의적 이성은 인간의 삶을 지배하고 통제하려는 힘에의 의지를 표현하는 것인 셈입니다.

4. 근대철학 해체의 양상들

지금까지의 논의를 요약합시다. 이상에서 본 것처럼 니체는 의미와 가치, 힘과 힘에의 의지란 개념을 통해 근대철학의 출발점과 목적지를 해체시 킵니다. 근대적 문제설정의 지반이었던 주체와 진리를, 그리고 그에 기반한 윤리학을 철저하게 해체시켜 버린 니체는 그 결과 새로운 비판철학으로서 계보학을 만들어냅니다. 그런데 이러한 해체 작업은 맑스나 프로이트의 그것과 달리 지극히 공격적이었습니다.

맑스에게 중요한 것은 혁명적 실천의 문제였고, 그것을 철학적으로 혹은 이론적으로 사고하는 것이었습니다. 포이어바흐나 헤겔에 대한 비판은 그런 한에서 필요한 최소한으로 제한된 것이었습니다. 이런 이유 때문에 그는 근대철학 전반에 대한 비판은 시도하지 않습니다. 오히려 그에게 더 중요했던 것은 근대사회에 대한 이론으로서, 또한 이데올로기로서 정치경제학에 대한 비판이었으며, 근대사회 자체에 대한 실천적 비판(혁명)이었습니다. 따라서 근대철학에 대한 맑스의 철학적 비판은 근본적이지만, 광범하거나 전면적이진 않습니다. 어찌 보면 근대적 문제설정에 대한 그의 비판은 매우 조용하고 '절약적'입니다.

프로이트의 '비판' 역시 근대철학에 대한 비판은 전혀 의식하지 않은 것이었습니다. 그는 단지 성실하고 탁월한 정신과 의사로서 자신의 작업에 충실했던 것입니다. 다만 그가 던진 돌멩이가 바로 근대철학의 머리에 떨어졌던 것뿐이지요. 그는 철학의 영역에서 자기가 해체한 게 무엇인지조차 잘 모르고 있었습니다.

반면 니체의 비판은 극히 명시적일 뿐 아니라 매우 공격적입니다. 그가 겨냥하고 있는 목표는 바로 근대철학 전체, 아니 좀더 확대해서 말한다면 소크라테스 이래 나타난 서양철학 전체입니다. 따라서 그는 이 타깃을 향해 강력한 포탄을 화려하고 요란스럽게 쏘아댑니다. 이런 의미에서 니체는 자기가 해체시키고 있는 것이 무엇인지, 즉 자기의 철학적 작업이 야기하는 결과가 어떤 것인지 매우 분명하게 의식하고 있었다고 할 수 있습니다. 물론 그는 그것이 근대철학 비판이라기보다는 소크라테스 이래 서양철학 전반에 대한 비판이라고 생각했지만 말입니다. 바로 이런 점에서 근대의 경계를 넘어서려는 많은 탈근대적 철학자들에게 니체는 가장 유용하고도 훌륭한 벗이 될 수 있었던 것 같습니다.

이들 세 사람이 근대적 문제설정을 해체시키는 방식에서 볼 수 있는 공통성과 차이를 간략히 일별해 보는 것도 무용하진 않을 것 같군요. 한마디로 말하면, **이들의 공통성은 주체와 진리라는 개념을 기둥으로 삼아 만들어진 근대적 문제설정 자체를 해체한다는 점입니다.** 정도의 차이가 적지 않지만 **거기 내재된 근대적 사고방식으로서의 주체철학과 과학주의, 그리고 계몽주의에 대한 비판과 거부 역시 이들의 공통성**이라고 말할 수 있습니다.

특히 주체의 개념과 관련해서 이들이 보여주는 공통성은 별도로 지적될 만한데, 그것은 주체란 자명한 출발점도 아니며 통일성을 갖는 확고한 중심도 아니라는 것입니다. 반대로 그것은 주체 외부의 관계들에 의해 만들어지는 '결과물'이며, 이질적인 복합체라는 것입니다. 이런 결론을 통해 이제 주체는, 그리고 그 주체의 사고와 행동은 그것을 만들어내는 요소들에 대한 연구를 통해 동태적으로 파악해야 할 대상이 됩니다.

반면 **이들의 차이는 한마디로 해체를 수행하는 데 사용하는 개념이 다르다는 것**이며, 그 결과 창출해내는 새로운 문제설정 역시 달라진다는 것입니다. 맑스의 경우 핵심적으로는 '실천'이란 개념을 통해 대상과 주체, 진리와 정치 문제 전반을 해체하고 다시 정의내리며, 그 결과 역사유물론이라고 하는 새로운 문제설정이 형성됩니다. 프로이트의 경우는 무의식이란 개념을 통해 특히 주체의 개념을 철저하고 강력하게 해체하고, 이 무의식을 대상으로 하는 이론으로서 정신분석학을 만들어냅니다. 니체는 의미와 가치, 힘과 힘에의 의지란 개념을 통해 근대철학의 뿌리를 노출시키고 해체시킵니다. 그리고 이러한 해체의 사고방식을 좀더 발전시켜 계보학이라는 또 하나의 비판철학을 만들어냅니다.

이들이 보여주는 공통성은 이들이 서 있던 근대적 지반의 공통성에 기인하는 것입니다. 간단히 말해 이들이 사용하는 개념과 방법은 달랐지만, 이들이 서 있던 지반은 공통된 것이었고, 따라서 해체의 결과는 공통성을 강하게 갖게 됩니다. 반면 이들이 보여주는 차이는 각자가 근대적 지반에 대해 취하는 입장과 태도의 차이에서, 그리고 그것을 해체하는 데 사용한 방법의 차이에서 기인하는 것입니다. 이러한 차이는 각자가 집중적으로 착목하고 있던 지점, 그리고 힘을 모아 돌파해야 할 지점이 달랐다는 것을 의미하기도 합니다.

이러한 요소들은 이후 현대철학자나 이론가들에 의해 근대철학의 경계를 넘어서는 데 강력한 도구로 사용됩니다. 이들의 차이는 그 도구의 다양성과 돌파 지점의 다수성을 의미하는 것이었습니다. 이리하여 근대철학이라는, 서양철학의 거대한 흐름을 넘어서는 새로운 흐름이 형성되기 시작합니다.

제5부

언어학과 철학 '혁명'
— 근대와 탈근대 사이

1. 언어학과 철학

서구의 현대철학은 언어학에 크게 의존하고 있습니다. 레비-스트로스나 라캉 등을 위시한 프랑스의 현대철학자들은 물론, 비트겐슈타인이나 러셀, 프레게(G. Frege), 오스틴(J. Austin) 등 분석철학으로 묶이는, 하지만 다소 이질적임은 분명한 다수의 철학자들도 그렇고, 하이데거와 그의 사상에 의존하는 해석학도 언어에 대한 분석과 사고에 기초를 두고 있습니다. 이것만으로도 철학에 대한 강의에서 언어학을 언급하는 것은 심정적으로 충분히 정당화될 수 있을 것입니다.

그러나 '심정적 동조'만으로 충분히 정당화할 만큼 철학은 '너그럽지' 못한 것 같습니다. 대부분의 사람이 자명하다고 생각한 것조차 결코 그대로 놔두는 법이 없는 게 철학이고 보면 말입니다. 또한 언어학과 철학이 이처럼 밀접한 이유는 단지 정당화만을 위해서가 아니라, 이후 언어학을 통해 철학이 새로이 사고하려는 것을 이해하기 위해서도 따로 언급할 가치가 충분히 있습니다.

아마 여러분 가운데도 고등학교 시절, 특히 봄날 점심 먹고 난 직후인 5교시에 꾸벅꾸벅 졸다 야단맞은 경험이 있는 분이 적지 않을 것 같습니다. 수학이나 국민윤리처럼 건조하거나 재미없는 시간이라면 더 그렇지요. 수업을 하던 선생님은 학생을 불러 묻습니다. "너 왜 잤어?"

하지만 제 경험에 비추어 보건대, 자고 싶어 잔 것은 분명 아닐 겁니다. 재미없는 강의나 식곤증 때문에 잠이 든 거겠지요. 그래서 이런 사정을 이렇게 말할 수도 있을 겁니다. "제가 '잔' 게 아닙니다. 저는 '자진' 겁니다." 그러나 이 말을 들은 선생님은 백이면 백 한결같이 이렇게 말할 겁니다. "변명도 말이 좀 되게 해라! 자지긴 뭘 자져. 넌 한글도 몰라?"

맞는 말입니다. 우리 말에는 '자다'의 수동형이 없습니다. 즉 '자지다'란 말은 없습니다. 그러나 자다 불려나간 친구의 심정을 이해하지 못할 것도 없습니다. 자기가 자려고 해서 잔 게 아니라, 오는 잠을 어쩔 수 없어서 자게 된 거라는 거지요. 하지만 이 경우에도 그는 '잤다'는 말을 써야만 합니다. 마치 자기가 선택해서 잔 것처럼 말입니다.

이는 매우 아이러니한 사실을 보여줍니다. 즉 내가 선택해서 잔 게 아닌데도 불구하고 마치 내가 선택해서 자기라도 한 것처럼 "자기는 내가 잔 거죠"라고 말할 수밖에 없다는 겁니다. 이는 우리 말에 '자지다'란 말이 없으니 어쩔 수 없는 일입니다.

또 다른 예를 들어봅시다. 저는 가끔 "내 삶을 내가 '사는' 건지 아닌지" 구별이 안 될 때가 있습니다. 매일매일 해야 할 일들이 숨돌릴 틈 없이 꽉 짜여 있고, 그걸 제때 하지 못하면 당장에 여기저기서 전화가 오거나 욕을 먹지요. 또 나는 좋으나 싫으나 맡겨진 일을 할 수밖에 없는 그런 경우도 있습니다. 그런 경우에 저는 "이건 내가 사는 게 아니라, 내가 살아지고 있는 것이다"라고 말하고 싶다는 생각이 들기도 합니다.

그러나 여기서도 비슷한 사태가 발생합니다. 우리 말에서 '산다'는 말은 자동사지요. 따라서 '살아진다' '살아졌다'라는 식의 수동형을 사용할 수 없습니다. 가끔 '살아진다' '살아졌다'라는 말이 눈에 띄는 경우도 없지 않지만, 이는 일본식 표현을 잘못 번역해서 나타난 것입니다. 즉 '문법에 대한 무지'에서 비롯된 것이죠. 영어에서도 마찬가지입니다. 'I am lived'라고는 쓰지 않지요.

우리는 남과 이야기를 할 때는 말할 것도 없고, 혼자 생각할 때조차도 언어를 통해야만 합니다. 언어 없인 사고하는 것도 불가능하지요. 그런데 그 언어 자체에 '살아지다' '자지다'라는 말이 없으니 어쩌겠습니까? 항상 '내가 산다' '내가 잔다'고 생각할 수밖에 없지요.

'내가 산다'는 것이나, '내가 잔다'는 것이나 모두 '나'라는 주체가 하는 것으로 나타납니다. 즉 잠의 주체, 삶의 주체는 '나'라는 말입니다. '내' 가 아니라면 대체 누가 자고 누가 사는 것이냐는 질문이 얼마든지 가능합니다. 마치 '내'가 없는데 '생각한다'는 게 어떻게 가능하겠느냐는 질문처럼 말입니다. 따라서 데카르트처럼 '내가 산다, 고로 나는 존재한다'라고 말할 수밖에 없습니다. 이것은 언어 자체에 "내가 그 삶의 주체요, 주인이 다"라는 내용이 내장되어 있음을 의미합니다.

이런 점에선 '말하다' '생각하다'란 말도 마찬가집니다. 말은 내가 하는 것이고, 생각 역시 내가 하는 것이지요. 이것은 우리가 사용하려면 지켜야만 하는 문법에 이미 내장되어 있어서, 거기에 따라야만 하는 규칙입니다. 그렇다면 데카르트가 말한 "나는 생각한다, 고로 존재한다"는 원칙이 확실한 것은 사실 문법적인 규칙 때문이란 말도 가능합니다. 다른 식으로 말할 수 없고, 바로 그래서 다른 식으로 사고할 수 없는 겁니다. 확실한 것은 다른 식으로 사고할 수 없는 것이란 뜻이니 말입니다. 주어 없는 문장을 사용할 수 없기 때문에 '주체'의 존재는 확실하다고 할 수 있는 거지요.

여기서 언어와 철학의 관계를 바라보는 하나의 입장이 나타납니다. 그것은 니체나 (초기의) 비트겐슈타인이 지적하듯이, **철학적 확실성이란**

(그림 5-1) 이것은 파이프가 아니다

마그리트의 그림인데, 파이프 밑에 써 있는 문장은 "이것은 파이프가 아니다"라는 뜻이다. 맞는 말일까? 왜냐하면 그 위에 있는 건 분명히 파이프 그림이지 파이프가 아니기 때문이다. 그렇다면 파이프라는 기호는 실제 파이프와 영원히 만날 수 없는 것일까? 그렇다면 실제 파이프를 지시하는 '파이프'라는 기호는 무얼 지시하는 것일까? 지시체와 만날 수 없는 기호는 대체 무엇에 쓰는 물건일까?

문법의 환상이라고 보는 입장입니다. 나아가 분석철학자들이나 논리실증주의자들이 극단적으로 주장하듯이, 모든 철학적 문제는 언어의 문제라고 합니다. 왜냐하면 철학적 문제란 바로 확실한 것을 찾는 문제거나, 주체와 대상 간의 관계 등에 대한 문제인데, 이는 모두 언어가 제공하는 것(일종의 환상)이며, 따라서 언어적인 문제일 뿐이라는 것입니다.

논리실증주의자들은 여기서 한걸음 더 나아갑니다. 그들은 문제가 모두 언어에서 야기되는 것이라면 언어상의 혼란을 제거하고 일관되게 만들면 모든 철학적 문제가 해결되리라고 생각하죠. 심지어 우리가 보통 사용하는 일상 언어가 구제불능이라면, 어떤 편견도 배제된 일관되고 명확한 언어를 만들자고 합니다. 수학적인 기호들로 말입니다.

다른 한편 언어가 내장하고 있는 이런 특징은, 각각의 언어마다 상이합니다. 다시 말해 사용하는 언어에 따라 사고할 수 있는 것도 달라지고, '확실한 것'도 달라질 수 있습니다. 이것은 번역을 할 때 뚜렷이 나타납니다. 예를 들어 「의사 지바고」로 유명한 파스테르나크의 작품 가운데 *My sister life*라는 시집이 있습니다. 이것은 우리말로 직역하면 '나의 누이인 생'이 되고, 약간 멋을 부려 번역하면 '삶이여, 나의 누이여'가 됩니다.

그런데 이 시집을 체코어로 번역을 하려 하자마자 문제가 생깁니다. 러시아어에서 life의 성은 여성입니다. 그러니 'My sister'와 동격이 될 수 있었죠. 그러나 체코어에서는 life가 남성명사랍니다. 그러니 'My sister'와 동격이 되는 건 문법상 불가능합니다. 굳이 옮기려면 *My brother life*로 번역해야 합니다. 하지만 이렇게 되면 애초의 시집 분위기와는 전혀 달라질 것이 분명합니다. 여성으로 표현되는 삶에 대한 글과 남성으로 표현되는 삶에 대한 글은 최소한 누이와 형제가 다른 만큼은 다를 게 틀림없으니 말입니다.

(그림 5-2) 코끼리

웨그먼(William Wegman)의 사진이다. 이것은 앞의 마그리트 그림(「이것은 파이프가 아니다」)과 반대되는 사진처럼 보인다. "이것은 코끼리가 아니다"라고 했다면 이 사진은 그저 그랬을 것이다. 그러나 웨그먼은 개의 신체에 약간의 변형을 가해 놓곤, 밑에다 '코끼리'라고 써 놓았다. 우리는 그게 코끼리가 아니라고 생각한다. 양말을 쓴 개일 뿐이다. 그러나 「코끼리」라는 제목은 사태를 완전히 다르게 바꾸어 버린다. 마치 변기를 전시해 놓고 「샘」이라는 제목을 붙였던 뒤샹의 작품에서처럼, 대상과 분리된 기호는 거꾸로 대상에 스며들어가 대상을 다른 것으로 만들어 버린다. 그 결과 '코끼리'라는 기호는 대상을 지시하는 기호가 된다. 지시체가 기호와 만날 수 없다면, 대체 이런 일은 어떻게 가능한 것일까?

만약 작문 시험에서 주어진 제목이 '삶이여, 나의 누이여'라면, 당연히 '삶이여, 나의 형제여'란 제목이 나왔을 때와 글의 내용이나 분위기가 전혀 달라질 것입니다. 첫번째 것에서는 삶이 가지고 있는 여성적인 이미지, 여성적인 메타포를 주로 사용하겠지만, 두번째 것에서는 삶이 가진 역동적이고 박력있는 남성적인 이미지를 사용해 써야겠지요. 마찬가지로, 일상적으로 삶을 남성으로 표현하는 사람들(체코인)과 여성으로 표현하는 사람들(러시아인)이 다르게 사고하리라는 것은 쉽게 추측할 수 있을 것입니다.

이처럼 언어마다 사고를 제한하는 나름의 규칙이 서로 다르게 내장되어 있다면, 각각의 언어는 세상을 나름대로 파악하는 방법이기도 하다는 것이 중요합니다. 이런 사고방법은 이전의 사람들이 세상을 보던 사고방식이 언어에 새겨진 채 남아 있는 것이라고도 할 수 있겠습니다. 어쨌든, 어차피 언어에 새겨진 규칙과 사고법에 따라 우리가 사고할 수밖에 없다면, 오히려 언어가 확실한 것을 제공해 주니 주지 못하니 하는 것은 부차적인 것으로 생각할 수 있습니다. 차라리 사람들이 어떻게 사고하고 판단하는지를 그들이 사용하는 언어를 통해 파악할 수 있으리란 생각이 가능해집니다.

여기서 언어와 사고, 언어와 인간의 관계를 이해하는 또 하나의 입장이 나올 수 있습니다. 그것은 **인간이 언어 속에서 사고할 수밖에 없다면, 결국 이 언어를 연구함으로써, 혹은 사람들이 언어를 어떻게 사용하는가를 연구함으로써 인간의 삶과 사고에 대해 알 수 있다는 입장**입니다. 소쉬르나 촘스키의 언어학이 이런 방향에 크게 영향을 미쳤는데, 그 영향 아래서 형성된 구조주의자들은 언어를 통해 인간에 대해 다시 사고하려고 합니다. 이와는 다른 흐름으로, 후기의 비트겐슈타인은 언어적 실천에 기초한 새로운 문제설정을 만들어냅니다. 또한 오스틴과 같이 의미를 언어가 사용되는 상황으로 환원해서 파악하려는 입장도 있습니다.

　이제부터 주로 주목할 것은 이 두번째 입장과 연관된 견해들입니다. 이는 언어와 의미뿐만 아니라, '주체'를 이해하는 새로운 방법을 가르쳐주기 때문입니다. 그것은 아마도 근대철학을 해체하는 또 하나의 방법일 것입니다.

2. 훔볼트 : 언어학적 칸트주의

선험적 주체의 언어학

언어학과 철학이, 언어와 사고가 밀접한 관계를 맺고 있다는 점에 주목하고, 그에 대한 이론을 가장 먼저 체계화한 사람은 훔볼트입니다. 외교관이었던 그는 언어에 대한 관심에 덧붙여 직업적인 이유로 다수의 외국어를 비교 연구할 수 있었고, 그걸 통해 민족마다 고유한 사고방식이 각각의 언어에 새겨져 있으며, 그것이 개인들의 사고를 제약한다는 사실에 일찍 주목할 수 있었던 것 같습니다. 그의 이론을 몇 가지로 요약하면 다음과 같습니다.

첫째, 그는 언어는 통일적인 유기체라고 생각합니다. 하나의 단어는 다른 단어를 전제로 하며, 또한 단어를 결합시켜 문장을 만드는 규칙 전체를 전제하고 있기 때문입니다. 예컨대 아까 말했던 '삶'이란 단어를 생각해 봅시다. 러시아어에서는 그 단어를 남성명사와 함께 사용할 수 없습니다. 나아가 남성적인 이미지를 갖는 다른 단어들과도 함께 사용할 수 없지요. 혹은 '자다' '먹다' 같은 단어와도, '길쭉한' '모자' 같은 단어와도 결합될 수 없습니다. '살다' '고통스럽다' '아름답다' 등 특정한 단어와만 결합될 수 있지요. 즉 그것은 다른 단어들과 이미 하나의 유기적인 그물을 이루고 있다는 것입니다. 하나의 단어를 사용하는 것도 이 의미망 속에서만 가능하지요.

둘째, 그는 "언어는 정신적 활동"이라고 말합니다. 즉 언어는 활동의 결과물(Ergon)이 아니라 "분절된 음으로서 인간의 사상을 표현하는 영원한 활동(Energeia)"이라는 겁니다. 따라서 언어는 인간이 하는 활동 없인 존재하지 않는다고 합니다. 물론 그는 전체적으로 언어가 사유활동에서 독립되어 있다고 합니다. 그러나 사유하는 인간의 활동 없이도 언어가 존재할 수 있는 실체라는 (그 당시의) 주장을 비판합니다. 즉 언어는 사유로부터 독립해 있지만, 동시에 사유 없이는 존재할 수 없는 것이라는 겁니다. 이런 의미에서 언어는 활동이라고 하는 것이지요.

이는 소쉬르나 구조주의자들의 견해에 대한 비판적 요소를 포함하고 있습니다. 라틴어를 예로 들어 봅시다. 라틴어는 지금 사어(死語)지요. 즉 라틴어를 모국어로 사용하는 사람들이 없습니다. 여기서 실체론자나 구조주의자들은 말할 겁니다. "그래도 라틴어는 의연히, 그리고 예전대로 남아 있지 않은가"라고 말입니다. 이에 대해 훔볼트는 이렇게 대답할 것입니다. "예전대로 남아 있는 건 분명하다. 그건 언어가 사유로부터 독립적이기 때문이다. 그러나 아직도 의연히 남아 있는 것은 고문서나 라틴어로 쓴 예전 문헌을 읽어야 하기 때문이다. 즉 라틴어를 읽을 필요마저 사라진다면 누가 라틴어를 배우겠는가? 더 이상 아무도 그걸 배우지 않는다면 라틴어가 어떻게 존재할 수 있겠는가?"

셋째, 그는 "모든 언어는 하나의 세계관"이라고 합니다. 그의 말을 빌리면 "모든 언어는 현실세계를 사고로 전환시키는 각각의 고유한 방법이 있다. 그것은 세계를 고유한 범주의 망으로 포섭하며, 판단을 만들어 주는 고유한 문장 형식을 제공한다. 누구나 모국어라는 자신의 안경을 통해 일정한 색조 속에서 세계를 바라본다"고 말합니다(『카비語 연구 서설』). 쉽게 말해 모국어는 세상을 바라보는 안경이라는 거죠.

예를 들어 봅시다. 무지개를 보면 우리는 보통 일곱 가지 색이라고 생각합니다. 그런데 무지개의 색깔은 진짜 일곱 개일까요? 사실 정확히 보면 색과 색 사이의 경계선은 분명하지 않습니다. 만약 주황과 빨간색 사이를 유심히 보는 사람이 있다면 그는 빨강과 주황 사이에 주홍이라는 색을 더 넣어서 무지개의 색깔은 여덟 개라고 말할 수 있을 겁니다. 또 무지개의 색깔이 더 적은 경우도 있습니다. 아프리카 쇼나족의 언어에서는 무지개의 색을 네 가지로 표현한다고 합니다. 무지개의 색이 4개라는 말이죠. 또 라이베리아의 바사족은 무지개의 색을 딱 두 가지로 본다고 합니다. 아프리카가 아니더라도 19세기까지 독일에서는 주황색과 보라색이란 단어가 사용되지 않았다고 합니다. 독일어란 안경을 통해서 독일인이 본 무지개는 분명 다섯 가지 색깔이었던 것입니다.

넷째, 동일한 국민의 언어, 혹은 한 민족의 언어에는 비슷한 종류의 주관성이 새겨져 있다고 합니다. 각각의 언어는 나름의 세계관을 갖고 있다는 뜻이죠. 쉽게 말하면 같은 언어를 사용하는 민족이나 국민은 각각 고유한 색깔의 안경을 쓰고 있다는 것입니다. 모국어라는 안경의 색깔이 각각 다르기 때문에 그 눈에 들어오는 세상도 국민/민족마다 다르다는 것입니다. 이런 의미에서 그는 외국어를 습득하는 것은 상이한 세계관을 흡수하는 것이라고 말하기도 합니다.

예컨대 우리말에서 '결혼하다'라는 말은 목적어를 갖지 않습니다. 그런데 영어에서 marry라는 말은 목적어를 가지지요. "He married me"란 문장을 직역하면 "그는 나를 결혼시켰다"입니다. 우리 말에선, '그'가 강제로 나를 결혼시킨 아버지를 지칭한다면 모를까, 이런 문장을 사용할 수 없습니다. "그는 나와 결혼했다"가 정상적인 말이지요. 이처럼 다른 언어는 결혼에 대한 다른 사고방식을 보여줍니다.

이런 맥락에서 그는 각각의 모국어에 새겨져 있는 사고구조는 각 민족정신에 따라 고유한 개성을 갖는다고 합니다. 말하자면 언어는 '민족정신의 외적인 표현'이라는 거죠. 그의 말에 따르면 "민족언어는 민족정신이며, 민족정신은 민족언어"라고 합니다. 이런 얘기는 일제 시대의 조선어정책을 두고 종종 들어본 말일 것입니다.

예를 들어 봅시다. 일본어에서 '~(ら)れる'는 '~함을 당하다'란 의미를 갖는 수동의 조동사입니다. 그런데 일본어에는 이 수동의 조동사가 매우 광범위하게 사용됩니다. '오다' '가다' '되다' 같은 자동사에도 수동을 붙여 사용하고, '(전화를) 걸다' 같은 동사에도 붙여 (전화가 걸려와) 귀찮거나 불리한 경우를 표현하며, 심지어 사역동사에도 붙여서 사용합니다. 우리 같으면 '했다'고 할 것도 '하도록 함을 당했다'는 식으로 표현을 하지요.

반면 우리말의 '하게 하다'나 '시키다'라는 말에는 수동의 의미를 갖는 어미를 붙일 수 없습니다. 즉 '하도록 함을 당했다'나 '시켜지다'라는 표현은 한국어 어법에는 맞지 않습니다. 물론 한국어를 잘 모르는 사람이 일어책을 번역하면 이런 문장을 그대로 직역하지요. '되어지다'도 마찬가지입니다. '시켜진다'라는 말에는 내가 누구를 시킨다는 것 자체가 내가 한 것이 아니라 누군가 나에게 강제해서 할 수 없이 하게 된 것이라는 뉘앙스가 느껴집니다. 이는 내가 시키는 행위조차도 다른 요인에 귀속시키는 태도를 보여준다는 점에서, 시키는 건 시키는 것일 뿐이라는 식의 사고방식이 새겨진 언어와 크게 대조됩니다.

마지막으로 다섯째, 그는 "주체(subject)의 활동은 사유 속에서 대상을 형성한다"고 합니다. 나아가 "이 사유는 언어를 통해서 행해지기 때문에 결국 대상이란 언어를 통해서만 형성된다"는 것을 추가합니다.

일례로 치즈의 종류를 들어 봅시다. 요리를 즐기는 프랑스에서는 치즈의 종류가 700가지나 된다고 합니다. 용도와 맛, 만드는 방법 등에 따라 극도로 자세한 치즈의 이름이 다 있는 것입니다. 이는 아마 치즈의 맛을 즐기는 그들의 생활에서 기인한 거겠지요. 반면 우리가 알고 있는 것은 기껏해야 일반 치즈와 피자용 치즈 등이 전부고, 더 나아간다 해도 해태치즈, 매일치즈 등과 같은 고유명사 이상이 아닐 겁니다. 그리고 그 700가지 치즈를 맛보고 이름을 배운다 해도 실제로 치즈 맛에 둔한 우리로서는 그 미세한 차이를 별로 유의미하게 생각하진 않을 것 같습니다. 이는 주체의 생활, 활동 속에서 치즈라는 대상이 형성되기 때문에 생기는 차이입니다. 어떤 대상에 민감한 민족일수록 그에 대해 더 미세하고 많은 대상들을 형성합니다. 바로 언어를 통해서 말입니다.

주체의 활동이 대상을 형성한다는 이 명제는 "대상은 주관이 형성하는 것이고 판단은 주관의 작용"이라는 칸트의 견해를 그대로 빌려 온 것입니다. 즉 훔볼트가 칸트의 견해에 크게 영향을 받았음을 보여줍니다. 훔볼트는 선험적 주체가 사고의 기초라는 칸트의 견해에 명시적으로 동조합니다. 그리고 바로 **언어(모국어)야말로 주체들이 그 위에서 사고하는 일종의 '선험적 구조'**라고 생각했습니다. 그에 따르면 어떠한 사고도 언어(모국어)를 빌리지 않으면 불가능하며, 따라서 모국어에 내장된 세계관 속에서 행해진다는 것입니다.

따라서 지적 활동과 언어는 결합될 수밖에 없는 필연성을 가지고 있다고 말합니다. 이후 훔볼트의 사상을 계속 발전시킨 바이스게르버(L. Weisgerber)는 위의 말과 관련하여 언어(모국어)를 "세계를 변화시켜 인간 자신의 것으로 만드는, 세계를 영유하고 전유하는 방식이며 내적 조직"이라고 말합니다(『모국어와 정신형성』).

따라서 만약 칸트가 훔볼트의 연구를 참조할 수 있었다면 순수지성의 선험적 형식을 '범주'라고 하지 않고 '언어'라고 했을지도 모릅니다(사실 그게 더 설득력이 있습니다). 이런 점에서 훔볼트의 칸트주의는 매우 생산적인 보충을 하고 있는 셈입니다. 반면 훔볼트처럼 언어구조 속에서 사고와 행동을 이해하려는 노력 또한 정확하게 칸트적인(근대적인) 선험적 주체를 구성하는 결과로 귀착될 수 있음을 보여준다고 하겠습니다.

결론적으로 말해, 훔볼트는 언어(모국어)가 그 언어를 사용하는 사람들의 사고구조를 제약하며, 그래서 세계를 파악하는 관점을 내장하고 있다고 주장했습니다. 이로써 언어와 사고구조 간의 긴밀한 관계가, 그리고 사고에 대한 언어의 선차성과 우위성이 분명해집니다. 이러한 명제를 훔볼트는 칸트의 선험적 주체라는 개념에 이어 붙입니다. 즉 언어란 그걸 사용하는 주체들 모두에게 공통된 사고의 기반이며, 선험적인 구조라는 것입니다.

한마디로 말해 '구조주의의 선구자'로 종종 지칭되는 훔볼트는 칸트적인 선험적 주체를, 결국은 **새로운 주체철학을 언어를 통해 재건**하고 있는 셈입니다. 더불어 훔볼트 역시 칸트와 마찬가지로 선험적 구조로서 언어의 연구가 바로 진리에 이르는 길이라는 확신을 가졌다고 할 수 있습니다. 이제 언어학은 인간에 대한 과학, 다시 말해 인간이 어떻게 사고하고 어떻게 질서를 만들어내는가를 연구하는 과학이 된 것입니다. 따라서 훔볼트의 언어학은 칸트적인 의미에서 근대성 안에 있는 것이었다고 할 수 있겠습니다.

문법의 논리학, 논리학의 문법

지금까지는 언어와 사고의 관계를 말했는데, 이것을 조금 더 밀고 나가면 재미있는, 하지만 결코 사소하지 않은 시사점을 얻을 수 있습니다.

인간의 사고가 언어에 의해, 언어적 규칙에 의해 제약된다는 것을 보았지요? 언어적 규칙을 대략 '문법'이란 말로 대표해서 씁시다. 그러면 문법적 규칙이 달라지면 사고 규칙도, 사고 내용도 달라진다는 것은 앞서 말한 바 있습니다. 이 점을 잊고 데카르트처럼 문법적 규칙에 불과한 것을 자명하고 확실한 진리라고 생각하는 순간, 문법의 환상에 빠져버린다는 것도 잘 알고 있습니다.

그렇다면 논리학에 대해서도 이제는 달리 생각해야 합니다. 그것은 어느 경우나 동일하게 적용되어야 할 사고의 법칙이라고 할 수 없다는 것입니다. 왜냐하면 논리학 역시 문법적 규칙과 무관한 게 결코 아니기 때문입니다. 아니, **오히려 문법적 규칙을 일반화하여 사고규칙으로 정립한 것이 바로 논리학**이기 때문입니다.

이는 논리학이 어떻게 만들어지고 발전했는가를 보면 분명히 알 수 있습니다. 해킹(I. Hacking)은 『철학에서 언어가 왜 중요한가?』라는 책에서, 서구의 논리학과 철학 분야에 가장 큰 영향력을 미친 중요한 책으로서 『포르-루아얄(Port-Royal) 논리학』을 꼽습니다. 포르-루아얄은 프랑스의 수도원이 있던 지명이고, 『포르-루아얄 논리학』은 16세기에 이 수도원에 있던 수도사들이 저술한 책입니다. 이 책은 이후 논리학의 발전은 물론이고, 현대에 와서도 언어학(특히 촘스키)의 발전에 크게 영향을 미친 책입니다.

이 책의 저자들이 가지고 있는 기본적인 발상은 다음과 같습니다. 사고란 개개의 표상들, 예를 들면 '토끼' '귀' '길다' 같은 표상들을 질서지우고 결합하는 것이며, 그래서 "토끼는 귀가 길다"와 같은 판단을 만들어내는 규칙이 바로 논리지요. 즉 논리학이란 사고의 규칙입니다. 그런데 이 논리는 언어를 통해 이루어집니다. 그렇다면 언어를 통해서 표상들에 질서를 부여하는 사고 규칙을 이해할 수 있을 겁니다. 다시 말해 논리학이란 언어가 표상들을 결합시키는 일반적인 규칙과 동일하다는 말입니다. 따라서 논리학의 법칙은 문법적 규칙으로 환원될 수 있다고 합니다.

결국 이 책은 역설적이게도 논리학의 법칙이란 문법 규칙을 추상화하고 일반화한 것이란 사실을 보여줍니다. 이는 말을 바꾸면, 문법적 규칙 즉 표상들을 결합하는 언어적 규칙이 전혀 다르다면, 전혀 다른 논리학을 가질 수도 있음을 뜻한다고 하겠습니다. 더구나 서구의 논리학적 규칙이 성립되는 데 별다른 영향을 미치지도, 참조되지도 못한 언어라면 더욱 그럴 것입니다. 이는 언어가 다르면 사고방식이 달라질 것이라는 훔볼트의 주장과도 일치합니다.

단적인 예가 있습니다. 영어든 독일어든, 아니면 프랑스어든 가장 중요한 단어를 하나 꼽으라면 공통적으로 꼽힐 것이 있습니다. 영어의 be동사, 독일어의 sein동사, 프랑스어의 être동사가 그것입니다. 알다시피 이들은 우리말로 하면 '있다'와 '이다'란 뜻을 동시에 가지고 있습니다. 그리고 바로 이 동사가 주어와 서술어를 관계짓고, 문장 전체를 연결합니다. 또한 서구어에서 모든 동사는 être동사로 환원될 수 있다고 합니다. 그래서 『포르-루아얄 논리학』에서 한 부를 할당하고 있는 동사의 이론이 바로 être동사에 대한 이론입니다.

그러나 우리 말에서 '있다'와 '이다'는 분명 다른 단어고, 중국어에서도 그것은 '有'와 '是'라는 다른 단어며, 일본어에서도 그것은 'ある'/'い

る’와 ‘である’라는 다른 단어입니다(오히려 이 점에서 동양의 언어 사이에는 유사성이 있습니다). 그래서인지 하이데거는 자신을 방문해서 존재론에 대해 질문한 일본인 철학자에게 sein동사도 없는 언어로 어떻게 ‘존재론’을 연구하겠느냐고 했다 합니다. 즉 ‘있다’와 ‘이다’를 동시에 의미하는 단어가 없다면 존재론을 연구하는 것은 불가능하다는 것입니다. 물론 이런 태도는 또 다른 의미에서 일종의 ‘문법의 환상’을 보여주는 것이지만 말입니다. 우리는 오히려 이 말에서 sein동사(be동사)로 사고하는 사람들과 ‘있다’/‘이다’를 구분해서 사고하는 사람들은 다른 사고구조를 가질 수밖에 없으리란 결론을 입증할 수 있을 것입니다.

이런 점에서 볼 때, 동사의 이론이 같아질 수는 없습니다. 예컨대 푸코에 따르면, be(être) 동사는 무언가를 긍정하는 기능을 한다고 합니다. The tree is green이라면 나무(tree)와 green이 동등한 관계에 있음을 표시한다는 것입니다. 단적으로 말하면 tree=green이란 거고, =의 기능을 be동사(être동사)가 한다는 것입니다. 이게 동사의 이론에서 가장 중심되는 내용입니다. 논리학의 동일률이 이러한 동사의 기능과 무관하지 않으리란 것은 쉽게 짐작할 수 있을 것입니다.

그러나 예컨대 우리 말은 “나무가 푸른 상태에 있다”가 아니라 “나무는 푸르다”일 뿐입니다. 물론 ‘나무=푸름’이란 등식은 여기서도 보이지만 우리 말에선 ‘=’을 위해 어떤 동사도 동원되지 않습니다. 형용사 자체가 용언으로서 술어가 될 수 있기 때문이지요. 따라서 동사 없이는 어떤 문장도 생각할 수 없는 서구어와 매우 다른 특징을 갖습니다. 푸코가 『포르-루아얄 논리학』을 인용해 언어의 가장 근본적인 요소로서 강조한 ‘동사의 이론’은 여기에서 빗나가게 됩니다. 그렇다면 동사의 동일화 기능에 기초한 논리학의 동일률 역시 다르게 보아야 하는 게 아닐까요?

실제로 서구의 논리학에서 가장 근본적인 법칙조차도 진리이거나 자명한 게 결코 아니란 점은 자주 지적되어 왔습니다. 니체는 동일률이나 모순률이 진리란 것을, 혹은 누구나 그것을 반드시 지켜야 한다는 것을 대체 누가 증명한 적이 있느냐고 질문합니다. 아무도 그것의 보편타당성을 입증할 수 없으면서도 그것을 지켜야 한다는 논리학의 규칙, 여기에는 진리를 향한 의지조차 없으며, 단지 모든 걸 동일한 틀에 꿰어맞추고 지배하려는 권력의지만이 있을 뿐이라고 니체는 갈파합니다.

한편 동일률, 모순율과 함께 가장 기본적인 규칙으로 간주되어온 '배중률'은 직관주의의 대표자인 브루베르(L. Brouwer)라는 수학자에 의해 부정되었습니다. 배중률이란 어떤 게 A가 아니면 ~A(not A)지 그 중간은 없다는 것입니다. 거칠게 말해 "기면 기, 아니면 아니지 중간은 없다"는 것입니다. 그럼 배중률은 왜 부정되었을까요?

원주율인 π값을 컴퓨터로 계산하면 다음과 같이 나옵니다.

$\pi = 3.1415926535897932384626\cdots\cdots134999999837\cdots\cdots$

π는 아시다시피 무리수여서 불규칙하게 수가 이어집니다. 그런데 소수점 아래 762번째 자리부터 9가 연속해서 6개가 나옵니다. 그런데 무한히 계속되는 이 수의 배열에서 다시 9가 연속해서 6개 나오는 경우가 있을까요? 혹은 이 수의 배열에서 9가 연속해서 10개가 나오는 경우가 있진 않을까요? 확률상으론 나올 가능성이 거의 없습니다. 그렇지만 수가 무한히 계속되므로 안 나온다는 보장도 없습니다. 따라서 그런 수가 나올 수 '있다'고도, '없다'고도 하기 곤란합니다. 바로 여기서 배중률은 난파하고 맙니다. 이처럼 있다고도 할 수 없고, 없다고도 할 수 없는 경우가 있다면 이제 모순률도 유지되기 어렵습니다. '있기도 하고, 없기도 하다'는 주장도 모두 거짓은 아니기 때문입니다.

그렇다면 문법을 달리하는 우리의 언어와 사고구조를 단지 서구의 논리학적 규칙에 끼워맞추려는 시도에 대해 근본적인 반성이 필요한 건 아닐까요? 좀더 나아간다면 우리의 언어에 대한 면밀한 연구를 통해 우리의 논리학적 규칙조차 다시 생각해볼 필요가 있는 건 아닐까요?

3. 소쉬르의 언어학적 '혁명'

소쉬르 언어학의 기본명제

언어나 기호가 갖는 가장 일반적인 특징은 그것이 어떤 사물이나 기호 사용자의 의도를 대신한다는 것입니다. 즉 우리는 기호를 통해서 어떤 사물을 지시하거나 어떤 의도를 표현한다는 거지요. 예컨대 '송아지'라는 기호는 실제 송아지의 '이름'이란 것입니다. 그리고 '먹는다'는 말은 먹는 행위를 가리키고, 그 기호를 사용하는 것은 먹는 것과 관계된 어떤 의도를 표현하기 위해서라고 하지요. 여기서 기호가 지시하는 대상(예를 들면 실제 송아지)을 흔히 '지시체'(referent)라고 합니다. 기호나 언어에 대해 흔히 갖고 있는 생각은 '송아지'라는 기호와 실제 송아지(지시체) 간에 상응, 일치관계가 있다는 것입니다. 기호는 지시체를 반영한다는 거지요. 이러한 사고방식이 언어나 기호에 대한 전통적 사고방식이라고 할 수 있습니다.

소쉬르의 언어학은 이러한 사고방식에 전면적으로 반하는 것이었습니다. 소쉬르의 언어학은 기호와 지시체 간에는 어떤 유사관계나 일치관계가 없다고 합니다. 그렇다면 기호들의 의미는 대체 무엇이고 어떻게 정해질까요?

소쉬르의 견해를 이 책의 주제와 관련해서 몇 가지로 요약해 봅시다.

첫째, 언어학의 대상과 그 특징입니다. 그에 따르면, 언어활동에는 랑그(langue ; 언어)와 파롤(parole ; 화언)이 있는데, 언어학은 랑그를 대상으로 한다고 말합니다. 파롤은 화언 혹은 발화로 번역되는데, 지금 제가 하고 있는 이 말들이 예가 되겠습니다. "나는 주스를 한 컵 마셨다"는, 제 성대를 울려 나오는 이 소리가 바로 파롤이지요. 그런데 이걸 경상도 사투리로 저기 앉아 있는 분이 말했다 합시다. 그건 분명히 다른 음색과 음량, 음파를 가질 겁니다. 사투리가 아니어도 마찬가지지요. 사람마다 말하는 게 다르니까요. 이 경우 같은 문장이지만, 모두 다른 파롤이라고 할수 있습니다. 심지어 시간이 좀 흐른 뒤에 다시 제가 같은 문장을 말한다해도 다른 파롤이 됩니다. 이처럼 말하는 사람과 시간에 따라 오직 일회성만 갖는 게 파롤의 특징입니다.

반면 랑그는 누가 어떤 목소리로 말해도 "나는 주스를 마셨다"란 말은 동일한 규칙에 따라 동일한 순서로 말해진 거지요. 만약 "주스는 나를마셨다"라든가, "마셨다 나 주스는 를"이란 식으로 말한다면 누구도 그말을 이해할 수 없습니다. 그러니 그런 식으로 말을 할 수는 없죠. 이처럼 말을 하려면 우리가 반드시 따라야 할 규칙이 있는데, 바로 이 규칙 전체를 랑그라고 합니다. '문법'이란 이 랑그의 일부입니다.

예를 들어, 500명의 학생들에게 이 말을 반복하도록 한다면 500개의 파롤이 행해지지만, 그 모두에서 우리는 오직 하나의 랑그만을 찾아낼 수있지요. 그런데 누군가 하나 심술궂은 사람이 있어서 "I drunk a cup of juice"라고 했다고 합시다. 앞의 것과 동일한 의미를 갖는 문장이지만, 다른 문자로 된 다른 기호를 다른 규칙에 따라 만들어낸 것이지요. 그렇다면 이때는 두 개의 랑그가 사용된 것입니다.

그런데 규칙이라는 것은 본래 적어도 두 사람 이상이 따를 때 성립하는 것이죠. 자기만의 규칙을 따른다는 것은 자기 멋대로 한다는 것과 다를 바 없고, 그것은 곧 규칙이 없는 것과 같지요. 따라서 랑그는 사회적이라고 할 수 있습니다. 내가 있든 없든, 내가 쓰든 안 쓰든 그것은 나와 무관하게 존재하는 것이죠.

언어학에서 가장 자주 쓰이는 비유는 바로 장기입니다. 예를 들어 어떤 말(馬) 하나를 병뚜껑으로 바꾼다 해도 장기를 두는 데는 아무런 지장이 없습니다. 랑그란 장기에서 말들을 움직이고 잡아먹는 게임 규칙 전체를 가리킵니다. 말들이 다른 걸로 바뀌어도 장기 규칙에는 아무런 변화가 없듯이, 우리가 쓰는 말(語)들이 다른 걸로 바뀌어도 언어사용 규칙인 랑그는 변하지 않습니다. 소쉬르는 이 랑그야말로 언어학이 다루는 대상이라고 합니다. 이것은 모든 언어활동(language)의 '사회적 규범'이며, 하나의 사회적 제도입니다(『일반언어학 강의』).

둘째, 기호와 지시체의 관계입니다. 그는 기호란 자의적이라고 합니다. 이것은 **기호와 그것이 담고 있는 의미와의 관계가 자의적**이란 말도 됩니다. 소쉬르는 기호를 기표(시니피앙signifiant)와 기의(시니피에signifié로 나누지요. 기표는 '표시하는 것'이란 뜻이고, 기의는 '표시되는 것'이란 뜻입니다.

예를 들어 여기 시계가 하나 있습니다. 그런데 제가 발음하는 '시계'라는 소리는 이 시계와 아무런 관련이 없습니다. 이 물건을 가리키기 위해 '티계'나 '치계'란 말을 사용해서는 안 될 이유가 없다는 겁니다. 시계라고 발음하기로 한 건 사회적인 약속일 따름이지요. 새로 약속을 바꾸어 '티계'라고 부르기로 한다면 이제 우리는 사전에서 '티계'란 철자를 찾으면 될 것입니다.

이런 식으로 기표는 그 대상과 무관하게 사용되거나 바뀔 수 있습니다. 즉 기호는 자의적인 것이죠. 이것은 또한 기표와 기의의 관계가 자의적이란 뜻이기도 합니다. 다만 예외가 있다면 욕할 때는 주로 격한 소리의 기표를 쓴다든가, 어두운 느낌을 표현할 때는 어두운 소리의 기표를 사용한다든가, 의성어나 의태어를 쓰는 경우 등입니다.

셋째, 공시성(synchrony)과 통시성(diachrony)에 관련된 것입니다. 예컨대 주어는 동사와 함께 쓰이며, 타동사는 목적어를 갖습니다. 이런 경우 주어는 동사와, 타동사는 목적어와 '공시적'이라고 합니다. 공시성이란 이처럼 어떤 기호를 사용하는 데 동시적으로 갖추어야 할 조건들을 말합니다. 반면 통시성이란 것은 예컨대 '셔ᇦ─ㄹ'이란 말이 역사적으로 '서울'이란 말이 되기까지 겪은 역사적 변화를 가리킵니다. 흔히 역사성이라고 하는 것과 유사한 말이죠.

따라서 그가 보기에 언어학에는 공시언어학과 통시언어학이 있을 수 있습니다. 위에서 보았듯이 통시언어학은 언어의 변화를 연구하는 것이고, 공시언어학은 언어의 규칙과 체계를 연구하는 것입니다. 소쉬르는 이 둘 중에서 언어학의 중심 영역은 공시언어학이라고 합니다.

넷째, 문장을 엮어가는 형식으로서, '결합관계'와 '계열관계'에 관한 것입니다. 결합관계란 프랑스어로 생타금(syntagme)이라고 하고 계열관계는 파라디금(paradigme)이라고 합니다. 다음의 예를 봅시다.

문장이란 '나는 밥을 먹는다'라는 식으로 단어들이 일정한 법칙에 의해 결합되어야 합니다. 이처럼 단어들이 공존하며 연쇄를 이루는 관계를, 그리하여 서로 연관되어 결합될 수 있는 관계를 '결합관계'라고 합니다. 아래 그림에서 가로축이 바로 결합관계의 축이지요.

(그림 5-3) 모세, 여호와의 부름에 답하다

"모세야." "예." "너는 이집트 땅에 가서 내 백성들을 해방시켜라." 여호와의 부름에 모세는 대답했고, 그리하여 히브리 노예를 해방시키는 '주체'가 되었다. 그러나 그것은 동시에 이름을 부른 여호와의 '신민'이 된 것이기도 했다. 영어의 subject는 그래서 주체와 신민이라는 상반되는 뜻을 동시에 갖고 있다. 이름을 부르는 것을 '호명'이라고 한다. 알튀세르는 호명을 통해 대답한 사람은 주체/신민이 된다고 말했다. 그런데 만약 여호와가 실수를 해서 "경세야"라고 불렀다면 어떻게 될까? 모세는 대답하지 않을 것이고, 히브리인 해방의 주체가 되지도, 여호와의 신민이 되지도 않았을 것이다. 그런데 여호와도, 우리도 바보가 아니다. 이름을 불렀는데 대답을 하지 않으면, "아, 이건 그의 이름이 아니군" 하며 그의 이름을 다시 찾을 것이다. 그렇다면 두꺼비나 여우는 제대로 된 이름일까? 아무리 "두껍아" 소리쳐 불러도 두꺼비의 대답을 들은 적이 없지 않은가? 우리가 아는 대부분의 이름이 "불러도 대답없는 이름" 아닌가? 그럼 이 모두가 잘못된 이름은 아닐까? 이는 기호(이름)의 자의성을 증명하는 것일까? 아니면 그것을 반박하는 것일까?(그림은 미켈란젤로Michelangelo의 조각 「모세」)

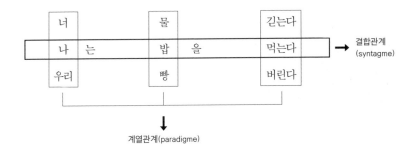

한편 위 그림에서 보듯이 '나' 대신에 '너'나 '우리', 혹은 그 밖에 주어가 될 수 있는 건 아무 단어나 들어갈 수 있습니다. '밥'이나 '먹는다'도 다른 단어도 대체될 수 있는 건 마찬가집니다. 이처럼 어떤 단어가 다른 것으로 선택되어 대체될 수 있는 관계를 '계열관계'라고 합니다. 즉 위 그림에서 세로축이 바로 계열관계의 축이지요. 이 두 개의 축이 단어들을 문장으로 만들고 언어로 조직하는 틀을 제공합니다.

다섯째, 소쉬르는 기호의 '가치'에 대해 이야기합니다. 이 말은 '좋다'/'나쁘다'를 말하는 '가치'가 아닙니다. '의미'라는 말과 유사한데, 사실은 의미란 말과 달라지는 내용을 표시하기 위해 끌어들인 용어입니다.

이와 관련해 소쉬르는 '양'이란 단어를 예로 들고 있습니다. 프랑스어의 mouton은 '양'이란 뜻인데, 알다시피 영어에서 '양'은 sheep입니다. 이런 점에서 '의미'가 같다고 할 수 있지요. 그런데 프랑스어의 mouton은 산 양이든 죽은 양이든, 양고기든 모든 종류의 양을 다 가리킵니다. 반면 영어에서 sheep은 살아 있는 양만을 가리킵니다. 이런 점에서 '가치'는 다른 거지요.

영어에는 프랑스어의 mouton에 해당되는 mutton이 있지요. 이 말은 mouton이 영어화된 말입니다. 알다시피 mutton도 양이란 뜻이지요. 그러나 영어에서는 살아 있는 양을 가리킬 때는 mutton이라고 하지 않

(그림 5-4)

위 그림은 반 아이크(Jan van Eyck)의 「아르놀피니의 약혼」*The betrothal of Arnolfini*에 등장하는 강아지다. 기묘한 표정의 상인 아르놀피니와 이미 배가 남산만큼 부른 약혼자의 발 밑에서 얼쩡대는 중인 것을 끌어왔다. 그런데 아직 제목을 붙이지 않았다. 두 가지 평범한 제목을 생각중이다. 하나는 '강아지', 다른 하나는 '개새끼'. 이 두 기호는 동일한 지시체를 갖는다. 둘 다 작은 개, 혹은 개의 새끼를 뜻한다. 그러나 같은 지시체를 갖는 이 두 기호는 너무도 다르다. 이 두 가지 의미를 구별하지 못해서, 섞어 썼다간 큰 곤경에 처하게 될 것이 분명하다. 그렇다면 이런 일이 대체 어떻게 가능한 것일까? 기호는 자의적이기에 어떤 걸로 써도 별 상관이 없어야 한다. 그런데 두 기호를 대접하는 사람들의 태도는 결코 동일하지 않다. 자의적이지 않은 걸까? 아니면 이미 사회적으로 부여된 의미 때문일까? 그렇지만 동일한 지시체를 갖는 두 기호가 이렇게 다른 의미를 갖는 것은 무엇 때문일까?

습니다. 이 말은 죽은 양, 양고기 등을 가리킬 때만 씁니다. 이런 점에서 mouton과 mutton은 '가치'가 다르다고 할 수 있지요.

여기서 잠시 상상력을 발동해 봅시다. 영국인이 프랑스어를 배웁니다. 프랑스인이 양을 가리키면서 mouton이라고 합니다. 그러면 영국인은 "아! mouton은 sheep이란 뜻이군" 하겠지요. 그런데 또 양고기 요리를 보면서 mouton이라고 합니다. 거기에는 상응하는 영어가 없자, "아! mouton이란 양고기를 가리키는 거군" 하겠지요. 그런데 살아있는 양이야 계속 sheep을 사용할 테니 별 문제가 없겠지만, 양고기를 보고선 프랑스인에게 배운 단어를 쓸 수밖에 없겠지요. 그러다 보니 mutton은 원래 프랑스어와 달리 양고기란 뜻이 되었을 겁니다. 이는 mouton이란 기호의 가치가 영어에 들어오면서 달라진 거라고 할 수 있겠습니다. 달라진 이유는 sheep이란 단어가 이미 있었기 때문이지요. 아마 양고기를 뜻하는 다른 기호가 있었다면 그 말은 안 쓰이거나 다른 뜻으로 쓰였겠지요.

이는 기호의 가치가 다른 기호들과의 관계 속에서 정해지기 때문입니다. mouton은 sheep이 가리키는 것과 '다른'(different), 그러나 아직 별도의 기호가 없는 대상을 가리키는 데 사용된 것입니다. 같은 말이지만, mouton(mutton)의 가치는 sheep이나 영어의 다른 기호들에 의해, 즉 그 기호들과 '다름'을 표시하고 있지요.

소쉬르에 따르면 외래어만이 아니라 모든 기호들이 다 그렇다고 합니다. '강아지'와 '개새끼'는 모두 '개의 새끼'를 뜻합니다. 그러나 누가 봐도 그건 다른 가치를 갖지요. 뒤의 말은 주로 욕을 할 때 사용하지요. 만약 이게 '강아지'와 같은 뜻이라면 이 단어를 별도로 사용할 이유가 없을 것입니다. 다시 말해 어떤 단어가 쓰이는 것은 다른 단어와 가치가 다르기 때문이고, 또한 다를 때만 그렇습니다. '개새끼'란 기호의 가치는 '개'나

'강아지'란 기호와의 차이에 의해 정해진다고 할 수 있지요. 따라서 기호의 가치는 **차이**(difference)**에 의해 결정된다**고 소쉬르는 말합니다. 이는 뒤에 큰 영향을 끼치는 매우 중요한 명제니 꼭 기억해 두십시오.

소쉬르 '혁명'의 효과

소쉬르의 언어학은 종종 '코페르니쿠스적 혁명'으로 비유됩니다. 다만 소쉬르 자신이 그런 '혁명'임을 주장한 적이 없다는 점에서 칸트와 달랐지만 말입니다. 그렇다면 언어학자의 이런 주장이 대체 무엇 때문에 그런 철학적 혁명에 비유되었던 것일까요? 다시 말해 소쉬르가 언어학에 새로 제기한 명제들은 대체 어떤 의미와 효과를 갖는 것일까요?

크게 두 가지로 나누어 요약합시다.

첫째, 체계적인 구조를 이루고 있는 언어와 그 언어를 사용하는 개개의 주체 사이의 관계에 대한 것입니다. 앞서 본 것처럼, 랑그는 개인에 의해 좌우되는 게 아니라 사회적으로 약속된 규칙의 체계입니다. 개인들이 말을 하기 위해선 그 규칙에 따라야 하고, 그 규칙의 체계 속으로 들어가야 합니다. 의미는 개인이 만들어내는 게 아니라 언어체계 안에서 랑그에 따라 만들어지는 것이며, 개인들은 그 규칙에 따라 의미를 말하고 또 받아들일 수 있습니다.

그렇다면 '옳다' '그르다'는 판단은 물론 '좋다' '나쁘다'는 판단 역시 언어의 구조 속에 있는 것이며, 개인들은 그것을 가져다 쓸 수 있을 뿐입니다. 따라서 사고나 판단은 개개의 '주체'가 하는 게 아니라, 언어의 의미체계(구조) 속에 있는 것이며, 개인들은 그것에 따라 판단하고 행동한다는 결론이 나옵니다.

이런 점에서 의미나 판단 혹은 사고가 '주체'에 의존하는 게 아니라 언어구조에 내장되어 있고, 거꾸로 '주체'들이 사고하고 판단하기 위해선 이 언어구조에 따라야 한다는 말이 가능해집니다. 언어를 통해 의미나 사고, 판단을 객관화하는 것입니다. 그 결과 '주체'는 더 이상 자기가 말하고 받아들이는 행위의 중심이 아닌 게 되며, 그 중심은 오히려 주체 외부에 있는 언어라는 객관적 구조에 있다는 게 분명해진 셈입니다. 이래서 소쉬르는, 그 자신은 구조란 말을 사용하지 않았음에도 불구하고 구조주의의 창시자라고 불리지요.

이러한 측면에서 볼 때, 소쉬르의 언어학은 주체를 중심으로 회전하던 근대철학을, 그 중심을 해체함으로써 궤도에서 벗어나게 할 가능성을 갖고 있었던 것입니다. 이런 점에서 그것은 세계의 중심을 다시 주체 외부로 옮겨놓은 '코페르니쿠스적 혁명'이라고 할 요소를 갖고 있음에 틀림없습니다. 이것이 소쉬르 언어학의 탈근대적 요소라고 할 수 있습니다.

그러나 이것만으론 아직 충분하지 않았습니다. 왜냐하면 이 자체만으론 언어구조를 하나의 단일하고 자기완결적인 체계로 간주하게 될 위험이 크기 때문입니다. 그리고 이 경우 주체는 그 단일한 언어구조가 빚어내는 '구조의 효과'로 정의되게 됩니다. 이때 구조란 언어를 사용하는 다수의 주체들이 동일하게 사용하는 기초를 제공하는 게 되며, 모든 인간이 동일하게 사고하고 판단할 수 있는 근거를 제공하게 됩니다. 즉 칸트적인 의미에서 일종의 '선험적 구조'가 되는 것이지요. 그것이 주체 외부에 있다는 점에서 칸트와 다르지만(그래서 탈근대적이지만), 그 언어를 사용하는 모든 사람의 공통된 판단의 단일하고 통일적인 구조란 점에서 칸트와 유사합니다(그래서 근대적입니다). 말하자면 주체 외부의 선험적 구조라고 할 수 있겠지요.

이는 결국 선험적 구조를 주체 외부로 잠시 끄집어냈다가 다시 주체 내부에 옮겨놓는 것으로 귀결됩니다. 이런 점에서 훔볼트의 칸트주의와 매우 유사하다는 데 주목합시다. 이런 한에서 소쉬르의 '구조주의'는 근대적인 성격 또한 갖는다고 할 수 있을 것입니다.

둘째, 소쉬르 언어학의 내적인 모순을 지적할 필요가 있습니다. 소쉬르가 기호의 의미에 대해 설명하는 데는 두 가지 방식이 있습니다. 하나는 '기표'와 '기의'라는 짝에 의해서입니다. 기표와 기의의 관계는 자의적이라고 이미 말했지요? 12개의 숫자 사이를 규칙적으로 도는 저 물건을 굳이 '시계'라고 할 이유는 없다고 말입니다. 그러나 '시계'라고 쓰자고 일단 약속을 하면, '시계'라는 기호의 의미는 저런 종류의 물건으로 고정됩니다. 즉 기호(기표)와 의미(기의) 사이의 관계는 약속에 따라 고정된 것으로 간주됩니다. 이제 '시계'라는 기호를 보면 세 개의 바늘이 하루 종일 도는 저런 종류의 물건을 언제나 떠올리게 됩니다. 저 물건이 있는 한 '시계'란 기호는 계속 존재할 겁니다.

반면 기호의 '가치'란 개념을 앞서 보았지요? 그때 '개새끼'란 기호의 가치는 '강아지'란 기호와의 차이(다름)에 의해 결정된다고 했지요? 이 차이가 바로 '개새끼'란 기호의 존재를 가능하게 해주는 것이고 말입니다. 그런데 이 말은 기호들 사이의 관계가 달라지면 어떤 하나의 기호가 다른 '가치'를 가질 수 있다는 것 또한 의미합니다(이는 소쉬르에게선 그다지 명시적으로 읽히진 않습니다).

예를 들면 "사랑은 / 가을을 끝낸 들녘에 서서 / 사과 하나 둘로 쪼개 / 나눠 가질 줄 안다"(김남주, 「사랑은」)에 나오는 '사과'라는 기호와 "빌헬름 텔은 총독이 아들의 머리 위에 얹어 놓은 사과를 향해 떨리는 가슴으로 활시위를 놓았다"에 나오는 '사과'라는 기호를 비교해 봅시다. 앞 문장의 사과는 '사랑', 열매 맺는 '가을', '나눠갖다'와 같은 기호들 속에 자리 잡고 있습니다. 거기에는 사랑과 결실, 사랑과 나눠가짐, 그것이 주는 정 감과 온기가 잘 익은 사과 빛깔처럼 스며들어 있습니다. 반면 뒤 문장의 사과는 '총독', '아들의 머리 위', 거길 겨누고 있는 '활(화살)' 등의 기호 속 에 자리잡고 있습니다. 거기에는 총독의 억압과 모짊, 아들의 머리를 겨 냥해야 하는 명사수 아버지의 고뇌와 그것이 주는 긴장이 팽팽하게 압축 되어 있습니다.

이 두 개의 '사과'는 말 그대로 기호들간의 관계에 의해 각자의 가치 를 갖게 됩니다. 다시 말해 '사과'라는 동일한 기호에 새겨진 다른 기호의 흔적이 '다른' 것입니다. 위의 두 문장이 각각 나름의 소중한 의미를 갖는 것은 바로 이러한 '차이' 때문입니다. 그렇다면 하나의 기호는 일단 약속 이 성립된 연후에는 언제나 동일한 의미를 가질 거라는 앞의 명제와 모순 된다고 해야 하지 않을까요?

여기서 앞의 명제는, 언어구조 자체 내에서 기호의 의미를 언제나 고 정된 것으로 본다는 점에서, 그리고 주체가 기호를 사용하는 것은 언제나 그 고정된 의미를 갖다 쓰는 것이라고 본다는 점에서, 구조주의적 입장과 직결되어 있습니다. 즉 **기호의 의미는 구조 안에서 고정된 것이고, 개인이 사용 하는 의미나 받아들이는 의미는 이러한 구조의 효과**라는 것입니다. 반면 뒤의 명제는 이런 구조주의적 명제를 흔들고 있으며, **체계화된 기호의 망 속에서 도 기호의 의미(가치)가 얼마든지 가변적임**을 보여주고 있습니다. 이 점은 나 중에 구조주의를 비판하는 사람들(예를 들면 데리다)에 의해 강조되고 부 각됩니다(소쉬르에게 이러한 측면은 사실 매우 미약합니다).

결론적으로, 이러한 모순 역시 앞서처럼 **근대적 측면과 탈근대적 측면 이 소쉬르 언어학에 공존한다**는 것을 보여준다고 하겠습니다.

구조언어학의 기착지

소쉬르의 언어학을 가장 적극적으로 발전시킨 사람들은 흔히 '프라하학파'라고 불리는 언어학자들입니다. 야콥슨(R. Jakobson)과 트루베츠코이(N. Troubetzkoy)를 필두로 하는 이들의 이론은 대개 '구조주의 언어학'이라고 불립니다. 특히 야콥슨은 2차 대전으로 인해 미국에 망명해 있던 레비-스트로스와 같은 학교에서 지내면서, 레비-스트로스에게 매우 결정적인 영향을 미쳤습니다. 나중에 다시 다루겠지만, 바로 레비-스트로스를 통해 이제 구조주의 언어학의 방법론과 사고방식은 언어학을 넘어 인문-사회과학의 다양한 분야로 흘러들어 갑니다. 여기서는 일단 우리 주제와 관련해 야콥슨의 이론적 입장을 최대한 간략히 살펴보고, 그 특징에 대해 생각해 보기로 합시다.

첫째, **기호의 구조를 인간의 기호사용 능력으로 환원한다**는 것입니다. 앞서 소쉬르를 다루면서 결합관계와 계열관계를 얘기했지요? 거기서 우리는 "먹었다"란 말을 예로 사용했습니다. 이때 "먹었다"라는 단어는 단지 하나의 단어만이 아닙니다. 먹었다면 무엇인가를 먹었을 거고, 또 누군가가 먹었다는 게 함축되어 있는 거니까요. 다시 말해 '먹었다'라는 말에는 '누가 무엇을'이 포함되어 있는 것입니다. 이는 '먹었다'라는 말이 그와 인접한 다른 단어들을 대표하고 있음을 뜻합니다. 이처럼 '인접성'을 갖는 기호들이 하나의 기호로 표현되는 경우를 야콥슨은 '환유'(metonymy)라고 합니다. 연기를 보면 불을 떠올리듯이, 서로 가까운(인접한) 관계여서 하나를 보면 다른 것을 알 수 있을 때 단어는 생략될 수 있다는 거지요.

한편 "먹었다"라는 말은 "무엇을"이란 목적어를 갖습니다. "무엇"의

자리에는 밥이 올 수도 있고, 빵이 올 수도, 물이 올 수도 있습니다. 요컨 대 유사성을 갖는 다른 단어들이 선택되고 대체되어 사용될 수 있다는 겁 니다. 이처럼 '유사성'을 갖는 기호들이 선택·대체되는 관계를 야콥슨은 '은유'(metaphor)라고 부릅니다. 그는 이런 식으로 언어의 두 가지 측면 을 요약하고 있습니다(「언어의 두 측면과 실어증의 두 유형」, 『일반언어학 이론』). '사과'라는 말로 '사랑'이라는 기호를 표시하는 경우 역시 은유의 예지요.

소쉬르의 결합관계와 계열관계가 **언어의 구조**를 뜻하는 것이었다면, 야콥슨의 은유와 환유는 **기호를 사용하여 문장을 구성하는 능력**을 말합니다. 이는 실어증에 대한 그의 분석을 보면 분명하게 나타납니다. 「언어의 두 측면과 실어증의 두 유형」에서 야콥슨은 은유와 환유라는 두 개의 축에 따라 실어증을 두 가지로 나누고 있습니다.

예를 들어 '칼'이라는 단어를 들으면, 여러분들은 무엇을 떠올립니 까? 아마 여러분 중에 '죽음' '공포' 혹은 '강도' 등등을 떠올리는 분이 계 실 겁니다. 이는 '칼'이란 말에서 칼과 '인접'해 있는 다른 것들을 떠올리 는 것입니다. 이것이 인접성 연관입니다. 이런 분들은 자신의 사고구조가 환유적이라고 보면 됩니다. 한편 '칼'이란 말을 듣고 '못'이나 '송곳' '포 크' 등등 칼과 '유사'한 것들을 떠올리는 사람들이 있습니다. 이것은 유사 성 연관입니다. 이런 분들은 은유적인 방식으로 사고한다고 볼 수 있습 니다.

실어증에도 이런 두 가지 유형이 있습니다. 하나는 유사성 연관이 파 괴되는 것이고 또 다른 하나는 인접성 연관이 파괴되는 것입니다. 유사 성 연관이 깨진 사람은 예를 들어 '남편 없는 여자'를 표현하기 위해 '과 부'라는 표현을 사용하지 못합니다. "네 말대로라면 저 여자는 과부란 말이지?"라고 물으면, "아니, 그 여자는 남편 없는 여자야"라고 대답하는 경우를 생각하면 이해하기 쉬울 겁니다. 이런 유형의 실어증 환자는 유사한 단어를 찾아내 설명하거나 치환시킬 줄 모릅니다. 그리고 이 증상이 심해지면 환유적인 문법구조만 남게 되어 다른 단어는 다 잊어버리고 접속사만 남습니다.

반면 인접성 연관이 깨진 사람이 있다면, 그는 명제를 구성해내지 못합니다. 그는 단지 한 단어를 비슷한 다른 단어로 대체하는 것만 할 수 있지요. 예컨대 "'과부'는 밤에 외롭다"와 같은 명제를 만들지 못합니다. 특히 접속사를 잘 사용하지 못하지요. 다만 유사한 다른 단어를 찾거나 비유를 할 뿐입니다. '과부'는 '미망인'이고, '남편 없는 여자'고 등등으로 말입니다.

이것은 언어를 구성하는 능력이 인간의 사고 안에, 즉 인간의 뇌 안에 있다는 것을 의미합니다. 소쉬르가 생각했던 언어의 구조가 야콥슨에 이르면 인간의 선험적인 언어사용 능력이 됩니다. 그것은 모든 인간에게 공통된 것이며, 언어를 사용하기 이전부터 갖고 있는 것이고, 그것이 깨지면 사고하거나 판단하는 게 불가능해지는 그런 능력이지요.

이것은 인간이 인간 외부에 존재하는 기호나 기호의 망을 어떻게 사용할 수 있는가를 보여준다는 점에선 적극적인 측면을 갖습니다만, 동시에 또 하나의 선험적 주체를 가정 ─물론 주체라는 말을 쓰지는 않지만─ 하는 효과를 갖습니다. 즉 소쉬르의 언어학이 갖고 있는 칸트주의적 요소를 더욱 확대하는 것이죠. 이런 점에서 야콥슨은 훔볼트의 칸트주의에 근접하는 셈입니다. '주체 없는 주체철학'이 되는 것입니다. 이는 나중에 레비-스트로스에게서도 마찬가지로 발견되는 특징입니다. 레비-스트로스는 소쉬르조차 야콥슨을 통해 받아들였기 때문에, 그리고 야콥슨의 영향을 적극적으로 수용하기에 이런 측면은 결코 사소하지 않은 특징이 됩니다.

다른 한편, 야콥슨은 소통(communication)학자였던 부친의 영향으로, 소통이론의 관점에서 언어학과 시학에 대한 이론을 발전시킵니다. 「언어학과 시학」이란 논문에 나오는 다음 도식은 매우 유명합니다.

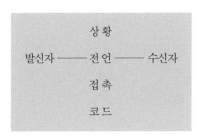

이 그림에 기초해 그는 언어의 여섯 가지 기능을 정의하지요(이는 그냥 넘어갑시다). 여기서는 소통이론에 따르면, 발신자와 수신자가 있고, 전해야 할 메시지(전언)가 있다는 데 주목합시다. 그리고 메시지를 만들거나 전달된 메시지를 해독할 '코드'가 있습니다. 이런 도식에서 언어는 어떤 의미를 있는 그대로 전달해 주는 수단이고, 그로 인해 메시지는 수신자에게 전달되며, 코드는 그런 전달 가능성을 미리 확보해 주는 조건입니다.

결국 이런 요소들은 소통을 가능하게 해주는 보편적인 요인들이고, 언어학은 이런 보편적-과학적인 지식을 추구하는 학문이 됩니다. 여기서 진리는 메시지의 참뜻, 즉 발신자가 수신자에게 보내려 한 의미고, 그걸 받아보는 수신자는 진리를 읽어내는 자가 됩니다. 코드는 메시지에서 진리를 읽어내는 수단이며, 결국 **진리가 소통구조 전체에서 목적의 자리를 차지**

하고 있음이 드러납니다. 이러한 이론적 구조에서 진리 주위를 맴도는 근대적 과학주의를 읽어내는 것은 그리 어려운 일이 아닙니다.

요컨대 야콥슨의 언어학은 특이한 방식으로, **소쉬르 언어학을 근대적인 주체철학과 과학주의의 방향으로 끌고 나갔다**고 할 수 있겠습니다. 이는 소쉬르 안에 있는 근대적 요소와 탈근대적 요소 가운데 전자를 확대하면서 후자를 약화시킨 것이라고 할 수 있겠습니다.

4. 비트겐슈타인 : 언어게임과 언어적 실천

구조언어학의 난점

소쉬르의 구조언어학은 언어와 인간에 대한, 그리고 구조와 주체에 대한 새로운 사고를 가능하게 해주었습니다. 즉 새로운 사고영역을 개척한 것이지요. 그러나 그것은 또 언어학으로서 설명해야 할, 그러나 구조주의적으로는 설명하기 힘든 문제를 갖고 있었습니다. 언어와 대상(지시체) 사이에 어떤 실제적 연관을 상정하는 실증주의적 입장과 비교해 구조언어학의 난점을 살펴보겠습니다.

예컨대 논리실증주의와 유사한 언어관을 가지고 있던 러셀은, 만약 치즈에 대한 비언어적인 지식을 가지고 있지 않다면, 어떤 사람도 '치즈'라는 낱말을 이해할 수 없을 것이라고 말합니다. 그러나 지시체 즉 대상과 기호 사이의 관계는 자의적이며, 기호는 서로 긴밀하게 엮인 하나의 체계(랑그)를 이루고 있다고 보는 입장에선 생각을 달리합니다. 그 낱말은 다른 기호들에 의해 정의되며, 관계된 다른 기호들(예를 들면, 우유, 버터 등)과의 차이로 그 의미를 파악할 수 있다고 하지요. 야콥슨에 따르면, 치즈라는 말은 영어로 '커드로 만들어진 음식'(food made of pressed curd)입니다. 여기서 curd는 응유(응결된 우유)라는 뜻이니, 치즈는 응결

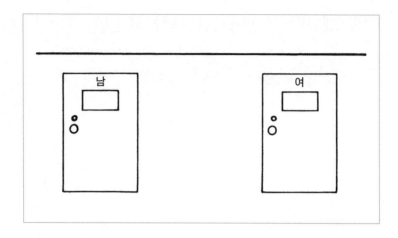

(그림 5-5) 남과 여

위 그림은 라캉이 기차를 타고 가다 보았다면서 써먹은 것이다. 소쉬르의 영향을 받아서 기호와 대상은 무관하며, "기표는 기의에 가 닿지 못한 채 그 위로 미끄러진다"고 했던 라캉이 보기에, 화장실에 붙은 '남'과 '여'라는 기표는 기호의 자의성을 증명하는 것으로 보였던 것이다. 확실히 '남'/'여'라는 기표가 문 위에 붙어 있으면, 우리는 거기서 남자나 여자가 아니라 화장실을 떠올린다. 그런데 만약 그 문과 기표가 있는 곳에 '목욕탕'이라고 쓴 간판이 있었다면, 우리는 '남'/'여'에서 화장실이 아니라 남탕과 여탕을 떠올릴 것이다. 기표의 의미는 하나로 고정된 게 아니라 이렇게 이웃한 기표들과의 놀이에 의해 규정된다. 소쉬르도 이런 얘기를 한 적이 있고, 라캉이나 데리다는 더욱 강조한 바 있다. 그러나 간판 대신 옷과 진열대가 있었다? 우리는 어느새 '남'과 '여'란 말에서 탈의실을 떠올릴 것이다. 다른 이웃한 기표가 없어도 그 의미의 변화를 알아차리기에 충분하다. 이제 기표는 다른 기표만이 아니라 이웃한 모든 것과 놀이한다고 바꿔 말해야 할 듯하다. 그런데 '남'/'여' 표시가 된 목욕탕의 문이 잠겨 있다면? 우리는 주인을 불러내 들어가려고 하지 않고 '월요일'이란 단어를 떠올릴 것이다. 또 다시 기호의 놀이. 그러나 우리가 그 문을 열지 못하는 것이 '월요일'이란 기표 때문일까? 오히려 그 반대는 아닐까? 문을 열 수 없다는, 다시 말해 목욕탕을 사용할 수 없다는 사실이 월요일이란 말을 휴일이란 말에 연결시키는 게 아닐까?

된 우유로 만든 음식이라는 말입니다. 야콥슨은 우리가 '응유'라는 말만 알고 있어도 치즈를 이해할 수 있을 것이라고 러셀을 비판합니다.

그러나 사태는 야콥슨의 생각처럼 간단하지 않습니다. 우리가 '응유'라는 말을 모른다면 어쩌겠습니까? '응유'를 알려면 우유를 알아야 하고, 응결이란 말을 알아야 합니다. 또 우유를 알려면 소를 알아야 하고, 젖을 알아야 합니다. 그리고 소나 젖을 알려면 또 무엇을 알아야 하고 등등, 결국 한 단어의 의미를 알기 위해선 사전 전체를 뒤져야 할 판입니다. 물론 그러다 보면 다시 '치즈'나 '우유'로 돌아올 게 뻔하지만 말입니다. 이래서 뒤에 다시 보겠지만, 라캉은 기표가 기의에 닿지 못하고 끊임없이 미끄러진다고 합니다. 라캉의 명제와 '가치'는 달라지지만, 우리는 다른 기호를 통해서 기호의 의미에 가 닿기 힘들다는 걸 알 수 있습니다. 그렇다면 이런 식으로 러셀의 주장을 반박할 수 있다는 야콥슨의 주장은 환상입니다. 이를 좀더 근본적으로 살펴보면 구조주의 언어학의 가장 큰 난점 중 하나에 이를 수 있습니다. 즉 우리는 언어를 어떻게 배우는가 하는 것입니다. 말을 바꾸면 외국어를 어떻게 배울 수 있는가 하는 문제입니다.

구조언어학에 따르면 기호의 의미는 기호사용 규칙과 다른 기호들을 알아야 정해집니다. 기호의 의미를 배우는 것도 마찬가집니다. 이미 아는 다른 기호가 없다면, 어떠한 기호의 의미도 알 수 없습니다. 조선시대에 최초로 영어를 배우려 한 사람을 상상해 봅시다. 예컨대 그가 mother란 단어를 알려 한다 합시다. 그게 어머니란 뜻인지 다른 조선인이 가르쳐 주지 못합니다. 영국인도 mother에 해당하는 조선어를 모르니 못 가르쳐 주지요. 사전을 찾으면 "a female parent of a child or animal"이라고 나옵니다. mother보다 더 난감한 단어들이 죽 이어져 나오니 이걸 어찌 알겠습니까? female을 뒤지고, parent를 찾아내고 child

와 animal을 찾아본다고 해서 이 말을 알 수 있겠습니까? 결국 언어사용 규칙과 다른 단어들을 '이미' 알고 있지 않다면 언어의 의미를 이해하는 것도, 그것을 배워 사용하는 것도 불가능한 일입니다. 구조주의자들 생각 대로라면, 마치 성문을 찾아 성 주변만 배회하다 끝나는 카프카 소설의 주인공처럼, 그 조선인은 영어의 주위만 빙빙 돌다 끝나고 말 겁니다.

요컨대 구조언어학에 따르면, 약속된 기호의 체계를 모르면 기호의 의미는 알 수 없는 것이고 사용할 수도 없는 것입니다. 영어의 랑그를 모르는 사람이 mother란 기호를 어떻게 사용할 수 있겠습니까? 그러나 조그만 기호의 의미도 모르면서 기호의 체계를 알 수는 없습니다. mother도 모르면서 영어라는 언어(랑그)를 알 순 없듯이 말입니다. 그렇다면 언어를 배우는 데 닭(랑그)이 먼저인지, 달걀(개별 기호)이 먼저인지 선택해야 하는 악순환에 빠집니다.

이런 때 실증주의자라면 신이 나서 끼여들지도 모르겠습니다. mother란 말을 어머니를 가리키면서 말하면 된다고 말입니다. 이를 '지시적 정의'라고 합니다. 간편한 방법이 있었던 것이지요. 그런데 만약 영국인이 뛰어가는 흰 토끼 한 마리를 보고 'rabbit'이라고 했다고 합시다. 그럼 영어를 배우는 조선인은 그게 'rabbit=토끼'라고 생각할까요? 혹시 'rabbit=뛰다, 달아나다'라고 생각하진 않을까요? 아니면 그 말을 '한 마리'란 뜻이나, '희다'란 뜻으로 볼 순 없을까요? 심지어 '귀가 길다'는 말을 가르쳐 주려는 걸로 생각할 수도 있지 않을까요?

너무 고지식하게 군다고 할지도 모르니 좀 양보하여, '토끼'라고 알아듣는다고 합시다. 그런데 만약 now나 when, general이란 말이라면 어떨까요? 이 역시 러셀처럼 '지시적 정의'를 사용하면 될까요? 이제 여기서 우리는 비트겐슈타인의 문제의식으로 넘어갈 수 있겠습니다.

언어게임과 '인식론'

비트겐슈타인의 철학은 크게 두 가지의 시기로 나누어집니다. 초기의 사상은 『논리-철학논고』라는 책에 요약되어 있습니다. 나중에 논리실증주의자들이 성전처럼 떠받드는 고전이 되는 책이지요. 한편 후기의 사상은 사후에 출판된 『철학적 탐구』라는 책에 집약되어 있습니다. 여기서 그는 초기에 자신이 만들어 놓은 이론과 생각들을 해체하고 부정하며 전혀 다른 입장으로 선회합니다. 우리가 주목하려는 것은 이 후기의 비트겐슈타인입니다.

비트겐슈타인의 초기 사상은 반영론과 비슷합니다. '그림이론'이라고도 하는데, 단어는 사물의 '이름'이고, 문장은 어떤 상황에 대한 '그림'이라고 합니다. 명제들은 물질이 원자로 나누어지듯이, 요소명제로 나누어지며, 이 요소명제는 참인지 거짓인지를 검증할 수 있다고 하지요. 그리고 명제 전체의 참과 거짓은 요소명제들의 진리함수라고 합니다. 즉 고등학교 수학책에 나오는 진리표를 통해 어떤 명제가 참인지 거짓인지 알 수 있다는 거지요.

반면 후기의 비트겐슈타인은 단어가 사물의 '이름'이라는 것부터 부정합니다. 예를 들어 '그리고'나 '언제'처럼 이름 아닌 것이 대부분이란 거지요. 그렇다면 단어의 의미는 무엇인가? 그것은 그 단어의 용법(use)이라고 합니다. 즉 단어가 어떻게 사용되는가에 따라 의미는 결정된다는 겁니다. 어떤 단어의 의미를 안다는 것은 그 단어를 사용하는 법(용법)을 배우는 것이란 말이죠. 예컨대 아까 말한 mother나 now, when, general 등 모든 단어를 그 영국인이 사용하는 것을 반복해서 보고, 그걸 어떤 경우에 어떻게 사용하는가를 배움으로써 그 단어의 의미를 안다는 것입니

다. 이러한 견해는 구조언어학과 실증주의의 간극을 가볍게 뛰어넘어 버리는 새로운 견해입니다.

잠시 water라는 단어를 생각해 봅시다. 알다시피 '물'이란 뜻이지요. 그런데 똑같은 이 한마디의 말이 그게 '사용되는' 맥락에 따라 크게 달라집니다. 예컨대 만약 어머니가 어린아이에게 물병을 가리키면서 "water"라고 했다면 '이건 물이야'라는 뜻일 겁니다. 그런데 이렇게 water라는 단어를 배운 꼬마가 밥을 먹다가 "water"라고 말한다면 그건 '물 줘'라는 뜻이겠지요. 또 낙타를 타고 긴 사막을 가던 어떤 대상(隊商)이 "water"라고 말하는 것은 '물이다! 이젠 살았다'라는 뜻입니다. 반면 홍수가 나 지붕 위까지 피신했던 사람이 "water"라고 소리친다면 그건 아마 '물이 여기까지 왔다. 이젠 죽었구나!'라는 뜻일 겁니다. 또 공사장에서 "water!"라고 외치는 것은 '여기 물 좀 부어줘'라는 뜻이겠지요.

이런 의미의 차이는 동일한 단어가 상이한 맥락에서, 상이한 방식으

◀ (그림 5-6, 5-7, 5-8) 오늘밤······

구조 언어학이나 그에 영향을 받은 사람들은 기호와 대상의 관계, 기호와 기호의 관계를 고려했다. '자의성'이니, '차이의 놀이'니, '랑그'니 하는 개념들도 그 두 가지 축으로 만들어진 좌표 안에 있었다. 그러나 기호의 외부는 정작 다른 곳에 있었다. 가령 옆 페이지 위의 오른쪽 그림(라 투르La Tour, 「성 세바스찬을 돌보는 성 이렌」)에서 성 세바스찬의 손목을 잡은 여인이 침울한 어조로 "오늘밤······"이라고 말했다 하자. 그것은 아마도 "오늘밤 돌아가셨습니다"를 뜻하는 것일 거다. 아래 그림(베어메어Jan Vermer, 「레이스를 짜는 여인」)에서 레이스를 짜는 여인이 조용하지만 이에 약간 힘을 준 어조로 말했다고 하자. "오늘밤······." 아마도 "오늘밤엔 기필코 끝내야지"를 뜻하는 것이리라. 다시 위의 왼쪽 그림(도미에Honoré Victorin Daumier, 「담소하는 3인의 변호사」)에서 징그런 표정으로 웃고 있는 변호사 중한 명이 약간 느끼하면서 윗니가 울리는 목소리로 "오늘밤······"이라고 말했다 하자. 필경 "오늘밤 김마담 집에 가자구"를 뜻하는 것일 게다. 아마 이외에 다른 그림을 골라서 똑같은 말풍선을 단다면, 대개 다른 의미의 문장이 될 것이다. 이 경우 동일한 하나의 기표가 전혀 다른 의미의 문장들을 언표한다. 그 차이는 랑그도 아니고, 대상도 아니다. 상이한 어조와 상황, 그리고 용법이 그런 차이를 만든다. 즉 기호의 의미를 결정하는 것이 기호 내부적인 게 아니라 기호 외부적인 게 된다. 그래서 어떤 이는 배우를 뽑을 때, "오늘밤"이란 한 단어로 30개의 상황을 표현해 보라고 했다는데, 이는 30개의 다른 문장을 말하는 것과 동일한 것이다. 기호의 의미에서 일차적인 것은 차라리 이런 게 아닐까?

로 사용된다는 사실에서 기인합니다. 물론 구조주의자라면 단어들의 응축이 이뤄지는 경우라고 말할 것입니다. 하지만 중요한 것은 어떻게 동일한 단어에 상이한 단어들이 응축되고, 또 그 동일한 단어를 통해서 사람들이 어떻게 응축된 상이한 단어를 읽어내고 이해하는가 하는 점입니다.

언어를 어떻게 습득하는가 하는 문제도 마찬가집니다. 언어를 배우려면 최소한 두 가지 요소를 배워야 합니다. 하나는 단어들이고, 다른 하나는 언어를 사용하는 규칙입니다. 구조주의자 입장에선, 단어의 의미는 랑그라는 전체적 규칙을 알아야, 그리고 다른 단어들을 알아야 알 수 있기 때문에, 이것을 먼저 배우는 건 불가능합니다. 반면 기본적인 단어들도 모르면서 랑그를 습득할 수는 없습니다. 따라서 랑그를 배우려면 단어들의 의미부터 먼저 배워야 합니다. 소쉬르의 언어학이나 구조언어학에선 이 악순환을 벗어날 길이 없습니다.

반면 비트겐슈타인은 단어를 몰라도 규칙을 배울 수 있으며, 규칙을 몰라도 단어를 배울 수 있다고 합니다. 단어의 의미는 그 단어의 용법이기 때문에, 그것은 언어를 사용하는 실천을 반복함으로써 배울 수 있다는 겁니다. 규칙 역시 마찬가집니다. 소쉬르가 말하는 랑그처럼 항상-이미 존재하는 통일적이고 완결적인 규칙의 체계가 있는 게 아니라, 언어적 실천 속에서 사용되는 부분적인 규칙들이 있는 것입니다. 전체 규칙의 체계를 몰라도 이 부분적인 언어사용 규칙은 **그것을 사용하는 실천을 통해서** 얼마든지 배울 수 있다는 것입니다.

실제로 우리 말의 랑그 전체를 알고 있는 사람은 별로 많지 않습니다. 그렇다고 해서 그들이 언어사용 규칙을 모른 채 언어를 사용한다고 할 수 없는 것도 이 때문입니다. 두드러진 예를 들어보면, 미국에서 슈퍼마켓을 운영하는 한국인은 영어의 문법을 거의 모르지만 슈퍼마켓을 운영하는 데 필요한 말 정도는 사용해서 장사를 합니다. 우리도 한국어에 서툰 외국인의 말을 대략 이해할 수 있다는 점에서 마찬가집니다. 문법책을 붙들고 20년 공부한 사람보다 차라리 과감하게 뛰어들어 되든 안 되든 영어를 사용해 본 회사원이 영어를 잘하는 것처럼 말입니다.

여기서 실천이란 어떤 것이든 특정한 규칙에 따라 행동하는 것을 말합니다. 그 규칙이 관습적인 것이든, 도덕적인 것이든, 아니면 단지 언어적인 것이든 간에 말입니다. 예컨대 슈퍼마켓에서 물건을 사고파는 것 역시 이런 규칙에 따른 것입니다. 물건을 사는 데 사용되는 언어사용 규칙이 있을 것이고, 그런 행동을 훔치는 행동과 구별해 주는 행동 규칙이 있을 것입니다. 이 규칙은 모두 사회적인 성격을 가질 겁니다. 이 규칙은 미국이면 미국, 한국이면 한국마다 고유한 '생활방식'(비트겐슈타인의 개념을 빌면 '생활형태')을 보여줍니다. 어떤 규칙도 이런 생활방식 속에서 만들어지고 변화되는 것이며, 또한 반대로 바로 이 규칙들이 모여 특정한 생활방식을 구성하기도 합니다. 이러한 생활방식은 사람들이 살아가는 형태, 즉 행동이나 실천의 형태인데, 이는 대개 언어적 실천과 결부되어 있습니다.

여기서 비트겐슈타인은 **언어게임**(Sprachspiel)이란 개념을 제시합니다. **특정한 규칙에 따르는 언어적 실천과 비언어적 실천이 서로 교차되는 영역**이 바로 언어게임이라고 합니다. 즉 언어게임이란 언어와 행동의 결합체요, 언어적 활동과 비언어적 활동이 교차되는 지점입니다. 언어게임은 언어적 활동이나 비언어적 활동 모두가 따라야 할 규칙들의 집합이며, 또한 그 규칙에 따른 행동의 집합이기도 합니다. 여기서 유독 '언어게임'이란 개념을 사용하는 것은 **말을 하는 행위가 더 큰 행위의 일부분임**을 표시하기 위해, 즉 생활형태의 일부분임을 강조하기 위해서입니다.

따라서 언어게임은 의미나 행동을 이해하거나 서로가 소통할 수 있는 맥락(context)을 제공합니다. 앞서 water란 말이 저토록 다른 의미를 갖는 것은 그토록 상이한 맥락 속에서, 즉 다양한 언어게임 속에서 다양하게 사용되기 때문입니다. 우리가 언어를 배울 수 있는 것은 이처럼 맥락 속에서 언어를 사용하는 것을 보고 이해하거나 생각할 수 있으며, 또한 그대로 따라하거나 응대할 수 있기 때문입니다. 비록 수많은 실수가 거기에 따르겠지만 말입니다.

따라서 언어게임은 동의나 합의, 실천이나 이해, 의사소통에 기준을 제공합니다. 반대로 언어게임이 다르다는 말은 언어적 실천이나 비언어적 실천이 기준으로 삼는 규칙이 다르다는 것을 뜻하며, 이 경우 합의나 동의, 또는 공통된 실천은 힘들어지고, 이해나 소통은 곤란하게 됩니다. 예컨대 외국어를 배우는 것은 단지 문법이나 사전을 외우는 게 아니라, 그 나라의 생활형태(흔히 '문화'라고 부르지요)를 배우는 것이고 거기서 사용되는 규칙(언어게임)을 배우는 것입니다.

한편 언어사용 규칙을 언어게임이란 개념을 통해 이해하는 한, 그것은 더 이상 랑그처럼 완결되고 불변적인 체계가 아닙니다. 오히려 그것은 생활형태에 의해 규정되는 것인 만큼, 아니 생활형태의 일부분인 만큼 가변적입니다. 즉 규칙이 불변적인 전체로 있고, 그것이 언제나 동일하게 작동하는 게 아니라, 규칙 자체가 가변적이란 겁니다. 강의실에서 사용하는 언어사용 규칙과 술집에서 사용하는 규칙, 혹은 어린애와 놀면서 사용하는 규칙은 결코 같지 않습니다. 일상적인 언어생활과 문법 간에 매우 다양한 차이가 있다는 사실이 바로 이것을 보여줍니다. 어떤 언어든 언어에는 얼마나 많은 예외가 있는지! 이 점에서 비트겐슈타인은 구조언어학과 매우 다른 길을 걷고 있음을 알 수 있습니다. 또한 의미를 단지 기호가 사용되는 상황으로 환원시키는 입장과도 다르다는 걸 알 수 있습니다(이를 흔히 '화용론'이라고 하는데, 영국의 오스틴이 대표적입니다). 결국 언어게임은 생활형태에 따라 가변적이며, 그 말은 언어사용 규칙까지도 가변적임을 뜻한다고 하겠습니다.

전 여기서 생활형태라는 개념이 맑스의 '생활양식'(Lebensweise; 『독일 이데올로기』)이라는 개념과 매우 유사하다는 점에 주목하고 싶습니다. 이는 실천이란 개념을 가지고 언어나 철학의 문제를 다시 사고하려는 두 사람의 공통성 때문에 나타나는 불가피한 유사성이라고 생각합니다. 예컨대 동일한 하나의 단어도 생활형태에 따라 다른 의미를 가질 수 있다는 비트겐슈타인의 명제를 맑스식으로 해석해 봅시다.

'일하다'란 낱말을 생각해 봅시다. 고대 노예제에서 이 말은 말하는 도구인 노예가 채찍과 족쇄, 제도 등에 의해 강제로 주인의 명령에 따르는 것을 의미합니다. 일한 대가는 아무것도 주어지지 않지요. 반면 자본주의 사회에서 그것은 자기가 사장과 계약을 맺고 그 계약에 따라 자의로 하는 것으로 나타납니다. 일의 대가는 임금으로 받고 말이지요. 싫으면 안 해도 그만입니다. 비록 생계를 유지할 돈은 구할 수 없게 되겠지만 말입니다. 자본주의 사회에서 노예에게 하듯 채찍을 들고 강제로 일을 시킨다면, 혹은 노예들에게 "자발적으로 좀 일해"하면서 일을 시킨다면 전자는 큰 저항에 직면할 것이고, 후자는 우스운 말이 될 것입니다.

또한 여성들이 대개 집에서 가사일을 하는데, 만약 그런 주부들이 노동에 대해 대가를 요구하면 어떻게 되겠습니까? 우리 사회에서는 아무도 그것을 '노동'으로 인정하지 않지요. 심지어 남편조차도 아내인 주부와 생활형태가 다르기 때문에, 즉 자신이 사무실에 앉아 하는 것만을 노동으로 알기 때문에 그 요구를 묵살할 것입니다. 사실은 사무실에서 하는 노동은 임금을 지불받기 때문에 '노동'으로 인정되고, 가사노동은 지불받지 못하기 때문에 '노동'으로 인정되지 않는 것이지요.

비트겐슈타인은 여기서 한걸음 더 나아갑니다. 그는 이러한 생활형태의 차이 때문에 언어게임 사이에 싸움이 나타난다고 합니다(『확실성에 관하여』). 공동의 상황에서 언어를 상충되는 방식으로 사용하는 일은 자주 접하는 일입니다. 이처럼 흔히 나타나는 언어게임의 싸움, 상이한 의미들이 충돌하는 사태는 '생활형태가 다르기 때문에 나타나는 것'이라고 합니다. 그는 이러한 싸움에서 공통의 실천 혹은 상황의 공유가 가능하다면 의미나 규칙을 확인하고 수정하는 것은 가능하다고 말합니다. 그러나 '자유'나 '평등' 같은 단어들에 대해서는 합의에 도달하기 힘들 것입니다. 왜냐하면 이것을 상반되게 사용하는 두 집단의 생활형태는 완전히 다르며, 따라서 공통의 실천이 존재하기 힘들고, 이로 인해 공통의 의미를 형성하기 힘들기 때문입니다. 따라서 여기서는 충돌과 대립이 주로 나타나게 됩니다.

또한 그는 진리나 지식에 대해서도, 진리를 요소명제의 함수로 정의하던(쉽게 말해 진리값을 계산하려던) 초기의 입장을 버리고 전혀 다른 방향에 섭니다. 그에 따르면 무얼 '안다'는 것은 '안다는 믿음'이고, 진리란 '확실하다는 믿음'이라고 합니다. 심지어 데카르트처럼 끝없이 의심하는 것도 믿음에서 출발한다고 합니다. 의심 끝에 뭔가 확실한 것에 이를 것이라는 믿음, 아무리 의심해도 의심할 수 없는 게 있을 거라는 믿음 말입니다. 비트겐슈타인은 확실성이라는 것은 실천적 목적을 위한 결단 즉 믿음에서 출발하는 것인데, 그 믿음은 어떤 식으로든 '정당화'되기 마련이라고 합니다. '정당화'란 자신이 옳다는 근거를 세우려는 노력인데, 그 방식에는 두 가지가 있습니다.

하나는 옳다고 생각되는 다른 지식이나 명제와 연루시킴으로써 정당화하는 것이고, 다른 하나는 실재와 일치한다고 가정함으로써 정당화하는 것입니다. 그런데 비트겐슈타인은 이러한 정당화가 무한히 계속될 수는 없다고 합니다. 즉 정당화에는 '끝'이 있다는 거지요. 그럼 그 끝은 무엇일까요? 그것은 행동(activity)이요 실천입니다. 요컨대 실천적 목적을 위한 결단에서 믿음은 출발하며, 이 믿음에서 모든 지식은 출발한다는 것입니다.

그렇다면 이제 진리의 개념 역시 언어게임과 생활형태란 개념 속에서 다시 파악되어야 합니다. 왜냐하면 실천이란 '특정한 규칙을 따르는 것'이기에, 어떠한 실천도 규칙을 제공하는 특정한 언어게임에 의해 행해질 수밖에 없기 때문입니다. 언어게임이 생활형태의 일부라는 것을 잊지 않았다면, 실천이란 특정한 생활형태 속에서 행해지는 것임을 이해하기는 쉬울 것입니다. 결국 진리란 특정한 생활형태 속에서, 같은 말이지만 특정한 언어게임 속에서 정의되는 실천을 위한 믿음에서 출발한다고 할 수 있겠습니다. 다시 말하면 특정한 생활형태에 의해 만들어지고 특정한 언어게임에 의해 정당화되는 믿음이 진리의 출발점이란 것입니다. 그렇다면 진리에 대해 다시 이렇게 정의해도 좋지 않을까요? 진리란 특정한 언어게임 내부에서 진리효과에 의해 정당화되는 지식이라고 말입니다.

근대철학과 비트겐슈타인

비트겐슈타인의 언어철학은 구조언어학의 그것과 몇 가지 점에서 크게 다릅니다. 기호의 의미를 용법으로 정의하는 것도 그렇고, 실천이란 개념을 통해 언어의 문제를 사고하는 것도, 생활형태 속에서 언어활동을 이해하는 것도 그렇습니다.

특히 둘의 차이가 두드러지는 것은 비트겐슈타인의 언어철학에는 구조언어학과 달리 항상-이미 정해진 의미구조, 완결된 체계를 이루는 의미구조 같은 것이 없다는 점입니다. 물론 어떤 언어든지 나름의 규칙에 따라 사용될 수밖에 없습니다. 그러나 비트겐슈타인에게는 그 규칙 자체가 소쉬르가 생각했던 랑그처럼 하나의 단일한 체계로서 항상-이미 존재하고 있는 게 아니라, 언어적 실천에 의해 가변하는 (게임의) 규칙으로서 존재하고 있는 것입니다. 즉 '랑그'는 불변적인 실체가 아니라, 어쩌면 일종의 가족유사성을 갖는 규칙들의 집합인 셈입니다. 따라서 소쉬르와 달리 비트겐슈타인은 상황과 무관하게 하나의 언어를 사용하는 모든 인간이 공유하고 있는 선험적 구조를 상정하지 않습니다. 또한 기표의 의미가 용법이라면, 그것이 도달해야 할 어떤 본래적 지점이 따로 있는 게 아니기 때문에, '기표의 미끄러짐'과 같은 문제는 나타나지 않습니다.

다른 한편 소쉬르와 달리 언어의 의미가 별도로 존재한다고 생각하지 않으며, 오히려 언어게임 속에서 기호의 용법으로 의미를 정의함으로써, 차라리 그것을 규정하는 상황과 규칙, 그리고 실천에 주목케 합니다. 이런 차이로 인해 구조언어학으로는 설명하기 난감한, 언어를 가르치고 배우는 문제에 효율적으로 접근할 수 있습니다. 나아가 언어를 실천이나 상황과 같은 언어 외적인 것에 결부시켜 파악하기 때문에, 즉 생활형태라는 좀더 포괄적인 것의 일부분으로 다루기 때문에, 소쉬르처럼 언어 자체만을 독립시켰을 때와는 달리 언어의 변화를 이해할 수 있는 개념적 공간을 마련하고 있습니다. 이는 언어적 실천과 비언어적 실천, 언어와 언어 외적인 것 간의 관계를 이해할 수 있게 해줄 고리가 되리라 생각합니다.

이제 진리는 이렇게 정의된 언어 및 언어게임의 개념을 통해 형성되는 믿음의 문제로 파악됩니다. 그 믿음은 물론 실천과 생활형태에 의해 만들어지는 것이지만 말입니다. 지식을 이런 관점에서 파악함으로써 대상과 개념의 일치, 혹은 대상과 주관의 일치라는 근대적 진리 개념으로부터 완전히 벗어납니다.

저는 이러한 관점을 좀더 밀고 나간다면 진리를 '특정한 언어게임 내부에서 진리효과에 의해 정당화되는 지식'으로 다시 정의할 수 있으리라고 생각합니다. 즉 옳은 지식으로서 갖는 효과(진리효과)에 의해서, 특정한 언어게임 내부에서 진리라는 믿음을 지속할 수 있는 지식이 바로 진리일 거라는 생각입니다. 그게 공학에 의한 것이든, 다른 이론적 명제에 의한 것이든, 아니면 집단적이거나 개인적인 실천에 의한 것이든 간에 말입니다.

이런 점에서 본다면 실천은 실증주의자의 생각처럼 진리를 '검증'해주는 기능을 하는 게 아니라, 진리효과에 의해 어떤 지식을 정당화하거나 부정하는 기능을 한다고 할 수 있겠습니다. 비트겐슈타인이 말하는 '믿음'이란, 단순히 주관적인 신앙이라기보다는 이처럼 실천에 의해 유지되거나 파괴되는 것이고, 따라서 진리란 '믿음의 함수'이자 '실천의 함수'인 셈입니다.

그리고 '주체'란 언어게임을 통해 활동하는 개개인을 가리킨다고 하면, 그것은 결국 생활형태와 언어게임 속에서, 그리고 그 언어게임을 통해 형성되는 믿음에 의거해 만들어지는 것이라고 할 수 있을 겁니다. 이러한 **언어게임과 '주체' 간의 교호적 작동은 실천(언어적/비언어적)에 의해 이루어지고 있습니다.** 이런 점에서 **비트겐슈타인에게 '실천'의 개념이란 맑스에게서 '실천' 개념이 그랬던 것처럼 근본적이고 중심적 축임에 틀림없습니다.**

제6부

구조주의와 포스트구조주의
― 근대 너머의 철학을 위하여

1. 구조주의와 철학

현대철학에는 다양한 흐름이 있고, 이 흐름은 이제까지 얘기해온 것보다 훨씬 더 복잡한 양상을 띠고 있기도 합니다만, 이 자리는 어차피 한정된 것이기에, 그걸 본격적으로 이야기하기는 어려울 것 같습니다. 그래서 지금은 일단 구조주의자, 혹은 포스트구조주의자라고 불리는 사람들의 사상 가운데 대표적인 것만을 간략히 다루려고 합니다. 물론 이러한 흐름이 현대철학을 대변하는 것이냐는 반문이 있을 수 있습니다. 그건 옳은 말입니다. 현상학이나 하이데거, 거기서 이어지는 해석학적 흐름, 혹은 좀 다른 방향으로 현상학을 발전시킨 실존주의, 그리고 영미권의 철학도 나름의 분명한 전통을 형성하고 있는 게 사실이며, 독일에서는 비판이론이라 불리는 철학적 전통이 독일 너머까지 강력한 영향력을 미치고 있습니다.

하지만 근대철학의 문제설정과 그 경계들을 검토하는 게 우리의 주제라면, 이 한계를 넘어섬으로써 경계선을 드러내려고 한 시도가 명확하면 할수록 주제에 부합한다고 생각합니다. 구조주의나 포스트구조주의가 근대철학과의 관계를 명시적으로 드러낸다는 점, 그리고 근대철학의 한계를 의식적으로 넘어서려 한다는 점을 고려할 때 '유독' 이 자리를 빌려 이야기할 이유는 충분한 것 같습니다.

그런데 구조주의의 흐름에 들어서자마자 우리는 적잖이 당혹스런 사태에 부딪칩니다. 그것은 우리가 흔히 구조주의자라고 알고 있는 사람들이 한결같이 자신이 '구조주의자'임을 부정하고 거부한다는 것입니다. 오직 레비-스트로스만이 예외일 따름입니다. 이런 사정은 포스트구조주의자라고 불리는 사람들도 마찬가집니다.

그렇다면 이런 사태는 무엇 때문이며, 무엇을 의미할까요? 이건 그들을 직접 만나본 일이 없는 저로선 감잡기조차 어려운 일입니다. 그리고 이게 얼마나 중요한 문제인지도 의문입니다. 하지만 이런 사정의 원인이든 결과이든 간에, '구조주의'라는 말 자체가 매우 모호하게 사용된다는 점은 언급할 필요가 있겠습니다.

'구조'라는 말은 인문과학이나 사회과학에서 가장 흔히 사용되는 개념 중의 하나일 것입니다. 언어구조니 사회구조니 경제구조니 정치구조니 하는 말들이 그거지요. 구조주의란 말을 가장 넓게 사용하는 경우는 이처럼 구조를 가정하고, 그것이 반복적으로 다양한 현상들을 만들어낸다는 전제 위에 다수의 현상들 근저에서 구조를 찾아내려고 하는 시도를 가리키는 것입니다. 그런데 이는 지시하는 내용이 너무 포괄적이어서, 이 말만으로 어떤 철학적 태도나 사상적 흐름을 변별하기는 곤란합니다.

반면 가장 좁게는 언어의 일반적이고 공통된 구조를 찾으려 한 구조언어학을 가리키며, 그 영향을 받아 구조언어학의 방법을 사용하는 경우를 가리킵니다. 이들은 어떤 하나하나의 항은 다른 항과의 대립적 관계속에서 만들어지고, 각각의 요소들은 전체 체계를 이루며, 이 체계 속에서만 의미나 기능이 정해진다고 합니다. 이런 의미로 쓴다면 아마 구조언어학자와 레비-스트로스 정도만이 구조주의란 이름에 적당하다는 결론에 이를 것 같습니다.

다른 한편 이들의 영향 아래, **다양한 것들의 근저에 있는 구조를 보편적**

이고 무의식적인 수준에서 찾으려는 시도들이 있었습니다. 이들 역시 요소가 아니라 관계를 강조하고 그 관계 속에서 요소를 이해했지요. 예컨대 다양한 지식이나 사고를 가능하게 해주는 무의식적인 (사고)구조를 찾으려는 시도(푸코의 에피스테메)나, 모든 인간이 공통으로 가지고 있는 무의식의 구조를 규명하려는 시도(라캉의 '타자'), 혹은 다양한 사회에 공통된 요소들을 찾아내고, 그 요소들의 결합관계로써 사회의 본질적 구조를 찾아내려는 시도(알튀세르/발리바르의 생산양식) 들이 이런 관점에서는 '구조주의'로 간주됩니다.

제가 지금 '구조주의'란 말을 사용한다면 세번째 의미로 사용할 것입니다. 그러나 이들을 단순히 '구조주의자'란 하나의 이름만으로는 충분히 만족시킬 수 없습니다. 그들은 이후 구조주의가 가지고 있는 중요한 가정을 해체하고 파괴했습니다. 예컨대 모든 인간에 공통된 무의식적 조건을 찾으려는 시도나, 모든 경우를 포괄하며 설명할 수 있는 하나의 '구조'를 찾으려는 시도를 말입니다. 이런 점에서 그들은 '구조주의자'로 불리기를 거부합니다. 그렇지만 이러한 해체 역시도 구조주의를 통해 개척한 새로운 지반 위에서 행해진 것이며, 구조주의와 연속성을 갖고 있다는 것만은 완전히 부정할 순 없을 것 같습니다.

포스트구조주의라는 말은 그것이 대개('전부'는 아니란 의미에서) 구조주의의 연속성상에 있음을 뜻하지만, 동시에 그 한계를 해체하고 넘어선다는 점에서 구조주의를 벗어난다고도 할 수 있습니다. 알다시피 '포스트'라는 말은 무엇의 '후'라는 의미인데, 그것을 벗어난다는 것인지, 그것에 이어져 있는 부분이란 뜻인지 모호합니다. 이 모호함이 차라리 이 흐름이 갖는 이중적인 위치를 잘 보여준다고 생각해서, 저는 그냥 '포스트'라고 음독해서 쓸 생각입니다.

2. 레비-스트로스와 구조주의

구조언어학에서 구조주의로

레비-스트로스는 구조주의란 이름과 가장 긴밀히 결부되어 있는 사람입니다. 그는 2차 세계대전 당시 망명지 미국에서 구조언어학자인 야콥슨과 함께 지냈는데, 거기서 구조언어학의 영향을 매우 강하게 받습니다. 이후 그가 개척한 '구조주의'라는 흐름과 연구방법은 이때 야콥슨을 통해서 배운 것이었습니다. 그는 『구조인류학』이란 책에서 『음운학 원론』으로 유명한 트루베츠코이를 언급하면서 자기의 연구방법에 대해 이야기합니다.

첫째, "음운론은 의식적인 언어현상의 연구로부터 무의식적인 하부구조로 옮겨간다"고 합니다. 음운을 구별하는 것은 의식적인 게 아니라 무의식적인 거고, 따라서 음운론의 연구대상은 의식적 현상이 아니라 무의식적인 하부구조라고 합니다. 마찬가지로 레비-스트로스 자신 역시 친족관계나 신화 등에 대해 무의식의 차원에서 연구합니다.

둘째, "각각의 항을 하나의 독립된 실체로 연구하는 것을 거부하며 항과 항의 '관계'를 분석의 기초로 삼아야 한다"고 합니다. 예컨대 음소들 하나하나는 그 자체로는 무엇인지 알 수 없으며, 다른 것과의 관계와 대비 속에서 구별된다고 합니다. 예컨대 '방'이란 말에서 ㅂ은 ㅍ이나 ㅁ,

ㅃ과의 관계 속에서 자기 소리를 얻으며, 실제 소리도 다른 소리와의 대비를 통해서 구별됩니다. 따라서 중요한 것은 개개의 항이 아니라 그 항들 간의 관계입니다.

세째, "음운론은 체계의 개념을 도입한다"고 합니다. 음소들은 체계를 이루며, 결국 음운론이란 음소들의 체계를 찾아내는 것입니다. 이러한 체계의 개념은 나중에 '구조'란 개념으로 이어집니다.

넷째, "음운론은 일반적인 법칙의 발견을 목적으로 한다"고 합니다. 이것은 귀납에 의한 것이든 연역적인 것이든 상관없습니다. 물론 어느 경우든 단순히 경험을 일반화하는 식으로 수행하는 게 아니라 경험적인 것 속에서 일반법칙의 징후를 찾아내고, 그것들을 하나의 체계로 구성함으로써 법칙에 도달할 수 있습니다.

이러한 언어학적 방법은 다음과 같은 세 가지 점에서 구조주의의 형성에 기여한다고 합니다. 첫째, 언어학은 어떠한 인간집단도 예외가 될 수 없는 대상, 즉 분절화된 언어활동이란 **보편적인 대상**을 갖고 있습니다. 둘째, 언어학의 연구방법은 야만인이든 문명인이든, 현대인이든 고대인이든 **동질적인 방식**으로 적용됩니다. 셋째, 언어학의 방법은 다른 인문·사회과학에 비해 훨씬 **폭넓은 보편성과 엄격한 과학성**을 지닙니다. 이제 레비-스트로스는 보편적이며 동질적인, 그리고 정밀하고 과학적인 것을 자신의 연구영역에서 추구하려고 합니다. 그런데 그가 이런 방법을 통해 연구하려는 대상은 대체 무엇일까요?

한마디로 그것은 **모든 문화에 공통된 질서를 찾아내는 것**입니다. 동양 문화든 서양 문화든, 현대사회든 고대사회든 인간이 존재하는 모든 문화에 공통된 보편적 질서를 발견하려는 것이죠. 마치 야콥슨이 모든 언어에 공통된 어떤 보편적 구조(그는 이를 '메타구조'라고 합니다)를 발견하려고 했듯이 말입니다. 그리고 이를 통해 인간의 삶에 공통된 질서를 발견하고자 합니다. 이를 위해 그는 다양한 종족의 문화를 연구하는 사회인류학을 택했습니다. 다시 말해 '모든 문화에 공통된 질서'가 바로 레비-스트로스의 인류학적 연구대상입니다. 이것을 흔히 '심층구조'라고 합니다.

다른 한편 그는 이러한 공통된 사회적-문화적 질서를 찾으려는 데 머물지 않습니다. 왜냐하면, 만약 그러한 공통적이고 보편적인 질서가 존재한다면, 그것을 가능하게 해주는 공통된 보편적 사고구조가 인간에게 있으리란 생각을 끌어내는 건 차라리 쉬운 일이기 때문입니다. 실제로 그는 『날 것과 구운 것』의 「서곡」에서, 데카르트처럼 인간 이성의 보편적 형태에 대한 가정을 할 게 아니라 이성의 집합적 형태에 대한 경험적 연구를 통해서 그것을 찾아내자고 합니다. 그럼으로써 상이한 주체들이 진리를 받아들일 수 있게 해줄 그런 무의식적인 조건을 찾아낼 수 있을 거라고요. 이를 그는 '사회적 무의식' 또는 '구조적 무의식'이라고 합니다.

결국 그는 사회인류학이란 경험적인 연구를 통해 모든 인간이 공유하고 있는 이성을, 그리하여 인간이 진리에 도달할 수 있게 해줄 무의식적 기초를 찾아내려고 합니다. 이것은 레비-스트로스의 철학적 연구대상이라고 하겠습니다. 이러한 시도는 경험적 연구를 통해 이성의 선험적인 구조를 찾아내려 하는 것이고, 이런 한에서 이는 선험적 주체를 구성하려는 칸트의 노력과 유사합니다. 그래서인지 레비-스트로스는 자신의 연구가 "선험적 주체 없는 칸트주의"라는 리쾨르(P. Ricoeur)의 비판을 흔쾌히 받아들입니다. 오히려 그는, 자신의 철학적 작업을 정신의 보편적이고 불변적인 기초를 찾아내려는 칸트 철학적인 방식으로 진행하겠다고 하죠. 그의 연구가 인류학에 머물지 않고 사상적인 영향을 미치는 것은 이처럼 그의 작업이 갖는 철학적 의미 때문일 것입니다.

여기서 한마디 덧붙이자면, 레비-스트로스는 인간이나 주체를 구성하는 게 아니라 그것을 해체하는 것이 이제 인문과학의 목표가 되었다고 합니다. 그것은 근대철학에서 그러하듯이 주체나 인간이란 개념을, 혹은 보편적 이성을 출발점으로 가정할 게 아니라 오히려 그것을 해체해야 한다는 말입니다. 그리고 경험적 연구를 통해 진리의 기초, 인간들이 하는 사고의 보편적 기초를 찾아내자는 거지요. 그의 이런 입론의 영향으로, '반인간주의'나 '반주체철학'은 구조주의 이후 대부분의 사상가들이 받아들이고 공유하는 바가 됩니다. 이후 '인간의 죽음' '주체의 죽음'이 여러 사람에 의해 여러 가지 방식으로 선포되지요.

더불어 그는 역사주의를 비판한 것으로도 유명합니다. 그는 『야생의 사고』 마지막 장에서 사르트르의 역사주의를 비판합니다. 역사란 그것을 사고하고 쓰는 사람들에 의해 취사선택된 것이지 객관적이거나 과학적인 것이 아니라고 합니다. 반면 구조주의는 어떤 대상이 갖는 요소들을, 상호관계 속에서 체계화한다는 점에서(공시적으로 연구한다는 점에서) 객관적이라고 합니다. 이러한 반역사주의 역시 한동안 프랑스 사상가들에겐 중요한 '철학'이 됩니다.

두 개의 보편적 질서

그러면 그가 경험적 연구를 통해 도달한 곳은 어딜까요? 모든 인간에게 공통된 무의식적 기초는 무엇일까요? 그가 도달한 곳은 한마디로 '근친상간 금지'(incest taboo)라는 규칙이었습니다. 이를 위해서 그는 자연과 문화가 만나는 지점을 주목합니다.

인간이란 생물학적 존재면서 동시에 사회적 존재지요. 그런데 그는 인간이 편입된 곳이 자연인지 사회인지, 자연인지 문화인지를 구별해 주는 것은 무엇인가 질문합니다. 즉 자연이 끝나고 문화가 시작되는 곳이 어디냐는 거죠. 그것은 또한 동물과 달리 어떤 규칙이나 질서가 안정성과 지속성을 갖도록 해주는 것은 무엇이냐는 물음입니다. 『친족관계의 기본구조』의 첫번째 장은 바로 이 '자연과 문화'란 주제를 다루고 있습니다. 여기서 그는 '규칙'(rule)과 '보편성'(universality)을 대비시켜 정의합니다. 규칙은 문화에 해당되는 특징이고, 보편성은 모든 인간이 자연적 존재로서 갖는 특징을 가리킵니다. 따라서 규칙은 특수적이며 상대적이지만, 보편성은 자연발생적이고 절대적입니다.

그런데 어떤 규칙은 모든 인간에게 공통으로 나타나는 보편성을 갖는다고 합니다. '근친상간 금지'가 바로 그것입니다. 즉 그것은 더할 나위 없이 분명하게 규칙과 보편성이란 양자를 결합하여 갖고 있다는 것입니다. 이는 모든 사회적 집단에서 예외없이 발견된다고 합니다. 따라서 이는 자연적 존재로서의 인간과 사회적 존재로서의 인간을 연결해 주는 축인 셈입니다. 근친상간 금지라는 선을 통과하면서 자연적 존재는 사회적·문화적 존재가 됩니다. 즉 그것은 문화의 출발점이자 모든 문화의 기초인 것입니다.

이런 점에서 근친상간 금지는 우리를 안팎에서 둘러싼 이중의 질서를 기초짓는데, 그 가운데 하나는 보편적인 사회질서를 기초짓는 것입니다. 근친상간 금지는 그 자체가 허용과 금지의 내용을 담고 있습니다. 일정한 범위 내에서는 성적인 결합을 금지하는 한편, 그 외의 범위에서는 결혼이란 제도를 통해 성적인 결합을 허용하고 있습니다. 이는 근친상간을 금지하지 않지만, 바로 그렇기 때문에 특정한 방식의 결합을 안정적으로 '허용'하지도 않는 동물적 세계와 대비되는 것입니다.

그렇다면 가장 먼저 주시해야 할 것은 결혼을 매개로 이루어지는 인간관계가 어떤 보편적 특징을 갖고 있지 않겠느냐는 것입니다. 레비-스트로스는 결혼이란 근친혼 금지의 기초 위에서 여자의 교환으로 맺는 인간관계로 파악합니다. 즉 두 개의 집단이 여자를 주고받음으로써 친족관계를 이룬다는 것입니다. 이 친족관계가 사회구조의 기초며, 사회구조는 이러한 친족관계와 동형적(同形的)이라고 생각합니다.

친족관계의 기본구조는 간단히 말하면 다음과 같습니다. 친족구조의 기본단위는 아버지와 어머니, 그 자식, 그리고 외삼촌이란 네 항이 맺는 관계입니다. 즉 ①아버지-어머니 간 관계, ②아버지-자식 간 관계, ③어머니-외삼촌 간 형제관계, ④외삼촌-조카 간 관계가 그것인데, 이를 그림으로 나타내면 다음과 같습니다.

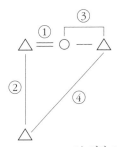

△는 남자, ○는 여자, ＝는 결혼관계, −는 친척관계

여기에 대비되는 두 가지 친족관계의 유형이 있습니다. 하나는 트로브리안드족이고, 다른 하나는 체르케스족입니다. 트로브리안드족은 모계사회의 특징을 가지고 있습니다. 그래서 아들은, 아버지의 마을에서 살긴 하지만, 나중에 재산은 외삼촌의 것을 물려받습니다. 부부간의 관계는 매우 친밀하며, 아버지와 아들의 관계도 친밀합니다. 이처럼 친밀한 관계

를 레비-스트로스는 (+)로 표시합니다. 반면에 남매간의 관계(이는 어머니와 외삼촌의 관계를 포함하지요)는 매우 엄격하며, 또한 외삼촌과 조카의 관계도 엄격합니다. 이는 (-)로 표현합니다. 요약하면 ①과 ②는 (+), ③과 ④는 (-)지요.

체르케스족은 이와 정반대되는 관계를 보여줍니다. 여기서는 부부간의 관계가 엄격하며, 대신 남매(외삼촌-어머니)간 관계는 매우 친밀합니다. 그러나 아버지-아들 간 관계는 매우 엄격하며, 외삼촌과 조카 사이는 매우 친밀합니다. 요약하면 ①과 ②는 (-)고, ③과 ④는 (+)인 겁니다. 이를 그림으로 표시하면 다음과 같습니다.

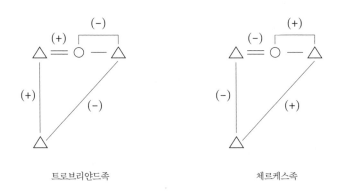

트로브리얀드족   체르케스족

여기서 알 수 있듯이, 부부간 관계가 친밀하면 아버지와 아들 간 관계도 친밀하며, 반대로 남매관계나 외삼촌-조카 간 관계는 엄격합니다. 그 반대로 부부간 관계가 엄격하면 아버지와 아들 관계도 엄격하고, 남매관계나 외삼촌-조카 관계는 친밀합니다. 요컨대 부부관계와 부자관계는 서로 같고, 남매관계와 외삼촌-조카 관계도 서로 같습니다. 그리고 전자와 후자는 서로 반대입니다. 따라서 어느 한 가지 관계가 나오면 다른 나머지 관계들은 자동적으로 연역됩니다. 이는 (+)와 (-)라는 두 개의 대립

되는 기호로 친족간의 보편적 관계를 표시할 수 있음을 보여줍니다(대립자질로 음운론 전반을 설명하려는 구조언어학의 방법론이 여기서도 활용되고 있습니다).

이처럼 레비-스트로스는 **인간의 보편적이고 '선험적인' 무의식을 기초로 친족관계의 보편적 구조를 찾아내며, 이로써 사회구조 전반을 관통하는 보편적인 사회질서를 찾아냈다**고 생각합니다.

다음으로 그는 자연과 사회, 자연과 문화, 인간을 관통하는 선험적 무의식을 통해 보편적인 사고질서를 파악하려고 합니다. 즉 그가 말하는 근친상간 금지는 보편적인 사고의 무의식적 기초요, 보편적인 사고 그 자체라고 할 수 있습니다. 그것은 문화와 자연, 그리고 정신의 동형성(同形性)을 기초짓고 있습니다.

여기서 그가 주목하는 것은 원주민들에게서 흔히 볼 수 있는 사유방식입니다. 흔히 마술적, 주술적이라 불리는 이 사고방식은 자연을 기초로 전개되는데, 레비-스트로스는 이것을 '야성적 사고'(la pensée sauvage, savage mind)라고 합니다. 이는 오랜 세월에 걸쳐 반복·지속적으로 자연을 관찰한 결과라고 합니다.

이러한 야성적 사고는 세계에 대한 지식을 획득하는 방법에서, 그리고 세계의 현상들을 바라보는 관심의 차이에서 과학과 구별될 뿐, 혼돈을 넘어서 나름의 질서를 파악하는 방법이란 점에서는 과학과 마찬가지라고 합니다. 이래서 레비-스트로스는 야성적 사고를 '구체적인 것의 과학'이라고 부릅니다.

야성적 사고는 원시인 혹은 미개인의 사고방식이 아니라 오늘날의 우리도 공유하고 있는 근원적이고 무의식적인 사고방식, 일차적인 사고방식이라고 합니다. 그래서 그는 '야성적'이란 말을 사용하는 것인데, 이

(그림 6-1) 수피(樹皮) 책에 기록하고 있는 인디언들

영화 「미션」을 보았는가? 저 원주민들이 자립적으로 살아갈 수 있는 인간인가 아닌가를 묻는 질문에, 이들이 신을 알며 예술을 안다는 것을 보여주지만, 사실 그건 교단에서 바라는 답이 아니었다. 결국 로버트 드 니로는 결사항전으로, 제레미 아이언스는 "미제레레"를 노래하며 동정을 구하는 죽음의 행렬을 인도한다. 비슷한 장면을 『슬픈 열대』에서 읽을 수 있다. 1517년 성 제롬 수도승단은 식민주의자들에게 원주민들이 그들 자신의 사회를 유지해 나갈 수 있다고 생각하는지 물었다. 식민주의자의 대답은 모두 부정적이었다. "원주민들의 손자 대에 가서나 자립생활이 가능할까, 현재의 원주민들은 악덕에 깊이 물들어 있기 때문에 불가능하다. 그 증거로 그들은 에스파냐 사람들을 회피하려고 하며, 보수 없이 일하기를 거부하지만 때로는 그들 자신의 소유물들을 남에게 모두 주어버리기도 한다. 그리고 우리가 그들 가운데 어떤 자들의 귀를 잘라 버렸을 때도 그들은 그 친구들을 버리는 법이 없다." 따라서 "원주민들은 자유로운 동물로 남아 있기보다는 인간의 노예가 되는 편이 더 낫다"는 것이 식민주의자들의 한결같은 평가였다. 그래서 레비-스트로스는 두 집단을 비교하면서 이렇게 말한다. "백인들은 원주민들이 동물이기를 바랐지만, 원주민들은 백인들이 신은 아닐 것이라고 의심하는 데 만족했다." 그리고 역사는 헤겔 말처럼 악인들이 더 결정적 역할을 한다는 것을 보여주었다. 저 빌어먹을 역사에 저주를!(위 그림은 디에고 리베라Diego Rivera가 그린 벽화의 일부다.)

는 모든 사람이 공유하고 있는, 사고의 보편적 기초인 셈입니다. 그는 이런 관점에서 토테미즘이나 카스트제도, 혹은 신화 등을 분석함으로써 토테미즘에도 나름의 논리와 체계가 있고, 보편화와 특수화라는 사고 메커니즘이 작동함으로써 사물을 분석-종합하는 사고구조가 형성되어 있음을 보여줍니다.

레비-스트로스는 이러한 자연적 사고방식에 '주술'이나 '마술'이란 이름을 붙여 과학과 대립시키고, '비과학적'이기에 불합리하다고 비난하는 것은 매우 잘못된 생각이라고 비판합니다. 이런 관점에서 본다면 근대의 과학혁명이 본격화된 15~16세기 이전의 자신들의 역사도 이해할 수 없는 난관에 부딪친다는 것입니다. 서구인들이 내세우는 과학적 사고방식 역시 이런 야성적 사고에서 만들어진 게 아니면 어디 하늘에서 떨어진 거겠냐는 거지요. 이런 점에서 야성적 사고는 자연과 인간, 물질과 정신을 이어주는 매듭이며, 자연에 기초한 무의식적 사유라고 합니다. 그것은 **모든 인간에 공통된 선험적 사고구조요, 보편적 사고질서**를 뜻하는 것이라 하겠습니다. 이런 점에서 그가 말하는 야성적 사고란 일종의 **구조적 무의식** 혹은 **사회적 무의식**인 셈입니다.

레비-스트로스의 귀향

요약합시다. 레비-스트로스는 앞서 본 것처럼 '인간의 해체' '주체의 해체'가 중요한 문제라고 주장합니다. 즉 데카르트나 칸트처럼 주체나 인간을 출발점으로 삼거나 그것을 철학적으로 규정하려는 근대적 노력에 대해 명시적으로 반기를 드는 것입니다. 이로써 그는 이후 '반인간주의'나 '반주체철학'이 자리잡을 수 있는 기초를 마련해 준 셈입니다. 사르트르

(그림 6-2)아르마딜로를 탄 아메리카 여인

이 그림은 네덜란드 화가인 코르넬리우스 비쉐르(C. Visscher)가 그린 것이라는데, 1639년 얀스준 비쉐르(J. Visscher)가 만든 세계지도에 아메리카를 상징하는 여인으로 다시 기입되었다. 아르마딜로라는 기이한 동물 등에 양손에 무기를 든 채 거의 나체로 앉은 여인. 이것이 16세기 중반, 아니 17세기 중반에도 유럽인들이 갖고 있던 아메리카인의 이미지였던 셈이다. 사실 이로 인해 이들이 과연 '인간'인지를 두고 15세기에 유럽 전체가 격렬한 논쟁을 벌였다. 그것의 핵심은 아메리카 인디언들을 동물처럼 노예로 사용해도 좋은가를 둘러싼 것이었다. 격하고 오랜 논쟁 끝에 인간의 범주에 속한다는 결론으로 끝나기는 했지만, 그 결론이 금광을 찾아나선 인간들의 탐욕에서 이들을 지켜주진 못했다. 그들은 자신들의 공동체에서 분리되어 금광으로, 은광으로 끌려가거나, 아니면 아예 북미 인디언들처럼 노동 대신 죽음을 선택했다. 그런데 이들이 인간인가를 두고 논란을 벌일 때에도, 흑인들에 대해서는 한 번의 토론도 없었다. 르네상스, 휴머니즘의 시대를 산 어떤 휴머니스트도 그들이 인간이란 생각은 전혀 해보지 않았던 까닭이다. 하긴 인간임을 선언하고 '해방'을 한들 무슨 소용인가? 여전히 노예적 억압과 핍박에서 자유롭지 못한 곳이 위대한 자본주의의 제국, 그곳이 아니던가! 인간중심주의(휴머니즘), 그 말에는 항상 하나의 형용사가 숨어 있다. '흰'(White)이라는 말이. 그러나 문제는 더 깊은 곳에 있는 게 아닐까? 인간이 아니라면 무엇이든 인간에게 봉사해야 마땅하고, 인간의 부림을 받아 마땅하며, 인간을 위해 죽임을 당해도 마땅한 것일까? 정말 지구는 인간을 위해 만들어졌으며, 동물이나 식물들은 인간이 먹으라고 존재하는 것인가? 슬픈 열대.

와의 논쟁을 통해 역사주의와 반대되는 과학으로서 구조주의를 정립한 것 역시 이후 반역사주의적 경향의 모태가 됩니다.

한편 레비-스트로스는 "중요한 것은 인간을 구성해내는 것이 아니라 인간을 해체하는 것이다"라고 주장하면서 근대적인 인간개념을 해체하려고 합니다. 동시에 새로운 방식으로 인간에게 공통된 보편적인 요소를 찾아내려고 합니다. 알다시피 그는 경험적인 연구를 통해 자연과 문화, 자연적 질서와 사회적 질서에 공통된 무의식적 기초를 찾아내고자 했습니다. 즉 인간이라면 누구나 그 위에 서야 할 공통된 보편적 사고구조를 발견하려고 했습니다. 이런 점에서 자신의 기획이 칸트의 그것과 본질적으로 유사하다는 것을 스스로 인정한 바 있지요. 근친상간 금지에 대한 지적에서 출발하는 그 이론은 의식과 사고의 무의식적 기초, 선험적 기초를 찾으려고 한 것입니다. 그것을 레비-스트로스는 '야성적 사고'라고 했던 거지요.

따라서 그의 입론은 주체를 그러한 심층구조의 효과로 본다는 점에서, 그리고 그것을 통해 만들어지는 것으로 보았다는 점에서 명시적으로 탈근대적 입장을 취하고 있지만, 동시에 모든 인간에 공통된 어떤 보편적이고 선험적 구조를 발견함으로써 그것을 구성하려 한다는 점에서 철저하게 칸트적이며 근대적이라고 할 수 있습니다(이는 야콥슨에게도 마찬가지로 나타나지요). 이런 점에서 볼 때 "선험적 주체 없는 칸트주의"보다는 "야성적 주체의 칸트주의"라고 하는 것이 더 정확한 표현은 아닌지 모르겠습니다.

결국 레비-스트로스의 구조주의는 **탈근대적인 문제의식을 가지고 출발해서 근대적인 기획으로 되돌아간 것**이라고 할 수 있습니다. 따라서 그가 제창한 구조주의는 두 개의 상반되는 얼굴, 상충되는 요소를 갖고 있는 문

제설정으로 간주할 수 있겠습니다. 그리고 사실상 그의 출발이 어떠했든 간에 그의 이론적 기획이나 문제설정 전반에 걸쳐 지배적인 것은, 스스로도 인정했다시피 '칸트주의'적인 측면입니다. 따라서 레비-스트로스의 이론적 작업이 근대철학의 경계선을 정신분석학과 사회인류학을 통해 넘어보려 한 것이었다면, 그 결과는 오히려 칸트적인 방식으로 근대적 사고로 복귀한 것이었다고 할 수 있습니다. 이런 점에서 그의 인류학적 '성공'은 철학적 '실패'와 동전의 양면인 셈입니다.

다른 한편, 과학에 대한 그의 태도 역시 이원적입니다. 원주민들에 대한 애정이 진하게 배어 있는 그의 작업은 '야성적 사고'를 통해 주술과 과학의 대립을 깨려는 노력을 보여줍니다. 그리고 서구적 관점에서 토템이나 주술을 '과학'의 이름을 빌려 매도하려는 시도를 정열적으로 반박합니다. 그의 입장은 서구적인 과학적 사고보다는 차라리 야성적 사고에 기울어 있는 것처럼 보입니다. 그것은 야성적 사고를 보편적 사고로 위치지으

◀ (그림 6-3) 아메리고 베스푸치, 신대륙에 도착하다

인간의 역사에서 가장 비극적인 사건을 하나 꼽으라면? 나는 이른바 '신대륙의 발견'이라고 감히 확언한다. 금과 돈에 대한 탐욕, 식민지에 대한 욕심으로, 이미 사람들이 멀쩡히 살고 있던 곳에 도달해선 마치 무슨 고상한 것을 찾아낸 과학자처럼 "신대륙을 발견했다"고 말하는 것이 얼마나 턱없는 오만과 아집, 몰상식을 증명하는가 하는 것 때문만은 아니다. 얼마 안 되는 수의 백인들에게 호의와 친절을 베푼 '인디언'들은 북미에서도, 남미에서도 모두 배신과 협잡, 사기와 강탈, 살인과 처형에 의해 거의 '멸종' 당했기 때문이다. 『동물기』의 작가 시튼이 보여주듯이 평화로운 삶과 하나가 된 위대한 사상을 갖고 있던 사람들이, 혹은 마야나 아즈텍 등의 거대한 문명을 갖고 있던 사람들이 유럽인이 가져온 탐욕과 아집, 무기와 병균, 그리고 다른 신을 참지 못하는 질투심 많은 그들 신의 끔찍한 저주에 의해 때론 노예적 삶으로, 때론 전쟁으로, 때론 사기와 강탈로 몰살당했던 것이다. 90퍼센트에 가까운 원주민들이 죽었고(이 숫자의 의미를 아는가!), 살아남은 자들은 한 구석의 '보호구역'에 갇혀 코끼리나 코뿔소처럼 간신히 생물학적 명맥을 보존하고 있다. 그 끔찍한 비극을 '발견'이라고 하는 순간, 모든 진실은 사라지고 유럽 문명을 추동한 과학적 열정, 진리에 대한 열정이 지구를 하나로 연결한 위대한 사건이 된다! 아마도 인류사에서 발견할 수 있는 가장 추악한 거짓말이 이 '신대륙의 발견' 혹은 '지리상의 발견'이라는 말일 것이다. 나는 이 말을 이렇게 바꾸고 싶다. "신대륙의 강탈" "신대륙의 몰살" "신세계의 처형"(그림들은 아메리고 베스푸치A. Vespucci의 책 『이 책이 말하노니…』에 실려 있는 삽화).

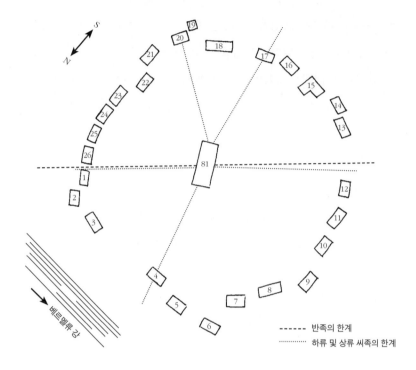

(그림 6-4) 보로로족의 마을 배치도

레비-스트로스에 의하면 가운데 있는 것은 '남자들의 집'이고 원을 그리며 배열되어 있는 것은 여성들이 소유한 기혼자들의 집이다. 보로로족은 다양한 반족(半族)들로 나뉘어지는데, 가령 수평으로 보이는 선을 따라 위쪽은 투가례족, 아래쪽은 세라족이고, 4와 17번 집을 잇는 선을 따라 왼쪽은 강의 상류에 사는 족, 오른쪽은 하류에 사는 족 등이다. 투가례족의 남자는 세라족의 여자와 결혼하며, 낳은 아이는 어머니를 따라 세라족이 된다. 투가례족이 죽으면 세라족이 장례식을 해주는데, 부락민의 반이 죽은 자의 역할을 하고 나머지 반이 산 자의 역할을 한다. 두 명의 상반되는 성격의 주술사도 각각의 반족에 속해 있다. 이런 식으로 그들은 "어느 한쪽이 상대편의 도움에 의해 즐기고, 다른 한쪽은 상대편에게 도움이 되도록 해야만 하는" 그런 관계를 만들었고, 여기서 주거지의 배치는 결혼이나 사회생활은 물론 우주론과 종교에 이르기까지 모두 하나로 엮이는 지반이 되고 있었다. 이 지역에 들어온 살레지오회 선교사들은 이를 깨달았고, 그래서 그들의 주거지 배치를 바꾸어 버리려고 했다. 왜냐하면 "보로로족을 개종시키는 가장 확실한 방법은 그들의 부락을 포기하도록 만들어, 오두막들이 평행 열을 이루는 다른 주거지로 옮기는" 것이었기 때문이다. 그런데 그 경우 "그들은 모든 면에서 방향감각을 상실해 버리고 말 것"이다. 그것은 사실 그들 삶의 모든 것을 파괴하고 빼앗는 것이다. 선교사들은 식민주의자들의 배를 타고 다니며 그들의 만행을 신의 이름으로 축복했을 뿐만 아니라, 많은 경우 이처럼 선교와 개종을 위해 원주민들의 삶 자체를 직접 파괴하는 만행을 저질렀다(마야의 거의 모든 책과 문서를 '이단'이란 이유로 태워버린 것도 프란체스코회 선교사였다). 그런데 이렇게 공동의 삶 전체를 파괴하고 나서야만 만날 수 있는 새로운 신, 새로운 종교란 정말 그들의 삶을 위한 것일까?

려는 그의 태도에서도 드러납니다. 이와 관련해 데리다는 그의 입장에서 "자연으로 돌아가라!"는 일종의 루소주의적 향수를 읽어내고 비판하기도 합니다. 따라서 레비-스트로스에게서 반서구적이고 반과학적인 경향을 읽어내는 것은 그리 지나친 평가는 아닐 겁니다.

반면 사르트르의 역사주의에 대한 비판에서 그가 명시적으로 겨냥하고 있는 지점 중 하나는 바로 그것이 과학일 수 없으며, 해석하는 입장에 따라 달라질 수 있는 주관적인 것이란 점입니다. 다시 말해 역사주의 비판은 '과학'의 이름으로 행해지고 있는 것입니다. 또한 인간 모두에게 공통된 보편적 기초를 찾겠다는 시도 자체도, 그리하여 모든 사람들이 어떤 것을 진리로 받아들이도록 하는 무의식적 기초를 찾겠다는 시도 자체도 어떤 초월적인 진리를 추구하는 과학주의적 태도에 기초하고 있습니다. 따라서 레비-스트로스가 다른 입론을 비판하며 자신의 입론을 정당화하는 방식은 정확하게도 근대적인 과학주의의 형태를 취하고 있다고 할 수 있겠습니다.

그러므로 그의 문제설정은 반과학(=반서구)적인 태도를 과학주의적인 방식으로 기초짓고 정당화하려는 것으로 볼 수 있으며, 이런 뜻에서 '반과학적 과학주의'라는 말로 요약할 수도 있을 것 같습니다. 그렇지만 그의 작업 전체에 방향을 부여하고, 그것을 움직이는 지배적 요소가 분명 과학주의적 동기임은 부정하기 힘들 것입니다. 따라서 인식론적 차원에서도 레비-스트로스의 문제설정은 근대적인 것 안에 머물고 있다고 할 수 있겠습니다.

마지막으로 간단히 덧붙이자면, 그가 보여주는 반서구적이고 반문명적인 태도는, 과학적 이성을 절대적인 것으로 간주하고 그렇지 못한 것을 미개요 야만이며, 따라서 계몽되어야 할 것이라고 간주하던 **계몽주의적 사**

고에 반하는 것이라고 할 수 있습니다. 어떻게 보면 그는 이 이분법 자체를 넘어서 공통된 하나의 기초를 찾아내려고 하는 셈이지요. 그러나 그 공통된 기초의 자리에 '야성적 사고'를 갖다놓음으로써 '야성'의 입장, '반문명'의 입장을 우위에 두게 되고, 결국은 예전의 계몽주의적 도식을 거꾸로 뒤집은 입장을 취하는 것 같습니다. 흔히 루소주의적 경향이라고 비판하는 점이 바로 여기일 텐데, 요컨대 계몽주의적 이분법 자체를 깨고 넘어서지는 못했다고 할 수 있겠습니다.

3. 라캉 : 정신분석의 언어학

정신분석학의 대상

라캉은 직업적인 철학자가 아니라 정신과 의사입니다. 그는 미국식 정신분석학에 커다란 반감을 가지고 있었습니다. 미국식 정신분석학은 일종의 자아심리학적인 경향이 있는데, 그들은 프로이트의 정신분석학을 자아의 형성과정에 대한 이론으로 바꾸어 버렸습니다. 즉 정신분석학을 구순기, 항문기, 성기기 등을 거쳐 하나의 '표준적인' 자아로 발전해 가는 과정에 대한 일종의 임상심리학으로 바꾸어 버렸다는 것입니다. 라캉은 이것을 한편에선 생물학주의에 의해, 다른 한편에선 행태주의에 의해 프로이트 이론의 고유한 정신이 훼손된 것으로 간주합니다.

이러한 나름의 비판적 입지점을 설정한 라캉은 프로이트 이론에서 생물학주의적 요소를 제거하고, 나아가 프로이트 이론이 갖는 철학적 의미를 새로이 부각시키려고 합니다. 이 두 가지 목적을 위해 그는 레비-스트로스처럼 구조언어학을 끌어들입니다. 즉 구조언어학의 이론과 방법론을 기초로 프로이트 정신분석학의 본래 정신으로 돌아가자고 합니다. 그래서 그는 "프로이트로 돌아가자!"라는 슬로건을 자신의 모토로 삼았습니다. 이럼으로써 그는 사실 일종의 소쉬르적인 프로이트주의를 재구성하는 것입니다. 물론 여기서 돌아가야 할 프로이트란 '무의식'이라는 새로운 개념을 발견한 프로이트요, 무의식에 대한 풍부한 논의를 포함하고 있는 '성숙기'의 프로이트를 말합니다.

라캉이 말하는 '성숙기' 프로이트는 결코 노년의 프로이트가 아닙니다. 오히려 그것은 『꿈의 해석』이 씌여진 1890년대 말부터 1914년 정도까지의, 시기적으로 '중기 프로이트'라고 불릴 수 있는 때의 프로이트입니다. 그가 프로이트의 가장 중요한 저작으로 취급하는 것은 『꿈의 해석』 외에 『일상생활의 정신병리학』, 『농담과 무의식의 관계』 등 1905년을 전후해 씌여진 저작입니다(「무의식에서 문자의 심급, 혹은 프로이트 이후의 이성」, 『욕망이론』). 이 시기의 프로이트는 의식/무의식이라는 개념으로 요약됩니다(이처럼 어떤 이론 전체의 틀을 가장 포괄적이고 핵심적인 개념의 관계 곧 위상으로 요약하는 것을 '위상학'이라고 하지요). 거시기(id)/초자아(super-ego)/자아(ego)라는 후기의 위상학은, '거시기'라는 개념이 생물학주의적 요소를 담고 있다고 보기 때문에 적극 받아들이지 않으며, 단지 '그것'(ça)이란 말로 번역해 피해갑니다.

그러면 정신분석학의 대상은 무엇일까요? 다시 말해서 프로이트가 어떤 대상을 발견했기에 새로운 정신분석학이란 영역을 개척했다고 하는 걸까요? 한마디로 말해 그것은 '무의식'입니다. 그렇다면 무의식이란 무엇일까요? 라캉에게 그것은 하나의 생물학적 존재를 인간의 자식으로 변환시키는 메커니즘이며, 계속해서 인간의 아이로 살아가게 만드는 인간 내부의 메커니즘입니다.

이런 점에서 그는 레비-스트로스와 비교될 수 있습니다. 레비-스트로스는 '근친상간 금지'를 인간의 삶이 자연에서 문화로 넘어가는 '고개'요 문화성립의 결정적인 계기로 봅니다. 라캉에게서 이와 유사한 기능을 하는 게 바로 오이디푸스기(Oidipous期;오이디푸스 콤플렉스가 발생하는 시기)지요. 아버지를 죽이고 어머니와 결혼하고 싶다는 욕구, 그것은 인간이 되기 위해 억압되어야 할 최초의 것입니다. 또한 이것은 레비-스트로스의 근친상간 금지지요. 욕구에 대한 금지란, 사실 인간이 따라야 할 가장 원초적인 규칙이요 법인 것이고, 오이디푸스적 욕망에 대한 금지를 통해 사회적 법과 규칙 속으로 들어가는 것을 뜻하지요. 그리고 바로 이처럼 사회문화적 규칙을 통해 욕구를 억압함으로써 무의식이 발생한다고 합니다. 그래서 라캉은 무의식이란 동물에겐 없으며 오직 인간에게만 있다고 하지요. 이렇듯 오이디푸스 콤플렉스는 라캉의 체계에서 매우 중심적인 위치를 차지합니다. 그것은 라캉에겐 무의식 자체에 대한 정의를 뜻하는 셈입니다. 이런 점에서 라캉의 무의식/오이디푸스 개념은 레비-스트로스의 근친상간 금지와 매우 유사한 자리를 차지하고 있습니다.

타자의 담론, 무의식의 담론

다른 한편 라캉이 무의식을 파악하는 데서 전통적 개념과 결정적으로 달라지는 것은 소쉬르 등의 구조언어학의 개념들과 이론을 사용한다는 것입니다. 사실 이것조차 레비-스트로스의 영향이 그대로 배어 있는 것입니다만, 그 개념들을 사용함으로써 라캉의 정신분석학은 프로이트나 기존 프로이트주의자들의 정신분석학과는 전혀 다른 새 방향으로 나아가기 시작합니다. 여기서 가장 기본적인 명제는 **무의식은 언어처럼 구조화되어 있다**는 것입니다.

정신분석학에서는 신경증이든, 실수든, 농담이든, 꿈이든 대개 어떤 무의식이 드러난 것으로 간주합니다. 즉 그런 현상들은 무의식의 '징후'

(그림 6-5) 수태고지

수태고지, 신의 아이를 잉태했음을 천사가 와서 알려주는 모습으로, 서양의 화가들이 무수히도 그렸던 장면이다. 마리아를 쳐다보는 천사 가브리엘의 시선도, 그걸 대하는 마리아의 시선도 뭔가 특별한 데가 있어 보인다. 그저 대상을 보는 평범한 시선과 달리 이처럼 남다른 시선을 사르트르는 '응시'(gaze)라고 불렀다. 그렇게 우리는 연인의 얼굴을 '응시'하고, 그렇게 우리는 고통받는 인간의 얼굴을 '응시'한다. 그렇게 내가 누군가의 "이름을 불러주었을 때, 그는 내게 와서 꽃이 되"거나 고통이 된다. 나를 놀라게 하는 응시. 그 응시로 인해 인간은 얼굴을 갖게 된다. 쥐나 개에게는 얼굴이 없지 않던가! 마리아를 보는 천사의 응시 또한 그러하다. 그것은 무어라 말하고 있다. "은총을 가득히 받은 이여…." 이로써 마리아의 얼굴은 성모의 얼굴이 된다. 그리고 이제 마리아는 바로 천사의 그 응시 안에서 무언가를 보게 될 것이다. 이처럼 응시가 의식의 작용이고 지향성인 한, 우리는 응시가 나타나는 순간부터 그에 적응하려 하게 된다(그림은 시모네 마르티니Simone Martini와 리포 메니Lippo Menni가 그린 「수태고지」*The Annunciation*이다).

라고 하지요. 언어학 용어를 쓰면 개개의 징후란 무의식상의 어떤 의미를 표시하는 기표(S)를 뜻합니다. 무의식은 기의(s)인 셈이지요. 라캉은 이를 소쉬르와 유사하게 S/s로 표시합니다. 하지만 무의식의 기표는 기의를 그대로 보여주지 않습니다. 기의를 이해하려면 그 기표(징후)를 다른 기표(징후)들과의 연관 속에서 해석하는 수밖에 없습니다. 즉 기표들의 연쇄, 기표들의 관계 속에서 어떤 하나의 기표가 갖는 의미는 정해지지요. 하지만 이것은 무의식에 있는 어떤 궁극적인 기의를 표시한다고는 할 수 없습니다. 그래서 라캉은 "기표가 기의에 닿지 못하고 계속 미끄러진다"고 하며, S와 s를 가르는 /는 무의식의 장벽을 뜻한다고 합니다.

다른 한편 결합관계와 계열관계에 대해 얘기한 적이 있지요? 그게 바로 문장으로 언어가 조직되는 방식이라고 말입니다. "먹었어"라는 말은 '누가' '무엇을'이란 말과 결합되며, 그 말이 표시되지 않은 경우에도 그것은 '먹었어'와 공존합니다. 이걸 야콥슨은 '환유'라고 하지요. 반면 '무엇을' 자리에 빵 대신 밥이나 물처럼 유사성을 갖는 말들이 '대체'되며 선택되는 관계를 은유라고 한다고 했지요? 이처럼 결합관계와 계열관계를 통해 단어들은 문장으로, 언어로 조직됩니다. 그리고 그것을 조직하는 규칙이 언어규칙(소쉬르의 '랑그')입니다.

프로이트는 꿈을 분석하면서 꿈의 작업에서 가장 기본적인 것 세 가지를 듭니다. 응축과 치환, 그리고 대리표상이 바로 그것입니다. 여러분도 A의 모자를 쓰고, B의 옷을 입었으며, C의 머리 모양을 하고 있는데, 전체적으로는 D의 이미지를 하고 있는 모습을 꿈 속에서 본 일이 있을 겁니다. 이처럼 여러 개의 이미지가 하나로 압축되어 나타나는 것이 바로 응축(condensation)입니다. '치환'(displacement)의 예로는 성교가 피흘리는 모습으로 나타나거나, 사정이 눈물로 표현되는 경우를 들 수 있습니

(그림 6-6) 정신분석가는 여기서도 남근을 본다

한스 홀바인(Hans Holbein)의 그림 「대사들」*Ambassadors*이다. 두 사람이 선 발 아래, 그 둘 사이로 무언가 기이한 것이 그려져 있다. 무얼까? 이미 답을 알고 있다고? 하긴 워낙 유명한 그림이니까. 그래 맞다. 해골이다. 아직도 눈치를 못 챈 사람은 그림을 들어 썩은 오징어처럼 생긴 그 형상의 밑에 눈을 대고 책을 시선과 나란히 뉘여보라. 그럼 해골이 나올 것이다. 두 사람의 삶이 무상함을 보여주려는 것이었을까? 그런데 라캉은 홀바인의 이 그림을 다시 기이하게 해석한다. 그것은 남근과 결부되어 있는 그림이라는 것이다. 물론 라캉 말대로 쪼그라든 남근에 해골 문신을 했다면, 그 남근이 발기한 경우 이처럼 해골의 형상은 길게 늘어질 것이다. 그리고 이보단 덜 하지만 시계를 늘어뜨린 달리의 그림에서도 그는 늘어진 남근을 본다. 알고 있겠지만, 위대한 정신분석가는 어디서나 이렇게 남근을 본다. 그런데 왜 우리는 이 해골의 형상을 눈 앞에 두고도 보지 못하는 것일까? 바로 남근이기 때문이란다. 라캉은 사르트르와 달리 응시와 시선이 나란히 가는 게 아니라, 언제나 분열되기 마련이라고 한다. 응시는 시선이 깨어 있는 상태에선 소멸하며, 시선을 돌리는 순간 비로소 살아난다는 것이다. 응시는 언제나 남근을 향하고 있지만, 그것은 의식이 깨어 있는 한 거세의 형태로 소멸한다는 것이다. 물론 시선은 타자의 응시 안에서 본다. 그러나 그것은 응시가 향한 것을 보지 못하며, 시선이 사그라들 때 응시는 자신이 찾는 것을 본다. 그런데 저 그림의 해골을 보지 못한 게 정말 그래서일까? 아니라고 해도 소용없다. 그건 무의식에 의해 행해진 '부인'이어서, 의식이 깨어 있는 한 알지 못하는 사실이니까. 그래서 정신분석학은 완벽하다! 아, 그런데 섹슈얼한 이미지를 항상 중의적으로 사용하는 광고를 보는 시선은 어떨까? "좀더 쎈 걸로 넣어주세요."

다. 대리표상은 '싫다'는 뜻이 자기가 싫어하는 동물인 뱀으로 나타나거나, '소원감'이 멀리 떨어져 앉아야 하는 커다란 테이블로 나타나거나 하는 것 등을 예로 들 수 있습니다. 여기서 응축과 치환이라는 무의식의 메커니즘이 앞서 언어학에서 말하는 것과 동일한 방식으로 꿈을 조직한다는 것을 보여줍니다. 물론 라캉에 따르면 꿈에서 응축은 유사한 여러 가지가 한군데 뭉쳐 나타나기 때문에 '은유'고, 치환은 인접한 다른 기표를 빌려 나타나기에 '환유'라고 합니다.

이처럼 무의식이 표현되는 방식이나 그것이 조직되는 방식은 라캉이 보기에 언어적인 구조와 동일합니다. 이런 뜻에서 그가 "무의식은 언어처럼 구조화되어 있다"고 하는 겁니다. 그런데 언어학에서 보았듯이, 언어는 자기 나름의 독자적인 의미망을 가지고 있고, 자기 나름의 독자적인 질서를 가지고 있습니다. 언어를 사용하려면 그 속으로 편입되어 들어가야 합니다. 무의식 역시 언어처럼 구조화되어 있다면, 그것은 나란 개인으로부터 독립적인 질서와 체계를 갖고 있다는 말이 됩니다. 따라서 **무의식이란 타자(Autre)의 담론**이라고 합니다. 결국 무의식이란 '타자의 담론'이라고 요약되는 이 질서가 개개인에게 내면화되는 메커니즘을 의미하며, 개개인이 질서로 편입되는 메커니즘을 의미합니다(어머니와 자고 싶다는 오이디푸스적 욕구의 억압을 통해 형성되는 무의식은 이렇듯 사회적 규범과 질서와 연관됩니다).

타자의 욕망 : 도둑 맞은 편지

다음으로 라캉은 **무의식은 타자의 욕망**(desire)이라고 합니다. 이 말을 이해하려면 몇 가지 다른 개념을 함께 알아야 합니다. 그는 욕망을 욕구

(그림 6-7) 무서운 머리

번-존스(Edward Coley Burne-Jones)의 그림「무서운 머리」다. 메두사의 머리는 하도 끔찍하게 생겨서 그것을 보는 자는 누구나 공포와 혐오로 얼어붙어 돌이 된다고 한다. 그래서 페르세우스는 잘라온 메두사의 머리조차 안드로메다에게 직접 보여주지 못한다. 그랬다간 연인을 석상으로 만들 수 있기 때문이다. 그래서 그것을 물에, 아니 '거울'에 비추어 보여준다. 라캉은 이처럼 실재계는 볼 수도 없고, 알 수도 없다고 한다. "실재계는 불가능하다." 우리는 다만 그것이 거울에 비친 것을 보거나(상상계), 아니면 그것에 대해 언어로 표시한 것(상징계)만을 볼 수 있을 뿐이다. 가령 신경증 환자는 자신이 반복하는 이 상한 행동의 이유를 자신도 알지 못한다. 정신분석가는 환자 자신도 모르는 그 실재, 미지수 X와 같은 그 원인을 찾아내려고 한다. 그 실재계의 대부분은 프로이트 말대로 성욕이나 남근과 결부되어 있다. 혹은 어머니에 대한 애시당초 불가능한 욕망과. 그러나 그것은 볼 수도 없고, 말할 수도 없으며, 따라서 알 수도 없다. 환자의 입에서 나온 말을 분석하거나, 아니면 눈에 보이는 증상을 통해서 추정하고 짐작할 수 있을 뿐이다. 하지만 정신분석가는 답을 알기 때문에, X가 무언지 언제나 쉽게 찾아낸다. 답을 알고서 방정식을 푸는 것은 사실 '장난' 아닌가!

(need), 요구(demand)와 구별합니다. '욕구'는 식욕, 성욕처럼 가장 일차적인 충동입니다. 만족을 추구하여, 그걸 충족시켜 줄 대상을 찾고자 하는 충동이죠. 이는 다른 사람에게 만족시켜 달라는 '요구'로, 대개는 '사랑의 요구'로 나타납니다. 거칠게 말하면 요구는 욕구를 표현한다고 해도 좋겠습니다.

그렇지만 이 요구는 사회적으로 용인될 수 있는 것으로만 표현될 수 있습니다. 예컨대 어머니와 자고 싶다는 욕구가 그대로 표현될 수는 없습니다. 즉 어머니에게 결혼을 '요구'하는 일은 일어날 수 없지요. 한마디로 말해 요구는 사회적 질서와 언어적(상징적) 질서가 허용하는 범위 안에서만 나타날 수 있습니다.

따라서 욕구는 언제나 요구를 통해서 표현되고 충족되어야 하기에 그 충족은 늘 불충분합니다. 즉 욕구와 요구 사이에는 메울 수 없는 간극이 있다는 말입니다. 욕구와 요구 사이의 이 격차로 인해 욕망이 생겨납니다. 이런 의미에서 욕망은 '결핍'이라고 합니다. 그것은 결핍을 메울 대상을 찾아나서지만 결코 만족될 수 없는 것이기에 또 다른 대상으로 끊임없이 치환됩니다. 즉 대상이 끊임없이 치환되는 '욕망의 환유연쇄'가 나타난다고 합니다.

여기서 욕망은 생물학적인 충족욕이 아닙니다. 그것은 무엇보다도 다른 사람으로부터 '사랑의 대상'으로 인정받고 싶어하는 욕망이며, 다른 사람에게 가장 소중한 것(이를 라캉은 '음경'penis과 구분하여 '남근' phallus이라고 합니다)으로서 인정받고 싶어하는 '인정 욕망'입니다. 예컨대 어머니를 '욕망'한다는 것은 어머니로부터 자신이 '남근'임을 인정받고 싶어한다는 것입니다. 그리고 그러한 욕망은 허용될 수 없으며, 계속 추구한다면 거세되리라는 위협 앞에서 꺾이고 만다고 합니다. 거세 콤

(그림 6-8) 정의와 신의 복수는 죄인을 추적한다

푸코는 벤덤의 '원형감옥'에서 근대사회에서 작동하는 시선의 배치를 발견한다. 원을 그리며 늘어선 감방들이 있고, 그 원의 중심에 높은 감시탑이 있다. 가능하면 감방들의 저쪽 창에 빛이 잘 들어서 감방 안에 있는 수인(囚人)들의 일거수 일투족이 잘 보이게 한다. 감시탑은 높이 솟아 있기에 탑에서는 앉아 있어도 감방들이 모두 잘 보이지만, 감방에서는 감시탑이 보이지 않는다. 즉 감시자가 있는지, 뭘 하고 있는지 볼 수 없다. 따라서 수인들은 언제나 감시자의 시선이 자기를 보고 있다고 가정하고 행동해야 한다. 이런 의미에서 그들은 타인의 시선 속에서 자기 자신을 보아야 한다. 즉 자기 자신이 감시자의 시선으로 자기를 보아야 한다는 말이다. 여기서 시선은 '지향성'이 담긴 응시도, '욕망'이 담긴 응시도 아니다. 그것은 그 자체가 하나의 권력이다. 규범과 법에 따라, 혹은 도덕에 따라 자기 신체를 규제하는 권력. 그런데 이런 시선의 배치는 단지 감옥처럼 감금된 공간 안에만 있는 게 아니다. 감옥에서 모델화되었지만, 이는 타인들의 눈이 있는 길거리나 광장처럼 개방된 곳에서도, 혹은 가족이나 '아이'들이 있는 자신의 집에서도 마찬가지로 발견된다. 이것이 "왜 우리는 도둑질을 하지 않는가?"를 설명해 준다. 프뤼동의 위 그림에서처럼 심지어 주변에 사람이 없는 경우에도, 우리는 신이 그것을 지켜본다고 무의식 중에 생각하고 있지 않은가! 나의 '양심'이란 그 시선을 의식하고 있는 나의 시선이다. 이런 점에서 푸코는 근대사회 전체가 감옥을 닮았다고 야유한다(위 그림은 피에르-폴 프뤼동Pierre-Paul Prud'hon의 「정의와 신의 복수는 죄인을 추적한다」*Justice and Divine Vengeance pursuing Crime*이다).

플렉스를 통한 이러한 억압과 그로 인해 야기되는 욕망의 환유연쇄가 바로 인간의 무의식을 구성한다고 합니다. 다시 말해 무의식이란 타자(다른 사람, 사회적 용인, 사회적 질서)의 인정을 받고자 하는 인정 욕망이란 거지요. "무의식은 타자의 욕망"이란 말은 바로 이런 뜻입니다.

이상의 이야기를 포의 소설 『도둑 맞은 편지』를 통해서 다시 생각해 봅시다. 라캉의 저작집이자 활동의 '기록'(écrit)인 『에크리』 *Écrits*는 바로 이 소설에 대한 세미나로 시작하지요. 아시다시피 그 소설의 주 스토리는 왕비가 왕이 있는 자리에서 왕이 봐선 안 될 중요한 편지를 장관에게 도둑맞음으로써 시작하지요. 경시청장이 탐정 뒤팽에게 전하는 바에 따르면, 왕비가 편지를 읽고 있을 때 왕이 갑자기 들어오고, 왕비는 약간 당황하지만 그걸 책상 위에 별로 중요하지 않은 문서처럼 그냥 펼쳐두지요. 물론 왕은 그 편지를 못 봅니다. 그리고 그 방에 들어왔던 눈치 빠른 장관은 비슷한 문서를 하나 책상에 펼쳐두고 설명하는 체 하다가 그걸 두고 대신 왕비의 편지를 가져가지요. 그렇지만 왕비가 그걸 저지할 순 없는 상황입니다. 이 편지로 인해 장관은 왕비를 이용해 권력을 키웁니다. 왕비의 요청으로 이 편지를 찾기 위해 경찰이 개입하여 장관의 집을 샅샅이 뒤지지만 편지를 찾지 못하고, 결국 탐정 뒤팽에게 사건을 의뢰합니다. 결과는 뒤팽이 그 편지를 찾아주고 현상금을 받는 거지요.

여기서 왕은 눈이 있으되 아무것도 못 보고, 아무 눈치도 못 챕니다. 반면 왕비는 장관이 뻔뻔스레 편지를 가져가는 것을 보고도 전혀 저지하지 못합니다. 장관은 왕비에게 편지를 가져간다는 것을 오히려 분명하게 알리고, 그걸 자신이 갖고 있음을 아는 왕비를 이용해 자신의 권력을 확장합니다.

우선 편지가 'letter'라는 점을 주목합시다. 이 단어는 문자라는 뜻을

(그림 6-9) 거울 앞에서 누드를 그리는 화가

그래서 우리는 나의 행동거지가 타인의 눈에 드러나는 공간과 달리 그것을 프라이버시의 형태로 감추고 은폐할 수 있는 '사적 공간'에서 쉽사리 편안해진다. 더구나 '아이'도 '가족'도 없는 나만의 방이라면, 혹은 옷을 벗어버리고 욕망의 움직임에 몸을 맡겨도 좋은 내밀한 공간이라면. 하지만 푸코는 집요하게 거기서도 타인의 시선이, 그 시선을 대신하는 나의 시선이 존재함을 보여준다. 여기서 그 시선의 주인공은 탑 위의 감시자가 아니라 의사다. 17세기에 기독교는 자신의 은밀한 욕망과 행위, 느낌까지 말하도록 했던 '고해'라는 장치를 통해, 신부의 시선으로 침실 안에서 자신의 신체를 보게 했다. 그런데 그 시선이 19세기에 이르면 의사의 시선으로 대체된다. 이를 위해 19세기 의사들은 어린이의 자위가 얼마나 육체와 정신에 해악을 끼치는지를 주장하고, 여성의 성욕은 자궁의 경련에 기인하는 히스테리(그리스어로 '자궁'을 뜻한다)의 일종임을 '증명'하며, 다양한 변태적 욕망과 도착적 행위들을 찾아내서 일종의 '정신병'으로 규정한다. 독일 의사 크라프트-에빙이 쓴 『성의 정신병리학』은 1870년대의 최고의 베스트셀러였다. 따라서 이제 사람들은 자신의 성욕이 너무 빈번히 느껴질 때면 "이거 병이라던데…" 하며 자신의 신체를 보게 되고, 배우자가 '이상한' 체위를 하자고 하면 "저거 병이라던데…" 하며 그의 신체와 욕망을 보게 된다. 이로써 "건강을 염려하는" 의사의 시선이 내밀한 침실 안에 확고하게 자리잡게 된다. 에곤 쉴레(Egon Schiele)가 그린 위 그림 「거울 앞에서 누드를 그리는 화가」에서 모델은 화가의 시선을 위해 포즈를 취하며, 화가의 시선이 요구하는 바에 따라 움직인다. 만약 저 화가를 의사로 바꾸기만 한다면, 그 시선 안에서 옷을 벗고 서 있는 모델이 바로 침실 안의 우리 자신이라고 보아도 틀리지 않을 것이다.

동시에 담고 있지요. 라캉이 보기에 이 letter는 언어적으로 짜여진 무의식을 상징하는 것입니다. 이 편지를 통해 각자는 서로 관계를 맺습니다. 편지에 대한 각자의 관계로 인해, 눈이 있어도 못 보는 왕, 편지를 못 보리라 생각하는 왕비, 하지만 그걸 알아보고 유유히 가져가는 장관의 위치가 정의됩니다. 각자가 서 있는 지점은 letter에 의해, letter에 대한 각자의 관계에 의해 정의되는 것입니다. 개인의 외부에 있는 이 관계가 바로 '타자'며, 그걸 전달하는 편지는 '타자의 담론'인 것이죠. 이는, 못 찾는 경찰과 그걸 못 찾으리라 생각하는 장관, 하지만 그걸 유유히 찾아내 가져가는 뒤팽의 관계에서 동일하게 반복됩니다. 이러한 '반복'은 이 관계들이 우연적이라기보다는 구조적임을 보여줍니다.

왕비가 편지가 도난당하는 걸 보고도 아무 말 못한 것은, 문제를 야기할 수 있는 편지의 부재를 왕으로부터 인정받고 싶어하기 때문입니다. 장관이 그 편지를 눈에 보이게 도둑질 한 것 역시, 자신이 왕비의 약점을 쥐고 있는 존재며 왕비가 되찾고자 욕망하는 것을 소유하고 있음을 인정받고자 하는 욕망 때문입니다. 그것을 이용해 장관은 왕비에게 영향력을 행사할 수 있었고, 그것을 이용해 자신의 권력을 확장할 수 있었습니다. 경찰이 별짓 다해가며 장관의 집을 뒤지고 편지를 찾는 것은 왕비가 욕망하는 것을 자신이 가져다 줌으로써 왕비의 인정을 받고자 하는 욕망 때문이었습니다.

이런 의미에서 각자는 타자가 욕망하는 것을 갖고자 하며, 타자의 욕망의 대상임을 인정받고자 합니다. 즉 타자의 욕망을 욕망하는 것이고, 이런 점에서 letter는 '남근'과 동일한 기능을 한다고 할 수 있습니다. 나아가 이런 점에서 언어적으로 구조화된 무의식을 '타자의 욕망'이라고 하는 것도 이해할 수 있을 것입니다.

(그림 6-10) 디즈니랜드

포스트모더니스트로 간주되는 보드리야르는 감옥은 하나의 '시뮬레이션'이라고 말한다. 그것은 우리가 사는 이 곳이 감옥이 아니라는 것을 증명하기 위해 저기 따로 있는 것이라고. 마치 미국 전체가 디즈니랜드가 아니라는 것을 증명하기 위해, 즉 허구적 환상 속에서 현실을 잊고 사는 세계가 아니라는 것을 증명하기 위해 디즈니랜드가 저기 따로 있는 것처럼. 그는 걸프전이 터졌을 때도 그것을 시뮬레이션이라고 말했다가 많은 진지한 사람들의 빈축을 샀다. 아마도 컴퓨터 시뮬레이션처럼 조작되는 무기와 생방송으로 중계되는 새로운 전쟁의 양상을 지칭하는 것이라고들 생각해서 그랬을 것이다. 그러나 시뮬레이션이란 그의 개념을 이해한다면, 그가 말한 것은 차라리 이런 의미였을 것이다. "걸프전은 마치 전세계가 항상-이미 미국이 벌이는 잠재적 전쟁 속에 있지 않다는 것을 증명하기 위해 거기 따로 있는 것이다." 사실 우리는 걸프만에 퍼부어지는 미사일을 보면서, 우리가 거기 없다는 사실에 안도하지 않았는가! 제7함대의 미사일과 폭격기는 언제든 어디로나 떠날 채비를 하고 있는데도. 이런 점에서 그가 말하는 시뮬레이션이란 개념 또한 시선에 관한 것이다. 그러나 그것은 특별한 대상을 보게 함으로써 일상적인 세계 속에 존재하는 것을 보지 못하게 하는 특별한 종류의 시선의 이름이다. 그런데 거기서 그 시선의 '주인', 그 시선의 발원지는 누구일까?

진리의 배달부, 그리고 주체화

앞서 타자는 편지를 통해 나의 위치를 지정해 준다고 했습니다. 그것은 내가 **좋으나 싫으나 이미 지정된 '내 자리'**인데, 이걸 굳이 받아들이지 않을 수도 있습니다. 즉 왕비가 도둑질하는 장관을 그 자리에서 제지하고 질책할 수도 있겠지요. 그러나 그것은 그런 편지가 왕비에게 없으리라는 왕의 욕망을 만족시킬 수 없게 됨을 뜻합니다. 즉 왕비로서 인정받아야 할 중요한 것을 인정받지 못하고 맙니다. 따라서 이런 불행한 사태를 바라지 않는다면, 왕비는 편지로 인해 지정된 자리를 자기 자리로 받아들일 수밖에 없습니다. 다시 말해 왕으로부터 '훌륭한 왕비로서' 계속 인정받고자 한다면, letter가 지정하는 자리를 자기 내부에 받아들이지 않을 수 없으며, 그것이 요구하는 바에 따라 행동할 수밖에 없습니다. 이를 라캉은 에스(Es)라고 합니다. 독일어로서 흔히 이드로 번역되는 것이고 저는 '거시기'로 번역했던 게 이건데, 라캉은 그런 번역어들이 갖고 있는 생물학주의적 요소에 반대해 단지 '그것'(ça)을 지칭하는 말로 그냥 사용하며, 또한 주체(subject)의 머릿글자를 뜻하는 에스(S)라고 말합니다.

여기서 왕비가, 타자(관계)가 지정하는 위치를 '내 자리'로 받아들인다는 것은 사실 왕비로서 걸맞은 이상적인 상(像)에 자신을 동일시(identification)한다는 뜻입니다. 이처럼 왕비의 행동을 좌우하는 이상적인 상을 '자아의 이상'(ego-ideal)이라고 합니다. 역으로 왕비의 행동은 이 자아의 이상에 동일시하는 것인 셈입니다. 즉 왕비가 소설 속에서 맡은 역할을 하는 것은 바로 이 자아의 이상에 대한 동일시를 통해서죠.

앞서의 얘기로 도식을 설명하면, 대문자 타자(Other;이를 '큰 타자'라고 합시다)는 왕비(me)의 자리를 지정합니다(me←Other). 그리고 왕비는 왕비로서 자신을 인정받기 위해 이 큰 타자가 지정해 주는 자기 자리를 받아들입니다. 그 자리를 자기가 받아들임으로써 왕비는 비로소 다른 사람에게 인정받을 수 있는 주체가 될 수 있는 것입니다(S←Other). 에스가 주체의 약자인 S를 뜻한다는 것은 바로 이런 맥락에서입니다. 그러나 이는 자신의 욕구가 소외되는 것을 뜻하며, 이런 의미에서 결핍(빈자리)을 야기합니다(S→o). 작은 타자라고 불리는 object(o)는 바로 이런 근원적으로 채울 수 없는 결핍을 지시합니다.

이 빈자리를 채우는 방법은 많이 있습니다. 그것은 빈자리를 메울 욕망의 대상들(이 역시 '작은 타자'라고 부릅니다)을 선택하는 것입니다. 그러나 그것이 근원적으로 채워질 수 없는 결핍이기 때문에, 어떤 하나의 대상을 통해 욕망이 충족되는 것은 불가능합니다. 따라서 대상의 치환이 발생합니다. 그러나 그 역시 머물 수 없는 것이기에, 대상의 끊임없는 환유연쇄가 나타나지요. 정확히 일치하는 건 아니지만, 때로는 치명적인 도둑질도 못 본 체 해야 했고, 때로는 경찰을 시켜 장관의 집을 뒤지게 하기도 했고, 때로는 장관의 요구를 싫어도 받아들여야만 했던 왕비의 태도를 이러한 관점에서 이해할 수도 있을 것입니다. 결국 이런 다양한 모습들 각각이 자신의 모습이라고 상상적으로 동일시함으로써(o→me), 즉 그게 바로 '나'라고 '오인'함으로써 타자에 의해 주어진 나의 자리(me)를 채워가는 거지요.

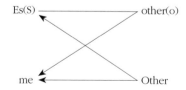

큰 타자의 메시지를 전달하는 letter는 왕비를 주체화시킴으로써, 그리고 그것에 상응하는 다양한 대상들에 대한 왕비 자신의 동일시를 거쳐, 큰 타자가 애초에 지정한 자리에 배달된다고 합니다. 즉 S와 o를 거쳐 이미 지정된 me의 자리에 배달된다는 거지요. 이로써 왕비는 전체 관계 속에서 자기에게 배정된 역할을 자신의 일로 알고 수행하게 된다는 겁니다.

야누스 라캉 : 구조주의 혹은 포스트구조주의

라캉의 이론은 레비-스트로스가 그렇듯이 주체나 인간이란 개념을 출발점으로 삼지 않습니다. 프로이트의 무의식 개념이 주체의 통일성이나 중심성을 해체하는 효과에 대해선 앞에서 말씀드린 바 있습니다만, 라캉은 이런 해체 효과를 아주 멀리까지 밀고 갑니다.

지금까지 본 것처럼 왕비는 자신의 '자아의 이상'을 획득하고, 그것이 바로 자신의 본래 모습이라고 상상적으로 동일시하는 과정을 통해, 사실은 타자가 지정한 자리를 받아들입니다. 즉 '내 자리'는 내가 아니라 '타자'가 지정하는 것이란 얘깁니다. 따라서 자아의 중심성은 거꾸로 타자의 중심성으로 전환됩니다. 그래서 그는 데카르트를 겨냥해서 다음과 같이 말합니다. "나는 존재하지 않는 곳에서 생각한다, 고로 생각하지 않는 곳에서 존재한다."

예컨대 왕비는 편지에 대한 관계 속에서 생각하고 판단하며 행동합니다. 즉 '내'가 아니라 타자의 담론 속에서 생각하는 것입니다. 그런데 내가 서 있어야 할 곳, 즉 내가 존재해야 할 곳은 타자가 지정해 준 내 지점이지요. 따라서 '나'는 내가 생각하는 곳에 존재하는 게 아니라 타자가 '생각하는'(지정하는) 곳, 즉 내가 생각하지 않는 곳(즉 타자의 담론 속)에 존재하는 것입니다. 따라서 라캉이 보기에 '나' 혹은 '자아'라는 주체는 어떤 중심성도 통일성도 갖지 않으며, 오히려 타자의 담론, 타자의 욕망으로서 무의식의 결과물입니다. 즉 무의식이란 형태로 내면화된 체계와 구조의 결과요 효과인 것입니다. 이런 점에서 라캉의 출발점은 레비-스트로스와 유사한 방식으로 근대적 문제설정에서 벗어나 있습니다.

나아가 주체의 구성을 '타자'라는 구조의 효과로, 그 결과물로 본다는 점에서도 레비-스트로스와 유사한 특징을 가지고 있으며, 이로 인해 라캉 역시 구조주의자로 분류되기도 합니다. 하지만 라캉에게는 그처럼 단순히 평가하기는 곤란하게 만드는 양면성이 있습니다.

즉 그는 오이디푸스 콤플렉스를 통해 형성되는 무의식을 통해, 그 질서의 체계 속에 편입됨으로써 개개인은 주체로 구성된다고 한 점에서 레비-스트로스와 동형적입니다. 또한 그 결과 타자라는 이름의 체계가 지정하는 자리에 결국은 귀착될 수밖에 없다고 보는 점에서도 '구조주의적'입니다. 편지는 목적지에 배달되리라는 라캉의 말은 이런 맥락에서 이해될 수 있을 것입니다.

마찬가지로 의미는 기표들의 작용을 통해서 형성됩니다. 의미작용(signification)이란 기표들의 관계를 통해 기표들이 기호(sign)로서 의미를 갖게 되는 것—의미화(signification)—을 뜻합니다. 기표들 간의 그러한 관계들이 성립되기 이전에 기표들의 의미(기의)는 어느 하나로 고정되지 않으며, 이런 점에서 "기표는 기의 밑으로 끊임없이 미끄러진다"고 합니다. 그러나 계속 미끄러지기만 한다면 의미작용은 물론 기호를 통한 의사소통도 불가능하게 될 겁니다. 여기서 라캉은 '고정점'(point de capiton)이란 개념을 도입합니다.

고정점이란 말 그대로 기의를 고정함으로써 기표의 미끄러짐을 중단시키는 점을 말합니다. 원래는 의자에 불룩하게 튀어나온 쿠션을 capiton이라 하고, 그것이 튀어나오도록 속을 넣고 고정시킨 지점을 point de capiton이라고 합니다. 마지막 말을 하고 마침표를 찍음으로써 그 문장 안에 있는 기표들의 의미는 고정된다는 것을 표현하기 위해 사용한 말이 고정점입니다. 즉 마지막 기표와 마침표를 통해 기호들의 연쇄가 매듭지어지고 기호의 의미는 고정됩니다. 마치 배가 닻을 내림으로써 잠시나마 그 위치가 고정되듯이 말입니다. 그래서 이를 '정박점'(anchoring point)이라고 번역하기도 합니다. 이런 맥락에서 기호가 의미작용을 만들어낸다기보다는 차라리 의미작용을 통해서 기호의 의미가 고정되는 것이라고 하겠습니다.

하지만 여기서 고정점의 기능은 잠정적입니다. 그것은 고착된 것이 아니라 잠시 고정된 것이고, 따라서 뜯어서 다시 변경할 수도 있는 것이며, 기표연쇄의 항들을 변경시킴으로써 의미의 흐름이 다른 것으로 고정될 수 있다는 것입니다. 기표의 의미작용이 갖는 이러한 잠정성은, 의미를 언어(랑그) 전체에 고정된 것으로 간주하는 구조주의의 입장과 매우 상이한 것이라고 하겠습니다.

이런 관점에서 라캉은 분명히 말합니다. 언어에 대해, 다양한 기호연쇄들에 대해 하나의 잣대로 작용하는 기준은 없다고 말입니다. 어떤 기호연쇄에도 얽매이지 않으면서 그 기호연쇄의 의미를 결정해 주는 '메타언어'(야콥슨)는 없다고 합니다. 이는 야콥슨의 개념을 받아들이면서도, 모든 언어에 공통된 어떤 잣대를 찾아보려는 야콥슨의 시도와 분명하게 구분선을 긋고 있음을 보여줍니다. 이런 점들로 인해 라캉은 '포스트구조주의자' '탈구조주의자'라고 불리기도 합니다. 이런 측면들은 구조주의가 가지고 있는 근대적 요소를 의식적으로 탈각하려는 노력으로 이해할 수 있을 것입니다.

마지막으로 라캉이 타자란 개념을 통해 주체를 구성해내는 방식에 특징적인 것을 간략히 언급하겠습니다. 첫째는 주체를 구성하는 타자란 바로 질서를 의미하며, 이는 언제나 단수/대문자(Other)로 쓰인다는 것, 그리고 이 타자(질서)의 외부는 없다는 것입니다. 다시 말해 이 질서를 벗어나 사람을 사고하는 일은 곤란하다는 것입니다. 둘째, 무의식의 형성 메커니즘이 질서의 체계에 대한 동일시로만, 즉 타자가 지정한 자리를 자기 걸로 동일시하는 것으로만 이해되고 있다는 점입니다. 앞의 것과 이를 합하면, 모든 사람이 결국은 기존의 질서를 받아들여 자기 것으로 동일시한다는 것, 거기서 벗어날 수 없으리라는 것을 뜻하는 것 같습니다. 한 가지를 더 추가하자면 주체를 구성하는 타자가, 질서의 체계가 오직 '아버지-어머니-나'라는 오이디푸스 삼각형 내부에서만 정의되고 있다는 점입니다.

이러한 라캉의 이론은 당시 프랑스의 지식인들에게 매우 커다란 영향력을 행사합니다. 알튀세르나 크리스테바(J. Kristeva), 혹은 라클라우(E. Laclau)처럼 라캉의 개념이나 이론적 틀을 직접적으로 원용하는 사람들뿐만 아니라, 보드리야르처럼 사회적 현상을 기호적 현상으로 소급해서 파악하는 흐름 전체가 라캉의 영향 아래 형성되었다고 해도 지나친 말은 아닐 것입니다.

4. 알튀세르 : 맑스주의와 '구조주의'

알튀세르의 사상은 모순적인 요소들로 가득차 있습니다. 이는 다양한 사고의 영역을 과감하게 넘나들며 극한적으로 사고하려 했던 그 자신의 철학적 삶의 흔적이라고 생각합니다. 그 모든 모순적 요소를, 끊임없이 변화하는 이 사상가의 궤적을, 여기서 충분히 쫓아갈 수는 없을 것 같습니다. 다만 초기의 기획 자체부터 내재해 있었으며, 이후 초기의 입장을 전환시키는 계기로 작용하는, 따라서 후기의 사상에 기초를 놓는 요소 정도를 간단하게 살펴볼 수 있을 것 같습니다.

알튀세르에 대한 가장 일반적인 평가는 구조주의와 맑스주의를 접합시키려고 했던 사람이란 것입니다. 사실 알튀세르의 초기 이론에는 스스로 '구조주의와의 불장난'이라고 불렀던 요소들이 매우 강하게 드러나며, 이후 이데올로기론으로 사고의 중심을 옮긴 이후에도 라캉의 영향은 결정적인 것으로 남아 있었습니다. 하지만 이런 요소들은 서로간에 매우 강한 긴장관계를 이루는 것이었고, 이로 인해 이 양자를 '접합'하려던 시도는 이 긴장과 대립으로 인해 끊임없이 유동하며 모순적인 것이 됩니다.

지금 이 자리는 구조주의 이후 철학적 흐름을 다루는 자리인 만큼 알튀세르에게 내재해 있는 많은 모순적 요소 가운데 이것들로 제한해서 다루는 것은 불가피할 것 같습니다. 일단 알튀세르가 가지고 있던 '이중적인 기획'에서 이야기를 시작해 봅시다. 하나는 인식론적 기획으로서 과학에 관한 것이고, 다른 하나는 역사이론적 기획으로서 이데올로기론에 관한 것입니다.

'맑스를 위하여', 과학을 위하여

첫째로 그는 맑스주의 역사유물론을 '과학'으로 정립하고자 합니다. 이는 프롤레타리아 과학과 부르주아 과학이라는 이분법과 연관되어 있습니다. 1940~50년대 소련의 문화 전반에 대한 즈다노프(A. Zhdanov)의 독재와 과학 전반에 대한 리센코(T. D. Lysenko)의 독재는 한마디로 부르주아 진영과 프롤레타리아 진영이란 두 개의 진영이 문화나 과학에도 존재한다는 것으로 요약됩니다. 리센코의 주도로 사회적 조건에 따라 생물체의 형질은 닮는다는 이론이 소련 생물학계를 지배하자, 이는 변증법적 유물론에 따라 구성된 프롤레타리아적 생물학으로 간주되었습니다. 그리고 이들은 즈다노프의 권력을 통해, 아니 궁극적으로는 스탈린의 권력을 통해, 유전을 주장한 멘델학파를 부르주아 생물학자로 몰아 축출하고 숙청합니다.

이는 물론 나중에 멘델의 유전학이 확고하게 확립되면서 아주 우스운 코미디로 끝나고 말았지만, 이 과정에서 지식인들이 입은 상처는 매우 컸습니다. 부르주아지/프롤레타리아트의 양분법으로 난도질당한 과학자들은 맑스주의 자체에 대한 신뢰를 상실합니다. 이런 사정은 소련의 영향력이 미치던 모든 나라의 공산당 주위에서 공통적으로 나타났고, 프랑스 역시 마찬가지였습니다.

이런 맥락에서 알튀세르는 과학을 두 개의 진영으로 분할하는 리센

코주의에 대한 비판적 태도를 『맑스를 위하여』의 서문인 「오늘」에서 극명하게 보여주고 있습니다. 과학은 과학으로서 추구되어야 하며, 이 점에선 맑스주의의 역사유물론 역시 마찬가지라고 하지요. 맑스주의 이론이 과학이라면 그건 프롤레타리아트의 이해에 걸맞기 때문이 아니라, 물리학이나 생물학, 수학 등이 그렇듯이 자신의 고유한 대상을 갖는, 여타 과학과 다름없는 과학(science among others)이어서 그렇다는 것입니다.

'과학'에 대한 이처럼 강렬한 문제의식은 또 다른 한편에선 아마도 레비-스트로스의 역사주의 비판에 영향받은 것입니다. 앞서 말했듯이 역사주의가 객관적이거나 과학적일 수 없다는 레비-스트로스의 비판에는 과학을 향한 강한 의지가 담겨 있었지요. 알튀세르 역시 이런 의지를 강력하게 피력합니다. 그리고 맑스주의에서도 하나의 대세를 이루고 있던 '역사주의'를 비판합니다. 사르트르는 물론 루카치나 그람시 등은 맑스주의 내부에서 그가 비판하려고 했던 대표적인 역사주의자들이었지요.

더불어 인간의 개념을 해체하자고 주장하면서 주체를 구조의 효과로 정의하려 했던 레비-스트로스나 라캉의 테제 역시 강한 영향을 미친 것 같습니다. 알튀세르 자신이 스스로의 입장을 요약하면서 가장 높이 들었던 깃발이 바로 '이론적 반인간주의'였으니 말입니다. 이는 맑스주의 내부에서 형성된 이론적 정세와도 긴밀하게 관련된 것인데, 사르트르나 루카치 등은 물론 청년 맑스의 저작(특히 『경제학-철학 초고』)에 기초해서 제창된 '사회주의적 인간주의'가 그것이었습니다. 이는 서구는 물론 동구의 맑스주의 철학계를 주도하는 흐름이었습니다.

하지만 알튀세르가 보기에 이는 모두 엄격한 과학적 객관성을 갖춘 것이라기보다는 단지 이데올로기적 효과를 갖는, 이데올로기적 목적하에 만들어진 '이데올로기'(=비과학)에 불과했습니다. 이렇게 된다면 맑스가 새로이 기반을 마련한 역사유물론은 엄격한 과학으로서의 지위를 상실하고, 단지 프롤레타리아의 이해를 반영하는 계급적 이데올로기에 불과한 게 되고 만다는 것입니다. 따라서 역사유물론을, 즉 맑스주의를 명실상부한 '과학'의 이름에 값하게 하기 위해서는 이런 이데올로기들과의 '단절'이 필수적이라고 합니다. 이는 역사주의 · 인간주의로부터 역사유물론을 떼어내는 것이며, 인간이라는 범주로부터 계급이란 범주를 떼어내는 것이고, 결국은 이데올로기란 허위로부터 과학이란 진리를 떼어내는 것입니다.

이런 관점에서 알튀세르는 "맑스로 돌아가자!"는 슬로건을 제창합니다. 물론 맑스주의자들은 누구나 맑스에 의거하고 있으니 상당히 의아한 슬로건이기도 합니다. 그러나 알튀세르가 여기서 '돌아가자'고 주장하는 맑스는 성숙한 시기의 맑스요, 『자본』이란 책으로 집약된 맑스입니다. 『경제학-철학 초고』에서 절정에 이른 청년 맑스는 헤겔과 포이어바흐의 손 안에 있는 맑스고, 이데올로기에서 벗어나지 못한 맑스란 겁니다. 과학자 맑스, 과학으로서의 맑스주의는 1845년 『독일 이데올로기』를 기점으로 시작된 그들과의 '단절' 이후의 맑스와 맑스주의입니다.

이를 위해서 알튀세르는 그의 스승이었던 과학철학자 바슐라르(G. Bachelard)의 '인식론적 단절'이란 개념을 빌려옵니다. 그에 따르면, 어떠한 과학자도 이전에 있었던 개념을 가지고 사고하며 그 이데올로기적 개념으로 작업하기 때문에, 새로운 과학적 성과를 이룩하려면 이 이데올로기적 개념과 단절하지 않으면 안 됩니다. 따라서 누구나 초기에는 이데올로기적 문제설정과 개념 속에서 사고하며, 이것과 '인식론적 단절'을 이룸으로써 과학에 이른다는 것입니다.

이는 맑스의 경우에도 그대로 해당된다고 봅니다. '인간' '소외'란 범주를 토대로 하는 인간학적 문제설정과 단절하여 "인간이란 사회적 관계의 총체"라고 선언함으로써, '인간'이라는 환상적 대상과 단절하여 '생산양식'이라는 대상을 정립함으로써, 맑스의 역사유물론은 역사과학이란 신대륙을 발견한 것이라고 합니다.

또한 알튀세르는 헤겔적인 총체성 개념의 비판이 맑스주의의 중요한 성과라고 합니다. 헤겔에게 전체(총체)는 '모순'이라고 하는 하나의 본질이 표현된 것(표현적 총체성)인데, 사실 역사과학이 다루는 역사적 사정과 정세는 이처럼 하나의 (근본)모순으로 환원될 수 없는 복합성을 갖는다는 것입니다. 예컨대 자본주의에서 나타나는 모든 현상을 자본/노동 사이의 모순으로 환원하려는 태도를 그는 헤겔주의적이라고 봅니다. 러시아 혁명을 예로 들면, 자본과 노동의 모순뿐만 아니라 제국주의 나라 간의 모순, 국내 지배세력과 다양한 피지배계급들의 모순 등 다수의 모순들이 중층적으로 혁명적 정세를 만들어냈다는 겁니다. 이를 그는 '중층적 결정'이라고 합니다.

그렇다면 맑스주의 이론이 과학이 되도록 해주는 것은 무엇일까요? 여기서 알튀세르는 이전에는 유물론과 동일한 것으로 간주되던 '반영론'으로부터 거리를 둡니다. 반영론이란 알다시피 개념이나 이론은 실재의 반영이요, 모사라고 보는 입장인데, 실재-이론이란 짝을 설정하고, 경험적인 '검증'에 의해 이 양자를 일치시킬 수 있다고 주장하는 경험주의/실증주의와 유사합니다. 그런데 경험주의와 실증주의는 바로 알튀세르가 설정해 둔 또 하나의 중요한 타격대상이었습니다.

그에 따르면 예컨대 무의식이나 잉여가치는 경험적으로 확인할 수 있는 게 아니며 또한 실증주의자들 말대로 '검증'될 수 있는 것도 아닙니다. 오히려 무의식은 무의식이 있다는 사실조차 경험하거나 인정하지 못하도록 저항한다고 하지요. 잉여가치나 착취 역시 많이 당한 사람이 잘 알 수 있는 게 아닙니다. 임금이 노동의 대가로 나타나는 자본주의 사회에선 잉여가치나 착취는 경험만으로는 결코 인식될 수 없습니다. 이러한 곤란까지 지적하면서 자본주의와 착취의 작동 메커니즘을 밝혀놓은 게 바로 맑스의 업적이란 것입니다.

그렇다면 이러한 맑스의 이론을 과학으로 정립하는 것은 어떻게 가능할까요? 알튀세르는 여기서 필요한 게 바로 맑스주의 철학이라고 합니다. 알튀세르에게 철학이란 대문자로 쓰는 '이론'(Theory)인데, 이는 '이론에 대한 이론'(이론의 이론)입니다. 즉 어떤 이론이 과학인가 아닌가, 내부적으로 올바른가 아닌가를 확인하는 활동이 '철학'이란 겁니다(이는 철학에 대한 초기 비트겐슈타인의 정의와 거의 유사합니다). 거칠게 말하면 '진리의 보증자' '과학의 보증자'인 셈이지요.

그럼 철학은 무엇으로 보증해 줄까요? '검증'을 통해 실재와 일치하는지 확인할 수 있다는 실증주의의 발상이 여기서 비판됩니다. 수학적 추론의 결과가 현실과 일치하는가 아닌가는 수학적 지식의 진리성을 판단하는 데 하등 상관이 없다는 것입니다. 예컨대 현실에서 내각의 합이 180도인 삼각형을 그릴 수 있든 말든 유클리드 기하학은 그 자체로 과학이란 것입니다.

이는 근본적으로 현실대상과 지식대상이 다르기 때문입니다. 그는 "'개'라는 개념은 짖지 않는다"라는 스피노자의 말을 여기서 인용합니다. '개'란 개념은 현실대상인 개와 어차피 다른 것이기에 일치하는지 아닌지를 비교해서 진리 여부를 가릴 순 없다는 것이죠. 즉 지식대상과 현실대상은 근본적으로 다르며, 따라서 비교할 수 없다고 합니다. 그렇다면 진리란 지식대상인 개념들 간의 관계에 의해 정의되는 것이 됩니다. '개'라는 개념을 구성하는 다른 개념들 간에 일관성이 있으면 된다는 것입니다. 이를 알튀세르는 '지식효과'라고 합니다. 지식으로 구성하며 지식으로서 작용하게 하는 효과란 뜻이지요

이데올로기와 '표상체계'

둘째로, 과학으로서 맑스주의를 정립하려는 기획과 동시에 알튀세르는 이데올로기에 대한 새로운 개념적 발전을 기획합니다. 그것은 **이데올로기를 '대중들의 무의식적 표상체계'로서 정의하는 것입니다.**

'표상'은 representation을 번역한 말인데, 알다시피 represent는 '표상하다'는 뜻말고도 '재현하다' '대표하다'는 뜻을 가지고 있습니다. 표상한다는 말은 '눈앞에 떠올린다'는 뜻인데, 예컨대 '자동차'란 말을 듣고 그에 상응하는 물건을 떠올리는 경우나, 역으로 어떤 물체를 보고 '컴퓨터'라는 단어를 떠올리는 것을 말합니다. 따라서 이는 단어를 통해 사물을 눈앞에 재현하거나, 사물을 보고 그에 상응하는 단어를 머릿속에 재현하는 것이지요.

그럼 표상체계란 무엇일까요? 예컨대 이 물건을 보고 '책'이라고 판단함으로써 우리는 이 물건에 대한 조치를 취할 수 있습니다. '먹을 것/못먹을 것'이란 개념만으로 판단하는 어린 아기라면 그걸 입으로 가져가겠지요. 또 제가 지금 이렇게 강의하는 것은 여러분에 대해 제가 강사라는 관계에 있다는 것을 '떠올리지' 않는다면 아마 불가능할 겁니다. 한편 어떤 행동을 하거나 판단을 하는 것은 언제나 특정한 표상과 함께 진행됩니다. 일관된 표상이 없으면 일관된 판단이나 행동을 할 수 없습니다. 예컨대 제가 지금 이 자리를 연극무대라고 떠올린다면, 또 잠시 후엔 선거연

단이라고 생각한다면 제 행동은 어떤 일관성도 동일성도 갖지 못한 채 뒤죽박죽되고 말 것입니다. 이처럼 무언가를 떠올리도록 해주는 개념이나 상상, 판단의 체계를 '표상체계'라고 합니다.

이러한 표상체계는 개인마다 약간의 편차는 있지만 대개 집단적으로 유사한 구조를 갖고 있습니다. 왜냐하면 주변에 있는 다른 사람들의 판단에 영향을 받아서 만들어지거나, 학교나 교회 등 제도적 장치 속에서 만들어지기 때문이지요. 예컨대 식당에서 흑인을 보고 등을 돌리는 남부의 미국인이나, 십자가를 보면 자세를 가다듬는 기독교도들을 생각해 보세요. 남부의 미국인라면 대개 다 그럴 거고, 기독교도라면 대개 다 그럴 거란 것을 알 수 있지요.

또한 이런 표상체계는 무의식적으로 작동합니다. 예컨대 방 청소를 한다고 합시다. 바닥에 있는 책을 보고 "이건 책이고, 책은 책장에 꽂혀 있어야 하니 이건 책장에 꽂아두자" 하진 않을 겁니다. 「미시시피 버닝」이란 영화에는 어린 꼬마들도 흑인은 하찮은 존재고 경멸받아 마땅하다는 태도를 보이는 게 나옵니다. 이건 그 아이들이 사고하고 의식해서 하는 판단이 아닙니다. 의식은 이 표상체계 안에서 일어나며 표상이 의식에 선행합니다. 즉 **표상체계는 무의식적으로 작동합니다.**

알튀세르는 이데올로기를 '대중적인 표상체계'라고 이해합니다. 이 이데올로기 속에서 대중은 '나는 한국인이야' '나는 대학생이지' '나는 김씨 가문의 아들이지' 따라서 '나는 어떻게 해야 해'라고 무의식적으로 판단하고 행동한다는 것입니다. '돈을 받았으니 그만큼 일을 해주는 건 당연해'라는 판단도 그렇습니다.

맑스주의에서는 이데올로기를 지배계급의 이념으로, 따라서 그것은 피지배계급에겐 '허위의식'이요 거짓이고, 지배계급이 없어지면 사라질 것으로 보았지요. 또한 그것은 의식적인 것으로서, 계급의식의 일종으로서 파악되었습니다. 그러나 지금 본 것처럼 알튀세르는 이것이 무의식적인 것임을 주장하며, 또 그것 없이는 이 사회에서 내가 선 자리는 무엇이고, 거기서 무얼 해야 하는지를 알 수 없기 때문에 어느 사회(심지어 공산주의사회)에서도 이데올로기는 없을 수 없다고 합니다.

이러한 관점에서 알튀세르는 맑스주의에 없는 무의식 개념을 프로이트에게서, 아니 좀더 정확하게는 라캉에게서 끌어옵니다. 그리고 대중적인 표상체계인 이데올로기 속에서 개개인이 어떻게 주체로 만들어져 가는가를 분석합니다. 라캉이 무의식(타자)을 통해서 어떻게 개개인이 주체로 되어 가는지를 분석한 것과 마찬가지로 말입니다.

요컨대 이데올로기 없는 주체는 없으며, 이데올로기 없는 실천도 없다는 것입니다. 표상체계로서 이데올로기는 무의식과 마찬가지로, 언젠가 사라질 것이 아니라 영원한 것이라고 합니다. 물론 이 이데올로기는 현실에 대한 상상적인 체험이기에, 현실을 있는 그대로 보여주는 게 아니라 변형시키고 왜곡시켜 보여주지요. 이래서 알튀세르는 현실은 결코 투명하지 않다고 합니다. 만약 그의 말처럼 이데올로기가 영원한 거라면 이러한 변형과 왜곡 역시 영원하단 말이겠지요?

바로 여기서 알튀세르의 이중적 기획은 난관에 봉착합니다. 앞서 첫 번째 기획은 맑스의 역사유물론을 '과학'으로서, 진리로서 위치를 확고히 해주는 것이었습니다. 거기에는 **이데올로기와의 단절을 거치면 대상에 대한 참된 인식에 도달하리라는 전제**가 깔려 있었지요. 반면 지금 말한 이데올로기론의 기획에서 나온 결론은 **어떤 대상도 결코 투명하지 않으며, 오직 이데올로기 속에서만 인식될 수 있다**는 것입니다. 그렇다면 대상에 대한 참된 인식에 도달하는 것은 불가능하다는 말이 되죠. 따라서 어떤 순수한 과학도 불가능하며, 과학 자체가 바로 이데올로기 속에 있거나 이데올로기의 일종이란 결론에 이르게 됩니다. 즉 두 가지의 동시적 기획이 서로 충돌함에 따라 알튀세르의 배는 난파되고 마는 것입니다.

이데올로기를 위한 변명

알튀세르의 기획이 갖고 있는 이러한 모순적 요소 가운데 결국 그가 선택하는 것은 후자입니다. 애초에 그의 기획 가운데 중심의 자리에 있던 것은 전자, 즉 과학으로서 맑스주의를 새로이 정립하는 것이었지요. 그러나 1968년의 5월 혁명을 거치면서 그는 중심을 이데올로기론으로 옮기며, 전자에 기울었던 자신의 입장에 대해 '자기비판'을 합니다.

첫째로 그는 자신이 진리/허위에 대한 이성주의적 이분법에 빠져 있었다고 비판합니다. 즉 과학이란 대상을 있는 그대로 파악하는 진리요, 이데올로기는 그렇지 못하기에 거짓이요 허위라고 보았다는 것입니다. 그러다 보니 이데올로기를 단순히 허위의식으로 정의하는 전통적인 맑스주의의 테제를 비판했으나, 그리하여 이데올로기 자체가 있는 그대로 하나의 실재요 현실이라고 생각했으나, 진리/허위의 이분법과 과학주의적 기획으로 인해 다시 '이데올로기=허위'라는 이성주의적 도식으로 되돌아갔다는 것입니다. 이후 그는 '진리'라는 보증자를 구하는 인식론 자체가, 공정한 심판자를 구하려는 법적인 관념에 머물고 있으며, 이런 점에서 부르주아적 기획이라고 비판합니다. 과학은 이데올로기 속에 있는 과학, 즉 '당파적 과학'일 수밖에 없다는 새로운 테제 역시 이러한 입장과 무관하지 않습니다.

둘째로 그는 자신이 철학을 어떤 지식이 진리임을 보증해 주는 '이론'(Theory)으로, 진리의 보증자로 정의함으로써 실증주의적 입장에 머물렀다고 합니다(이와 관련해서 철학에 대한 초기 비트겐슈타인의 정의와 유사함을 우리는 앞서 언급한 바 있습니다). 동시에 '이데올로기적 개념을 가공해서 과학적 개념으로 바꾸는 이론적 실천'을 중심에 둠으로써 이론주의적 편향에 빠졌다고 합니다. 이제 그는 철학에 대해 새로이 정의하려 합니다. 그것은 "철학은 정치에서 이론을 대변하고 이론에서 정치를 대변한다"는 것이고, 이는 곧 "철학은 최종심급에서는 '이론에서의 계급투쟁'이다"는 것입니다. 이후 '계급투쟁'이 그의 이론에서 중심적인 위치를 차지하게 됩니다.

이러한 자기비판은 사실 과학주의의 기각과 동시에 과학이 차지하고 있던 중심적인 자리를 이데올로기에게 넘겨줌을 의미합니다. 이런 뜻에서 알튀세르의 이러한 전환을 **과학에서 이데올로기로**라고 요약해도 좋을 것 같습니다.

이런 관점에서 그는 이데올로기론을 더욱 발전시킵니다. 이제 그는 '재생산'이란 관점에서 이데올로기의 문제를 고찰합니다. 역사유물론에 따르면 노동자들은 노동자의 계급의식을 가져야 하는데, 실제로는 그렇지 않다는 것입니다. 노동자들은 계급의식을 갖는 것이 아니라 자본에 포섭된 하나의 생산수단, 착취당한다는 것조차 알지 못하고 기존 체제에 적응해 사는 것을 당연하게 여기는 그런 노동력으로 재생산됩니다. 만약 이렇지 않았다면 자본주의 사회는 그 동안의 세월조차 유지되지 못했겠죠. 즉 재생산되지 못했을 것입니다. 이데올로기의 문제는 바로 이런 점에서 재생산의 문제라고 봅니다.

조금 전에 말했듯이 어떤 개인도 이데올로기 속에서만 주체로 구성된다고 했습니다. 다시 말해 부르주아 사회의 지배적인 이데올로기—이것이 꼭 지배계급의 이데올로기만을 뜻하는 건 아닙니다―의 효과 속에서, 즉 기존의 사회질서를 내포하고 있는 상징적 질서의 체계 속에서 개인은 주체가 될 수 있다는 것입니다(여기서 원래 subject라는 말에는 '주체'라는 뜻과 '신하' '종속'이라는 뜻이 동시에 있음을 주목합시다). 요컨대 노동자들이 사회를 지배하는 이데올로기 속에서 하나의 주체로, 기존 질서가 요구하는 '신하'로 '주체화'되기 때문에, 사회의 질서는 계급대립에도 불구하고 계속된다는 것입니다.

이제 이데올로기에 대한 알튀세르의 중요한 명제들을 요약해 보면 다음과 같습니다.

첫째, 그는 "이데올로기 ― 이것은 '이데올로기 일반'을 뜻합니다 ―는 역사가 없다"고 합니다. 이 말은 이데올로기는 영원하다는 뜻으로, 어떤 사회에도 이데올로기는 있을 거라는 말입니다. 이런 점에서 그는 이데올로기를 무의식에 비유합니다. 물론 개개의 이데올로기들이야 역사를 갖겠지만 말입니다.

둘째, "이데올로기는 현실적 존재 조건에 대한 상상적 관계의 표상"이라고 합니다. 즉 이데올로기는 있는 그대로의 현실이나 현실관계를 보여주는 게 아니라, '이럴 것이다'라고 당연시되어 있는 방향으로 변형된 관계를 보여준다는 것입니다. 그리고 있는 그대로가 아니란 뜻에서 이러한 '비현실적' 관계를 마치 '있는 그대로의 현실적 관계'로 상상하고 오인(méconnaissance)토록 한다는 것입니다. 예컨대 유럽에서 실업문제가 심각해지자, 취업문이 좁아진 노동자들은 자신들의 처지가 그렇게 된 게 외국인 노동자들 때문이라고 생각합니다. 이는 사실 자본가들이 노동력을 싼값에 풍부하게 구하기 위해 외국인 노동자들을 끌어들였고, 경기가 나빠지자 고용을 줄여서 그런 것이지요. 그러나 노동자들은 개인으로서 자본가와 계약하기 때문에 자신이 고용되지 못하는 것을 마치 다른 노동자, 특히 외국에서 이주한 노동자들 때문이라고 '오인'하는 것입니다. 개인적으로 고용되고 개인적으로 해고되는 걸 당연시하는 '표상체계'에 의해 상상된 관계요, 거기서 정해놓은 허구적 관계를 인정(reconnaissance)하는 '오인'입니다.

셋째, "이데올로기는 단순한 관념이 아니라 물질적인 효과를 갖는 물질적 존재며, 물질적 장치를 통해 존재한다"고 합니다. 이는 결국 이데올로기가 물질적 장치를 통해 제도화된 특정한 방식의 실천을 통해 존재하고 작동한다는 말입니다. 그는 "무릎 꿇고 기도하라. 그러면 믿을 것이다"는 파스칼의 말을 인용합니다. 종교적 이데올로기는 단순한 '믿음'이나 '관념'이 아니라, 매주 교회에 나가고, 가서 무릎 꿇고 기도하는 실천을 통해 작동하는 물질적 존재라는 겁니다. 이처럼 특정한 실천들을 지속화하는 장치를 알튀세르는 '이데올로기적 국가장치'라고 합니다. 학교나 교회, 가족 등등이 그것입니다.

넷째, "이데올로기는 항상-이미 개인들을 주체로 호명한다"고 합니다. 이는 그의 이데올로기론에서 매우 핵심적인 주장인데, 예컨대 "너는 신의 어린 양이다" "너는 누구의 아들이다" 또는 "너는 한국인이다" "너는 백인이다"와 같이 '너는 누구'라고 불러주는 것이 호명(interpellation)입니다. 그 뒤에는 다음과 같은 말이 생략되어 있습니다. "너는 (한국인이니) 이걸 해야 한다, 이렇게 해야 한다"는 식의 말 말입니다. 성경에 보면 이런 장면이 매우 많지요? 신의 부름을 받은 모세나 다른 선지자들이 그 부름에 따라 무언가를 합니다. 즉 신이라는 호명한 주체(이를 큰 주체 Subject라고 합니다)에 복속되어 그가 지시하는 바를 따르고 행동하는 것입니다. 이건 '신의 백성'의 경우에도 마찬가집니다.

여기서 '항상-이미'라는 말을 쓴 것은, 예컨대 내가 태어나기 이전부터 나는 누구의 아들이고 한국인이고 황색인종이라는 등의 호명이 항상-이미 정해진 채 기다리고 있기에 그런 것입니다. 즉 내가 불리어질 호칭은 항상-이미 정해져 있는 것이지요. 그에 대해 내가 "예" 하고 대답하는 순간, 나는 큰 주체(예컨대 '한국인')의 부름을 내 것으로("나는 한국인이야") 하게 됩니다. 이로써 나는 '주체'가 되는 것이지요. 그게 말 잘 듣는 주체든, 말썽 피우는 주체든 혹은 삐딱한 주체든 간에 말입니다. 이것을 도식화하면 다음과 같습니다.

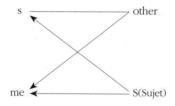

여기서 S(큰주체)에서 me로 이어지는 선은 내가 태어나기 이전부터 항상-이미 존재하는 호명, 즉 내게 주어질 나의 자리요, 내가 호명에 답해 채워야 할 질서 속의 빈자리입니다. 그리고 S의 호명에 답함으로써 나는 s(주체/신하)로 되고, 그것이 부르는 내 이름(예컨대 '한국인')을 내 안에 옮겨 놓게 됩니다. 그게 바로 내 안의 주체지요. 라캉이 말하는 에스와 마찬가지로 말입니다. 그리고 그 주체의 부름에 답하는 다양한 방법, 형태가 other입니다. '조국의 부름을 받은' 용감한 군인이 되기도 했다가, 힘든 생활을 견디지 못해 빠져나가기도 하고, 때로는 근면한 근로자가 되지만 종종 힘든 삶에 찌들어 술을 따르는 '편한' 직업의 유혹에 넘어가기도 하는 것 등이 그것입니다.

이로써 알튀세르는 이데올로기에 의해 개인이 항상-이미 주체로 구성되어 가는 메커니즘을 설명하고 있습니다. 즉 **항상-이미 호명된 주체로 개개인이 '주체화'되어 가는 메커니즘을 보여주고 있는 것입니다.** 우리는 이 메커니즘 자체가, 타자에 의해 개개인이 주체로 되어가는 라캉의 메커니즘과 거의 유사하다는 것을 알 수 있습니다. 그렇다면 라캉에게 생기는 난점들 역시 마찬가지로 제기될 수 있지 않을까 하는 의문이 드는 것은 당연할 것입니다.

알튀세르 철학의 모순들

알튀세르의 이데올로기론에 대한 가장 일반적인 비판은 '기능주의적'이라는 것이었습니다. 즉 그의 이론은 기존의 지배적인 사회가 개개인을 호명함으로써 항상-이미 존재하는 기존 질서 속에 포섭하고, 거기서 요구되는 역할을 자신의 일로 '인정' '오인'하고 수행한다는 결과를 갖고 있기 때문입니다. 그렇다면 이데올로기란 개념은 기존의 지배적 질서가 어떻게 유지되고 기능하는가 하는 메커니즘만을 보여줄 수 있을 뿐이며, 이 질서의 변화와 전복이 어떻게 가능한지를 전혀 설명할 수 없다는 비판인 것입니다.

지금까지 얘기한 것만으로는 이러한 비판을 반박하기 어려워 보입니다. 이는 아마도 이데올로기를 '재생산'이란 관점에서 정의하고 개념화하려는 문제설정에서 근본적으로 연유하는 것 같습니다. 즉 이데올로기가 어떤 식으로 기존 질서를 재생산하며, 그 속에서 개인들을 '주체'로서 재생산하는가를 설명해야 할 위치에 있기 때문입니다.

알튀세르가 이런 비판에 대응하기 위해 제시하는 개념이 바로 '계급투쟁'입니다. 즉 "이데올로기는 그 자체로 존립하고 작동하는 게 아니라 계급투쟁을 통해 변화되고 그것을 통해서만 작동한다"는 테제를 제시합니다. 지배계급의 이데올로기는 그 자체가 대중에 대한 계급투쟁이며, 대중의 투쟁을 포섭하여 수용가능한 것으로 전화시킨다는 것입니다. 대중들이 가진 이데올로기 역시 계급투쟁을 통해 가변화된다는 것이지요.

그러나 이는 또 다른 난점을 야기하게 됩니다. 다 접어두고 근본적인 것만을 본다면, 알튀세르의 이데올로기론에 따르면 "이데올로기 없이는 어떠한 실천도 불가능"합니다. 그건 표상체계 없는 판단, 무의식 없는 의식이 불가능한 것과 마찬가지지요. 그렇다면 이데올로기 없이는 어떠한 계급투쟁(실천!)도 불가능한 것이 됩니다. 계급투쟁은 이데올로기 외부에 있지 않으며, 이데올로기에 의해 작동되고 설명되어야 하는 것입니다. 그런데 새로이 추가한 테제는 이 계급투쟁이 이데올로기의 성립과 변화를 설명한다는 것이었지요. 그러면 이데올로기는 계급투쟁에 의해, 그리고 계급투쟁은 이데올로기에 의해 설명되어야 한다는 악순환에 빠지고 맙니다. 이는 **"이데올로기의 외부는 없으며 이데올로기 없는 실천은 없다"는, 라캉적인 이데올로기 개념으로선 결코 잘라낼 수 없는 테제와 계급투쟁을 중심에 두는 맑스주의의 테제가 서로 근본적인 모순에 처해 있다**는 것을 보여주는 것이라고 하겠습니다.

우리의 커다란 주제와 관련해 요약하면, 알튀세르는 근대적인 주체철학과 인간주의에 대해 명시적인 반대의 입장을 분명히 함으로써 근대적인 출발점을 벗어납니다. 그리고 거꾸로 주체나 인간이란 사회적 관계의 효과로써 만들어지는 결과물이란 점을 분명히 합니다. 그는 이런 관점에서 인간은 사회적 관계의 총체라는 명제를 이데올로기 개념의 발전을 통해 개개인이 주체화되는 메커니즘에 대한 이론으로 발전시켰습니다.

다른 한편 알튀세르는 초기의 과학주의에 대한 자기비판을 통해 과학주의라는 근대적 정당화주의를 벗어납니다. 그는 심지어 인식론이란 분과 자체가 부르주아적이고 법적인 정당화주의임을 지적합니다. 그리고 이데올로기에 대한 새로운 개념을 통해 진리/허위의 근대적 이분법을 깨뜨립니다. 이로써 어떤 지식이나 관념들을 하나의 현실적 실재로 간주하고 그 효과를 사고하는 이론적 지평을 열었다고 할 수 있습니다. 물론 그럼에도 불구하고 맑스주의를 과학으로서 추구하려는 태도 자체를 포기하지는 않았고, 그 결과 당파적 과학이라는 역설적 정의를 도입하게 되었지만 말입니다.

결국 이러한 알튀세르의 시도는 이데올로기 개념을 통해 근대적 문제설정의 한계를 넘어서려는 노력으로 요약할 수도 있겠습니다. 하지만 이런 시도는 재생산을 넘어 항상-이미 존재하는 체계의 전복을 사고하기 곤란하다는 난점에 부닥칩니다. 그리고 보다시피 이 난점을 계급투쟁이란 개념을 통해 극복하려고 합니다. 마치 맑스가 '실천'이란 개념을 통해 근대적 문제설정을 넘어서려 하듯이 말입니다. 하지만 그가 발딛고 있는 라캉적인 이데올로기 개념은 계급투쟁 개념과 근본적으로 상충되는 모순적 요소였기에, 이러한 극복의 시도는 해결하기 힘든 또 다른 난관에 봉착하는 셈입니다.

5. 푸코 : '경계허물기'의 철학

세 명의 푸코

푸코는 흔히 포스트모더니즘의 사상적 대부 중 한사람으로 간주됩니다. 혹은 적어도 근대적 합리주의에 반대한 반합리주의자, 계몽적 이성의 독재에 항의한 반계몽주의자로 간주됩니다. 이런 사정은 우리의 경우에 더욱 단순화되고 있지만, 서구의 경우에도 일반적으로는 이와 크게 다르지 않은 것 같습니다. 그러나 그는 자신에 대해 '구조주의자'라고 평하는 것만큼이나 '포스트모더니스트'란 평가에 반감을 갖고 있는 것 같습니다. 아마도 이런 사정은 그의 친한 친구였던 들뢰즈에 대해서도 마찬가지일 텐데, 들뢰즈의 경우에는 포스트모더니스트란 평가에 대해서 매우 적대적 입장을 명시적으로 보여주고 있습니다.

물론 그들의 입장 가운데 그런 요소가 없는 것은 결코 아닙니다. 하지만 그런 요소들을 아전인수식으로 해석하여 자신들의 근본적인 문제설정을 가리고 있다는 점이 바로 그들로 하여금 시류 타는 평가에 대해 적대적 태도를 드러내게 한 것은 아닐까 생각합니다.

여기서 저는 제 나름대로 철학자로서 푸코의 문제설정이 어떤 건지, 무엇을 하려고 그토록 복잡하고 '희한한' 역사를 썼던 것인지 얘기해 보려고 합니다. 그리고 이를 통해 푸코가 근대적 문제설정과의 사이에 만드는 긴장을 볼 수 있을 것입니다.

푸코의 사상은 크게 세 시기로 구분해서 파악할 수 있습니다. 첫째는 흔히 '고고학'이란 이름으로 대변되는 시기입니다. 이는 박사학위 논문이었던 「고전주의 시대 광기의 역사」에서 출발하여 출세작인 『말과 사물』을 통해 『지식의 고고학』에 이르는 시기지요. 이 시기에 그는 정신병리학(『광기의 역사』)이나 생리학(『병원의 탄생』), 혹은 생물학·정치경제학·언어학 등의 인문과학(『말과 사물』) 등 다양한 지식을 둘러싼 관계들의 역사를 연구합니다. 특히 당시 혹은 지금, 진리요 과학이라고 평가되는 지식에 의해 가려진 '침묵'의 소리를 듣고, 그 소리가 어떻게 해서 침묵 속에 갇히게 되었나를 연구하려고 합니다. 침묵하는 소리의 흔적이 남아 있는 문학이나 미술 등 다양한 문화적 '유물'을 통해 과학이나 역사책에 나오지 않는 잊혀진 과거를 드러내려고 한다는 점에서, 그는 자신의 작업을 '고고학'이라고 하는 것입니다.

둘째는 『담론의 질서』에서 시작하여 『감시와 처벌』 『성의 역사 1』에 이르는 시기로, 흔히 '계보학'이란 이름으로 요약되는 시기지요. 앞서 니체에 관한 부분에서도 언급했지만, '계보학'이란 모든 것들에서 가치와 힘에의 의지를 찾아내는 작업이며 방법입니다. 형벌과 감옥의 역사를 통해서(『감시와 처벌』), 혹은 성이나 성욕에 관한 담론과 장치들을 통해서(『성의 역사 1』) 그것들 이면에서 작동하고 있는 권력을 드러내고 그 권력의 효과를 분석하는 게 이 시기 푸코의 주된 일이었습니다.

셋째는 푸코의 말년으로서 『성의 역사 2』와 『성의 역사 3』에 집약되어 있는 시기입니다. 이 시기에는 권력과 자아의 관계가 중요한 문제가 됩니다. 예컨대 쾌락의 활용을 통해 어떻게 자아를 구성하는지, 양생술

(그림 6-11) 바보들의 배

보쉬의 그림 「바보들의 배」(Narrenschiff)다. 바보들의 배는 중세말에 쫓아내고 싶은 광인들을 태워서 이곳저 곳을 항해하게 했던 배였는데, 15세기 말 이래 서양의 문학이나 미술 등에서 집중적으로 형상화된 주제였다. 여기서 '바보'란 일종의 광인이기도 한데, 이러한 광기는 미친 사랑의 정열이나 모든 것을 웃어넘기는 태도, 어리석음, 집착, 망상, 풍자 등을 포함하는 아주 복합적인 개념이었다. 그것은 멕베스나 햄릿의 광기처럼 죽음 이나 살인으로 이어지기도 하고, 돈키호테의 광기처럼 웃음을 야기하기도 하며, 리어왕의 어릿광대처럼 미련 하게 세태에 반하여 버림받은 자의 동무가 되어주기도 하는 극히 다양한 모습을 갖고 있었다. 르네상스인들 은 이러한 광기와 우매함에서 일종의 두려움과 위험, 혹은 경멸을 느끼기도 했지만, 동시에 그것을 삶에 불가 결한 요소로 보았다. 에라스무스는 『우신(Narrheit) 예찬』에서 우신의 입을 빌려 우매함을 절멸시키려는 태도 는 삶 자체까지도 파괴할 것이라고 설파한다. 보쉬의 '나렌쉬프'는 고깃덩어리를 달아놓고 마이크 삼아 노래 하고, 그 위아래에서 어리석고 기이한 행동들을 하는 이 우매한 광인들을 싣고 간다. 그것은 자기들의 '이성'을 찾아 헤매는 광인들을 실은 순례선이었던 셈이다. 이런 식으로 이 시기의 사람들은 광인이나 '바보'에 대해 불 안해 하고 두려워했지만, 동시에 그것의 미덕과 혼란스런 힘을 인정했고, 따라서 그들은 갇히지 않았고, 쫓겨 나는 경우에도 마을 사이를, 사람들 사이를 떠다니는 존재였다. 마치 돈키호테가 끊임없이 비웃음을 사면서도 온 세상을 떠돌며 기사도 순례를 할 수 있었던 것처럼.

같은 '자기 배려의 기술'을 통해 자아를 어떻게 구성하는지를 연구합니다. 이는 권력을 통해 자아가 구성되는 메커니즘에 대한 연구라고 할 수 있겠습니다.

'침묵의 소리'와 고고학

푸코의 사상 전반을 특징짓는 가장 커다란 기획은 **정상과 비정상, 동일자와 타자, 내부와 외부 사이에 만들어진 경계를 허무는 것**입니다. 예컨대 과학이라고 간주된 것과 비과학이라고 비난받는 것 사이의 경계, 정상인과 '아직' 정상인이 아닌 자들 사이를 가르는 경계, 이성과 비이성을 가르는 경계, 혹은 이성의 내부와 외부를 가르는 경계(정신이 '나간', 정신이 '들어온'이란 말을 생각해 보세요)가 그것입니다. 한마디로 내부이자 정상과 동일시될 수 있는 '동일자'와 거기에 동일시될 수 없기에 배제되어야 할 '타자' 사이를 가르는 경계를 푸코는 허물려고 하는 것입니다(여기서 '타자'란 말은 라캉이 쓰는 것과는 정반대의 뜻입니다. 라캉에게 그것은 기존의 질서를 집약하고 있는 자아 외부의 구조로서, 푸코의 용어에서는 차라리 '동일자'에 가깝습니다).

이 경계를 이해하는 데는 다음과 같은 질문이 유용합니다. '광인'이란 무엇인가? 혹은 '정신병'이란 무엇인가? 그것은 정상인과 어떻게 다르며, 양자를 가르는 결정적인 구획선은 어디 있는가?

이런 질문은 영화를 볼 때면 종종 하게 되는 질문입니다. 예컨대 「뻐꾸기 둥지 위로 날아간 새」란 영화는 정신병원에서 벌어지는 일을 다루고 있습니다. 어떤 '환자'는 자기가 '환자'일 거라는 생각을 지우지 못해 병원 신세를 지고 있습니다. 주인공 맥 머피로 분장한 배우 잭 니콜슨은

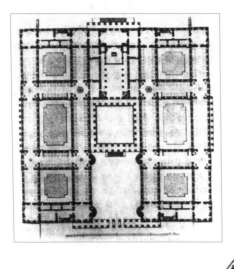

(그림 6-12a, 6-12b) 병원 설계도

감옥 아니냐고? 아니다. 틀림없이 병원이다. 감옥 같다고? 그렇다. 틀림없이 감옥 같다. 여기에는 '사연'이 있다. 아주 중요한 사연이. 17세기에 들어오면서 광인들의 항해는 중단된다. 이제 그들은 부랑자, 가난뱅이, 게으름뱅이, 범죄자 등과 더불어 수용소에 갇힌다. 그 수용소 입구에는 이런 간판이 달린다. '종합병원'. 노트르담 성당을 습격했던, 파리 시내의 한 구역을 점거해서 자신들의 법과 규칙에 의해 독자적인 삶을 살아가던 이들이 이제는 그 새로운 이름의 수용소에 갇히게 된다. 광기란 이제 이성이 허용할 수 없는 외부가 되었고, 이성적이기 위해선 그 안에 광기가 없음을 증명해야 했다. 유사한 것에 속지 않으려는 데카르트의 편집증적 강박을 푸코는 이를 통해 설명한다. 사실 인간이 사는 이 세계가 정상임을 증명하기 위해선 무언가 정상이 아닌 것이 있어야 하듯, 이성이 정의되려면 무언가 비이성이 있어야 하는 것이다. 중세에는 나병환자를 가둔 수용소가 그 역할을 했고, 17세기 들어오면 수많은 사람들을 가둔 새로운 수용소가 이제 그 역할을 대신한다. 이성의 정체성/동일성(identity)을 증명하기 위해선, 배제되어야 할 타자들이 있어야 했던 것이다. 그것이 저렇게 따로 없다면, 대체 내 어두운 정념 안에 광기가 있을지도 모른다는 사실을 어떻게 참을 수 있을 것이며, 내가 광인이 아니라는 사실을 어떻게 입증할 수 있을 것인가!

미친 사람인지 아닌지 병원에서도 오락가락하며 잘 판단하지 못합니다. 그가 하는 일을 봐도 앞뒤가 안 맞는 게 아니라 매우 사리에 맞으며, 그로 인해 많은 '환자'들에게 생기를 불어넣지요. 심지어 인간에 대한 불신 속에서 귀머거리로 행세하던 인디언에게까지 말입니다. 도대체 이들 가운데 누가 '정말' 환자고 누가 '가짜' 환자인 걸까요? 이들이 퇴원을 하려면 전혀 다른 사람이 되어야 하는 걸까요?

「터미네이터 2」에서 여주인공 사라 코너는 정신병원에 갇혀 있지요. 미래에서 터미네이터가 왔다느니, 또 올 거라느니 하는 얘기를 하다 그렇게 된 걸 겁니다. 하지만 영화를 보는 우리는 답답하고 짜증이 납니다. 왜 저 사람들은 멀쩡한 사람을 정신병자 취급하고 가두느냐고 말입니다.

물론 판단은 병원과 의사가 하지요. 하지만 잭 니콜슨은 광기와 정신병을 고치려는 그들의 '치료'를 받고는 구제불능의 '병자'가 되지요. 의사들이 정상인을 정신병자로 만든 겁니다. 사라 코너를 가둔 의사들의 판단역시 그걸 보는 우리에겐 아무런 신뢰도 주지 못합니다. 사실 그들이 사람을 병원에 수용하고 내보내는 기준은 명확하지 않습니다. 병원에서 퇴원했다고 반드시 정상인인 것도 아니고, 병원에 있다고 반드시 환자인 것도 아닙니다. 심지어 정신병원의 의사들도 정기적으로 다른 의사들에게 정상인지 아닌지 검사를 받는다고 합니다.

요컨대 푸코는 이런 식의 매우 심술궂은 질문을 통해서 정상인과 광인 사이의 경계가 과학과 진리가 보증해 주는 확실한 게 결코 아님을 보여줍니다. 그리고 경계를 허묾으로써 동일자의 외부, 정상인의 외부에 대해 사고하고자 합니다. 이는 정상인의 관점에서 광인을 사고한다는 뜻이 아닙니다. 차라리 광인에 대해 올바로 사고하지 못하게 막고 있는 정상인의 관점, 정상인이란 환상을 파괴하는 것입니다. 그리하여 우리는 비로소

(그림 6-13) 감옥

감옥을 한국에선 '교도소'(矯導所)라고 부른다. 바로잡아 이끄는 곳이란 뜻이다. 그러나 들어가 보지 않아도 우리는 감옥이 그와 정반대의 역할을 하고 있다는 것을 잘 안다. 그래서 수인들 자신이 감옥을 "국립대학"이라고 부르기도 한다. 그 뜻이야 다 알겠지만, 굳이 말하면 "범죄를 배우고, 범죄를 할 인연을 만드는 곳"이란 뜻이다. 확실히 그런 점에서 감옥은 실패했다. 푸코는 근대사회에서 일반화된 권력의 모델을 감옥에서 발견했지만, 사실 그것은 적어도 감옥에서는 철저하게 실패했다는 것 또한 인정한다. 이는 감옥의 관리자들도, 법조계 인사들도, 학자들도 모두 아는 사실이다. 그런데도 왜 저렇게 거대한 감옥이 있어야 하는가? 그것은 우선 사회의 질서를 해치는 '해충'들을 추방하고 격리하기 위해서일 것이다. 그리고 그럼으로써 그곳에 있지 않은 우리 자신의 정상성을 믿기 위해서일 것이다. 우리 안에 있는 욕망이 아직은 정상을 벗어나지 않았으며, 이성의 통제 아래 있다는 것을 믿기 위해서. 혹자는 비슷하지만 아주 다르게 말한다. "감옥은, 이 사회 전체가 감옥이 아니라는 것을 가시화하기 위하여 저기 저렇게 따로 존재한다." 푸코는 좀 다른 식으로 말한다. "감옥이 저렇게 분명하게 있지 않다면, 범죄자들이 저렇게 명확히 가시화되어 있지 않다면, 대체 누가 저 거대한 경찰조직과 억압적인 국가장치들의 존재 이유를 인정할 것인가!"

광인의 목소리를, 타자의 목소리를 들을 수 있으리란 것입니다. 동일자에 의해 어둠 속에 갇혀 버린 침묵의 소리를 말입니다.

이처럼 경계를 허묾으로써 푸코는 무엇을 하려는 걸까요? 배제된 타자에게 다시 '동일자'의 자리를 주고 복권시키려는 것일까요? 병원에 수용당하길 거부한 광인이나 차별에 고개숙이길 거부한 흑인, 혹은 규율에 따르길 거부한 범죄자를 새로운 정상인의 모델로 승화시키려는 것일까요? 물론 그건 아닙니다. 중요한 것은 이처럼 경계를 허무는 작업을 통해 기존의 동일자에 가려서 보이지 않던 영역, 비정상과 동일시되던 '외부'여서 생각할 가치도 없다고 간주하던 영역을 다시 사고할 수 있을 것이며, 우리 자신을 사로잡고 있는 동일자를 새로이 사고할 수 있으리란 것입니다.

그렇다면 이 경계를 허물기 위해 어떻게 할 것인가? 여기에는 두 가지 방법이 있습니다. 하나는 기존에 정상적이라고 간주되던 것이 얼마나 일관되지 못하고 불안정한가를 보여주는 것입니다. 즉 **'동일자' 내부의 균열을 드러냄으로써 동일자 자체를 해체시키는 게** 바로 그것입니다. 이는 주로 데리다가 사용하는 방법이지요.

다른 하나는 동일자에 의해 배제된 타자, 그리하여 강요된 침묵 속에 갇혀 버린 타자의 목소리를 끄집어내는 것입니다. 동일자와 타자 사이에 동일자 자신이 그어놓은 경계선을 의문에 부침으로써 양자 사이에 소통할 수 있는 채널을 만드는 것입니다. 그리고 동일자와 타자 사이에 경계선이 어떤 식으로 그어졌나를 통해 타자와 동일자 간의 관계를 드러내는 것입니다. 이게 바로 푸코가 사용하는 방법입니다.

이런 관점에서 본다면 '반합리주의자' '반계몽주의자'라는 푸코에 대한 평가는 그의 사상을 단지 합리주의나 계몽주의의 반대물로 만들고 있

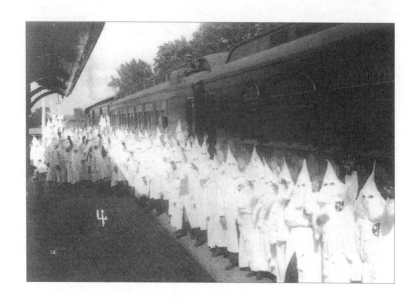

(그림 6-14) 역 앞에 집결해 있는 KKK단

그리피스의 영화 「국가의 탄생」은 영화사의 초기를 장식한 중요한 작품이다. 그러나 그 영화의 내용은 노예해방으로 인해 오만해진 못된 흑인들과, 그들의 불의를 못 참아 궐기한 KKK단의 탄생과 승리를 그리고 있어서 의무감에 하품을 참으며 보던 사람을 당혹하게 만든다. '국가의 탄생', 그것은 백인 국가의 탄생이고, 백인 아닌 것들을 처단하고 제거하는 폭력장치의 탄생이었음을 보여주려는 것이었을까? 어쨌든 1923년에 찍힌 저 사진에서도 KKK단은 충분히 야만적인 가면과 복장을 한 채, '검은 동물'들을 처단하기 위해 모였을 것이다. 백색, 그것은 그런 식으로 작동하는 동일자의 권력이다. 다만 그들의 가슴에 단 표시나 바지와 구두마저 그 자랑스런 흰색으로 칠하지 않은 것이 의문으로 남는다. 아니, 검고 흉한 눈동자도, 붉어서 불온해 보이는 입술도 모두 흰색으로 칠했다면 더욱더 완벽하게 인종적인 순결성과 우월성을 증명할 수 있었을 텐데, 생각이 거기까진 미치지 못한 듯해서 안타깝다.

을 뿐이란 점에서 매우 잘못된 것입니다. 즉 이성과 비이성, 계몽과 몽매 사이의 경계선 자체를 허물려는 푸코의 노력은 그 경계선을 인정한 위에서 이성 아닌 비이성, 계몽 아닌 반계몽을 지지하는 반합리주의자의 태도와 전혀 다른 것임이 분명합니다. 후자는 이성/비이성을 가르는 기존의 이분법을 똑같이 전제하고 있다는 점에서 합리주의나 계몽주의를 거울에 비춘 모습일 뿐이며, 그것들의 소박한 보충물입니다. 마치 낭만주의가 이성주의나 계몽주의의 대칭적 보충물이듯이 말입니다.

역사적 구조주의?

이와 같은 관점에서 푸코는 타자를 소통과 대화의 자리에 끌어냅니다. 여기에는 두 가지 방식이 있는데, 하나는 그 '타자의 역사'를 통한 것이고, 다른 하나는 '동일자의 역사'를 통한 것입니다. 전자는 『광기의 역사』에서 다루고 있는 것이고, 후자는 『말과 사물』에서 쓰고 있는 것입니다. 우선 타자의 역사를 간략히 살펴봅시다.

『광기의 역사』는 "미치지 않으려는 필사적인 노력 자체도 하나의 광기인지도 모른다"는 파스칼의 말로 시작하고 있습니다. 여기서 푸코는 '광기'가 어떻게 해서 정상 사회에서 배제되고 감금되며 결국은 치료되어야 할 '병'으로 되어 가는지를 보여주고 있습니다. 그리고 그는 이를 '르네상스 시대, 고전주의 시대, 근대'라는 세 개의 시기로 나누어서 살펴보고 있습니다(이 구분은 그의 저작에 가장 자주 쓰이는 시기 구분입니다).

영화 얘기가 만만하니, 다시 영화 속으로 들어가 봅시다. 안소니 퀸이 그 잘생긴 얼굴을 흉칙하게 일그러뜨리고 나와 더 유명한 영화 「노트르담의 꼽추」를 보신 적이 있나 모르겠습니다. 혹은 위고의 소설로 직접 읽

(그림 6-15) 검은 피부 하얀 가면

인간은, 특히 서양의 인간은 동물과 자신을 구분하는 데 매우 집요한 집착을 보여왔다. 그래서 "인간은 ~한 동물"이라는 방식으로, 다른 동물에 없는 자기만의 속성을 부각시키기 위해 무진 애를 썼다. 그리고 인간에게 없는 동물들의 수많은 능력들을 잊기 위해 애썼다. 덕분에 '이성적 동물' '언어적 동물' '사회적 동물' '놀이하는 동물' 등등의 수많은 기이한 동물들이 탄생했다. 그래서 동물과 인간의 경계에 있는 모호한 '것'들에 대해서는 더욱더 가혹했는지도 모른다. 흑인들, 그들은 오랫동안 '인간'이 아니었다. 처참한 생활을 했다는 의미에서가 아니라, 정말 인간이란 범주에 들어가지 않았다는 말이다. 따라서 그들을 동물처럼 다루는 것은 당연하다고 생각했다. 그런 점에서 저 기이한 동물들의 규정에는 항상 '피부가 하얀'이란 말이 숨어 있었던 셈이다. 그러니 자신의 피부색을 원망하지 않을 흑인이 대체 어디 있었을 것인가! 돈과 기술만 있다면 피부를 흰색으로 갈아치우고 싶다는 생각이 드는 것은 어쩌면 당연한 것처럼 보인다. 그건 피부를 수세미로 밀어보는 안타까운 노력과 전혀 다르지 않다. 하얀 흑인, 그것은 배제와 억압 속에서 '타자'들을 배제하고 억압하는 동일자의 가치척도를 내면화했음을 보여주는 것이다. 동일자는 이처럼 자신이 핍박한 타자들의 피부, 타자들의 내면에까지 침투한다. 백인들의 얼굴을 점점 닮아 가는 우리의 얼굴들은 어떨까?(사진은 1968년 멕시코올림픽 남자 200m 시상식에서 각각 1위와 3위를 기록한 토미 스미스와 존 카를로스가 미국 국가가 연주되는 동안 검은 장갑을 낀 주먹을 높이 쳐듦으로써 흑인 차별의 미국에 대한 거부를 표현하는 장면이다.)

었다 해도 좋습니다. 「노트르담의 꼽추」에서 중요한 역할을 하는 요소의 하나가 파리 시내의 부랑자들이지요. 거지와 광대, 광인, 도둑, 집시 등이 파리 시내의 일부를 '차지'하고는 집단을 이루어 살고 있는데, 그들 사이에도 나름의 규율과 처벌이 있고, 나름의 질서가 있습니다. 그런데 지금과 달리 그들은 파리 시내에서 다른 정상인들과 함께 살고 있으며, 때로는 구걸도 하고, 때로는 거래도 합니다. 나중에 그들이 노트르담 성당을 습격하는 것 역시 이런 거래를 통해서였지요. 반면 「아마데우스」를 보면 사정이 다릅니다. 처음에 살리에리가 자살을 기도하는 곳은 광인과 부랑자들이 수용되어 있는 수용소였습니다. 그 역시 한 사람의 광인으로서 수용되어 있었지요.

이 두 영화에서 부랑자나 광인은 매우 다른 방식으로 살고 있습니다. 「노트르담의 꼽추」의 배경은 아마 중세 말 르네상스 시기라고 보면 될 것입니다. 반면 「아마데우스」는 모차르트의 죽음(1791년)을 전후한 시기니 고전주의에서 근대로 넘어가는 시기입니다. 「노트르담의 꼽추」에서 보이듯, 르네상스 시대까지 광인은 정상인과 구별되어 감금되거나 병자 취급을 받지 않았습니다. 그들은 일반적인 사람들과는 상당히 다른 방식으로 살아가는 사람들일 뿐이었지요. 즉 '광인'이나 비이성적인 사람들이 정상인과 공존하던 시기였고, 그래서 그들과 대화하고 소통하며 때론 그들의 힘을 이용하기도 하고, 때론 그들을 '물먹이기도' 하던 시기였습니다.

그러나 16세기 이후 거리의 부랑자들은 예전에는 나병환자들을 가두던 수용소에 감금되기 시작합니다. 이성의 시대가 시작된 것인데, '로피탈 제네랄'(L'hôpital général ;종합병원이란 뜻입니다!)은 바로 그들을 이성의 타자로서 배제하고 감금하던 곳으로서 탄생합니다. 이게 바로 「노트르담의 꼽추」와 「아마데우스」 사이에 일어난 일입니다. 따라서 「아마데우스」 시대에 그들은 병원인지 수용소인지 모를 곳에 감금된 채 나타납니다. 그곳에는 '환자'들을 통제하는 의사인지 신부인지 모호한 사람들이 있지요.

이 당시까지만 해도 광인은 다른 부랑자와 함께 취급되었습니다. 그러나 수용된 자들 가운데 빈자와 거지, 범죄자들은 광인들과 함께 가두는 데 대한 공포와 저항을 갖고 있었고, 이후 산업이 발달하면서 일자리가 많이 생기게 되자 거지나 가난뱅이 등은 모두 풀려납니다. 그들은 이제 근대적 이성이란 동일자에 포섭될 수 있는 부분이 된 것입니다. 이제 범죄자와 광인만이 수용소에 남지요. 하지만 범죄자들 역시 광인과 분리해 수용해 줄 것을 요구합니다.

근대는 '대개혁'이라 불리는 조치와 함께 시작됩니다. 이는 예전엔 차라리 동물적인 존재로 취급되던 광인들, 그래서 극히 가혹한 처우를 받던 광인들을 인간으로 취급하려고 합니다. 다만 광기로 인해 아직 이성의 품 안에는 들어오지 못한 미숙아, 혹은 불행하게도 병에 걸려 미쳐버린 환자로 취급합니다. 그들은 감금에서 '해방'됩니다. 대신 이제 그들은 자신에 대해 자기가 책임을 져야 하는 존재가 됩니다. 그들은 종교나 도덕적 조치의 힘을 빌려 '치유'되어야 할 대상이 되는 겁니다. 물론 '책임을 못 지는' 자나 책임지길 거부하는 자는 더욱 가혹하게 감금되지만 말입니다. 참을성 많고 인격이 '훌륭한' 사람들, 혹은 광인들을 다루는 기술이 뛰어난 사람들이 '의사'로서 그들을 '치료'하게 되지요.

결국 이런 역사적 과정을 거쳐 한때는 인간의 내면에 들어 있는 어떤 특징으로 간주되던, 혹은 유별난 행동과 사고방식을 가진 사람들의 특징이던 광기는 위험을 방지하기 위해 가둬두어야 할 대상, 치료되어야 할 대상으로 간주되어 배제된다는 것입니다. 그가 보기에 정신병리학이란 광기를 배제함으로써 정상인의 사회를 테두리짓고 정의하려 한 역사적 과정의 산물이며, 그들을 다루는 기술을 체계화한 것입니다. 즉 그것은 '진리'나 '과학'이라고 할 어떤 특징도 사실상 결여하고 있다는 것입니다. 이처럼 그는 **광기의 역사를 통해 광인이 타자로서 배제되고 침묵하게 된 과정을 드러내며, 광기와 이성 사이에 그어진 경계선을 허물고 있는 것입니다.**

동일자의 역사를 다루는 『말과 사물』은 시인 보르헤스의 텍스트를 인용하면서 시작합니다. 서구와는 전혀 다른 동물 분류법이 그것입니다. 즉 사물들의 관계를 파악하는 전혀 상이한 사고방식들이 있다는 것입니다. 이는 사물의 질서를 파악하고 그 속에서 사물에 대해 판단하는 상이한 방식들이 있다는 걸 의미합니다. 사실 의식적인 사고란 이런 기초 위에서 진행되는 것이고, 이 기초는 사고를 가능하게 해주는 무의식적인 기초입니다. 이처럼 사고를 가능하게 해주며, 특정한 방식으로 사물들에 질서를 부여하는 무의식적인 기초를 푸코는 '에피스테메'(épistémè ; 인식틀)라고 합니다.

여기서도 그는 앞서의 세 시기를 나누어 살펴봅니다. 르네상스 시대는 '유사성'의 에피스테메로, 고전주의 시대는 '표상'의 에피스테메로, 근대는 '실체'(표상으로 환원되지 않는 독립적 실재)의 에피스테메로 요약됩니다.

푸코는 『돈키호테』를 통해 르네상스와 고전주의 시대의 에피스테메에 대해 이야기합니다. 풍차를 거인으로 '생각'하는 돈키호테는 유사성에 따른 사고방식을 보여줍니다. 반면 거인과 풍차의 동일성과 차이를 분명히 구분하는 고전주의 시대 사람들은 이런 돈키호테의 사고방식을 '미친 것'으로 이해합니다. 호박꽃과 배추꽃이 어떻게 같고 어떻게 다른지 등을 분류하는 린네의 분류학은 고전주의 시기의 에피스테메를 대표합니다.

이들은 '표상'들이 사물을 있는 그대로 '재현'한다고 믿었고, 따라서 표상들을 분류함으로써 사물들의 질서를 파악할 수 있으리라고 믿었습니다. "나는 생각한다, 고로 존재한다"는 데카르트의 말은, 생각(표상)을 통해 직접 존재에 도달할 수 있다는 이런 사고방식을 잘 보여줍니다.

다른 한편 근대의 에피스테메는 고전주의 시대와 달리 표상으로 환원되지 않는 실체를 인정한다고 합니다. 예컨대 칸트의 '사물 자체'처럼 표상이 닿지 못하는 외부의 실체가 있다는 것입니다. 생물학도 예전에는 분류학에 그쳤지만, 이제는 생명이라는 실체를 중심으로, 그것을 위해 기능하는 기관이나 특징을 근거로 새로 정리됩니다. 나아가 이 실체 자체가 진화한다는 생각이 나타나며, 그로 인해 역사라는 개념이 나타난다고 하지요. 정치경제학에서는 노동이라는 범주가 바로 그런 자리를 차지합니다. 그리고 '인간'이란 개념은 이 근대라는 시기의 산물이라고 합니다.

이렇듯 푸코는 서로 상이한 사고의 무의식적 기초가 어떻게 변화되어 왔는가를 보여줌으로써, 지금은 '이성'이란 이름으로 동일하게 불리는 동일자가 사실은 역사적으로 상이하게 존재했음을 보여줍니다. 이는 동일자와 타자의 경계선을 사실 동일자 자신의 역사를 본다고 하더라도 결코 하나로 고정할 수 없음을 보여주는 것입니다. 이럼으로써 지금 **현재 포섭과 배제의 선을 긋고 있는 '이성'이란 동일자를 상대화시키는 것이고, 이성과 비이성의 경계가 역사적으로 달라질 수 있음을 주장**하고 있는 셈입니다. 이런 방식으로 그는 확고하고 꿈쩍도 않을 것 같은, 현존하는 서구적 이성의 지배를 균열시키고 뒤흔들려는 비판적 시도를 하고 있습니다. "서구 문화의 가장 깊은 심층을 드러내려는 시도를 통해서 나는 외관상 고요하고 움직이지 않을 것 같은 우리의 대지에 불안정성과 틈새를 회복시키고자 한다. 대지는 우리의 발 밑에서 다시 한번 불안하게 꿈틀거릴 것이다."

(『말과 사물』의 「서문」)

이러한 사상은 분명 레비-스트로스의 영향을 크게 받은 것입니다. 사고 전반을 규정하는 무의식적 기초를 문화의 가장 깊은 심층에서 찾아내려는 시도가 그렇습니다. 그것은 어쩌면 특정한 역사적 시기마다, 모든 사고의 선험적 기초를 이루는 일종의 '선험적 구조'인 셈입니다. 이 점에서 이 저작은 특히 '구조주의적'이라고 간주됩니다.

그러나 레비-스트로스와 푸코가 결정적으로 다른 점은 레비-스트로스가 다양한 사고법들 전체를 특징짓는 가장 심층적인 보편구조를 찾아내려 한 반면, 푸코는 반대로 이 다양함을 다양함으로서 인정하려 한데 있습니다. 아니, 더 나아가 이 다양함을 하나의 선험적 구조('야성적 사고')로 포괄하려는 시도를 또 하나의 동일화하려는 시도요, 동일자의 논리라는 점에서 비판하고 있는 것이기 때문입니다. 그의 사상을 단순히 '구조주의'라는 이름으로 부르기 곤란한 것은 바로 이런 점 때문입니다. 그러나 푸코의 이 시도를 관통하는 멘탈리티는 분명 사고 밑바닥의 어떤 심층구조를 찾아내려는 것이란 점에서 구조주의적입니다. 그가 강조하는 역사적 변화를 고려한다면 이러한 특징을 '역사적 구조주의'라고 해도 좋지 않을까 생각합니다.

경계선의 계보학

앞서 우리는 푸코의 기획이 동일자와 타자 사이의 경계를 허무는 것이라고 했습니다. 그 말은 뒤집으면, 그 경계선을 만들어내고 유지하려는 힘과 권력이 있다는 말이 됩니다. 그것은 분명 동일자 자신이 갖고 있는 권력입니다. 예컨대 광기와 이성 간의 경계선을 유지하려는 노력이 없다면,

그래서 광인을 가두거나 환자 취급하는 일련의 조치들이 행해지지 않는다면, 이 경계선은 결코 유지되지 못할 것입니다. 자신이 그은 경계선이 정당함을 입증하기 위해 이성은 그 경계선을 유지하는 기술자들에게 '의사'란 직책을 주며, 그것을 위한 담론(談論, discours ; 여기서는 정신병리학이란 지식을 말합니다)에 '과학'이란 이름을 제공합니다.

나아가 이 담론을 통해 정신병이나 광인에 대해 얘기할 수 있는 '주체'는 오직 의사뿐이며, 광인은 그들이 판단하고 처리하는 대로 따라야 할 '대상'이라고 정해줍니다. 정신병원에서 하는 광인들의 얘기는 어떤 것도 미친 소리일 뿐이라는 것이죠. 「뻐꾸기 둥지 위로 날아간 새」에서 잭 니콜슨이 간호사에게 여러 가지 항의도 하고 부탁도, 조언도 하지만 간호사는 그 어느 것에도 귀기울이지 않습니다. 그건 '미친 소리'로 정의되어 있기 때문입니다. 반면 의사가 취하는 조치는 심지어 그것이 '환자'를 다치게 하거나 얼빠진 사람으로 만드는 경우가 있다 해도 '치료'로서 정당화됩니다.

그렇다면 정신병리학이란 담론이 의사와 광인(환자)을 각각 주체와 대상으로 정의해 주는 것이라고 할 수 있겠습니다. 즉 주체와 대상은 담론 안에서, 담론에 의해서 정의됩니다. 또한 정신병리학이란 담론은 의사가 환자에게 취하는 모든 조치를 정당화해 주고, 나아가 그런 조치를 강제로라도 집행할 수 있는 권력을 줍니다. 따라서 담론 안에는, 다시 말해 정신병리학이란 지식 안에는 '권력'이 있다고 할 수 있습니다. 또한 이 지식은 권력을, 그 권력의 행사를 정당화해 줍니다. 반대로 지식 역시 자신의 정당성을 유지하기 위해 그러한 권력을 필요로 합니다. 필요한 조치를 강제로라도 취할 수 없다면, 정신병리학이 환자들에게 어떻게 과학의 권위를 획득하고 유지할 수 있겠습니까?

이래서 푸코는 '지식-권력'(savoir-pouvoir)이란 말을 합니다. 지식과 권력이 뗄 수 없는 하나의 복합체란 뜻이지요. 결국 '담론의 질서'란 담론 자체에 권력이 내장되어 있다는 점뿐만 아니라, 담론 자체가 권력에 의해 작동하며 정당화된다는 것을 뜻합니다.

다른 한편 담론만으로는 이러한 권력을 유지할 수 없습니다. 정신병원이나 수용소라는 물질적 장치들이 없다면, 그래서 환자들이 당연히 수용되어야 하고 수용된 환자들에 대해선 어떠한 조치도 '과학'의 이름으로 취할 수 있는 제도와 장치들이 없다면, 담론이 제공하는 권력은 무력하게 될 것입니다. 학교라는 제도적 장치, 즉 기존 질서를 가르치며, 그것을 제대로 수행하는가를 끊임없이 감시하고 거기서 벗어날 때면 어김없이 징벌이 가해지는 학교라는 장치가 없다면, 도덕 교과서에 나오는 지식이 무력할 수밖에 없는 것처럼 말입니다.

'계보학'이란 이처럼 동일자가 경계선을 긋고 유지하기 위해 작동시키는 권력의 존재를 드러내고 그것이 미치는 효과에 대해 분석하는 것입니다. 이런 의미에서 계보학은 또 하나의 비판적 문제설정이라고 하겠습니다. 이는 경계선이 만들어진 역사를 추적하고 침묵의 소리를 들으려는 고고학적 시도와 구분되는 것이지만, 경계선을 찾아내고 허물려는 푸코의 전체적 기획에서 보면 일관된 것이며, '고고학적' 시도를 보충하는 것이기도 합니다.

바로 이러한 관점에서 푸코는 감시와 처벌의 역사를 서술합니다. 애초에 지배적이던 것은 공개적인 끔찍한 처형(신체형의 화려함!)이었습니다. 이는 낡은 군주권에 기반한 것이었는데, 인민들에게 강렬한 공포를 불러일으킴으로써 범죄나 모반을 막으려는 일종의 '보복'이었습니다. 그러나 18세기 말을 거치면서 이 '보복'은 훈육(discipline)으로 바뀝니다.

범죄자 속에서 '인간'을 발견한 것입니다. 즉 "범죄자도 인간"이란 생각이 대두하면서 이제 인간은 행형(行刑)과 훈육의 새로운 대상으로 떠오르게 됩니다. 여기서는 죄를 범한 개인들을 법적인 주체로, 즉 자기 행동을 책임질 수 있는 인간으로 다시 만들어내는 게 중요해집니다.

나아가 이들의 신체 운용에 대한 면밀한 통제를 가능하게 하고, 신체를 항상적으로 속박할 수 있으며, 효율적인 순종을 강제할 수 있는 방법으로서 '감시'가 발전합니다. 더불어 시간표, 신체와 동작의 상관화, 시간의 철저한 활용, 시험, 제재의 규격화 등등 다양한 훈육의 기술들이 발전합니다. 이로써 감옥은 단순한 처벌권력에서 규율에 의해 법적 주체로 훈련시키는(교정!) 권력으로 전환됩니다. 그리고 이러한 통제와 훈육의 기술은 이후 학교와 군대, 공장에서 개인들을 길들이고(훈육!) 통제하는 데 하나의 모델이 된다고 합니다. 이런 뜻에서 그는 "사회 전체가 하나의 감옥"이라는 섬뜩한 테제를 제시합니다.

감옥에 대한 연구를 통해 푸코는 이제 권력이 지식-권력으로 존재할 뿐 아니라 직접적으로 신체에 작용하는 권력임을 분명히 하게 됩니다. 나아가 성이나 성욕, 성적인 제도와 장치들에 대한 분석을 통해 이러한 관점은 더욱 뚜렷해집니다. 이처럼 신체에 직접 작용하고 신체에 새겨지는 권력을 푸코는 **생체권력**(bio-pouvoir)이라고 합니다.

해체의 철학, 철학의 해체

결국 니체의 계보학은 푸코에게 새로운 두 권력 개념을 제공한 셈입니다. 지식-권력과 생체권력이 바로 그것이죠. 그런데 여기서 생체권력 개념은 또 하나의 변환을 야기합니다. 감시와 처벌에 대한 분석을 통해서 푸코가 도달한 또 하나의 중요한 결론은 그것이 사회적으로 요구되는 책임있는 주체, 법적인 주체를 만들어내는 기술이요, 기능이란 것입니다. 다시 말해 학교에서, 공장에서, 감옥에서, 군대에서 생체권력을 통해 개개인은 사회적으로 받아들여질 수 있는 주체로 된다는 것입니다. 이런 의미에서 권력은 '생산적인 권력'이라고 말합니다.

그렇다면 이제 푸코는 아이러니한 결론에 이르게 됩니다. **개개인이 사회적으로 받아들여질 수 있는 주체가 되는 데 권력의 작동이 필수적이라면, 이제 권력 없는 주체란 생각할 수 없는 것이 됩니다.** 그렇다면 "권력은 영원하다"는 결론을 피할 수 없습니다. 마치 알튀세르가 "이데올로기 없는 주체는 없고, 따라서 이데올로기는 영원하다"고 했듯이 말입니다.

여기서 푸코는 또 한번의 커다란 전환을 합니다. 권력 없는 주체가 있을 수 없다면, 그렇다면 **이제 중요한 것은 그 권력을 통해서 각자가 어떻게 자아를 구성해 가는가가 문제**가 되고, 권력을 통한 자기와의 관계가 중심에 놓이게 됩니다. 여기서 그는 권력을 통해 자아를 구성하는 기술에 관심을 돌리게 되고, 이러한 그의 작업은 '윤리학'이란 이름을 얻습니다.

이런 전환은 이제까지 그의 작업 전체를 이끌어온 비판적인 기획 자체가 중단되는 지점을 보여줍니다. 비판적 문제설정 자체가 해체되고 마는 것입니다. 듀스(P. Dews)는 이를 니체적인 권력 개념에 따른 필연적 귀결이라고 비판합니다(『해체의 논리』). 니체에게 권력은 지배/저항의 대립이 중요하기보다는, 모든 개체들을 살아있게 만드는 힘에의 의지로서의 의미가 중요하기 때문입니다. 이는 일면 타당한 평가입니다. 그러나 사실 좀더 니체의 사상에 충실했던 들뢰즈는 유사한 경로를 거치지만, 푸코와는 다른 귀착점에 이른다는 것을 주목해야 합니다. 즉 그는 철저하게 니체적인 출발점을 가지며, 니체적 입장에 지속적으로 충실하지만, 동시에 스스로 맑스주의자라고 공언하는 비판적 지점에 이르고 있습니다.

제가 보기에 푸코의 입장은 니체의 개념에 의존하나 결코 '충분히' 의존하지 않습니다. 니체에게는 작용적 힘과 반작용적 힘, 긍정적 의지와 부정적 의지가 언제나 공존하며 대립투쟁합니다. 이는 '생성'을 중심에 두고 파악하는 그의 사상과 긴밀히 연관되어 있습니다. 하지만 푸코는 아마도 니체의 긍정적 의지나 작용적 힘이 생물학적인 힘에의 의지로, 결국 형이상학적 실체를 가정하는 결과에 빠질 위험에 주의했던 것 같습니다. 유명론적 입장이 강했던 그로선 아마 이런 선택은 불가피했을지도 모릅니다. 따라서 니체가 보기엔 반작용적 힘, 부정적 의지에 불과한 요인이 권력개념을 일면적으로 정의하게 됩니다. 푸코가 말하는 생체권력 개념이 바로 그렇습니다.

반면 들뢰즈에게는 일차적이고 작용적인 힘이, 긍정적 의지 개념이 '욕망하는 생산'(desiring production)이란 개념으로 작동하고 있으며, 이것이 자신을 통제하려는 코드화된 힘과 권력(의지)에 저항하고 대립합니다. 따라서 주체는 단지 생체권력이 일방적으로 만드는 수동적 생산물로 전락하지 않습니다. 차라리 그것은 끊임없이 코드화하려는 힘에 저항하는 움직임을 만들어냅니다. 이는 근대철학의 한계를 넘어 새로이 '주체'의 생산을 파악하는 탁월한 유물론적 관점이라는 게 제 의견입니다.

마지막으로 푸코와 근대철학의 연관이라는 우리의 본래 주제로 잠시 돌아갑시다. 동일자와 타자 사이의 경계선을 허물려는 푸코의 기획은 사실 근대적인 이성의 경계를 허무는 것이었고, **근대적인 문제설정 자체를 상대화**하고 넘어서려는 것이었습니다. 이런 점이 푸코를 들뢰즈와 함께 포스트구조주의의 중심에 자리잡게 한 요인일 것입니다.

그리고 그 경계선을 허무는 작업을 통해 근대 내부에서는 사고되기 힘들었던 새로운 영역이 나타났습니다. 푸코의 연구대상이 갖는 '특이함'이 바로 그 사례겠지요. 나아가 그 경계선에 작용하며 그것을 유지하는 권력을 드러냄으로써, **'진리란 동일자 자신이 발행하는 동일자의 보증서에 불과하다는 것을** 분명히 합니다. 즉 그것은 지식에게 권력을 제공하고 권력을 통해 지식이 작동하도록 하는 지식-권력의 접착제인 셈이지요. 그럼으로써 근대적인 진리 개념은 철저하게 파괴되고, 지식을 재는 '참된 지식'이란 잣대는 부러지고 맙니다. 정신병리학이나 임상의학에 대한 분석을 통해, 그리고 결국은 지식에 대한 고고학적이고 계보학적인 비판을 통해 '과학'이란 이름의 정당화주의 또한 해체합니다.

다른 한편 **인간이란 범주가 근대라는 시기의 산물**임을 밝힘으로써, 근대철학의 지반을 근대철학의 역사성 속에서 볼 수 있게 재배치합니다. 이로써 주체철학은 그 근대적 성격이 명확해집니다. 주체를 파악하는 새로운 역사적이고 유물론적인 관점을 제시한 것 역시 이러한 작업의 성과라고 하겠습니다. 물론 그것이 윤리학으로 전환되는 아이러니와 한계는 망각할 수 없다 하더라도 말입니다.

6. 들뢰즈와 가타리 : 차이의 철학에서 노마디즘으로

들뢰즈는 대학에서 철학사를 전공한 철학자고, 가타리는 의과대학을 나와 실험적인 정신분석을 하던 정신의학자였습니다. 들뢰즈가 니체와 스피노자, 베르그송, 에피쿠로스 등 생성을 사유하고자 했던 여러 철학자들을 좋아했지만 무엇보다 니체주의자였다고 한다면, 가타리는 고등학교 시절부터 학생운동을 했고 68년 5월 혁명에서 중요한 역할을 하기도 했던 맑스주의자였습니다. 이들 두 사람이 만난 것은 68년 혁명을 전후해서였다고 합니다. 그 시기는 1960년대를 풍미하던 구조주의의 물결이 퇴조하면서 푸코나 라캉을 비롯한 많은 사람들이 포스트구조주의로 '전향'하던 시기였지요.

한편 1960년대는 또 소쉬르나 야콥슨의 구조언어학이 다양한 형태의 기호학으로 확장되던 시기였고, 그와 더불어 정신분석학이 각광받던 시기였습니다. 들뢰즈는 불변하는 것이 아니라 변이에 주목하고자 했던 니체주의자였기에 구조주의자가 되긴 힘들었고, 표상에서 벗어난 사유를 꿈꾸던 스피노자주의자였기에 언어학이나 기호학 혹은 정신분석학에 빠져들긴 힘들었지요. 그러나 들뢰즈 역시 하나의 시대를 장악하고 주도해간 사상에서 동떨어져 사유할 수는 없었을 겁니다. 마치 니체주의자인 푸코가 구조주의의 영향력을 지울 수 없는『말과 사물』이란 책을 썼던 것처럼, 들뢰즈 역시 구조주의에서 무언가를 배웠고, 언어학과는 다른 방식으로지만 '의미의 논리'에 대해 사유하려 했으며, 프로이트는 아니더라도 정신분석학적 연구(멜라니 클라인의 대상관계이론)를 자신의 연구에 원용하기도 했습니다. 1969년에 출판된 『의미의 논리』는 이런 양상을 아주 잘 보여주지요.

반면 라캉의 영향 아래 있던 정신의학자 가타리는 오히려 정신분석학의 한계와 난점에 대해 먼저 주목했고, 구조주의적 관념에서 자유로웠다고 합니다. 가타리가 나서서 두 사람이 만나게 되었을 때, 한 사람은 많은 말을 했고, 다른 한 사람은 주로 들었다고 하더군요. 두 사람의 사진을 본 적이 있다면, 아마도 누가 말하고 누가 들었을지 대강 짐작할 수 있을 겁니다. 그렇지만 공동작업을 서둘렀던 쪽은 오히려 들뢰즈였다고 합니다. 특히 정신분석학에 대한 가타리의 비판을 적극 반기면서 빨리 출판하자고 재촉했다고 해요. 어쨌건 간에 이렇게 해서 또 하나의 위대한 공동저자가 탄생하게 됩니다. 들뢰즈와 가타리. 그 두 사람의 이름으로 『안티 오이디푸스: 자본주의와 정신분열증』(1972), 『카프카: 소수적인 문학을 위하여』(1975), 『천의 고원: 자본주의와 정신분열증 2』(1980), 『철학이란 무엇인가?』(1990)라는 네 권의 책이 출판됩니다.

하지만 철학적 지반 위에서 이들의 저작에 접근하기 위해서는 먼저 들뢰즈의 중요한 저작들을 통과해야 합니다. 그 가운데서도 특히 차이의 철학을 새로운 차원에서 정식화한 『차이와 반복』(1968)과, 이를 '사건의 철학'으로 변형시키면서 구체적인 개념으로 변환되는 지점을 마련한 『의미의 논리』(1969)는 이후의 공동저작들 전체에 중요한 철학적 기반을 제공하고 있습니다.

차이의 철학

들뢰즈의 철학을 특징짓는 많은 명칭들이 있습니다. '차이의 철학', '사건의 철학', '탈주의 철학', '유목의 철학', '생성의 철학', 혹은 '욕망의 정치학', '분열분석학' 등등. 이 가운데서도 가장 잘 알려진 것은 '차이의 철학'이란 명칭입니다. 사실 '차이'(différence)라는 단어를 철학적인 개념으로 벼리어내고 그것을 사유의 중심적인 고리로 만든 사람이 들뢰즈였다는 것은 분명합니다. 물론 데리다 역시 '차이'라는 개념에 주목하지만, 이를 '지연시키다'와 결합하여 '차연'(différance)이라는 개념으로 만들었지요. 불어에서 두 단어는 같은 발음을 갖지만, 우리는 사실 충분히 변별되는 개념으로 그 말을 이해하지요. 그래서 '차연'이란 말이 데리다의 개념이라면, '차이'라는 개념은 들뢰즈의 개념이라고 말해도 좋을 겁니다. 아, 그리고 지금 말하긴 어렵지만 개념의 내용도 상당히 다르다는 점 정도는 언급해야겠군요.

아무튼 들뢰즈 이후 차이의 철학은 전반적인 수긍의 단계를 넘어서 일종의 유행이 되어버린 감이 있습니다. 그래서 들뢰즈와는 생각이 많이 다른 사람들도 '차이의 철학' 내지 '차이의 정치학'을 내세워 말하고 글을 써내고 있지요. 반면 '차이의 철학'이나 '차이'라는 말만 들으면 못마땅한 얼굴로 비난하는 사람들도 있습니다. 대개는 헤겔철학을 전공하거나 좋아하는 분들이지요. 이유는, '차이의 철학'은 '동일성의 철학' 내지 '동일자의 철학'을 비판의 대상으로 설정하고 있는데, 그런 철학 가운데서도 가장 교묘한 상대로 지목하여 비판하는 게 바로 헤겔의 철학이기 때문입니다. 물론 들뢰즈는 헤겔만이 아니라 플라톤과 아리스토텔레스 이래 많은 철학자들을 그런 맥락에서 비판하고 있는데, 유독 헤겔 전공자들이 심하게 반발하고 못마땅해 하는 건 약간 기이한 현상이긴 합니다.

차이의 철학에 대한 반박은 대개 비슷비슷합니다. "헤겔철학이 차이에 대해 사유하지 않았다는 것은 터무니없는 얘기다", "헤겔철학에서도 차이가 고려되고 있다" 혹은 "동일성 없는 차이 개념이 어떻게 있을 수 있는가? 역으로 차이 없는 동일성 개념도 있을 수 없다. 그렇다면 차이를 고려하지 않는 동일성의 철학이 대체 어디 있으며, 동일성을 포함하지 않는 차이의 철학이 대체 어떻게 가능하겠는가? 동일성과 차이의 대립만을 본다는 점에서 차이의 철학은 잘못된 것이다" 등등.

물론입니다. 동일성은 차이를 전제하며, 차이 또한 마찬가집니다. 들뢰즈 역시 동일성의 철학이 차이 개념을 다루지 않는다거나 차이 개념을 제거한다고 할 정도로 단순한 사람은 아닙니다. 반대로 그의 철학이 차이만 말하려고 한다는 것도 사실이 아닙니다. 쉽게 말하자면, 문제는 차라리 **동일성과 차이의 관계**라고 하는 게 좋을 듯합니다. 동일성에 귀속되거나 종속되는 위치, 혹은 동일성에 비해 이차적인 지위를 차이 개념에 할당하는 것이 그것입니다.

이런 경우로 대표적인 것은 분류학에서 사용하는 '종차' 개념일 겁니다(아리스토텔레스). 가령 인간은 "생각하는 동물"이라고 정의하는 것이 그것입니다. 여기서 동물이라는 유(類)개념 안에서 인간을 구별짓는 종적인 차이를 '생각하는'이라는 규정이 표시하고 있습니다. 그러나 그것은 동물이라는 유개념 안에서, 유적 동일성 안에서 인간이란 개념을 포섭하는 정의지요. 분류표의 선들이 보여주듯이 종은 속에, 속은 과에, 과는 목에, 목은 강에, 강은 문에, 문은 계에 포섭되는 선들을 그릴 뿐입니다. 이 경우 차이란 유적인 동일성을 보충하고 보완하는 개념일 뿐이지요.

다른 하나는 대립을 통해 차이를 포착하는 것입니다(헤겔). 그리너웨

(그림 6-16) 차이의 반복: 상이한 쿠사나기들

세 사람 모두 「공각기동대」의 주인공 쿠사나기 소령의 모습이다. 첫번째는 극장판 「공각기동대」의 쿠
사나기인데, 무장을 하고 있는 장면인데도 우수의 파토스가 눈매에 서려 있다. 두번째는 TV판의 쿠사
나기인데, 눈매와 입이 단호하고 강한 이미지고, 우수의 색채는 거의 없다. 세번째는 원작인 시로 마사
무네의 만화에 등장하는 쿠사나기다. 모습은 비슷하지만, 우수보다는 장난기가 어린 형상이다. 이러한
차이는 내러티브의 색조상의 차이와 결부되어 있다. 극장판에서는 '9과'라고 불리는 기동대와 쿠사나
기 사이에 일정한 거리가 있고, 쿠사나기는 자신의 삶과 '정체성'에 대해 깊이 생각하는 인물이다. 반면
TV판에서는 기동대와 쿠사나기 간의 거리감은 사라지고 없으며, 쿠사나기는 대부분 천재적인 능력과
강력한 카리스마를 가진 지도자로서 등장한다. 만화에서 쿠사나기는 유능하지만 약간 속을 썩이기도
하는, 코믹한 성격의 인물이다. 동일한 내용의 작품에 쿠사나기는 반복하여 등장하지만, 이처럼 그 내
용이나 조건에 따라 다른 모습으로 반복하여 등장한다. 차이의 반복.

이의 영화 「요리사, 도둑, 그의 아내, 그리고 그녀의 정부」에 보면 식당에서 접시를 닦으면서 언제나 바로크 칸타타 풍의 노래를 보이소프라노로 부르는 소년이 나옵니다. 처음엔 여자 목소리처럼 들려서 노래하는 사람이 남자인지 여자인지조차 모호하게 보이지요. 이 소년의 목소리는 여자 목소리일까요, 남자 목소리일까요? 소프라노니까 여성의 목소리지요. 음색도 여성적이고. 그러나 노래하는 사람은 분명 남자니, 남자 목소리라고 해야 하지 않나요?

우리는 이처럼 남성의 소리, 여성의 소리로 노랫소리를 양분해서 포착합니다. "아무리 그가 남자래도 저건 여자 목소리야!" 혹은 제니스 조플린의 노래를 들으면서 "저건 동물의 소리야!"라고 말하게 되지요. 사람의 소리인가 동물의 소리인가 하는 이항적 대립개념 속에서 목소리를 포착하는 겁니다. 통상적인 남자의 목소리, 통상적인 인간의 목소리에서 벗어나는 특이한 소리를 우리는 어느새 두 가지 대립 개념 안에 가두어 포착하고 있는 거지요. 그 두 가지 대립항 속에서 목소리에 고유한 차이는 사라지고 여자 같은 남자, 동물 같은 인간이라는 대립에 동일화되고 맙니다. 이런 점에서 대립은 차이를 '본질적 차이'라는 이름 아래 두 개 항의 동일성 안에 가두고 맙니다. 차이가 차이로서 포착되는 게 아니라, 대립적인 개념 안에 포섭되고 포획되는 거라고 말할 수 있겠지요.

어떻게 하면 이처럼 차이를 동일성에 포섭하거나 대립에 가두지 않고, 차이를 차이로서 포착할 수 있을까? 오히려 동일성조차 차이를 통해서 해명할 수 있을까? 이것이 차이의 철학이 묻는 것입니다.

먼저, 들뢰즈에 따를 때 차이의 철학이란 관점에서 차이를 본다는 것은 무엇일까요? 예를 들어 늦가을, 단풍이 한창 익어갈 때 단풍잎들을 본다고 합시다. 여러분은 혹시 거기서 빨강색을 보시나요? 나뭇잎만큼이나

① 기계와 근육의 혼합

② 기계화된 인간, 혹은 인간화된 기계?

③ 해러웨이 박사, 눈-기계를 대체하다

④ 인간과 기계의 접속

다른(different) 수많은 빨강색들을 본 적은 없나요? 어쩔 수 없이 '빨강색'이란 말을 사용하긴 했지만, 거기에는 정말 수많은 색들이 있지요. 차이를 본다는 것은 그 많은 색들을 섬세하게 포착하는 것이고, 하나하나의 나뭇잎이 갖고 있는, 혹은 한 잎의 각 부분이 갖는 차이를 보는 것입니다. 그 무상한 변화를 보는 것이지요. 모네는 이처럼 볼 때마다 무상하게 '달라지는' 수련들의 차이를 매번 다르게 포착하고 그려냈지요.

물론 그저 "다들 다르구나" 하는 말을 기대하는 건 아닙니다. 좀더 적극적으로 말하자면, 차이를 보는 것은 어떤 것이 갖는 남다른 특이성을, 다른 통상적인 것과 구별해 주는 특이성을 포착하는 것입니다. 지금 내가 보는 저 단풍잎들의 남다른 특이성, 강렬한 인상을 주는 저 이파리들의 색채가 갖는 **특이성** 말입니다. 접시를 닦으며 노래하는 저 소년의 목소리가 갖는 특이성 말입니다. 노래마다, 구절마다 수많은 표정을 갖고 달라지는 한영애의 목소리를 유심히 들어본 적이 있나요? 금속성의 강한 목소리에서 봄바람처럼 부드럽게 감싸는 목소리, 장난치듯 웃음이 배어나오는 목소리, 능청스레 늘어지는 목소리 등등으로 천변만화하는 그 소

◀ (그림 6-17) 사이보그, 혹은 기계와 인간

①은 쿠사나기의 신체가 만들어지는 과정의 한 컷이다. 알다시피 쿠사나기는 '고스트'에 붙은 이름이고, 그의 껍데기(shell) 같은 신체는 이렇게 의체로 만들어진다. 기계와 근육이 섞인 이미지(물론 근육역시 인조근육이겠지만). 하지만 좀더 중요한 것은 그의 고스트가 담긴 뇌, 혹은 전뇌(電腦)와 그의 의체가 결합된다는 점이다. 이렇게 만들어진 신체가 인간적인 '데코레이션'을 거쳐 ②와 같은 깔끔하고 고운 신체로 재탄생한다. 그러나 그것만은 아니다. 신체의 일부를 기계화(의체화)한 경우도 사이보그에 속한다. ③은 공각기동대의 속편인 「이노센스」에 등장하는 해러웨이 박사다. 기계와 인간의 경계에 대해 의문시하는 태도를 공유한다는 점에서 그는 아마도 「사이보그 선언」이라는 글로 유명한 도나 해러웨이를 패러디한 것일 게다. 그런데 여기서 해러웨이 또한 사이보그다. 일을 하기 위해 두 눈을 모자 챙처럼 걸어올리고 거기에 작업을 위한 검시경을 연결한다. 한편 토구사는 공각기동대 인물 중 의체화를 하지 않은 인물이다. 그러나 ④에서처럼 컴퓨터 네트워크와 접속하기 위한 장치를 눈에 연결하여 네트의 바다를 서핑할 때, 그 역시 사이보그라고 해야 하지 않을까? 그렇다면 의체화는 꿈도 꾼 적 없지만 컴퓨터와 인터넷과 접속해 네트의 바다를 서핑하는 우리 역시 사이보그라고 해야 하지 않을까?

① 유령처럼 다가오는 안드로이드들

② 안드로이드와 싸우는 사이보그들

③ '파괴'된 안드로이드

④ 안드로이드와 사이보그 사이

(그림 6-18) 사이보그와 안드로이드

위의 그림은 모두 「이노센스」의 장면들이다. 고스트 더빙(사람의 고스트를 더빙하여 안드로이드에 주입하는 것으로, 원본인 사람이 죽기 때문에 금지되어 있다고 한다)을 해서 안드로이드를 만드는 '적'의 기지(선박)로 들어가는 바토와 '쿠사나기'(의 일부)를 저지하기 위해 '제어시스템'은 안드로이드들을 급파한다(①). 안드로이드는 고스트가 없다는 점에서 사이보그가 아닌 단순한 '기계'들이다. 이전의 「공각기동대」가 인간과 기계의 경계에 사건화의 지점을 설정했다면, 「이노센스」는 안드로이드와 사이보그 사이에서 그렇게 한다. '좋은' 안드로이드를 만들기 위해 '고스트 더빙'을 하는 '악당'들과 그것을 찾아내 처치하는 공안9과의 대결. 그래서인지 싸움은 ②에서처럼 사이보그와 안드로이드 사이에서 주로 벌어진다. 쿠사나기의 고스트가 들어간 '인형'과 바토는 자신을 둘러싸고 다가오는 안드로이드를 향해 총을 쏜다. 그런 대립의 와중에 '파괴'된 안드로이드의 형상이 처절하다(③). 고스트의 흔적이 없는 '순수한' 안드로이드는, 혹은 통상적인 기계는 마구 대하고 마구 부수어도 좋은 것일까?

이 영화는 사고를 치고 '자살'하려던 '안드로이드'(고스트 더빙된 것이란 점에서 경계가 모호한)를 바토가 '파괴'하는 데서 '시작'하여, 안드로이드의 방어를 뚫고서 고스트 더빙으로 경계를 흐리는 범죄의 진원지를 찾아내는 것으로 끝난다. 인간과 기계 사이의 경계로부터 사이보그와 안드로이드의 경계로 문제를 이전시킨 것일까? 그러나 「공각기동대」에서는 '악'의 편에서 출현한 인형사가 인간과 기계 사이의 경계를 의문시했다면, 이번에는 검시관인 해러웨이 박사나 '악당' Kim의 입을 통해서 인간이 기계나 인형보다 낫다는 생각을 의문시한다. 가령 해러웨이 박사는 버림받은 안드로이드의 '감정'에 대해 말한다(④). 안드로이드의 살해나 자살은 이런 감정과 결부되어 있다는 것이다.

리의 차이들을 느껴본 적이 있다면, 어떻게 그 목소리의 특이성에 매료되지 않을 수 있을까요? 그의 목소리를 그저 '블루스 가수의 목소리'라는 통상적인 관념으로 포착한다면 그것은 끊임없이 달라지는(스스로 차이화하는) 차이를 보지 못하고 놓치는 것입니다.

이는 단지 목소리만은 아닙니다. 맑스의 사유가 갖는 특이성, 수많은 얼굴을 갖는 그의 사유의 강밀한 특이성, 그렇기에 조건이 달라지면 또 다른 모습으로 우리에게 다가오는 그 특이성을 감지할 수 있어야 합니다. 그게 아니면 '정통성'의 틀 안에 갇힌 통념화된 맑스의 명제들만을 보게 될 겁니다.

다른 한편 들뢰즈의 차이의 철학은 차이를 긍정하는 태도를 제안하고 촉발하고자 합니다. 이는 차이를 제거해야 할 부정의 대상으로 보는 동일자의 사유, 나아가 차이를 인정하고 보존해야 할 것, 혹은 수용하고 용인해야 할 것으로 보는 그런 태도와 근본적으로 다른 것입니다.

먼저 차이를 부정하는 동일자의 사유, 동일성의 철학은 자신이 가진, 대개는 문명이나 진리라는 좋은 이름으로 불리는 척도에 맞추어 자신과 다른 것을 열등한 것으로 간주하고, 자신의 척도에 맞추어 동일화하려고 합니다. 동물의 탈을 쓰고 동물의 소리를 내며 춤을 추는 흑인들의 행동을 '미개한 것' 혹은 '야만적인 것'으로 간주하여 '문명'이라고 불리는 자신의 모습대로 동일화하려는 서구인들의 오랜 시도들이 바로 그런 태도를 가장 극단적으로 잘 보여줍니다. 학생들의 다양한 능력들, 상이한 자질들을 고려하지 않고 오직 '성적'이라는 하나의 척도에 비추어 동일화하려는 교육체제에서도 '동일자의 사유' 내지 '동일성의 철학'을 발견할 수 있습니다. 여기서 차이란 고무되고 긍정되어야 할 게 아니라 제거되어야 할 것이 되고 있지요.

(그림 6-19) 생명의 경계

「공각기동대」에서 가장 인상적인 장면 중의 하나는 '인형사'라는 이름으로 불리는 프로그램이 자신이 생명체임을 주장하며 망명신청을 하는 장면이다(①). 여러 가지 '공작'을 위해 만들어진 프로그램이지만, 네트의 바다를 떠돌면서 다양한 요소에 침투하여 활동하기도 하고, 조건에 따라 수많은 복제를 만들기도 하며, 의체에 들어가서 그것을 움직일 때는 소위 '고스트'와 다를 바 없는 역할을 한다는 것을 자각한 '그'는 자신이 생명체임을 깨닫게 되었다고 한다. 인간에 의해 만들어진 프로그램이 어떻게 생명일 수 있는가라는 인간들의 반문에, 그는 인간이 컴퓨터에 의해 기억을 조작하게 되었을 때 생명이란 무엇인가에 대해 다시 생각해 보았어야 한다고 응수한다(②). 핵산의 화학적(기계적!) 과정을 통해 이루어지는 유전 메커니즘, 그것을 통해 이루어지는 유전적 기억과 복제의 메커니즘이 생명이란 프로세스의 핵심이란 것이 분명해졌을 때, 그리고 기계적인 장치로 기억과 복제, 혹은 심지어 프로그램의 자기증식과 변형마저 생명체 외부에서 가능하게 되었을 때, 생명과 기계를 대비하는 익숙한 생명의 정의를 지워버리게 된 것인지도 모른다.

이보다는 좀 낫지만, 그렇기에 들뢰즈가 생각하는 차이의 철학과 종종 혼동되는 '유사품'이 있습니다. 그것은 차이를 부정할 게 아니라 인정하고 용인하자고 하며, 차이에 대한 관용(톨레랑스)을 주장하기도 하며, 나아가 차이를 보존해야 한다고 말하기도 합니다. 요즘 특히 부각된 것이지만, 이슬람 문화에 대한 서구의 기독교적 비난에 대해 비판하면서, 그들과의 차이를 차이로 인정하고 그들과 공존하기 위해 관용의 윤리를 주장하기도 하며, 나아가 문화적 다양성을 증대시키기 위해서 그들의 문화를 일부러라도 보존해야 한다는 주장을 하기도 합니다.

그러나 인정과 용인, 심지어 관용에서조차도 사실 차이는 반갑고 고무되어야 할 것이 아니라 참고 견뎌야 할 어떤 것이란 점에서 여전히 부정적인 것에 멈추어 있습니다. 조금 더 냉정하게 말하면, "그래, 네가 갖는 차이를 인정하겠다"라는 용인/관용의 논리에는 "그러니 너도 내가 갖는 차이를 인정해야 한다"는 말이 암묵적으로 포함되어 있지요. 결국 "너는 너, 나는 나"라는 오래된 자유주의적 태도에서 근본적으로 벗어나지 못하고 있습니다. 여기서는 다른 사람의 차이를 인정하는 방식으로 그와 다른 자신의 차이를, 사실은 자신의 동일성을 인정하고 용인하라는 동일성의 논리가 작동하고 있는 겁니다. 이와 달리 차이의 철학에서 정작 중요한 것은 자기 자신 안에 차이를 만드는 것, 자신을 스스로 차이화하는 것입니다.

'보존'의 관념을 사용하는 '차이의 철학' 역시 약간 다른 방식으로 동일성의 메커니즘을 내포하고 있습니다. 가령 그들 말대로 서구와 다른 이슬람 문화를 유지하고 보존하기 위해선 이슬람 여성들은 계속해서 차도르를 쓰고 대학이나 공직에 진출하지 못한 채 갇혀 살아야 합니다. 전통에서 벗어난 삶을 꿈꾸는 사람 역시 보존되어야 할 전통에 갇혀 동일화된

① 사이보그의 모태?

② 쿠사나기는 물 속에서 태어난다

③ 물 속으로 다이브하는 쿠사나기

④ 네트의 바다로 다이브하는 이시가와

채 살아야 합니다. 서구와 이슬람의 차이를 보존하는 것이 이슬람 문화 안에 사는 사람에겐 강력한 동일성을 보존하고 강요하는 것으로 귀착되는 거지요.

들뢰즈에게 차이를 긍정한다는 것은 다른 사람, 다른 문화의 차이를 인정하거나 그것을 보존하는 게 아니라, 일차적으로 나 자신에 대해 '차이를 만드는 것'(make difference)이고, 나 자신이 다른 것으로 변이하는 것이며, 이런 이유에서 나와 다른 것이 만나서 나 자신이 다른 무언가가 되는 겁니다. 나와 다른 것을 통해 내 자신이 다른 무언가가 되려는 사람이라면, 나와 다른 것을 반갑게 긍정할 수 있을 겁니다. 나와 다른 것은 내가 변이하여 또 다른 것이 될 수 있는 기회를 뜻하니 말입니다. 이것이 차이에 대한 진정한 긍정일 겁니다. 반대로 나와 동일한 것 또는 유사한 것에서는 별 다른 흥미를 느끼지 못할지도 모릅니다. "그건 나에게도 있는 거야!"

이런 점에서 들뢰즈가 말하는 차이는, 있는 그대로 인정해야 할 무엇이 아니라 새로이 만들어내야 할 무엇이며, 있는 그대로 보존해야 할 무엇이 아니라 현재와 다른 모습으로 변이함으로써 생성되는 무엇입니다.

◀ (그림 6-20) 물, 혹은 생명의 바다

「공각기동대」는 그런 생명의 모태로서 물 내지 바다의 이미지를 자주 사용한다. 쿠사나기의 의체가 만들어지는 장면의 대부분은 물 속에서 이루어진다. 물은 사이보그의 모태, 혹은 그것을 만드는 양수인 셈이다(①). 그 양수 속에서 쿠사나기는 태어난다(②). 물론 이미 '다 자란' 신체 상태로. 그런데 쿠사나기는 물 속에서 나올 뿐만 아니라 물 속으로 들어간다. 가령 그가 자신의 '정체성'에 대한 의문 어린 우수에 사로잡힐 때면, 그는 물 속 깊이 '다이브'하곤 한다(③). 생명의 탄생지, 그것의 깊숙한 내부를 들여다보려는 것일까? 그것뿐일까? 이 영화는 오프라인에서 벌어지는 사건을 다루기 위해 항상 '네트'라는 온라인을 통해 조사하고 그것을 통해 접촉하며 그것을 통해 이동한다. 네트의 바다, 그것은 인형사라는 프로그램-생명이 탄생한 곳일 뿐 아니라, 공안9과의 '기동대'가 활동하는 주 무대다. 검색과 해킹이 주 업무인 이시가와 컴퓨터와 접속하여 네트의 바다로 다이브하듯이(④), 쿠사나기도, 바토도 항상 네트의 바다 속을 헤집고 다닌다. 정말 네트는 생명체가 탄생하고 활동하는 바다인 것이다!

① 기계의 눈에 비친 인간

② 인간의 눈에 비친 기계, 혹은 …….

(그림 6-21) 인간의 눈, 기계의 눈

①은 네트의 바다에서 탄생한 생명체, 그 인형사의 눈, 아니 그가 잠입했던 의체의 눈에 비친 인간의 모습이다. 시각적인 센서는 이처럼 '정확하게' 인간의 모습을 기계적으로 포착한다. ②는 반대로 인형사를 분석하기 위해 인간들이 모니터링하고 있는 모습니다. 즉 인간의 눈에 비친 기계의 모습이다. 그러나 그것은 과연 '인간'의 눈일까? 기계적 센서를 통해서 모니터라는 기계적 망막에 비친 모습 아닌가? 그런 기계 없이, 혹은 인형사의 전기적 신호를 음성적 신호로 바꾸는 기계 없이 그들은 인형사에게 접근할 수 있을까? 아니, 컴퓨터 모니터의 기계적 망막 없이 내 눈은 지금 쓰고 있는 이 글씨조차 볼 수 없지 않을까? 그렇다면 우리의 눈이나 우리의 귀는, 아니 우리의 감각은 생각하는 것 이상으로 훨씬 더 기계적인 것이 아닐까? 기계의 증폭된 감각 없이 우리가 볼 수 있는 것, 들을 수 있는 것이 너무도 작고 협소하다는 걸 안다면, 인형사만큼이나 우리 또한 기계들에 기대어 '살고' 있다고 해야 하지 않을까?

그것은 A에겐 있지만 B에겐 없는 어떤 성질(property;소유물!)이 아니라 A와 B가 만나서 새로이 만들어지는 어떤 것이지요. 이런 점에서 그것은 A-B라는 감산의 형식으로 표시되는 게 아니라(인정, 보존의 논리는 바로 이런 감산의 형식으로 차이를 이해하고 있습니다), 만남과 접속을 표시하는 +로, A+B라는 합산의 형식으로 표시되어야 하는 것입니다. 굳이 있고 없는 것을 비교하는 통념에 따라 표시한다면, A가 B와 만나 변이된 A′이 새로이 갖게 된 차이란 점에서 A′-A로 표시하는 게 더 적절합니다. 이는 자기 자신 안에 만들어낸 차이란 점에서 '내재적 차이'라고 말해도 좋을 겁니다.

그러나 차이에 대해서 말하는 것만으론 부족합니다. 왜냐하면 차이의 철학 역시 '동일성'이란 개념을, 우리의 사유 속에 존재하는 동일성을 피해갈 수 없기 때문입니다. 이미 말했듯이 들뢰즈는 여기서 양자의 관계를 전복하고자 합니다. 동일한 것을 모으곤 거기서 다시 차이를 구별하거나, 차이를 동일성에 귀속시키는 것이 아니라, 동일성마저 특정한 제한과 '조작'을 통해 동일화된 차이임을 보여줍니다. 여기서 중요한 역할을 하는 것이 바로 '반복'이란 개념입니다.

반복이란 되풀이되는 것입니다. 내 눈앞에 되풀이되어 나타나고, 역사적으로 되풀이되어 나타나며, 실험실에서 되풀이되어 나타나는 것입니다. 우리가 단풍잎을 '단풍잎'이라는 동일성의 형식으로 포착하지만, 그것은 사실 내게 반복되어 나타나는 단풍잎들에 하나의 이름을 부여하고 그 이름에 따라 동일한 것으로 포착하는 거지요. 여러분이 '이진경'이란 이름으로 저에게서 하나의 동일성(identity)을 보는 것도 마찬가지구요. 그러나 대충 보는 사람에겐 동일하게 보이는 것에도 사실은 항상 미묘한 차이들이 있습니다. 아까 말했듯이 노래할 때마다 한영애의 목소리

① 진화계통수 앞에서 싸우는 '인간'과 기계

② 기계는 그 계통수에 총탄을 날린다

③ 그 총탄에 맞아 뭉개진 계통수

는 다른 소리로 반복됩니다. 대충듣는 사람에게만 그것은 하나의 목소리로 들리지요. 모네의 눈에 수련이나 루앙성당은 언제나 다른 모습으로 반복되어 나타나는 것입니다. 모네는 거기서 미세한 차이를 보고, 그것을 그림으로 그렸지요. 우리 눈엔 동일하게 보이는 루앙성당을 그는 20여 장의 다른 모습으로 포착하여 그려 놓았습니다.

반복이란 사물이나 사실 그 자체의 속성이 아니라 그것을 대면하는 어떤 시선이나 정신을 통해서 그것들이 하나로 연결될 때 나타납니다. 그렇지만 무상한 변화 속에 존재하는 한 어떤 것도 차이 없이 반복되지 않습니다. 반복은 언제나 **차이의 반복**일 뿐입니다. 모네의 눈 속에 수련이 언제나 다른 모습으로 반복되듯이, 우리의 눈앞에 단풍잎은 언제나 다른 색깔, 다른 모습으로 반복하여 나타나는 겁니다. 이런 점에서 반복은 차이의 다른 이름이며, 차이를 포함하는 반복입니다.

그러나 우리는 언제나 대충 보며 그 모든 반복을 유사성이나 유비, 대립이나 공통성을 통해 동일한 것으로 포착합니다. 그 결과 반복에 포함

◀ **(그림 6-22) 기계와 진화**

인간과 기계가 합체된 사이보그는 생물 진화의 계통 가운데 어디에 속할까? 영장류 다음에 오는 인간이라는 가지에서 다시 갈라진 자리? 하지만 기계는 동물·식물로 분류되기 이전에 갈라져야 하니, 생물/무생물을 가르는 분기점 어딘가에 와야 하는 건 아닐까? 그것도 '인간'이란 종을 생각하면 납득하기어렵다. 혹시 하나의 뿌리에서 하나씩 가지치며 갈라지는 진화의 계통수로는 담아낼 수 없는 변종은아닐까? 그렇다면 진화의 계통수 전체에 대해서 근본적으로 다시 생각해 보아야 하는 건 아닐까?

마치 이런 의문을 제기하려는 것처럼, 인형사의 의체를 둘러싼 싸움은 생물들의 발생적 계통을 표시한진화계통수 앞에서, 혹은 그것 밑에서 벌어지는 사이보그와 전차, 즉 '인간'과 기계 간의 대결로 귀착된다. 그것의 뿌리를 두고 싸우는 대결임을 보이고 싶었던 것일까? 아니면 그 대결이 진화의 계통수 전체를 변형시키고 파괴할 어떤 함축을 갖고 있음을 보여주려는 것일까? 쿠사나기를 향해 날린 자동화된 기계 전차의 총탄은 쿠사나기가 아니라 오래된(!) 생물들의 화석을, 진화의 계통수를 부순다(②). 그 총탄에 뭉개진 계통수 대신에 우리는 무얼 갖게 될까? 계속해서 갈라지는 가지가 아니라 합쳐지기도 하고갈라지기도 하는, 또 밑둥과 중간 가지, 혹은 끄트머리가 이리저리 이어지는 그물망? 뇌를 구성하는 뉴런들의 그물망, 혹은 중심없이 중첩되며 연결되는 인터넷의 그물망? 그렇다면 진화란 대체 무엇일까?

① 인형사와 쿠사나기의 접속, 혹은 합체

② 합체되어 변형된 '쿠사나기'

③ 네트의 바다에서 불쑥 솟아난 '쿠사나기'(『이노센스』)

④ 네트의 바다에서 다시 불쑥 솟아나 또 다른 쿠사니기(『이노센스』)

된 차이는 망실되고, 반복되는 것은 동일한 것으로 표상됩니다. 좀더 나아가 그처럼 다른 것들 가운데서 공통된 것을, 변화하는 것 가운데서 변하지 않는 것을 찾아내는 것이 법칙과 영원성의 이름으로 찬양되고 고무됩니다. 철학이 불변의 실체를 추구하듯이, 종교는 이 무상한 변화로부터 벗어난 영원한 피안을 추구하고, 과학은 모든 것을 포괄하는 항상적인 법칙을 찾아내고자 합니다.

가령 실험은 이와 관련해 중요한 사례를 제공합니다. 실험이란 어떤 현상에 관여된 수많은 변수들을 제거하여 가정된 어떤 하나의 변수만으로 제한해, 그 변수가 바로 그 현상을 만들어내는 원인임을 보여주려는

◀ (그림 6-23) 프로그램과 사이보그의 생식법

박테리아는 다음 세대의 자식을 만들지 않고 번식한다. 즉 자기 자신이 다른 개체와 섞여 자신의 자식이 된다. 그것은 생식을 하지만 자신이 바로 생식의 결과물인, 부모인 동시에 자식인 존재다. 따라서 박테리아에게 죽음이란 없다. 오직 변이만이 있을 뿐이다. 변하는 것으로서의 영원성. 인간이 그토록 심오하게 사유해도 얻지 못한 영원성을 박테리아는 처음부터 갖고 있었던 셈이다.

바토만이 아니라 인형사 역시 쿠사나기에게 매료된다. 하지만 뜻밖에 수줍은 바토에 비해 인형사는 구애에 적극적이다. 그는 망가진 몸으로 감히 말한다. 쿠사나기와 합체하고 싶어서 공안9과로 들어간 거라고. 그 두 개의 신체는 접속하여 섞이기 시작한다. 박테리아식 생식? 혹은 프로그램-생명체와 사이보그의 결혼식? 그 두 신체를 연결해준 바토는 자신이 좋아했던 여자의 주례를 서게 된 셈일까? 물론 그는 아직 사태를 정확하게 파악하지 못했다. 그래서 합체의 결과 탄생한 것(②)이 여전히 쿠사나기일 거라고 믿는다.

그러나 달라진 건 껍데기(의체)만이 아니다. 그는 쿠사나기인 동시에 인형사인, 아니 쿠사나기도 아니고 인형사도 아닌 새로운 존재다. 바토의 마음을 알고 있는, 그래서 쉽게 연결을 끊지 않는 새로운 '쿠사나기'다. 그 '쿠사나기'는 바토의 제안을 가볍게 뒤로 하고 그의 집을 벗어나 밖으로 나간다. 공안9과로 돌아가는 게 아니라 방대한 네트의 바다로 들어가는 것이다. 그 네트의 바다를 떠돌다 불쑥 솟아나 바토의 곁에 반복하여 나타난다(③, ④). 또 다른 의체를 빌려서. 하지만 그 다른 '쿠사나기'들이 껍데기만 다를 뿐 똑같은 쿠사나기라고 생각한다면, 우리 역시 전편의 바토처럼 사태를 파악하지 못하고 있는 것이다. 나타날 때마다 다른 존재로 변화되어 나타나는 존재. 이런 점에서 반복은 차이의 다른 이름인 것이다.

사건이 종결되고, '쿠사나기'는 이제 다시 네트의 바다 속으로 사라져 갈 것이다. 그리고 또 바토가 '부르면' 다시 찾아올 것이다. 아니, 우리가 부르면 다시 찾아올 것이다. 네트의 바다가 있는 한, 생명의 바다가 있는 한. 어디에도 존재하지 않지만(NoWhere), 언제나 지금 여기에 존재하는(NowHere) 그런 존재.

방법입니다. 예컨대 담배가 폐암의 원인이라는 것을 증명하기 위해서, 담배를 피우는 사람과 피우지 않는 사람을 실험집단으로 나누어 그 결과를 비교합니다. 두 실험집단 간에 통계적으로 유의미한 차이가 나타난다면, 담배가 폐암의 원인이라고 말하겠지요. 그러나 알다시피 그게 사실이라고 해도 담배를 피워도 폐암에 걸리지 않는 사람도 있고, 담배를 안 피우는데도 폐암에 걸리는 사람이 있습니다. 담배가 어떤 신체와 만나는가, 어떤 다른 요인들과 결합되는가 등에 따라 그 결과는 매우 다양하게 달라지는 거지요. 그러나 실험은 이 모든 차이를 만드는 원인들을 제거합니다. 그리고 오직 담배와 폐암이라는 두 변수 사이의 관계만을 분리시켜 관찰하여 담배에는 원인, 폐암에는 결과라는 지위를 부여하는 거지요. 원인 속에 존재하는 차이를 제거함으로써 동일한 결과의 반복을 만들어내는 겁니다.

갈릴레이의 유명한 자유낙하 법칙도 마찬가집니다. 두 개의 물체는 질량이나 형태와 상관없이 동일한 속도로 떨어진다는 것, 낙하속도는 다만 시간의 함수라는 것이 그것이지요. 그러나 쇳덩어리와 종이가 동일한 속도로 떨어지지 않는다는 건 누구나 잘 알고 있습니다. 공기의 저항 등이 관여하기 때문이지요. 그러나 보편적 법칙을 얻기 위해 갈릴레이는 공기의 저항을, 아니 공기 자체를 제거해 버립니다. '진공'이라고 가정하는 거지요. 그게 실제로 있든 없든 간에. 결과에서의 차이를 만들어내는 요인을 제거하여 동일한 법칙으로 표시되는 동일한 결과의 반복을 만들어내는 겁니다.

카오스 이론 혹은 복잡계 이론이라고 불리는 최근의 이론들은 이런 식으로 제거해 버린 것들이 사실은 법칙 자체에 아주 중요한 차이를 만들어낸다는 것을 잘 보여주었습니다. 초기 조건의 사소한 차이가 전혀 다른 결과를 야기한다는 겁니다. 흔히들 '나비효과'라고 부르는 것이 그 중 하납니다. 생태학자들이 만든 아주 간단한 '인구'증가 방정식도 '인구'증가율이 얼마인가에 따라 아주 다른 결과를 갖게 된다는 것도 그런 사례의 하나지요. 이는 모두 초기 조건의 차이, 원인에서의 사소한 차이가 결과에서 거대한 차이를 만들어낸다는 것을 보여주는 것이고, 자연과학에서도 반복은 원래 차이의 반복이라는 것을 보여주는 것이지요.

요컨대 동일성이란 차이로서의 반복에서 차이를 제거함으로써 차이의 반복을 차이 없는 반복으로 변형시켜 만들어진 것이라고 할 수 있습니다. 차이의 반복과 차이 없는 반복이라는 두 개의 상이한 반복이 있는 겁니다. 이 가운데 무엇이 일차적인지는 다시 말하지 않아도 좋겠지요? 차이와 동일성의 관계에 대해서도 마찬가지로 말할 수 있을 겁니다. 동일성이란 차이를 놓치거나 제거함으로써, 혹은 축소하거나 추상함으로써 만들어지는 이차적인 것이란 거지요. 이는 변화와 동일성, 변화와 불변성에 대해서도 마찬가지로 해당된다고 할 수 있습니다.

이처럼 가장 일차적인 '질료'로서 차이를 개념화하기 위해 들뢰즈는 '강밀도'로서 차이를 정의하며, 이전의 보편적 원리가 차지하던 자리를 차이의 개념에게 넘겨주기 위해 미분적인 차이의 '이념'을 제시합니다. 그리고 차이를 포함하는 반복을 '특이성'(singularity)이란 개념으로 표시하고, 그러한 반복의 공간을 다루기 위하여 특이점들의 분포로 규정되는 미분적인 '장'(field)의 개념을 끌어들입니다. 그러나 이에 대해서는 다른 기회로 미루고 여기에서는 접어두어야 할 듯합니다. 차이와 반복이라는 개념이 이후 다른 개념들을 통해 '사건의 철학'이나 '탈주의 철학' 혹은 '노마디즘' 등으로 다르게 반복되는 것을 보는 게 더 흥미로울 테니 말입니다.

사건의 철학과 의미의 논리

『차이와 반복』에서 생성, 접속, 변이로서 차이의 개념을 정의하려고 했다면, 이제 들뢰즈는 그러한 관점에서 '의미의 논리'를 해명하고자 합니다. 의미란 통상 기호학이나 언어학 혹은 언어철학에서 다루거나, 그게 아니면 현상학에서 다루지요. 소쉬르는 의미란 기표에 의해 만들어지는 '청각영상'이라고 말한 바 있습니다. 이는 의미를 어떤 기호나 기표에 대응되는 어떤 것으로 다루는 것이지요. 구조주의자들은 의미를 언어구조에 속하는 것, 그래서 개별적으로는 변경될 수 없는 '객관적인' 어떤 것으로 다룹니다. 라캉이 말하는 '기표의 물질성'이란 이를 보여주는 것이지요. 물론 의미는 언제나 봉합된 채 고정될 뿐이어서, 봉합된 부분이 틀어지고 다른 고정점에 정박하면 의미의 망 전체가 변하게 된다고 하지만, 이 역시 봉합된 한에서는 잠정적이나마 기표들의 직조된 망 안에 고정된 어떤 것으로 의미를 다루는 것입니다. 반면 현상학은 이런 통상적인 의미에 대해 '판단중지'하고 객관적인 의미를 '괄호로 묶어', 어떤 대상으로 하여금 의미를 갖게 만드는 게 무언지를 보자고 하지요. 대상을 자아와 연결하는 '지향성'(Intention)이 바로 그런 의미를 만들어낸다고 함으로써, 의미를 주관의 내부로 끌어들입니다.

들뢰즈는 의미를 주관 속에서 만들어지는 게 아니라 사물들이 서로 접속하면서 만들어지는 것으로 본다는 점에서 현상학과 다르고, 사물의 어떤 상태에 대응하는 것이나 기호에 고정된 어떤 것이 아니라 사물들의 접속에 따라 생성되고 쉽사리 변이하는 것으로 다룬다는 점에서 구조주의와 다릅니다. 사물과 구별되는 '사건'(event, événement)이란 개념은 이처럼 생성과 변이의 관점에서, 그러면서도 주관적인 것이 아니라 사물들 사이에서 의미에 접근하는 길을 보여줍니다.

예를 들어 '크다'는 것은 사물의 상태를 표시합니다. 그는 키가 크다, 그는 손이 크다 등등. 그런데 '커지다'는 어떤 하나의 상태를 표시한다고 할 수 없습니다. 큰 것에 대해선 커진다고 말할 수 없고, 그저 작은 것 역시 커지는 것과 다릅니다. 커진다는 것은 작은 상태에서 큰 상태로 변화되는 것입니다. 그것은 작은 상태와 큰 상태의 중간에, 두 상태의 '사이'에 있습니다. 영어로 말하면 '그것은 크다'는 be 동사를 써서 'It is big'이라고 말하겠지만, '그것이 커진다'는 'It becomes big'이라고 해야 합니다. be 동사가 사물의 상태를 표시하는 것이라면, 커지거나 작아지는 것은 become이란 동사를 사용합니다. 전자가 '~임'이라면 후자는 '~됨'을 표시하는 동사지요. 불어에서는 être동사와 devenir동사를, 독일어에서는 sein동사와 werden동사를 각각 사용합니다. Werden이나 devenir, becoming을 '생성'이라고 번역하지요. 생성이란 무에서 유가 튀어나오는 게 아니라 어떤 것이 다른 것으로 '되는 것'인 겁니다.

이처럼 사물의 상태가 어떤 고정된 지점에 대응하는 것이라면, 생성('되기')은 두 지점 사이 어딘가에서 발생합니다. 전자가 점(點)적인 것이라면, 후자는 선(線)적인 것이라고 할 수 있겠지요. 생성과 변이의 차원에서 의미를 정의한다는 것은 어떤 것이 다른 것과 만남으로써 발생하는 것으로서 의미를 다루는 것을 말합니다. 이는 사물에 속한 것이 아니라 사물의 만남·접속에 속한 것이고, 만나는 사물들 사이에서 발생하는 것입니다. 사물들의 만남을 통해 어떤 의미가 발생할 때, 그것을 들뢰즈는 '사건'이라고 정의합니다.

예를 들어 봅시다. 검은 반점이 있는 둥근 공을 흔히 축구공이라고 말합니다. 그렇게 만들어서 팔리지요. 그 공이 공중을 떠돌고 있다고 합니다. 그런데 그 공이 발과 만나서 네트를 넘고 있다면, 다시 말해 그 공이 발과 네트와 연결된다면 그 공을 축구공이라고 말할 수 있을까요? 그건 족구공이라고 해야 맞지요. 만약 그 공이 손과 그물 달린 링(바스켓)과 연결된다면 어떻습니까? 이 경우 그것은 농구공으로 사용되고 있는 겁니다. 즉 그 공의 의미는 '농구공'이라는 겁니다. 이런 식으로 똑같은 하나의 공이 어떤 이웃항들과 접속되는가에 따라 공의 의미는 아주 달라집니다. 즉 다른 이웃을 만나면 다른 공이 되는 겁니다. 공의 의미는 공에 대응되어 고정된 것이 아니며, 그렇다고 우리가 부여하는 의미에 따라 공에 부착되는 것도 아닙니다. 접속하는 이웃들에 따라, 이웃관계에 따라 달라지는(become different), 혹은 변이하는 것이지요.

이처럼 하나의 사물이 이웃항과 접속하면서 어떤 의미를 갖게 될 때, 그것을 '사건화'된다고 하고, 이렇게 복수의 사물을 하나의 계열(series)로 연결하는 것을 '계열화한다'고 합니다. 하나의 사물은 계열화되는 선이 달라짐에 따라 다른 사건이 되는 것이라고 말할 수 있겠지요.

공 얘기로는 '사건'이란 개념을 납득하기 어렵나요? 좀더 재미있는 예를 들어봅시다. 구로사와 아키라의 영화 「라쇼몬」(羅生門)은 사실과 다른 사건의 개념을 아주 명확하게 보여줍니다. 나뭇꾼이 사람의 시신을 발견합니다. 그것은 그 자체로는 그저 죽은 사람의 몸에 지나지 않습니다. 그런데 그 죽은 몸의 주변에 다른 것들이 있습니다. 가슴에 꽂힌 칼, 남자의 망건, 끊어진 포승줄, 망사천을 둘러친 여자의 큰 모자 등등. 여기서 우리는 나뭇꾼처럼 질문하게 됩니다. "대체 무슨 일이 일어난 것일까?" 바로 이 질문이 사물을 사건화하는 질문입니다. "대체 어떤 사건이 벌어진 것일까?" 살인사건 현장에서 경찰이 던지는 질문이고 또 기자들이 던지는 질문이지요.

이런 질문을 던지는 것은 사건화하는 사물들의 계열이 아직 완성되지 않기 때문이지요. 즉 추가적으로 계열화되어야 할 항들이 남아 있는 겁니다. 모자의 주인인 여자, 칼을 꽂은 사람이 있어야 합니다. 그래서 영화에선 그 사람들을 잡아다 그들의 얘기를 듣습니다. 먼저, 칼을 꽂은 장본인임을 자처하는 산적 타조마루는 자신이 남자를 속이곤 여자를 겁탈하고 그 여자를 자기 것으로 만들기 위해 치열한 결투를 벌이다 그를 죽였다고 말합니다. 이는 그 항들을 계열화하는 하나의 방식입니다. 이 경우 사건의 의미는 여자를 두고 벌이는 남자들의 결투가 될 겁니다.

그러나 불려온 여자의 말은 다릅니다. 타조마루가 겁탈하고 가버린 뒤, 자신이 남편의 포승을 끊었는데, 그런 자신을 쳐다보는 남편의 싸늘한 시선, 경멸과 욕설을 담은 듯한 그 시선을 견디기 힘들어서 자신도 모르게 남편을 찔러 죽였다는 겁니다. 이건 또 완전히 다른 계열화의 선을 그리고 있습니다. 여기선 칼들이 서로 부딪치지 않습니다. 대신 싸늘한 시선이 여자의 몸을 찌르고, 그로 인해 여자의 손에 든 칼이 남자의 몸을 찌릅니다. 당연히 죽음의 의미도 달라지지요.

영매(靈媒)의 입을 통해 흘러나오는 죽은 남자의 말은 그 둘과 또 다릅니다. 여자를 겁탈한 후 그녀에게 함께 가자고 꼬드기던 산적 앞에서, 울던 여자가 고개를 획 돌려 자신을 겨누었다고. 남편을 두고 당신을 따라갈 순 없으니 남편을 죽이고 가자고 하는 그 극적인 배신 앞에서 나는 절망했노라고. 놀란 타조마루마저 여자를 밟고선 "이 여자 어떻게 할까? 죽일까? 네 뜻대로 하지"라고 물었고, 그 순간 자신은 이미 그 도둑을 용서했노라고. 도둑이 포승을 풀러 온 사이 여자는 도망치고, 자신은 배신의 설움에 비통해 하다 결국 자신의 손으로 칼을 가슴에 꽂았노라고.

일단 이것만으로 우리는 하나의 시신을 둘러싸고 만들어지는 세 개의 상이한 계열화의 선들을 보게 됩니다. 그 계열화의 선이 달라짐에 따라 사실들은 전혀 다른 사건들이 되고, 시신의 의미, 그 죽음의 의미는 전혀 다른 것이 됩니다. 시신들의 이웃항들, 그 이웃관계에 따라 그것의 의미가 달라지는 거지요.

사실과 사건이 얼마나 달라질 수 있는가에 대해 이처럼 극적으로 보여주긴 아마 쉽지 않을 겁니다. 아, 영화가 이걸로 끝나는 건 아닙니다. 여기에 나뭇꾼은 자신이 감추고 있었던 또 하나의 목격담을 다시 추가합니다. 그것은 앞의 것들과 전혀 다른 계열화의 선을 따라 사물들을 사건화합니다. 이건 영화를 보실 분들을 위해 남겨두기로 하지요.

여기서 사물들의 접속, 혹은 계열화를 통해 정의되는 사건의 개념이 접속을 통해 만들어지는 차이의 개념과 밀접하게 관련되어 있다는 것은 길게 말하지 않아도 알 수 있을 겁니다. 그것은 의미가 어떻게 생성되는가를 보여주지만, 동시에 그것이 얼마나 쉽게 변할 수 있는 것인가를 보여주기도 합니다. 즉 물질성을 갖는 구조에 갇혀 있는 게 아니라, 그래서 이런 저런 변형을 가해도 변하지 않는 구조를 보여주는 게 아니라 이웃하는 항 하나만 달라져도 전혀 다른 의미로 변화되는 것을 보여주지요. 그렇다고 그것을 주체가 대상에 부여하는 것이라고 할 순 없습니다. 그것은 사물들이 어떻게 계열화되는가에 따라 만들어지고 변하는 것이기에 결코 주관적이라고 말하긴 어렵습니다.

그런데 이러한 사건들은 얼마든지 반복됩니다. 여자를 둘러싼 결투도, 모욕적 시선에 대한 분노도, 배신에 대한 절망도 얼마든지 반복되는 사건이라는 걸 우리는 잘 압니다. 어디 이것뿐인가요? 원한에 의한 살인, 유산을 노린 존속살인, 강도들의 뜻하지 않은 살인 등등. 여기서 어떤 살인이 가령 유산을 노린 살인이라고 하려면, 그에 고유한 사물들의 최소한의 계열화가 있어야 합니다. 시신은 가족이나 배우자, 혹은 친족과 계열화되어야 하고, 거기에 유산이라는 재물이 계열화되어야 합니다. 이런 계열이 발견된다면, 그게 미국에서 일어나든 일본에서 일어나든, 과거에 일어난 것이든 미래에 일어날 것이든 모두 '유산을 노린 존속살해'라고 말할 수 있습니다.

이처럼 개개의 사건들을 하나로 묶어줄 수 있는 이런 사건의 집합을 '이념적 사건'(ideal event)이라고 부릅니다. 그것은 어떤 사건을 가령 '유산을 노린 존속살해'라고 이해하게 해줄 최소한의 핵심적인 요소들의 계열화를 통해 정의됩니다. 다시 말해 그런 요소들의 계열화가 발견된다면 우리는 그 사건은 '이러이러한 사건'이라고 말할 수 있습니다. 그렇지만 그렇게 반복되는 사건은 매번 다른 조건 속에서, 다른 요소들을 수반하여 나타납니다. 어떤 경우에는 독약을 사용하기도 하고, 다른 경우에는 직접 칼을 쓰기도 하고, 또 다른 경우에는 청부살인을 하기도 하고 등등. 그래서 '이념적 사건'에 포함되는 모든 사건은 항상 어떤 '차이'를 포함하고 있습니다. 모든 사건들은 우발적이고 우연적인 요소들을 포함하고 있는 거지요.

사건은 매우 다양한 계열화를 향해 열려 있습니다. 반드시 계열화되어야 할 항들이 3개라면, 사건화의 가능성은 최대한 6개(3!개)가 있는 셈이지요. 그게 n개라면 n!가지 사건이 가능할 수 있을 겁니다. 그렇지만 우리가 사는 세계에서 사물들은 그렇게 많은 사건, 그렇게 다양한 의미로 개방되어 있지 않은 경우가 대부분입니다. 어째서 그럴까요?

그것은 계열화를 지배하는 어떤 힘들 때문입니다. 가령 사진 한 장을 본다고 합니다. 거기에 죽은 시신 옆에 피묻은 칼을 들고 있는 사람이 있다고 합시다. 이 경우 우리는 그를 '살인자'로 간주합니다. 시신-칼-피-

사람이라는 계열화가 '살인'이라는 사건으로 계열화하게 하는 거지요. 그러나 반드시 그런 경우만 있는 것은 아닙니다. 살인사건을 조사하러 온 형사가 범행에 사용된 칼을 들고 있는 것일 수도 있고, 정육점 주인이 죽은 시신을 발견한 것일 수도 있으며, 그 밖의 다른 경우들도 얼마든지 있을 수 있습니다. 그러나 우리는 양식(良識)에 따라 살인자로 즉시 계열화하여 포착합니다. 그게 '양식'이고 흔히 말하는 '상식'이지요.

이런 점에서 '양식'이나 '상식'이란 다양한 계열화의 가능성을 제한하여 어느 하나로 계열화하게 만드는 것입니다. 양식을 불어로는 봉상스(bon sens)라고 하는데, 상스(sens)라는 말에는 '의미'와 더불어 '방향'이란 뜻도 있습니다. 거기에는 계열화의 '좋은 방향'이라는 명목으로 우리로 하여금 그런 식으로 계열화하게 만드는 힘이 작동하고 있는 거지요. 그것은 통상적이지 않은 사건들을 통상적인 것으로 오해하게 하는 힘이며, 다른 종류의 계열화를 가로막는 힘이지요. 「라쇼몬」의 여러 계열들은 통상적인 계열화, 양식에 따른 계열화와 다른 계열들이 다양하게 만들어질 수 있다는 것을 보여줍니다. 채플린의 「모던 타임즈」는 양식에 따른 계열화를 끊임없이 풍자하고 비판합니다. 가령 소녀와 빵과 뜀박질을 양식에 따라 계열화하는 사람은 그것을 '도둑질'로 사건화하지만, 주인공 찰리는 배고픔이나 굶주림으로 사건화합니다. 시위대 앞에 있는 빨간 깃발은 시위대를 이끄는 공산주의자의 적기로 사건화되지만, 그것이 트럭에서 떨어진 깃발을 들고 가는 찰리와 그 뒤에 골목길에서 나와 전진하는 시위대가 그저 우연히 접속한 것임을 아는 우리는 그를 체포하러 달려드는 경찰들을 보고 웃게 됩니다.

이처럼 양식에 반하는 계열화를 통해서 양식의 힘과 대결하고 그것을 무력화시키는 것을 들뢰즈는 '역설'(paradox)이라고 정의합니다. 역설이란 통념을 뜻하는 그리스어 독사(doxa)에, '반하여'(against)를 뜻하는 para를 붙여 만든 말이지요. 양식이라는 통념(doxa)에 반하는(para) 계열화를 유발하여 새로운 사건으로, 새로운 의미로 만들어 버리는 그런 장치라고 말하는 거지요. 예컨대 중국의 운문선사는 "부처가 무엇인가요?"라는 물음에 "뒷간 똥막대기다"라고 대답합니다. 보다시피 황당한 대답이지요. 그러나 운문스님은 도를 깨친 것으로 알려진 유명한 분입니다. 깨친 사람이 진지하게 대답한 겁니다. 그는 이럼으로써 질문한 사람이 부처에 대해 갖고 있던 모든 종류의 통념을 단박에 날려버리고 있는 거지요. 그 모든 통념들을 날려버리고 처음부터 다시 생각하도록 만드는 대답인 겁니다.

고정된 의미를 재생산하는 양식과 통념에 반하여 이전과 다른 의미를 만드는 새로운 계열화의 선을 그리는 것, 새로운 의미·새로운 사유 가능성의 지대를 여는 것, 이게 바로 양식과 역설이란 개념을 통해서 들뢰즈가 제안하고 있는 또 다른 '의미의 논리'입니다. 이런 방식으로 기존의 것을 변이시키고 새로운 것을 창조하는 사건성을 강조하는 철학을 '사건의 철학'이라고도 할 수 있겠지요. 즉 그것은 통상적인 의미의 논리나 사건화의 방법을 해명하면서, 그것에 머물지 않고 그와 다른 변이와 생성의 선을 그리는 새로운 의미의 논리, 사건화의 방법을 제안하고 있는 것입니다. 고정된 의미를 재생산하는 것이 '정착적인 것'이라면, 이처럼 새로운 사건화의 선을 통해서 주어진 의미를 변화시키고 새로운 의미를 창안하는 것을 '유목적인 것'이라고 합니다. 이것이 나중에 '노마디즘'(nomadism)이라고 부르는 철학 내지 정치학으로 이어진다는 것은 길게 말하지 않아도 다 아실 겁니다.

욕망과 배치, 혹은 탈주의 철학

68년 혁명이 들뢰즈와 가타리에게 큰 영향을 미쳤다는 것은 이미 언급한 바 있습니다. 사실 이 두 사람뿐이겠습니까? 그것은 라캉이나 푸코, 알튀세르 같은 사상가는 물론, 유럽의 좌파운동 전체에 결정적인 영향을 미쳤습니다. 일상생활을 사로잡고 있는 다양한 종류의 권력에 대한 전복, 욕망을 죄악시하고 억압하는 금욕적 체제에 대한 저항이었던 이 혁명에 대해서 공산당을 비롯한 대부분의 '구좌파'들은 '소부르주아의 철없는 난동' 정도로밖에 보지 않았다는 점에서 보수주의자들과 크게 다르지 않았습니다. 이는 구좌파들이 대중들로부터 신망을 잃는 결정적인 계기가 되며, 거꾸로 혁명의 문제를 근본적으로 다시 성찰하게 하는 계기가 됩니다. 간단히 말하자면, 국가권력 주변이라는 제한된 영역에서 일상의 영역 전반으로 권력의 문제를 끄집어내는 것, 욕망을 통제하고 억압하는 혁명의 관념에서 벗어나 욕망과 나란히 가는 혁명을 사유하고 실행하는 것이 그것이었습니다.

들뢰즈와 가타리가 접속하여 만들어낸 새로운 사유는 바로 이런 문제를 정면에서 다루는 것이었습니다. 『안티 오이디푸스』의 일차적인 주제는 바로 욕망과 혁명을 하나의 동일한 문제로 사고하는 것이었고, 이를 위해 그것을 대립시키는 이론들과 대결하는 것이었습니다. 이로 인해 그 책은 68혁명을 이론화한 것으로 평가받게 되지요.

사실 욕망이란 개념은 그와 짝을 이루는 '힘'과 더불어 들뢰즈의 철학에서 이미 중요한 자리를 차지하고 있는 개념이었습니다. 욕망이란 무엇을 하고자 하는 의지를 말하는 것이고, 이런 점에서 그것은 니체의 '힘에의 의지'라는 개념과 정확하게 상응하는 개념이라고 할 수 있지요. 힘의 방향을 결정하는 성분, 힘의 질을 결정하는 성분, 그게 바로 힘에의 의지지요. 어떤 힘을 x라고 쓴다면, 욕망 내지 힘에의 의지란 이 x에 부착된 채 그것을 방향짓는 미분적 성분 dx라고 쓸 수 있습니다. '미분적'이란 말 differential이 '차이'에서 파생된 형용사고 '차이적'이란 의미를 포함한다는 것을 상기한다면, 여기서 차이라는 개념이 갖는 중요성을 다시 확인해 볼 수 있을 겁니다. 그리고 차이를 '이념'으로 다루기 위해 들뢰즈가 사용한 개념 역시 dx였다는 것(『차이와 반복』)을 혹시 안다면, 이는 생각보다 훨씬 더 중요한 개념임을 짐작할 수 있을 겁니다.

좀더 쉽게 말하면, 힘이란 '할 수 있는 것'(can)이라면 의지 내지 욕망이란 '하려고 하는 것'(will)입니다. 할 수 있다고 해서, 즉 힘이 있다고 해서 우리는 그걸 아무 곳에나 사용하진 않습니다. 그 힘으로 그림을 그릴 건지, 글을 쓸 건지, 남을 두들겨 팰 건지 하는 것을 결정하는 것은 욕망이지요. 그러나 거꾸로 욕망은 힘에 의거해서 생기고 작동합니다. 아파서 누워 있는 사람에게 축구를 하고 싶다거나 글을 쓰고 싶다는 욕망이 발생하기는 어려운 일이지요. 설령 일어난다고 해도 그건 아주 미약한 강도를 가질 겁니다.

이를 이해한다면 욕망이란 모든 활동을 생산하는 추동력이며, 힘은 그것을 실행할 수 있는 에너지를 제공한다는 것도 쉽게 납득할 수 있겠지요? 이런 이유에서 들뢰즈와 가타리는 욕망과 생산은 근본적으로 다르지 않은 '하나'라고 말합니다. 그리고 이를 표현하기 위해 그들은 두 개념을 합쳐서 '욕망하는 생산'(desiring production)이라는 개념을 만들어냅니다. 경제적인 차원의 생산이나 소비 · 분배 등을 생산하는 것도, 성적인 활동을 생산하는 것도 모두 이 '욕망하는 생산'이라고 말합니다. 그것들이 다른 것은 그러한 욕망하는 생산이 어디에 어떤 강도로 투여되는가 하는 것이지요.

여기서 이들은 프로이트의 정신분석학이 욕망에 대해 근본적으로 오해하고 있음을 지적합니다. 정신분석학에 따르면 욕망이란 본질적으로 성욕이고, 그 성욕은 일차적으로 어머니에 대한 성욕이며, 이로 인해 그 욕망을 거세하는 오이디푸스적 억압이 발생한다고 하지요. 그림을 그리거나 공부를 하거나 돈을 벌거나 '정치'를 하려는 모든 욕망은 이 성욕이 '승화'되어 나타난 것이라고 합니다. 리비도의 사회적인 투여는 그것이 탈성욕화되고 승화되는 조건에서만 가능하다는 거지요.

그러나 들뢰즈와 가타리는 욕망의 사회적 투여가 가족적인 오이디푸스 삼각형에 의존하고 있다는 것을 인정하지 않습니다. 그림을 그리고 싶다거나 혁명운동을 하고 싶다는 욕망을 성욕이 승화된 것으로 볼 이유가 없다는 것입니다. 차라리 반대로 말해야 한다고 하지요. 모든 욕망은 사회적이며, 가족적 투여에 대해 사회적 투여가 일차적이라고. 그것이 가족적 투여, 성적인 투여로 제한된 것은 부르주아 가족과 결부된 특정한 역사적 조건의 산물이었다고 말입니다. 이런 의미에서 그들은 "무의식에는 부모가 없다. 무의식은 고아다"라고 합니다. 이로써 무의식은 사회 · 역사적이라고 말하는 셈이지요.

그런데 욕망은 '하고자 함'이라는 막연하고 추상적인 상태로 존재하지는 않습니다. 언제나 '어떻게' 하고자 함이라는 구체적 양태로 존재하지요. 돈을 벌고 싶다, 그림을 그리고 싶다, 키스하고 싶다, 먹고 싶다, 자고 싶다 등으로 말입니다. 즉 욕망 일반이 따로 있는 게 아니라 조건과 관계에 따라 달라지는 '이런저런 욕망'이, '어떤 욕망'이 있는 겁니다. 다시 말하면 무엇과 만나는가에 따라 다른 욕망이 발생하고 작용하게 되는 거라고 할 수 있겠지요. 가령 애인과 만나면 안고 싶다거나 키스하고 싶다는 욕망이 발생하고 그것이 사랑의 행위를 생산하지만, 요리와 만나면 먹고 싶다는 욕망이, 진열장에 놓인 멋진 상품들과 만나면 사고 싶다는 욕망이 발동합니다. 애인과 만나서 돈을 벌고 싶다고 욕망한다면, 그는 사실은 아직 '사랑'이라는 관계 속에 들어가지 못한 것입니다(아니면 자본 관계 속으로 어떤 사람을 끌어들인 것이지요).

여기서 주의할 것은 욕망이란 '나'라는 주체에 속하는 게 아니라 나와 만나는 것들에 속한다는 것, 정확히 말하면 나와 그것들의 관계에 속한다는 사실입니다. '나'는 어떤 것들과 계열화되는가에 따라 다른 욕망을 갖게 되는 것이지요. 이처럼 사물들의 계열화를 통해 어떤 관계를 표시할 때, 이를 '배치'(불어로는 agencement, 영어로는 arrangement)라고 말합니다. '사건'을 정의하는 '계열화' 개념이 여기서는 관계를 표시하는 개념으로 변형되어 다시 사용되고 있는 겁니다.

욕망은 언제나 특정한 배치에 속하는 것이지 '나'나 어떤 '인간' 같은 주체에 속하는 것이 아닙니다. 이런 의미에서 욕망은 언제나 배치로서 존재하며, 거꾸로 배치는 언제나 욕망의 배치라고 말합니다. 예를 들어 화폐를 증식시키고 싶다는 '증식욕'은 맑스가 '자본의 일반적 공식'이라고 말했던 배치로 표현됩니다. 맑스는 이를 M—C—M′이라고 표시한 바 있지요(M은 화폐, C는 상품, M′=M+ΔM). 반면 화폐와 상품의 순서만 바꾼 소생산의 배치(C—M—C′)는 갖고 있는 걸 상품(C)으로 팔아서 다른 상품(C′)을 사고 싶다는 욕망을 표현합니다. 한편 누구든지 자본의 배치 안에 들어간다면, 그는 화폐의 증식을 욕망하게 되고, 그것을 위해 행동하게 됩니다. 성품이 착하던 사람도 이 배치 안에서는 오직 자본의 증식을 위해 생각하고 행동하게 됩니다. 이런 사례를 주변에서 찾는 것은 아주 쉬운 일이지요.

이처럼 배치 내지 관계는 그 안에 들어오는 것들을 특정한 욕망으로 '끌어들입니다'(이를 들뢰즈와 가타리는 '영토화territorialization한다'고 표현합니다). 자본의 배치는 착한 사람이든 계산에 밝은 사람이든 증식욕망으로 영토화합니다. 사랑의 배치는 숙맥인 사람도 열정적인 구애의 욕망으로 영토화합니다. 이 영토화하는 성분이 계속 작동하는 한, 그 배치는 유지되고 지속될 수 있겠지요. 배치를 유지하고 보존하게 하려는 힘으로 작용하는 한, 욕망은 그 자체로 사람들을 특정한 양상으로 사고하고 행동하게 하는 '권력'으로 작용합니다. 증식 욕망은 자본의 배치 안에 들어온 모든 사람들을 화폐에 눈이 먼 사람들로, '자본가'로 살아가게 하는 강력한 권력이 되어 작동합니다. 사랑에 눈 먼 사람이 '사랑의 노예'가 된다는 것은 잘 알려진 일입니다. 이 역시 사랑의 배치 안에서 사랑의 욕망이 권력으로 작동하고 있음을 보여주는 사례지요.

이런 이유에서 들뢰즈와 가타리는 욕망과 권력이 다르지 않다고 말합니다. 이는 욕망이 권력을 욕망한다는 말이 아닙니다. 말 그대로 "욕망이 바로 권력이다"라는 거지요. 따라서 모든 배치가 욕망의 배치라면, 그것은 또한 모두 '권력의 배치'라고 말할 수 있을 겁니다. 권력이 작동하는 배치, 권력에 의해 유지되고 지속되는 배치란 뜻이지요. 물론 욕망이 그대로 권력이 되는 것이지만, 그것은 **욕망이 어떤 상태를 유지하고 그 상태의 동일성을 지속하려는 힘이 될 때** 그런 것이란 점에서 양자는 완전히 같다고 말할 순 없습니다. 욕망이 특정한 조건 속에서 권력이 되는 것이지요. 따라서 그들은 권력에 대해 욕망이 일차적이라고 보며, 모든 배치는 권력의 배치이기 이전에 욕망의 배치라고 말합니다.

권력은 욕망이 작동하는 모든 곳, 즉 우리 삶의 모든 곳에서 발견될 수 있습니다. 학교, 공장, 가족, 예술 등등. 권력은 그저 국가기구에 관련된 어떤 것이 아니라, 우리의 삶에 결부된 모든 배치에서, 우리의 일상적 삶 자체에서 작동하는 것임을 이해할 수 있을 겁니다. 거꾸로 일상적 삶의 모든 영역에서 작동하는 권력을 포착하기 위해 이들은 이런 식으로 권력을 개념화하고 있는 것이라고 해야겠지요.

그러나 이것이 다는 아닙니다. 이런저런 차이와 변화에도 불구하고 불변성·항속성·동일성을 유지하는 '구조' 개념과 달리, '배치'란 개념은 계열화되는 항들의 순서를 바꾸는 것만으로도, 혹은 어떤 하나를 추가하거나 빼는 것만으로도 전혀 다른 종류의 배치로 변환되는 것이란 점에서 매우 큰 가변성을 향해 열려 있는 개념입니다. 어떤 항이 우연적으로 나타나 기존의 계열 속의 어떤 항에 접속되는 것만으로도 배치는 달라질 수 있습니다. 가령 카메라에 연속적으로 작동하는 셔터가 달리게 되었을 때, 움직임을 이미지로 다룰 수 있는 새로운 배치가 출현합니다. 또 대포에 바퀴가 달리게 되었을 때, 성벽을 무력화시키고 전쟁의 전술을 근본적으로 전복하는 새로운 배치가 출현하지요.

이처럼 어떤 새로운 항의 추가나 제거, 대체, 혹은 순서의 변경 등을 통해 기존의 배치를 다른 것으로 변환시키는 지점을 '탈영토화의 첨점'이라고 말합니다. 기존의 배치에서 '벗어나는'(기존 배치를 '탈영토화하는') 지점, 가장 빨리 벗어나는 곳이라는 의미에서 그렇게 말하는 거지요. 물론 변환된 새로운 배치는 하나의 배치로서 자신을 유지하는 힘을 갖지만, 동시에 또 다른 배치로 변환될 수 있는 탈영토화의 첨점을 갖고 있습니다. 그래서 들뢰즈와 가타리는 모든 배치는 '영토성'과 더불어 '탈영토화의 첨점'을 갖는다고 말합니다.

그렇다면 이제 우리는 욕망과 혁명에 대해서 말할 수 있습니다. 혁명이란 기존의 관계를 전복하여 새로운 관계를 만들어내는 것이지요. 이를 들뢰즈/가타리의 개념을 사용하면, 기존에 주어진 배치를 전복하여 다른 배치로 변환시키는 것이라고 말할 수 있을 겁니다. 그것은 기존의 배치를 유지하는 욕망, 기존의 배치에 길든 욕망을 탈영토화하여 새로운 배치, 새로운 욕망으로 변형시키는 것입니다. 다른 욕망의 배치를 만들어내는 것이라고 해도 좋겠지요.

이를 '탈주선'(line of flight)을 그린다고도 말합니다. 탈주란 기존의 배치 안에서 정해진 것, 고정된 것, 강제되는 것에서 '벗어나 달리는 것'이고, 기존의 지배적인 가치나 방법에서 벗어나 새로운 가치나 방법을 창안하는 것입니다. 이런 의미에서 탈주란 "세상에서 도망치는 게 아니라 세상으로 하여금 [기존의 세계로부터] '도망치게'(벗어나게) 하는 것"이라고 말합니다. 욕망은 배치로서 존재하지만, 어느 하나의 배치에 머물지 않고 흘러가는 흐름이며, 이 흐름은 주어진 배치가 만들어 놓은 벽이나 선분(segment)들에 갇히지만 차면 흘러넘치며 다른 배치를 향한 탈영토화 운동을 야기합니다. 이런 점에서 욕망은 일차적으로 탈주적인 흐름이라고 하지요. 이들이 말하는 욕망의 이론을 종종 '탈주의 철학'이라고 명명하는 것은 이런 이유에서입니다.

따라서 이러한 주어진 세계에서 벗어나 그것을 바꾸어 버리고 주어진 벽을 벗어나 탈영토화 운동을 야기하는 탈주적인 욕망의 흐름은 혁명의 개념과 쉽게 연결됩니다. 혁명이 기존의 세계, 기존의 관계를 바꾸는 것이라면, 그것은 바로 탈주적인 욕망의 흐름에 의해 가능한 것이고, 그것을 통해서 가능하다는 겁니다. 혁명이란 욕망이고 욕망된 것이기에 가능한 거라는 게 이들의 주장입니다. "의무로써 혁명이 이루어진 적은 없었다. 혁명은 의무가 아니라 욕망이다." 욕망의 억압이 아니라 다른 종류의 욕망이 발동하여 작동하게 고무하는 것, 그것이 바로 혁명이 진정 강력한 힘을 갖고 추동하게 만드는 방법이란 거지요.

예를 들어 자본주의를 전복하는 혁명이란 자본주의적 욕망의 억압이라는 부정적 과정을 통해서 이루어질 순 없으며, 그와 다른 욕망이 생성되어 작용하는 긍정적 과정으로 진행되어야 합니다. 코뮨주의적 욕망이 발동하여 작동할 수 있는 배치를 만들어내는 것이 문제라는 거지요. 기존의 관계를 파괴하고 해체하는 것은 이런 긍정적 과정이 없다면 폐허만을 남기는 부정에 머물고 말지요. 심지어 국가권력을 장악하여 새로운 관계나 배치를 만들어낸다고 하더라도, 새로운 긍정적 욕망의 촉발이 아니라 자본주의적 욕망의 억압이라는 것에 머물렀을 때, 또 다른 금욕주의적 체제를 만들었을 때, 그것이 대중으로부터 분리되어 외면당하게 된다는 것을 붕괴한 사회주의 체제의 역사는 잘 보여주는 게 아닌가 싶습니다.

노마디즘

정착민은 정해진 한 곳에 붙박혀 사는 사람들입니다. 유목민은 한 곳에 붙박히지 않고 여러 곳을 이동하며 사는 사람들이지요. 노마디즘, 혹은 유목주의란 한마디로 말하면 하나의 가치, 하나의 스타일, 하나의 영토에 머물지 않고 반대로 그것들로부터 벗어나는 탈영토화 운동 속에서 사는 방식을 말합니다. "나의 전공은 사회학이야, 저건 나의 전공영역(영토!)이 아니니 내가 관심을 가질 이유가 없어!" 하는 식의 태도는 하나의 영토에 머물러 살아가는 전형적인 정착민의 태도지요. 반면 반 고흐는 인상주의라는 새로운 스타일의 영토 안에서 그림을 그렸지만, 거기서조차 인상주의자들과 다른 방식으로 그들의 스타일을 변형시켜 사용하지요. 인상주의자들의 점묘적인 터치는 이제 색채적인 형상을 묘사하는 대신에 힘차게 운동하는 표현적인 선이 됩니다. 그것은 심지어 새로 도착한 영토에도 머물지 않고 언제든지 떠날 수 있는 유목민의 태도라고 할 수 있을 겁니다. 물론 그렇게 새로이 만들어낸 것에도 머물지 않고 또 다른 탈영토화 운동을 향해, 자기와 다른 것들과 만나면서 자신을 이전의 자신과 다른 것으로 만드는(차이를 만드는!) 운동을 향해 열려 있을 때, 노마디즘이라는 말은 충분한 타당성을 갖겠지만 말입니다.

이런 점에서 노마디즘은 새로운 영토를 만들거나 거기에 자리잡는 태도(재영토화)가 아니라, 머물고 있는 곳이 어디든 항상 떠날 수 있는 태도(탈영토화)를 말합니다. 즉 그것은 재영토화가 아니라 탈영토화에 의해 정의됩니다. 재영토화하기 위해 탈영토화하는 게 아니라, 탈영토화의 운동 안에서 잠정적으로 재영토화하는 것이라 말해도 좋겠습니다.

이를 들뢰즈와 가타리는 점과 선의 관계로 구별합니다. 사실 정착민도 이동하며, 유목민도 멈추기 때문에, 이동이나 탈영토화를 유목민에 대응시키고, 정지나 재영토화를 정착민에 대응시키는 것은 부적절합니다. 정착민은 예컨대 이사를 가거나 출장을 가는 사람처럼 어떤 목적지에 도달하기 위해 이동합니다. 유목민 역시 사막의 대상들처럼 오아시스를 찾아서 이동하지만 그것은 오아시스에 머물기 위한 것이 결코 아닙니다. 오아시스는 다만 이동하는 궤적 가운데 통과하는 점에 불과하며, 따라서 얼마든지 다른 곳으로 대체될 수 있습니다. 반면 이사가거나 출장가는 사람이 목적지를 바꿀 수는 없지요. 어떤 경로를 취하든 목적지에 도달해야 합니다. 이동이 선을 그리고, 멈추는 곳이 점으로 표시됨을 안다면, 정착민의 경우에는 선이 점에 종속되어 있는 반면, 유목민은 점이 선에 종속되어 있다고 말할 수 있겠지요.

활동을 조직하는 방식에서도 양자는 구별됩니다. 정착민은 영토적으로 조직됩니다. 땅을 소유하거나 땅에 긴박되는 방식으로 정착민은 조직되지요. 가령 중세의 농민들은 토지에 매여 있었고, 자유롭게 이동할 수 없었습니다. 아, 사회주의 국가의 인민들도 그렇다고 하지요? 영주들도, 호족들도 영토를 기반으로 자신의 '식솔들'을 조직하며, 영토적으로 구별되지요. 그러나 유목민은 그렇지 않습니다. 이동하며 사는 것이 그들의 삶이기에, 영토를 할당하거나 소유하는 것은 무의미하거나 불가능합니다. 나아가 사람이나 동물의 이동의 흐름을 자유롭게 해주는 것이 중요하기 때문에 말뚝을 박고 드나들 수 없는 벽이나 울타리를 치는 것은 용납될 수 없습니다. 토지를 소유한다는 것도 납득할 수 없는 것이지요. 이것이 유목민이었던 북미 '인디언'이 소유권을 주장하며 울타리를 치는 유럽의 이주자들을 이해할 수 없었던 이유 중 하나였지요.

하지만 유목민 역시 활동이 조직되어야 하기에, 개체들을 집합적 단위로 묶는 조직의 방식이 있어야 합니다. 여기서 그들은 영토적 조직방식 대신 번호적 조직방식을 사용합니다. 10개의 가구를 묶어서 10호대로 만들고 아무 숫자나 하나 부여합니다. 마치 군대에서 9소대니 5중대니 하듯이. 그런 10호대 10개를 묶어서 100호대를 만들고, 다시 아무 숫자나 부여하고, 그걸 다시 10개 묶어 1000호대를 만들어 아무 숫자나 부여하지요. 군대에서 3대대, 4사단 등으로 묶듯이 말입니다.

이는 몽골인들이 실제로 사용했던 방법입니다. 그리고 군대에서 사용하는 방식이기도 하지요. 영토 단위로 편성되어 그 지역의 치안을 담당하는 경찰과 달리 군대는 탈영토화 운동이 중요합니다. 적을 공격한다는 것은 자신이 머물던 영토를 벗어나 움직이는 운동인데, 지역적 조직 같은 영토적 조직으론 그에 걸맞은 운동을 만들 수 없습니다. 탈영토화 운동을 하면서도 집합적 움직임을 역동적이고도 안정적으로 보장할 수 있는 조직방식이 필요한 거지요. 유목민의 번호적 조직이 이런 이유에서 채택된 겁니다. 경찰이 정착적인 조직이라면, 군대는 유목적인 조직인 거지요. 물론 국가장치라는 정착적인 장치에 의해 포섭되고 이용되는 유목적인 조직이지만 말입니다.

정착민과 유목민은 공간을 구성하는 방식에서도 구별됩니다. 가령 유목민의 궤적은 정해진 경로를 가는 경우에조차 하나의 길을 그대로 밟아가지 않습니다. 언제든지 옆으로 벗어나면서 가고, 사정에 따라 가지 않던 길로 가기도 하며, 그래서 예정과 다른 엉뚱한 곳에 이르기도 합니다. 평면 위의 물이 어느 방향으로나 흘러갈 수 있듯이, 미리 정해진 하나의 길이 없습니다. 물이 막히면 돌아가듯이, 다양한 조건 속에서 삶의 흐름, 사람의 흐름이 흘러가는 대로 갑니다. 이런 의미에서 유목민의 움직임은 흐름과 같습니다. 동시에 여러 방향으로 나아가는 소용돌이 같은 흐름. 유목민의 과학이 흐름을 다루는 유체역학인 것은 이런 이유에서입니다. 모든 방향으로 동시에 나아갈 수 있는 공간, 이것이 바로 유목민의 공간이지요. 이를 '매끄러운 공간'이라고 부릅니다.

반면 정착민은 농사를 짓기 위해서든, 수해를 막기 위해서든 아무 곳으로나 흘러가는 흐름을, 범람하는 물의 흐름을 그대로 방치하지 못합니다. 홈을 파고 수로를 만들어, 그 홈을 따라서만 흘러가게 합니다. 사람들의 흐름이나 삶의 흐름 역시 동일합니다. 흐름의 반복적 행로가 만든 길에 만족하지 못하여, 길에다 돌을 깔고 테두리를 세워 도로로 만들지요. 울타리를 치고 홈을 파서 정해진 시점과 종점을 잇고, 그 홈에 따라서만 사람들이나 삶이 흘러가게 만듭니다. 막히면 그대로 고이고 멈추고 마는 도시의 도로들이 그렇지요. 시위대의 흐름을 정해진 도로로 제한하는 경찰의 역할, 사고의 흐름을 정해진 '도로'로 제한하는 학자들의 역할, 삶의 흐름을 먹고 살기 위한 노동으로 제한하고 포섭하는 자본가들의 역할, 이 모두가 흐름의 범람을 막기 위해 홈을 파는 정착적인 메커니즘을 이루고 있는 겁니다. 이처럼 흐름을 통제하기 위해 만들어진 공간을 '홈 패인 공간'이라고 말합니다.

그러나 유목은 떠돌면서 사는 방랑이나 방황이 아닙니다. "세상을 버리고서 길 떠나는" 슈베르트의 나그네는 어디를 가도 실연의 상처를 잊지 못한 채 방랑하지요. 형수가 되어버린 애인을 잊지 못해, 칼 하나 들고 강호를 넘나들고 사막을 돌아다니지만 마음은 언제나 그 여자가 있는 곳에 매여 있는 「동사서독」의 구양봉은 떠돌고 방랑할 때조차 한 곳에 머물러 있다는 점에서 유목민이 아닙니다. 상처에 매여 새로운 삶을 '시작'할 수 없는 사람, 상처로 인해 마음을 닫고 욕망의 흐름이 그 상처 주변을 맴돌고 있는 사람은 아무리 떠돌아다녀도 유목민이 아닙니다. 상처만은 아닙니다. 파우스트를 사로잡았던 아름다운 순간과도, 혹은 명예와 부, 사랑으로 빛나던 찬란한 영화의 순간과도 언제든지 이별할 수 있는 용기, 그것이 없이는 유목민이 될 수 없습니다.

유목민과 다 쓴 땅을 버리고 다른 곳으로 옮겨가는 이주민을 혼동해선 곤란합니다. 오히려 유목민은 사막이나 초원처럼 불모의 땅이 된 곳에 달라붙어 거기서 살아가는 법을 창안하는 사람들입니다. 가령 사회주의 체제의 해체 이후 불모가 된 맑스주의를 떠나서 다른 이념이나 '주의'로 이주하는 것과, 그 불모가 된 땅에 달라붙어 새로운 사유를 시도하며 다시 혁명을 꿈꿀 수 있는 새로운 이론과 사상을 창안하는 것은 극히 다른 것이지요. 바로 이것이 이주민과 유목민의 차이지요. 유목민은 떠나는 자가 아니라 그 자리에서 새로운 것을 창안하고 창조하는 자입니다. 이런 의미에서 들뢰즈와 가타리는 "유목민은 움직이지 않는다"는 역설적인 명제를 제시하지요. '앉아서 하는 유목'이란 역설적 개념 역시 이런 맥락에서 쉽게 이해할 수 있을 겁니다.

　새로운 가치의 창안, 새로운 삶의 방식의 창조, 그것을 통해서 낡은 가치를 뒤집고 낡은 삶의 방식에서 벗어나는 탈주선을 그리는 것, 그게 바로 노마디즘의 요체입니다. 그것은 낡은 가치에 대한 '전쟁'이고, 지배적인 삶의 방식에 대한 '전쟁'입니다. 그것은 니체 말대로 '포연 없는 전쟁'이지요. "좋은 전쟁에서는 화약냄새가 나지 않는다." 그러나 탈주선을 그리려는 욕망이 새로운 가치를 창조할 능력을 상실했을 때, 그러면서도 낡은 가치, 기존의 세계에 대한 혐오의 정염만을 키워가게 될 때, 그것은 그저 화약냄새로 가득찬 '나쁜 전쟁'으로 전환되고 말지만 말입니다. 이 경우 필경 탈주선은 죽음의 선으로 이어지게 됩니다. 탈주선을 그리지 않은 것만도 못한 게 되고 마는 거지요. 노마디즘의 긍정적 태도는 극단적 부정의 절망적 색깔로 변색되고 말입니다.

　이런 맥락에서 탈주선이 일차적이라고, 혹은 탈주적인 욕망이 일차적이라고 하는 말의 의미는, 탈주란 낡은 것의 파괴와 부정(낡은 것, 권력 다음에 오는 이차적인 것이란 의미!)이 아니라 새로운 것을 창안하고 창조하는 긍정을 뜻한다는 걸 잊지 말아야 합니다. 낡은 것의 부정이나 파괴는 그러한 긍정의 결과 뒤따라 나오는 거지요.

기계주의

반복하자면, 노마디즘에서 결정적인 것은 새로운 것을 창조하는 것, 즉 새로운 차이를 만드는 것이고, 새로운 변이를 향해 끊임없이 자신을 여는 것입니다. 이것이 차이를 긍정하라고 요구하는 차이의 철학에 잇닿아 있다는 걸 다시 설명할 필요는 없을 겁니다. 특정한 양상의 계열화가 반복될 때 배치라는 개념을 사용한다는 것을 안다면, 이 역시 들뢰즈가 말하는 반복의 개념과 깊이 결부되어 있다는 것도 쉽게 이해할 수 있을 겁니다. 나아가 배치라는 개념이 언제나 탈영토화의 첨점이라는 차이화의 선을 포함하고 있다는 것을 안다면, 그 반복이 '구조'와 달리 차이에 대해 열려 있고 차이의 개념이 작동할 수 있는 개념이라는 것도 어렵지 않게 이해할 수 있을 겁니다. 이런 점에서 본다면 들뢰즈가 말하는 사건의 철학, 탈주의 철학, 노마디즘 등은 모두 그가 말하는 차이의 철학이 다른 양상으로 반복되고 있는 것이라고도 말할 수 있지 않을까요? 물론 그것들이 『차이와 반복』에서 제시된 차이의 철학으로 환원될 수 없는 중요한 차이들을 포함하고 있다는 점에서 '차이의 반복'이며 '차이화하는 반복'임을 덧붙여야 하겠지만 말입니다.

마지막으로 이 책의 골격을 짜고 있는 문제설정과 관련해서 간단하게 말해볼까 합니다(주체, 대상, 진리의 세 항으로 만들어진 이 문제설정에는 '신'이나 '근거', '원리' 등과 같은 개념들이 들어갈 또 하나의 항이 포함되어 있다는 게 지금 생각이지만, 이에 대해서는 보론으로 추가될 글을 참조하세요).

들뢰즈와 가타리는 매우 일반화된 의미로 '기계'라는 개념을 사용합니다. 기계란 한마디로 말하면 "다른 것과 접속하여 어떤 흐름을 절단하여 채취하는 방식으로 작동하는 모든 것"을 지칭합니다. 예를 들어 입은 식도와 접속하여 영양소의 흐름을 절단하여 채취하는 먹는-기계가 됩니다. 그렇지만 접속하는 항이 달라지고 채취하는 흐름이 달라지면 다른 기계가 됩니다. 입이 식도 대신 성대와 접속하여 공기의 흐름을 절단하여 음운적인 소리로 절단하여 채취하게 되면 말하는-기계가 되고, 공기의 흐름을 음악적인 소리로 절단하여 채취하면 노래하는-기계가 됩니다. 사람이 문-기계와 접속하여 사람들의 동선의 흐름을 절단하여 채취하게 되면 수위-기계가 되고, 컴퓨터(타자-기계!)와 접속하여 사유의 흐름을 절단하고 채취하여 글로 만들어내면 글쓰는-기계가 됩니다.

여기서 기계는 우리가 기계가 아니라고 알고 있는 사람이나 기관, 생명체에 대해서도 마찬가지로 적용되고 있지요. 사실 기계와 생명을 대립시키는 견해는 생물학이 탄생한 19세기 이래 오랫동안 지속되어 왔습니다. 그러나 생명현상의 가장 근저에 있는 유전 메커니즘에 대한 연구를 통해서 유전자란 뉴클레오티드(nucleotide)라고 부르는 유기화합물의 배열이며, 그것이 작동하는 양상은 정확하게 '기계적'이라는 것이 밝혀졌습니다. 그래서 생화학자 모노(J. Monod)는 세포란 "화학적인 방식으로 작동하는 기계"라고 정의하지요. 그리고 그의 동료 자콥(F. Jacob)은 유전 메커니즘에 대한 연구 결과 기계와 생명, 기계론과 생기론의 대립은 소멸하게 되었다고 말한 바 있습니다.

이런 관점에서 들뢰즈와 가타리는 통상적인 기계는 물론 생명체나 그의 기관들을 '기계'라는 개념으로 파악합니다. 이처럼 생물권과 기계권의 경계를 넘어서 모든 것을 기계라고 보는 입장을 그들은 '일반화된 기계주의'라고 부릅니다. 그러나 이는 인위적인 것, 통상적인 '기계'조차 자연의 일부로서, 자연으로서 다루는 스피노자의 '일반화된 자연주의'와 정확하게 동일한 것입니다. 물론 그들은 자신들이 말하는 기계주의를 생기론과 대립되는 이전의 기계론(mechanism)과 구별하기 위해 마쉬니즘(machinism)이라고 명명하며, 기계론적인 기계 개념인 mechanic과 구별해서 machinique이라는 형용사를 만들어 사용합니다.

기계주의에서 중요한 것은 어떤 기계도 접속하는 항이 달라지면 다른 기계가 된다는 점입니다. 이는 접속하는 이웃항에 의해 사물의 의미가 달라진다고 하는 '사건'의 철학에서 차이 개념과 결부되어 있음은 이미 잘 알고 있을 겁니다. 결국 어떤 것도 정해진 불변의 본질은 없으며, 다른 것(이웃항)과 어떤 관계, 어떤 배치를 이루는가에 따라 다른 본성을 갖는 다른 기계가 된다는 것입니다. 따라서 기계는 배치라는 개념과 밀접하게 결부되어 있습니다. 배치를 구성하는 각각의 항이 바로 기계인 것이고, 역으로 기계들의 접속과 계열화를 통해 배치가 정의되고 있는 겁니다.

이처럼 기계들의 계열화를 통해 구성되는 배치를 '기계적 배치'라고 합니다. 물론 배치에는 기계적인 것만 있는 것은 아닙니다. 기계적 배치와 결부된 '언표행위의 배치'가 대개는 더불어 있게 마련입니다. 가령 재판소나 교도소, 판사와 검사, 교도관 등이 감옥의 기계적 배치를 구성한다면, 범죄라는 개념, 형법이나 형사소송법, 행형법, 범죄심리학 등이 그와 결부된 언표행위의 배치를 구성합니다. 전자가 없다면 범죄에 대한 수많은 이론이나 담론들은 집행될 수 없는 무력한 것이 되고, 후자가 없다면 감금시설은 감금의 대상을 선별할 기준이나 감금하는 어떠한 근거도 없이 자의적으로 감금하는 장치가 되고 말지요.

어떤 사물이 '무엇인가' 다시 말해 '어떤 대상인가'는 이처럼 배치 안에서 결정되며, 배치에 따라 달라집니다. 대상의 변함없는 본성 역시 따로 존재하지 않습니다. 맑스 식으로 말한다면, "건물은 건물이다. 특정한 배치 속에서만 그것은 감옥이 된다", 혹은 "감금은 가두는 것이다. 특정한 조건 속에서만 그것은 처벌이 된다"고 할 수 있지요. 이것이 근대적인 대상 개념, 혹은 오래된 형이상학적 대상 개념과 근본적으로 다르다는 것은 이미 맑스에 대해 말하면서 충분히 살펴본 바 있지요.

주체 또한 마찬가집니다. '나'는 항상-이미 주체인 게 아니라, 배치 안에서 어떤 위치를 부여받았는가에 따라 주체가 되기도 하고 주체가 되지 못하기도 합니다. 병원의 배치 안에서, 혹은 임상의학이라는 담론(언표행위의 배치) 안에서 저나 여러분은 결코 말할 수 있는 주체가 되지 못합니다. 의사라는 주체에 의해 진단받고 처방받는 대상이 될 수 있을 뿐이지요. 물론 환자로서 말하고 생각하지만, 그 말이나 생각은 아무리 크게 떠들어도 들리지 않고 침묵 속에 갇히고 만다는 것을 이미 푸코의 연구를 통해서 살펴본 바 있습니다.

또 말할 수 있는 '주체'가 되는 경우에도 '나'는 배치가 달라지면, 즉 이웃항이 달라지면 다른 주체로 변화됩니다. 가정의 배치 안에서는 자애롭고 따뜻한 아버지-주체지만, 공안경찰이라는 직업적 배치 안에서는 너무도 잔인하고 냉혹한 고문경관-주체가 되었다가, 주식 시세표를 보면서 자신이 투자한 주식값이 잘 오르고 있는지 확인하려 할 때 즉 돈을 벌기 위해 머리를 굴릴 때는 부르주아-주체가 됩니다.

따라서 모든 인식이나 태도의 전제가 되는 확고한 출발점으로서 주체, 그런 '나'는 없으며, 배치마다 만나는 이웃항에 따라 달라지는 수많은 '나'들의 반복이 있는 거라고 해야 합니다. 우리는 그 모든 '나'들을 통합하여 '나', '자아'라는 통합된 이미지를 만들어내지만, 그것은 사실 어떤 단일한 본질도, 고정된 경계도 갖지 않는다는 점에서 일종의 허구입니다. 주체란 근대철학자들 생각처럼 확고한 출발점이나 선험적 종합을 수행하는 선험적 형식이 아니라, 관계에 따라 다르게 만들어지며 관계가 달라지면 다른 것으로 바뀌는 그때그때의 '결과물'이며 잠정적인 '고정점'들일 뿐이라는 거지요.

따라서 주체의 인식과 대상의 합치를 통해 참된 지식의 척도로 삼을 하나의 진리, 대문자 진리란 따로 존재하지 않습니다. 기계적 배치와 결부하여 만들어지는 언표행위의 배치들이 있을 뿐이고, 각각의 언표행위의 배치가 작동시키는 지식의 형식, 진리의 형식이 있을 뿐입니다. 진리가 있다면 수많은 진리들이 있다고 해야 하며, 어떤 것이 진리인가 아닌가는 배치에 따라, 각각의 배치 안에서의 효과에 따라 달라진다고 말해야합니다.

진리에 대한 규정 이전에 진리에 대한 문제설정 자체가 달라져야 합니다. 진정한 진리, '더럽고 불완전한' 현실에서 분리된 완전하고 변함없는 고상한 지식을 함축하는 '진리'를 상정하곤, 어떠한 조건에서도 타당한 '진리란 무엇인가'를 묻는 게 아니라, 조건에 따라 현실적인 유효성을 갖는 지식이 무엇인지를 물어야 하며, 그것이 우리의 삶에 어떻게 작용할 것인지를 물어야 합니다. '진리란 무엇인가'가 아니라 진리를 자처하는 지식에 대해서도 그것이 '어떤 진리인가'를 물어야 하는 겁니다.

정말로 중요한 것은 삶과 분리된 채 고결하고 완전하게 머물러 있는 진리가 아니라, 다양한 지식들이 진리의 형식으로 관여하면서 만들어지고 변형되는 우리 자신의 삶이니까요. 하고자 하는 것을 잘할 수 있게 해주는 것인지 아니면 하고자 하는 것을 하지 못하게 하는 것인지, 차이를 보고 새로운 것을 창안하게 촉발하는 것인지 아니면 오래된 것ㆍ낡은 것에 만족하고 안주하게 하는 것인지, 그리하여 차이를 긍정하며 다양하고 풍요로운 방향으로 우리의 삶을 밀고 가게 해주는 것인지 아니면 그 반대로 나아가게 하는 것인지 하는 것이니까요.

결론 : 근대철학의 경계들

지금까지의 논의를 간략하게 요약합시다. 주체와 진리라는 두 개념으로 요약했던 데카르트의 문제설정은 신학과 교회의 지배 아래 있던 철학을, 그 중심을 '나'라는 주체로 전환함으로써 중세 전체와 구별되는 하나의 전기를 마련했습니다. 그것은 하나의 새로운 철학적 '시대'를 여는 새로운 사고방식의 출발을 뜻하는 것이었습니다. 이로써 '철학적' 근대가 시작되었다고 하겠습니다.

이 철학적 근대를 특징짓는 근대적 문제설정은, 주체의 통일성과 중심성을 가정하며 그것을 개념적 연역의 출발점으로 삼고 있었다는 점에서 '주체철학'이란 특징, 모든 지식을 오직 '참된 지식' '과학'이란 기준으로 판단하거나 정당화하는 점에서 '과학주의'란 특징을 갖고 있었습니다. 더불어 '이성의 빛'으로 만물을 비추어야 하며, 인간의 몽매한 삶과 실천 역시 이 이성의 빛에 의해 '계몽'되어야 한다고 생각했다는 점에서 '계몽주의'라는 특징도 갖고 있었습니다.

이것이 중세철학과 단절하면서 근대철학이 힘차게 그었던 새로운 경계선이었습니다. 그런데 이 새로운 문제설정은 주체와 대상 간의 일치를 보증할 수 없다는 난관에 봉착하게 됩니다. 이는 주체철학과 과학주의, 나아가 계몽주의라는 근대철학의 입장을 정당화할 수 없다는 근본적

난점을 의미하기도 했습니다. 이것은 근대철학의 근본적 딜레마로, 이로 인해 이후 근대철학에서는 다양한 흐름과 입장들이 나타나게 됩니다.

한편 로크는 영국의 유명론적인 전통에 입각해 데카르트 철학을 새로이 변형시킵니다. 즉 본유관념과 실체를 유명론의 입장에서 비판함으로써 흔히 '경험주의'라고 부르는 독자적인 흐름을 이루어냈습니다. 이것은 분명 근대철학의 경계 안에 있는 것이긴 하지만, 데카르트적 흐름과는 매우 다른 독자적이고 새로운 흐름임에 틀림없습니다. 한마디로 말해 경험론을 통해 유명론은 '근대화'되었다고 할 수 있습니다. 그런데 유명론과 근대철학은 해소하기 힘든 긴장을 갖고 있었고, 이 긴장은 흄에 이르러 극한에 다다릅니다. 즉 그것은 근대철학의 딜레마를 극한까지 밀고 나가 근대철학의 출발점과 목표 전체를 해체시켜 버립니다. 이로 인해 '근대철학의 위기'가 나타나죠.

칸트는 위기에 처한 근대철학에 '선험적 주체'라는 새로운 기초를 마련함으로써 그것을 재건합니다. 그것은 모든 주체들에게 공통된 보편적 사고구조를 찾아냄으로써 그들이 보편적 판단에 이를 수 있음을 밝히는 방식으로 진행되었습니다. 여기서 그가 사용한 방법은 진리를 주체 내부로 이전시킴으로써 주체를 객관화하는 것이었습니다. 즉 객관적 진리를 사고 주체의 속성으로 전환시킴으로써 주체에게는 객관성을 주는 방법인데, 한마디로 말하면 주체와 객체를 동일한 것으로 결합시키는 방법이라고 할 수 있습니다. 그리고 이처럼 '주-객 동일성'의 이념은 이후 독일철학 전반을 특징짓는 매우 중요한 특징이 됩니다. 이런 의미에서 칸트는 데카르트나 로크와 다른 또 하나의 새로운 철학적 흐름을 만들어낸 것이라고 할 수 있겠습니다.

이는 '선험적 주체' 혹은 '절대적 주체'(그걸 피히테처럼 '자아'라고 하든, 헤겔처럼 '절대정신'이라고 하든)로 하여금 자기 스스로를 기초짓도록 함으로써 딜레마의 해소를 겨냥하지만, 그 결과는 딜레마의 이전과 자신의 입론에 대한 절대적 정당화였습니다. 즉 다른 입론이나 목소리를, 자기 안에 포섭될 수 있는 것은 자기와 동일시하고, 다른 것은 배제하는 메커니즘을 작동시킴으로써, 사고할 수 있는 영역을 '지금 사고하고 있는 것'으로 제한하고 봉쇄하는 효과를 가집니다. 이것은 후에 근대철학의 근본적 결함으로 비난받는 요인이 됩니다.

결국 헤겔에서 절정에 이른 근대철학은 이제 새로이 근대적 경계 자체를 뛰어넘으려는 다양한 시도들에 부닥칩니다. 실천이란 개념으로 그 경계선을 허물고 한계를 넘어서려 했던 맑스나, 무의식이란 개념으로 근대철학의 지반을 해체시킨 프로이트, 그리고 가치와 힘에의 의지 개념으로 근대철학을 공격함으로써 새로운 문제설정을 정립하려 했던 니체가 지금 중요해지는 것은 바로 이런 맥락 때문입니다.

다른 한편 언어학을 경유해 근대철학의 한계를 넘으려는 태도 역시 오늘날 매우 중요한 또 하나의 흐름입니다. 그것은 예전에는 주체의 작용으로 이해되던 의미나 판단이 사실은 주체 외부에 있는 언어구조에 속하는 것이란 명제에 기인합니다. 여기서 결정적인 자리를 차지하고 있는 사람이 소쉬르입니다. 그러나 그보다 1세기 전에 훔볼트는 칸트주의의 입장에서 그와 유사한 입론을 발전시키려고 했습니다. 이는 언어학적 구조주의가 사실은 칸트주의라는 근대적 틀 속에 포섭될 수도 있음을 보여주는 것이라 하겠습니다. 이는 야콥슨이나 레비-스트로스의, 말 그대로의 '구조주의'에서 두드러지게 나타났음을 보았습니다.

그런데 근대적 문제설정을 벗어나려는 흐름들을 전반적으로 특징짓고 있는 '가족유사성'이 있다면, 다음의 두 가지가 아닌가 생각합니다. 하나는 근대철학에서는 '주체'라는 범주가 선험적인 출발점이었는데, 탈근대적 문제설정들에서 주체는 여러 가지 요인들에 의해 결과물로서 구성되는 것으로 간주된다는 것입니다. 예컨대 그 요인이 사회적 생산관계(맑스)든, '타자'로서 무의식(프로이트/라캉)이든, 힘에의 의지(니체)나 생체권력(푸코)이든, 혹은 이데올로기(알튀세르)든 간에 말입니다. 물론 이들이 이처럼 구성되는 주체에게 부여하는 기능, 작용, 이론상의 위치에는 커다란 차이가 있음을 잊어선 안 된다는 단서를 달아야 하지만 말입니다.

다른 하나는 지식을 파악하는 방식입니다. 근대철학에서 그것은 인간의 인식이 도달해야 할 목표지점이었고, 따라서 '참된 지식'으로서만 다루어졌습니다. 그러나 탈근대적 문제설정들에서 지식은 주체를 구성하는 데 영향을 미치는 '담론'으로 정의되며, 지식은 그게 참이든 거짓이든, 그게 야기하는 효과가 무엇인가를 통해 사고됩니다.

따라서 어찌보면 주체와 지식의 관계가 근대의 그것과는 반대로 뒤바뀌었다고 할 수도 있을 것 같습니다. 지식이 효과를 야기하는 자리를 차지하게 된 것이고, 주체는 그 결과 구성된 것이 된 셈이니 말입니다. 우리가 지금까지 살펴본 입지점에서 본다면 이 두 가지 요소가 근대철학의 문제설정과 그것을 넘어서는 문제설정 사이에 경계를 그어주는 특징이 아닌가 생각합니다.

한편, 지금까지 근대철학의 문제설정을 넘어서려는 현대철학의 여러 가지 시도들을 살펴보았는데, 그 가운데에서도 우리는 상이한 두 가지 방향의 흐름이 존재한다는 것을 어느 정도 이해할 수 있었으리라고 생각합니다. 하나는 변화보다는 불변성을, 가변성보다는 항속성을 찾으려는 경향입니다. 이런 경향은 때론 개별적인 것에 반하여 보편성 내지 일반성에 우위를 부여하기도 하고, 현상들에 대해 법칙성을 강조하여 후자야말로 진정한 지식의 대상이라고 간주하는 방식으로 나타나기도 합니다. 이는 수많은 개별적 차이에도 불구하고 어떻게 수많은 사람들, 수많은 경우들을 하나로 통합하는 '동일성/정체성'이 가능한가를 묻고 대답하는 방식으로 나타나기도 하지요. 레비-스트로스의 구조주의적·과학주의적 태도나, 라캉이나 알튀세르의 주체 개념, 혹은 그 근원으로서 프로이트의 이론에서도 그런 경향이 쉽게 발견됩니다.

다른 하나의 경향은 반대로 보편성의 형태를 취하는 동일성이나 법칙적인 동일성으로 환원될 수 없는 차이를 강조하고, 평범하고 평균적인 규칙성에 대비하여 아주 다양한 양상으로 차이화되어 나타나는 특이성을 강조하는 입장, 혹은 동일화하려는 권력이 작용하는 동일자에 반하여 그에 의해 배제되거나 억압되는 '타자성'을 강조하려는 태도, 불변성이 아니라 변화를, 정체성이 아니라 변이를, 안정적인 정착이 아니라 역동적인 유목을 강조하는 그런 입장입니다. 이런 입장을 가장 명시적으로 두드러지게 보여주는 사람은 아마도 푸코와 들뢰즈/가타리일 겁니다.

들뢰즈/가타리가 말하는 차이의 철학이나 노마디즘은 이러한 태도를 가장 심오하고 가장 풍부하게 발전시킨 것이라고 저는 믿습니다. 푸코는 근대사회에서 개체들을 동일화시키는 동일자의 메커니즘을 추적하면서 그것의 이면에 항상 억압되고 배제된 타자가 존재한다는 것을 보여주려 했고, 그런 연구를 통해서 침묵 속에 갇힌 타자들의 목소리, 차이의 목소리에 귀기울이고자 했으며, 그럼으로써 동일자의 지반을 전복하여 차이들이, 타자들이 숨쉬고 활동할 수 있는 공간을 만들고자 했지요. 이런 점에서 그는 들뢰즈/가타리와 아주 인접한 입장을 갖고 있었다고 할 수 있습니다(실제로 푸코와 들뢰즈는 오랫동안 친구였고, 서로 간에 긍정적인 방식으로 영향을 주고 받는 관계였지요). 표면적으로 보자면 푸코는 차이가 동일성 안에, 타자가 동일자 안에 포섭되고 동일화되는 양상을 근대사회의 역사를 통해서 보여주었다면, 들뢰즈/가타리는 차이 자체의 개념을 더욱더 멀리 밀고 나가 동일자의 권력, 동일성의 메커니즘에서 벗어나는 탈주의 방법을 발전시키려고 했다는 점에서 대비되지만, 사실은 동일한 문제의식 주변에서 서로에 대해 '보충적인'(supplementary) 작업을 했던 셈이지요.

그렇지만 다른 사람들의 경우에도 단순히 동일성의 철학을 추구했다고 하기 힘든 면이 있음을 추가해 두어야 합니다. 레비-스트로스의 경우에는 서구라는 동일자에 의해 '미개'라는 침묵 속에 갇히고 '야만'이란 이름으로 억압되었던 타자들의 목소리에 귀기울일 것을 촉구한 인물이었다는 점에서 동일자와 대비되는 '타자성의 사유'를 시도했던 것이라고도 할 수 있습니다. 라캉 또한, 이 책에선 제대로 다루지 못했지만, 상징계의 외부에 존재하며 잠정적인 봉합의 형태로 고정되는 상징계를 변환시키는 실재계의 이론을 68년 이후 새로이 발전시킵니다. 물론 이 경우 '실재계'란 상징이나 상상의 형태로 말해질 수 없고 포착될 수 없는 것이란 점에서 '불가능한 것'(l'impossible)이고, 남근이나 하나의 척도를 통해 규정될 수 없는 차이들을 말없는 형태로 포함하는 것이기에 동일자로 환원될 수 없는 차이를 다룰 수 있는 개념이지요. 그러나 그 경우에도 차이들이 '불가능한 것'이라는, 가능한 것의 잔여(residue) 형태에 머물고 있다는 점에서, 적극적이고 긍정적인 생성과 창조의 길을 열긴 어렵지 않은가 싶긴 합니다. 알튀세르의 경우에도 말년에 에피쿠로스의 철학을 적극적으로 수용하면서, 필연성이 아닌 우발성을 강조하는 '우발성의 유물론', '불확정적 유물론', '만남의 유물론'을 새로이 제시하는데, 이 역시 그의 사유가 이런 맥락에서 앞서와는 상반되는 그런 경향으로 나아갔음을 보여주는 것입니다.

따라서 중요한 것은 어떤 철학이 동일성의 철학인가, 차이의 철학인 가를 '판정'하고 '심판'하는 법적인 태도가 아니라, 어떤 철학 안에 존재 하는 상이한 사유의 경향을 섬세하게 구별하는 것이고, 생성과 차이, 변 화와 혁명을 사유하는 데 필요한 요소들을 채굴하여 이용하는 것입니다. 요컨대 차이와 생성, 변화와 혁명을 사유하는 방법을 배우는 것이고, 그 것을 배울 '친구'를 찾아내는 것입니다. 다만 문제는 동일성과 불변성, 항 속성, 영원성에 대한 철학적 경향이 너무도 광범하고 완강한 것임을 잊지 않는 일이 생각보다 쉽진 않다는 점이지만 말입니다.

마지막으로 덧붙이자면, 근대철학은 단순히 시간적인 위치를 가리키 는 게 아니란 것입니다. 근대라는 말 자체가 시기적인 구분이 포함된 것 이어서, 그 말과 동시에 '전근대→근대→탈근대'의 계열을 연상하는 것 은 어찌보면 자연스런 일입니다. 그러나 그것이 "철학에서 지배적인 문 제설정이 역사적으로 나타났던 순서" 이상의 의미를 갖는다면 곤란합니 다. 이를테면 그런 변화의 계열을 필연성을 갖는 '발전'으로 간주해선 곤 란하다는 말입니다.

아도르노(Th. Adorno)의 말을 빌리면, 근대는 시간적인 범주가 아니 라 어떤 질적인 상태를 지칭하는 것이라고 합니다. '근대철학'이란 말보 다는 '근대적 문제설정'이란 말이 좀더 잘 보여주듯이, 근대철학이란 문 제를 설정하고, 그것에 대답하기 위해 나름의 개념적 지반을 마련하여 문 제를 풀어나가는 다양한 시도들을 하나로 묶어주는 어떤 질적인 특징입 니다. 그것 역시 일종의 '가족유사성'이라고 할 수 있겠습니다. 따라서 근 대에는 전근대적인 철학이 사라질 것이며, 탈근대의 시기에는 근대적인 철학을 찾아보기 힘들 거라는 생각처럼 소박한 것은 없는 셈입니다. 마치 자본주의가 되면 봉건적인 것이 모두 사라지고, 또 사회주의가 되면 자본주의적 요소들이 자연히 소멸할 거라고 생각하는 것처럼 말입니다.

이러한 살핌의 끝에서 우리는 새로운 살핌의 방향을 찾아낼 수 있습니다. 왜냐하면 하나의 경계선을 넘는 것은 새로운 사고의 영역을 여는 것이기 때문이며, 그 새로운 영역은 새로운 개념과 이론, 새로운 역사를 내부에 싸안고 있기 때문입니다. 경계를 넘어서는 지금, 우리에게 중요한 것은 지식을 비롯한 여러 가지 조건 속에서 사람들이 어떻게 각 사회에 '필요한' 주체로 되어가는지, 혹은 특정한 사회 속에서 살아갈 수 있는 주체로 만들어지는지를 연구하는 것 같습니다. 이를 제 식으로 표현하자면, 사회적 생산양식과의 관계 속에서 주체 생산방식에 대한 개념적이고 역사적인 연구가 필요하다는 것입니다. 물론 이는 이미 근대를 넘어서려는 사람들에 의해 그 기초가 마련된 것이어서 이런 식으로 제기하는 게 좀 새삼스럽다는 느낌도 없지 않습니다만. 하지만 드러난 모든 것을 반드시 볼 수 있는 건 아니란 점을 고려한다면 이런 식으로 매듭을 짓는 것도 단지 잉여적인 일만은 아닐 것 같습니다.

그런데 이러한 연구는 이미 철학 자체의 한계를 뛰어넘는 일일 것 같습니다. 왜냐하면 그것은 어떠한 역사적 조건 속에서, 어떤 요인들에 의해 사람들이 주체로 생산되는지를 연구하는 것이기 때문입니다. 근대철학에 연관된 지금까지의 고찰이 지시하는 다음의 연구 방향은 바로 이것이 아닐까 생각합니다. 그리고 이는 또한 우리의 다음 연구 과제가 아닐까 생각합니다. 여기서 우리는 아마 다시 '근대성'의 문제로, 또한 '맑스주의와 근대성'의 문제로 돌아가게 될 것 같습니다. 비록 근대성의 문제를 제기하는 맥락은 매우 달라질 거라 해도 말입니다(이에 대해서는 제가 쓴 『맑스주의와 근대성』을 참조하시면 좋을 듯합니다).

보론 : 근대적 지식의 배치와 노마디즘

인문학의 위기

아직도 '인문학의 위기'를 말하는 사람이 있나요? 지금 '인문학의 위기'라는 말처럼 진부하고 상투적인 말이 또 있을까요? 그것은 너무도 빈번하게 사용되었지만, 위기를 진지하게 진단하고 그것을 극복하기 위해 사용된 경우는 그리 많지 않았던 듯하고, 그 결과 어떤 참신한 상상력도 없이 아무 때나 들고 흔드는 상투구가 되어 버린 듯합니다. 아니, 그나마도 지겨워져서 누구도 꺼내들고 흔들기 남사스런 그런 상투구가 되어 버린 듯합니다. 그런데도 우리는 또 다시 '인문학의 위기'에 대해 말해야 할까요? 아마도 그래야 한다면, 좋든 싫든 그 말을 다시 사용해야 하고 그것에 대해 다시 말해야 한다면, 그것은 그것이 환기시키고자 했던 것을 아직 우리에게 환기시키지 못했기 때문일 겁니다. 그 말이 애초에 말해질 때 담겨 있던 어떤 문제의식을 우리가 아직 제대로 듣지 못했기 때문일 것입니다.

'위기'란 무엇인가? 그것은 어떤 급격한 변화를 지칭하는 것처럼 보이지만, 사실은 그러한 변화에 적절하게 대처하는 능력의 부재나 부적절한 대처로 인해 야기되는 사태를 의미합니다. 가령 경제학에서 '위기'

(crisis)란 생산조건의 변화, 혹은 축적조건의 변화에 대해 자본이 적절하게 대처하지 못하면서 나타납니다. 그것은 표면적으로 생산된 상품이 팔리지 않는 것으로 나타나지만, 그것의 이유를 그저 소비의 부진에서 찾는다면 그것은 위기에 대해 "위기다"라고 말하는 것에 지나지 않습니다. '맑스주의의 위기'란 자본주의의 변화 내지 대중정치적 조건의 변화에 맑스주의 자신이 적절하게 대처하지 못해서 야기된 것이거나 사회주의 붕괴와 같은 거대한 사건에 대해 맑스주의 이론이 대처하지 못해서 야기된 것입니다. 이러한 사태의 원인을 그저 대중들의 무관심과 외면에서 찾는다면, 그것은 대중들의 '소비 부진'이 위기의 원인이라고 보는 경제학자처럼 위기의 결과 내지 현상을 그것의 원인으로 착각하는 것입니다.

이른바 '인문학의 위기'도 이 점에선 동일합니다. 책이나 지식, 예술 등에 대한 대중의 무관심에서 그것의 이유를 찾는 것으론 올바른 진단도, 올바른 처방도 내릴 수 없습니다. 그저 '위기'라는 말로 한탄하는 데서 크게 벗어나지 못하는 것은 바로 이런 이유에서입니다. 경제의 영역에서 위기는 다양한 요인에서 시작되며, 그것의 극복 역시 다양한 지점에서 시작될 수 있습니다. 그렇지만 인문학의 경우에는 위기의 원인도, 그것을 극복하기 위한 방법도 모두 소비가 아닌 생산의 장에 있습니다. 다시 말해 인문학의 위기란 언제나 일차적으로 생산의 영역에서 발생하는 것이지 소비의 영역에서 발생하는 것이 아니라는 것입니다. 그것은 훌륭한 지식과 교양, 예술을 알아보고 소비하는 대중의 부재에서 오는 것이 아니라 그런 것을 생산할 능력의 부재, 대중들의 관심을 끌어당기는 생산물의 부재에서 오는 것입니다.

그러나 위기의 원인이 그저 그것의 생산을 담당하는 주체의 무능력이라고 말하는 것은 매우 쉽지만 안이한 것입니다. 문제는 대체 무엇이 그런 무능력을 야기했는가 하는 것이기 때문입니다. 그것은 아마도 기존의 이론이나 담론, 혹은 기존의 연구방법으로는 적절하게 대처할 수 없는 어떤 사태에 기인한다고 해야 할 것입니다. 기존의 사고방식으로는 사고할 수 없는 것, 기존의 이론으로는 분석할 수 없는 것, 바로 이런 것이 사고되고 분석되어야 할 것으로 제기되는 그런 사태, 그렇기에 무엇을 연구해야 하는지, 어떻게 분석해야 하는지, 어떤 지적 자원이 필요한 건지조차 명료하게 포착하지 못한 상황. 인문학 생산자의 무능력이란 사실 이런 상황의 징후고 지표일 뿐입니다. 이런 의미에서 그것이 환기시키는 것은 생산자의 무력함이 아니라 생산자의 기존 능력이 더는 통할 수 없는 사태 자체고, 그것이 요구하는 것은 주체의 무능력에 모든 것을 돌리는 소극적 반성이 아니라 그 능력의 변환을 만들어내는 적극적 변혁입니다.

우리는 소위 '위기'로 드러나는 이러한 '사태'를 이해하기 위해 크게 두 개의 방향에서 발생한 변화에 대해 주목해야 합니다. 하나는 지식이나 이론적인 담론 자체의 근본적 변환을 요구하는 지적 조건의 변화고, 다른 하나는 지적 생산의 바탕이 되는 삶의 방식 내지 활동조건의 변화입니다.

근대적 담론의 인식론적 배치

리오타르는 지식 생산의 탈근대적 조건을 지칭하기 위해 건축 등에서 사용되던 '포스트모던'이란 개념을 끌어다 철학적 개념으로 변형시켰습니다. 이 대중적이고 간결한 작은 책자(『포스트모던의 조건』)의 '성공'에 대해선 다시 말할 필요가 없을 겁니다. 그런데 그 화려한 성공의 요인은 무엇보다 우리가 하나의 새로운 시대로 진입했음을 알리는 개념으로서 '포스트모던'이란 단어를 부각시켰다는 데 있다고 해야 할 것입니다. 이후

이 단어는 말 그대로 '현대'를 의미하던 '모던'을 대신해 우리의 시대(현대!)를 특징짓는 하나의 시대규정이 되었고, '포스트모더니즘'이라는 말은 근대를 벗어난 그 시대의 담론적 지형을 특징짓는 일반적 개념으로 사용되기 시작했습니다.

정보사회에서 변화된 지식의 위상을 주제로 삼은 『포스트모던의 조건』에서, 리오타르는 과학이 자신을 정당화하기 위해 필요로 했던 메타담론(métadiscours)에 대한 불신에서, 다양한 담론들을 포괄하고 포섭하며 그 기반을 제공하는 거대서사(grand récit)의 붕괴에서, 포스트모던이라고 불리는 시대의 근본적인 징후를 읽어냅니다. 그렇지만 거대서사나 메타담론이 그저 모던이라고 불리던 시대에만 존재했던 것은 아니란 점에서 그의 논지는 역사적으로 그다지 명료하지 못했습니다. 또한 리오타르 자신의 담론 역시 메타담론 비판이라는 입지점에서 구성되고 있기에 (그렇지 않고서 어떻게 메타담론을 비판할 수 있겠습니까?) 또 다른 형태의 메타담론이라는 위치를 가질 수밖에 없었다는 점에서 명백한 역설을 포함하고 있었습니다. 그가 숱하게 쏟아진 비판에 대해 자신의 입장을 일관되게 견지했으면서도 현대가 근대적 지식의 지반을 넘어섰는지에 대해 모호한 입장을 보여주었던 것은 이와 무관하지 않을 겁니다.

이 책이 근대의 인식론적 지반의 변화를 서술하고 있다고는 말하기 어렵지만, 지금 우리가 사는 시대에 지식이나 담론의 역사에서 하나의 거대한 변화가, 거대한 단절 내지 불연속이 발생했다는 것은 분명합니다. 우리는 모든 종류의 거대서사나 메타담론이 불가능하게 되었다고는 믿지 않는다는 점에서 '포스트모던' 내지 '탈근대'라는 말을 리오타르가 말한 것 이하의 의미로 받아들이지만, 근대적 담론의 지형과 단절된 새로운 담론적 지형의 경계를 표시하는 말로 이해한다는 점에서 리오타르가 말한 것 이상의 의미로 받아들입니다. 하지만 그것이 유의미하기 위해선 근대적 담론의 지형을 특징짓는 인식론적 배치에 대해, 거기서 발생한 불연속적 변화에 대해, 적어도 그 변화의 징후에 대해 말해야 합니다.

근대의 인식론적 배치에 대해 푸코는 담론을 규정하는 무의식적인 에피스테메(épistémè)라는 개념을 통해 접근한 바 있습니다(푸코, 『말과 사물』). 푸코 말대로 하나의 거대한 문화적 총체성을 상정하는 듯한 뉘앙스를 포함한다는 점에서 그 개념은 거대담론이 설득력을 크게 상실했다는 '포스트모던한' 시대의 징후를 다루기엔 다소 시대착오적인 것으로 보일지도 모릅니다. 그러나 근대적 담론들이 동일한 에피스테메 안에 있다고 할 수는 없다고 하더라도, 근대의 중요한 담론들이 유사한 위상적 지위를 갖고 유사하게 작동하는 개념들을 갖는다는 것은 분명합니다. 따라서 이런 거대한 개념을 사용하지는 않더라도, 다양한 담론들을 포괄하여 하나의 이름으로 부르게 만드는 근대의 인식론적 배치에 대해 말하는 것은 충분히 가능하고 또 필요한 일이라고 믿습니다.

표면적으로는 아주 달라 보이지만, 예컨대 세상을 주체와 대상으로 양분하고 세상을 영유하는 자로서 주체를, 그에 의해 영유되는 것으로서 대상을 상정하는 것은, 세상의 주인으로서 인간과 그것에 의해 정복되고 이용되어야 할 대상으로서 자연을 상정하는 것과 동일한 인식론적 배치를 갖는다고 말할 수 있습니다. 거기에 주체가 대상을 '영유'(파악! 장악! 이용! 착취!)하는 형식 내지 척도를 표시하는 개념으로서 '진리'가 자리잡듯이 인간과 자연 사이에도 진리라는 개념이 자리잡고 있음을 고려한다면, 이 개념들의 관계는 위상학적 동형성을 갖는다고 말해도 좋을 것입니다. 이런 관계는 지금 예를 든 두 가지 경우에만 한정되지 않습니다.

그러나 이를 나열하기 이전에 사유의 전개양상을 규정하는 이 기초 개념들의 배열 안에 또 하나의 항이 포함되어 있음을 확인해야 합니다. 가령 근대의 인식론적 배치에서 하나의 '원형적인' 모델을 보여준다고 말해도 좋을 데카르트의 개념적 배치 안에는 '신'이라는 또 하나의 중요한 개념이 자리잡고 있습니다. 물론 그가 '코기토'(Cogito)를 이용하여 이전에는 신에게 할당되어 있던 주체(subjectum)의 자리를 '나'에게, 생각하는 존재에게 할당했다는 것은 사실입니다. 신이 등장하는 경우에도 언제나 주체인 '나'와 결부하여 등장하게 되었다는 점에서 이는 중세의 기독교적 사유와 근본적으로 구별되는 것입니다. 이것이 '새로운 시대'로서 '근대'를 시작하는 문턱이 되었음은 익히 잘 알려진 바입니다.

그렇지만 주체와 대상 사이에서 '진리'를 확인하는 문제가 근본적인 궁지에 처할 때면 그는 항상 신을 출구로 사용했다는 것 또한 잘 알려져 있습니다. 신이 때론 그렇게 본원적인 존재자로서 등장하기도 하지만, 그보다 좀더 근본적인 것은 주체의 자리에 생각하는 나를 할당할 때도, 그 '나'가 대상에 대한 인식을 추구할 때도 언제나 확실한 '근거'(Grund)를 통해서 관련지워진다는 사실입니다. 코기토에서 '생각하는 나'가 산보하는 나나 경험적인 어떤 나와 다른 것도, 대상에 대한 지식이 그저 유용성을 갖는 어떤 지식과 근본적으로 구별되는 것도 모두 확실성을 제공하는 '근거'를 통해서 규정된다는 점 때문입니다. 이러한 근거가 근본적으로는 존재자를 존재하게 하는 근거로서 '신'의 다른 이름이라는 것은 데카르트에게뿐만 아니라 서구 형이상학 전반에 고유한 것이었음을 하이데거는 잘 보여준 바 있습니다(하이데거, 『동일성과 차이』). 그리고 그것이 종종 '로고스'(Logos)라는 다른 이름으로 나타난다는 것 또한 그로 인해 잘 알려져 있습니다.

이런 의미에서 신은 주체와 대상, 진리라는 기초 개념을 다시 기초짓는 '근거'일 뿐 아니라, 그 기초 개념들을 하나의 삼각형으로 묶어주는 끈이고, 각각의 기초 개념 안에 자리잡고 있는 일종의 '영혼'입니다. 여기서 신은 주체와 대상, 진리와 동일한 평면 상에서 계열화되는 또 하나의 기초 개념이 아니라, 그 세 개념 모두와 동시에 연결되어 모두를 떠받치고 있는 개념입니다. 이 개념과 주체, 대상, 진리의 개념을 잇는 선 안에서, 그 삼차원의 공간 안에서 합리적 형식의 담론이 만들어집니다.

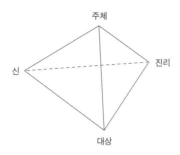

신의 개념과 더불어 정신·육체·계몽의 개념들이 이와 유사한 계몽적 사유의 담론을 구성하는 동형적 배치를 형성한다는 것은 긴 설명을 필요로 하지 않습니다. 마찬가지로 '인간'·자연·과학의 개념이 신의 자리에 들어선 법칙의 개념과 더불어 근대의 자연학적 담론을 구성하는 동형적인 배치를 형성한다는 것 역시 길게 말할 필요가 없을 겁니다. 의사와 환자, 치료의 개념이 신의 자리에 들어선 이성의 개념과 더불어 의학적 담론을 구성하는 동형적인 배치를 형성한다는 것 역시 이해하기 어렵지 않습니다. 그렇다면 정신이나 과학자·의사 등이 신과 주체를 잇는 연장선 위에 또 다른 주체의 지위가 설정되어 있는 만큼이나, 육체·자연·환자 등이 신과 대상을 잇는 연장선 상에서 또 다른 대상의 지위가 설정되어 있다고 말할 수 있지 않을까요? 계몽과 과학, 치료의 개념에 대해서도 마찬가지로 말할 수 있지 않을까요?

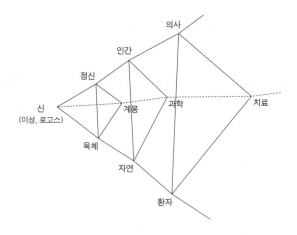

홉스나 그의 문제설정을 잇는 근대정치학에서도 이러한 인식론적 배치는 반복되어 등장합니다. 예컨대 홉스가 군주와 인민을 위임·대행·대표라는 개념으로 연결함으로써 만들어낸 근대정치의 삼각형은 헤겔의 『법철학』에서는 통치자라는 실질적인 주체로서의 군주, 그의 통치 대상인 인민 내지 '국민', 그리고 인민의 위임을 통해 그들을 대표하고 대변하는 자로서의 대의적 대표자들이라는 매개의 삼각형으로 변형되어 나타납니다. 물론 애초의 권리는 인민 각자에게 있으며, 인민이 주권의 주인으로서 출발점에 있다고 선언되지만(인민이 인민 자신을 다스린다는 관념은 주체-대상에 대응하여 인민-인민의 형식을 취합니다), 그것이 주체로서 자신의 삶과 행동을 스스로 결정할 권리를 행사하는 것은 언제나 국가 바깥에 서는 방식으로만 가능할 뿐, 통상은 왕의 자리에 선 통치자가 실질적 주체라는 사실을 굳이 부연할 이유 또한 없을 것입니다.

여기서 홉스가 대의 내지 대표를 위한 별도의 기관을 제안하지 않고 위임과 대행의 장치를 군주에 직접 연결했다면, 헤겔이나 다른 논자들은 의회라는 기관을 위한 자리를 별도로 할당합니다. 그렇지만 어느 경우든 통치자와 인민이라는 대개념을 대의와 대표라는 개념으로 연결하고 있다는 점에서는 앞서의 삼각형과 동형적인 것이라고 할 수 있을 것입니다. 이러한 삼각형의 세 점이 때로는 신, 때로는 절대정신이나 보편성의 원리와 어느새 연결되어 있다는 것을 다시 말할 필요가 있을까요?

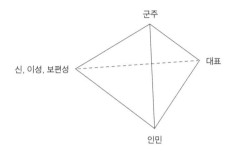

뉘앙스의 차이 혹은 용법의 차이가 있음이 사실이라고는 해도, 우리는 인간과 상품, 가치라는 정치경제학의 기본 개념이 혹은 노동가치론의 기본 개념이 위상동형의 관계 속에서 유사한 삼각형을 만들고 있음을 압니다. 생산하는 주체로서의 '인간' 내지 '노동자'; 그것에 의해 만들어진 대상으로서의 '상품'; 그리고 노동과 상품의 관계를 정의해 주는 '가치', 혹은 노동이 생산한 상품의 진실로서 '가치'. '노동'은 이 세 개념들로 짜여지는 경제학적 담론의 '로고스'입니다. 그것은 노동의 인간학에서 말하듯이 인간의 본질이며, 가치의 척도며, 그런 점에서 생산된 상품들의 '기원'이며 원천입니다. 물론 그 로고스가 현실적으로는 '화폐'에 의해 대리

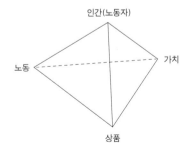

되고, 그로써 화폐가 가치의 실질적 척도, 상품세계의 이데아, 인간들이 모시는 새로운 신이 되는 것이 사실이라고 해도 말입니다.

　19세기에 이르러 '즉자대자적인' 지위를 획득하게 된 근대적 역사 관념 또한 유사한 담론적 배치를 통해 구성됩니다. 역사의 주체로서 민족 혹은 인민, 그리고 그들이 만들어내는 숱한 '사건'들, 이 양자를 연결하며 만들어지는 역사의 개념이 이와 나란히 탄생했습니다. 그리고 기원과 목적/종말이라는 기묘한 통일체가 민족이나 인민의 모태로서, 모든 사건들의 로고스로서, 혹은 그것들이 귀결되는 목적/종말로서, 역사를 움직이고 그것을 끌고 가는 일차적 동력으로서 설정됩니다. 역사적 사건은 사건에서 사건을 잇는 선을 그리기보다는 차라리 모든 사건을 그 기원과, 혹은 미래의 형식으로 존재하는 목적 내지 종말과 연결하는 선을 그립니다. 기원의 신화가 그 모든 역사적 사건의 비밀로서 등장합니다.

　문명 · 미개 · 계몽이라는 개념들이 식민화를 통해 진행된 근대적 세계체제에서 주체 · 대상 · 진리의 삼각형을 대신하여 등장한다는 것 또한 긴 부연을 요하지 않습니다. 그것은 알다시피 제국주의와 식민지, 그리고 침략이라는 세 개념이 만드는 삼각형의 '이데올로기적' 형식이지만, 그것이 허구고 가상임을 안다고 하더라도 힘이 지배하는 세계체제 안에서 피할 수 없는 실제적 현실의 삼각형이었습니다. 제국적 침략을 복음의 전파 내지 선교라는 형식으로 이해했던 사실을 안다면, 단 하나여야 하는 그들의 '신'의 이름으로 모든 식민지 침략이 정당화되었음을 안다면, 문명과 미개를 잇는 계몽의 개념을 선교나 복음이란 개념으로 바꿔 쓰는 것은 또 얼마나 쉬운 일인지! 서구와 비서구, 그리고 진보라는 개념으로 만들어지는 또 다른 삼각형이 이 사면체의 공간을 구성하는 또 하나의 짝을 제공하고 있음을 다시 말할 필요가 있을까요? 지금도 미국이 신의 이름으로 이질적인 세계를 제거해야 할 테러리스트의 자리에 두고 벌이는 '정의의 전쟁'은 정확하게 이 사면체의 공간과 동형적인 배치 안에서 진행되고 있지 않습니까!

　신에서 주체, 대상, 진리의 삼각형을 잇는 세 개의 선은 이처럼 다른 수많은 삼각형의 세 점으로 이어지며 근대적 담론이 생산되고 사용되는 인식론적 공간을 구성합니다. 그것은 때로는 동어반복적으로 포개지고 때로는 겹치고 당기며 서로를 보충하는 저 삼각형들의 중첩, 심지어 자리를 바꾸면서 비틀리고 변형되는 그 중층적인 담론의 장입니다. 매우 단조롭다고도 할 수 있는 사면체의 공간이 그토록 '다양한' 근대적 담론의 양상을 만들어낼 수 있는 것은 아마도 이러한 복수의 동형적 삼각형이 만드는 포개짐과 중첩, 치환과 변형의 메커니즘 때문일 겁니다. 이 담론적 공간에서 벗어나지 못하는 한, 우리는 또 다른 근대적 담론의 한 형태를 반복하게 될지도 모르는 일입니다.

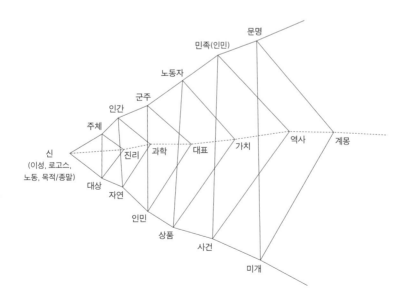

탈근대, 혹은 근대적 담론의 외부

우리는 이러한 근대적 담론의 인식론적 배치를 전복하거나 와해시키는 탈영토화의 선을 그린 시도들에 대해 적잖이 알고 있습니다. 가장 먼저 맑스를 언급해야 합니다. 주체나 대상이 사람들의 '활동'에 의해 끊임없이 가변화되는 것임을 가장 먼저 분명하게 명시한 것은 맑스였습니다. 그는 대상이란 고정된 어떤 것이 아니라 활동을 통해 결합되는 외부적 요인들에 의해 그때그때 달라지며, 이는 주체에 대해서도 다르지 않다는 것을 지적하면서 양자를 잇는 강고한 선을 끊어버립니다. 진리와 계몽의 개념에 대한 비판이 여기에 이어지는 것, 기독교적 종교나 신에 대한 비판이 그에 선행했던 것은 어쩌면 당연한 것인지도 모릅니다. 그가 『헤겔 법철학 비판』에서 의회라는 '매개'를 통하여 국가 외부의 국민을 국가 내부화하고 통치권의 보편성 아래 포섭하려던 근대 정치학의 담론을 비판했던 것도 이런 맥락에서 이해해야 하지 않을까요? 그가 노동과 가치, 상품 및 인간을 잇는 노동의 인간학 내지 노동가치론의 비판을 필두로 하여 정치경제학 비판을 필생의 과제로 삼았던 것을 이런 맥락에서 이해할 수 있지 않을까요?

주체철학의 비판에서 니체가 수행한 역할을 다시 말할 필요가 있을까요? 주체는 물론 형이상학적 개념으로 변형되어 나타나는 신의 개념에 대해, 심지어 그것이 죽은 뒤에도 그것을 대신하여 나타나는 또 다른 '숨은 신'들에 대해 그가 했던 비판들은 더없는 근본성을 갖고 있는 것이었습니다. 나아가 근대정치에 대한 비판, 근대문명에 대한 비판을 통해서 그는 이 담론적 배치의 범위와 폭이 단지 철학이나 신학 같은 국지적인 영역에 제한되지 않는다는 것을, 거의 모든 담론적 영역에 걸쳐 있다는 사실을 전면적으로 드러냈습니다.

여기에 프로이트나 스피노자의 이름을 다시 써넣을 수 있을 것입니다. 그러나 일단 이름을 써넣는 것만으로 만족해야 합니다. 써넣어야 할 또 다른 이름들이, 그 이름들이 그려낸 탈주선들이 너무도 많기 때문입니다. 문명과 미개의 대립 속에서 계몽이나 진보라는 이름의 서구적 동일자를 발견하고 비판했던 레비-스트로스, 프로이트와 언어학을 통해 데카르트의 주체 개념과 대결했던 라캉, 대상의 실증주의와 주체의 인간중심주의 양자에 대한 비판 속에서 맑스주의 자체를 근대적 정통성의 궤도에서 이탈하게 했던 알튀세르, 광기의 역사를 추적해 이성이 침묵 속에 가두었거나 치료의 대상으로 바꾸었던 타자의 목소리를 끄집어냄으로써 의사가 환자를 대신하여 말하고 이성이 광기를 대신하여 말하는 담론적 지형 전체를 전복했던 푸코, 동양을 대신해서 동양에 대해 말해주는 서양을 비판해 주체 · 대상 · '그 대상적 진실을 대신-말하기'라는 변형된 삼각형에 가새를 질렀던 사이드, 주체 · 대상 · 진리를 잇는 선의 뒤편에서(심지어 근대과학의 영광 뒤편에서) 로고스 혹은 근거의 형태로 자리잡고 있는 신을 드러냈고 더 나아가 근대과학의 영광이 존재의 진리를 닦달하여 모든 존재자에 대한 통제력을 장악하려는 의지의 산물이라는 것을 드러냈던 하이데거, 그 하이데거를 따라 서구 로고스중심주의의 다양한 변형들과 대결했던 데리다, 그 많은 삼각형들을 잇는 초월적 사유라는 중심에 의해 통합된 다양한(그러나 사실은 하나인) 담론들의 배치를 탈영토화하고 변형시킬 개념적 무기를 벼리어냈던 들뢰즈/가타리, 이른바 '제국' 시대에 발생한 '물질적' 생산이나 계급투쟁의 양상에서 발생한 근본적인 변화를 통해 노동자 · 인간 · 가치와 잉여가치 · 생산과 착취의 개념 자체를 바꾸고자 시도했던 네그리 등등. 어디 이들뿐이겠습니까?

이 모든 탈주선들이 범람하면서 근대적 담론의 홈 패인 공간, 그 강력한 배치 전체가 근본적인 동요와 해체와 전복의 조짐을 드러내고 있습니다. 근대라는 이름의 한 시대가 빈번하게 일종의 '종말'을 선고받고 있다면, 혹은 우리가 사는 세계에 대한 다양한 종류의 비판들이 어떤 근본적인 경계와 대결하고 있다면, 그리고 다양한 지점에서 각이하게 진행되던 그 대결이 근대와 맞서는 어떤 집결의 양상을 보이고 있다면, 그것은 바로 이런 거대한 동요와 해체의 징후들이라고 말할 수 있을 것입니다. 이런 의미에서 확실히 하나의 시대가 저물어가고 있고, 그 시대를 구성하던 담론의 지반이 해체되고 있다고 말해도 좋을 것입니다. '탈근대' 내지 '포스트모던'이란 용어가 리오타르가 사용한 범위를 넘어서 좀더 확장된 의미를 갖게 된 것은 아마도 이런 사태에 기인하는 것이라 해도 좋을 것입니다.

그러나 좀더 적극적으로 말한다면, '탈근대' 내지 '포스트모던'이란 단지 하나의 시대가 끝나면서 자연스레 접어든 또 다른 시대의 이름도 아니고, 기존의 담론을 대신하는 또 다른 담론의 이름도 아니며, 근대의 기획을 대신하는 또 다른 기획의 이름도 아닙니다. 그것은 저 근대적 담론의 인식론적 배치를 와해시키는 탈영토화의 첨점들에 붙인 하나의 이름이고, 매우 다양한 담론들이 만들어지고 변형되며 재생산되는 근대의 담론적 공간의 외부입니다. 그것은 근대의 담론이 사라진 어떤 공간이 아니라 차라리 와해되기 시작하는 그 담론 내부에 자리잡고 있는 외부고, 이런저런 균열의 선들을 통해 그 담론 안에 끌어들여진 외부적 요소들의 집합입니다. 아니 어쩌면 그것은 니체나 푸코의 '계보학' 개념이 보여주듯이, 근대적 담론의 발생적 지점까지 거슬러가 그것의 진행경로를 따라가면서 탈주의 지점들을 찾으려는 전략의 이름입니다.

담론 생산의 '물질적' 조건

그러나 우리의 시야를 단지 담론이 구성되는 장으로, 지식 생산의 담론적 조건 안으로 제한한다면, 한 시대의 이름과 함께 저물어가는 담론적 장의 변화를 온전히 파악하기는 불가능하지 않을까요? 군이 오래된 유물론의 도식을 다시 끌어들여 담론이나 지식의 양상을 경제 내지 생산양식이라는 '물질적' 영역으로 환원하지 않는다고 해도, 우리의 일상적인 삶의 양상에서 나타난 어떤 근본적인 변화와 관련짓지 않은 채 지식 생산의 지반 전체가 전복되는 저 거대한 변화를 이해하기는 불가능할 것입니다. 올바른 의미에서 지식, 사람들을 강하게 촉발하고 변용시킬 수 있는 지식이란 그것을 생산하는 자 스스로가 당면한 하나의 세계 안에서 그 세계가 던지는 질문에 답하려는 시도, 아니 그 세계에 대해 삶이 던지는 질문을 가시화하려는 시도라고 해야 하기 때문입니다.

따라서 우리는 세계에 대한 이해를 통해서 새로이 질문할 수도 있겠지만, 거꾸로 던져진 어떤 질문들 속에서 그렇게 질문하게 만드는 세계의 새로운 양상에 접근할 수도 있을 것입니다. 어떤 새로운 질문이 반복하여 던져지고 있다면, 기존의 지식이나 담론의 지반에서 벗어난 혹은 그것을 뒤흔드는 그런 종류의 질문이 위에서 말한 것처럼 다양한 양상으로 반복하여 던져지고 있다면, 기존의 개념적 배치에서 벗어나 질문하게 하는 어떤 근본적인 삶의 변화가 발생한 것이라고 생각해야 합니다.

이런 이유에서 탈근대 내지 포스트모던이란 근대적 삶의 조건, 근대적 생활방식을 산출하던 이른바 '물질적' 조건과 구별되는 새로운 삶의 조건, 새로운 생활방식과 결부되어 있다고 말해도 좋을 것입니다. 그리고 그것이 생활방식 전반의 변화인 한, 지적인 생활 혹은 지적인 생산 자체의 변화를 야기하는 그런 조건이리라고 짐작해도 좋을 것입니다. 물론 여기서 생활방식의 새로운 양상에 대해, 그것의 경제적 조건에 대해 자세하게 나열할 순 없는 일입니다. 그렇지만 지적 생산, 담론적 생산의 조건을 형성하는 몇몇 징후적 사실들에 대해선 간단하게나마 언급하지 않을 수 없습니다.

1929~34년에 발생한 세계대공황은 부르주아지로 하여금 생산과 소비, 혹은 생활 전반에 걸친 근본적 변화를 요구하는 사건이었습니다. 20세기에 이르면서 자본주의는 한편에서는 금욕과 절약의 다른 이름으로서 노동과 축적을 이해하던 이른바 '근대적 합리주의'를(베버, 『프로테스탄트윤리와 자본주의 정신』) 금주법으로 상징되는 극한으로 밀고 갔고, 다른 한편에선 콘베이어벨트로 돌아가는 대량생산 체제를 만들어냈습니다. 이는 유례없는 대량생산과 유례없는 금욕적 생활방식의 대립이란 형태로 생산과 소비의 모순을 극대화시켰습니다. 대량생산이 자본주의적 축적의 법칙에 따른 피할 수 없는 사태임이 분명하다면, 일찍이 루스벨트와 케인즈가 다른 방식으로 포착한 것처럼 이제 문제는 그렇게 생산된 것을 소비할 수 있는 다른 종류의 생활방식을 창출하는 것이었습니다. 소비를 향한 새로운 욕망을 부추기고, 그것을 위한 구매력을 제공하는 것, 그것이 바로 케인즈주의나 '뉴딜'이라고 불리는 루스벨트 정책의 요체였습니다. '대량생산+대량소비'로 정의되는 포드주의 체제는 이런 새로운 조건에 부합하는 새로운 축적방식이었습니다. 제2차 세계대전은 이러한 새로운 축적체제, 새로운 생활방식을 위한 조건을 제공했고, 이는 소위 '전후의 부흥'으로 이어졌습니다.

그러나 1960년대 말에 이르면서 포드주의 체제는 그 한계를 드러내기 시작했습니다. 가령 강화된 노동에 의해 노동자는 과로로 지쳐갔고 이로 인해 노동의 안정성도, 생산품의 안정성도 약화되었습니다. 적어도 생산성의 증가를 다그치는 것이 더는 곤란한 그런 한계에 봉착하게 된 것이지요. 「모던 타임즈」에서 증가하는 콘베이어벨트 속도에 미쳐버린 찰리는 그런 사태에 대한 예언과도 같은 것이었습니다. 공장이 거대화됨에 따라 거대화된 노동조합의 힘, 그렇지만 하방경직성을 갖기에 쉽사리 내릴 수 없는 임금 등등. 이러한 조건들로 인해 부르주아지는 '노동자 없는 노동'을 다시 꿈꾸기 시작했고, 그 출구를 과학과 기술에서 찾고자 했습니다. 자동화와 정보화로 요약되는 새로운 생산의 체계가 1960년대 말부터 준비되기 시작했고, 기술적 조건과 정보전달의 네트워크가 마련된 1980년대 후반에 이르면서 가시화되게 됩니다. 정보혁명, 혹은 디지털혁명이라고 불리는 또 한번의 '산업혁명'이 시작됩니다.

우리는 이 새로운 생산의 조건을 몇 개의 개념으로 요약한 바 있습니다. "자동화가 노동자의 육체적 및 정신적 활동능력을 기계화함으로써 노동자의 노동능력 자체를 착취하는 것이라면, 정보화는 기계적 네트워크와의 접속을 수반하는 모든 종류의 활동을 가치화하고 착취한다"(이진경, 『자본을 넘어선 자본』). 이는 노동자 없이 노동을 착취하는 두 가지 방법으로서, 노동이나 활동을 기계적으로 포섭하는 것이란 점에서 '노동의 기계적 포섭'이라고 부를 수 있습니다(이진경, 「노동의 기계적 포섭과 기계적 잉여가치에 대하여」, 『지구화시대 맑스의 현재성』).

인터넷으로 상징되는 네트워크 혁명은 사람과 사람, 사람과 기계, 혹은 기계와 기계를 접속하고 연결하는 거대한 '신경망'을 구축하게 됩니다. 이 신경망을 통해 연결되고 접속되는 요소들은 거리의 원근이나 공간적 제약을 넘어서 실시간으로, 혹은 시간적 간격을 두고서까지도 하나의 집합적 신체를 구성하게 됩니다. 노동이나 생산은 이제 인간의 활동이라기보다는 이 네트워크를 통해 연결되고 접속된 집합적 신체의 활동이 되고, 인간은 그 프로세스의 입출력 지점이 됩니다. 여기서 인간과 기계, 생명과 기계의 근대적 개념들이 와해되고 인간은 인간과 기계의 접속체로서 '사이보그'라는 새로운 이름을 얻게 됩니다.

그 네트워크를 따라 전송되는 다양한 종류의 정보들은 디지털이라는 공통의 표현형식을 통해서 각자의 고유한 영역을 벗어나 쉽게 복제·변형되고 쉽게 결합하여 사용할 수 있는 재료들의 집합이 됩니다. 이러한 재료들을 다루는 새로운 처리의 기술들이 거듭 갱신되고, 지식이나 정보를 가두던 낡은 '분과'의 벽들이나 전문성의 영토들이 거대한 탈영토화 운동에 의해 와해되고 변경됩니다. 지식의 생산은 이제 다양한 영역을 넘나드는 재료들의 종합으로 진행되는 새로운 프로세스 속으로 들어가게 됩니다. 그러한 프로세스가 진행되는 (인간과 기계로 구성된) 집합적 신체, 집합적 지성이 지식의 새로운 생산자로 등장하게 됩니다.

한편 기계적 접속을 연결하는 네트워크의 발전으로 인해 생산은 탈영토화됩니다. 이는 전지구적인 규모로 분산된 활동들을 하나의 생산과정, 하나의 노동과정으로 통합할 수 있는 기반을 제공합니다. 가령 우리가 사용하는 노트북 컴퓨터는 미국에서 설계되어 일본에서 메인보드를 만들고 멕시코에서 케이스를 만들며 키보드는 싱가포르, 시디 드라이브는 중국, 배터리는 인도네시아, 트랜스는 필리핀 등에서 만들어 말레이시아에서 조립되는 식입니다. 이는 옷이나 신발 같은 전통적 상품에 대해서도 마찬가집니다. 지식의 생산 역시 이러한 탈영토화 운동 속에서 이루어지고 있습니다. 이러한 탈영토화 운동을 가로막는 것은 오직 언어의 장벽뿐인 듯합니다. 영어가 마치 제2의 모국어라도 되는 양 부상하는 것은 이러한 이유에서인지도 모릅니다.

이러한 기술적 조건은 생산의 유연성을 확장하며, 이를 위해 노동의 유연성을 확대합니다. 네트워크는 재택근무나 임시근무의 효과를 극대화하며, 노동시간의 유연성을 확대합니다. 임시직 고용, 파트타임 노동, 프리랜서, 하청이나 아웃소싱 등 비정규직 노동이 증가하는 것은 이런 맥락에서 이해할 수 있을 것입니다. 이러한 조건은 고용을 불안정하게 하는 요인이지만, 생활의 유연성을 확장하는 조건이기도 합니다. 이로 인해 노동의 유동성만큼이나 생활의 유동성, 나아가 사고의 유동성이 증가하리라고 예상하는 것은 아주 자연스러운 일입니다.

다른 한편 매스미디어는 컴퓨터 네트워크와는 다른 경로로 사람들의 감각과 생활을 규정하며 정보와 지식, '상식'과 '양식'의 가장 중요한 원천이 됩니다. 뿐만 아니라 다양한 종류의 매체들이 우리의 사고와 생활을 직조하는 재료가 됩니다. 책과는 다른 매체들이 지식을 전달하고 문자 아닌 다른 성분들이 정보를 전달합니다. 매체의 탈-문자화, 탈-책화는 피할 수 없는 것처럼 보입니다.

인문학적 지식이 이러한 조건에서 벗어나 생산될 수 있을까요? 만약 그렇다고 대답할 수 없다면, 시야를 책으로 좁히고 필요한 지식의 원천을 오직 책으로 제한하며 지적 활동의 범위를 자신이 전공한 전문적 분야로 한정하여 지식을 생산하는 게 이러한 조건에서 과연 가능할까요? 거대한 네트워크로 이미 연결되어 작동하는 집합적 신체나 '집합적 지성'을, 근대과학이 지옥에서 불러낸 악마라고 비난하는 것은 차라리 쉬운 일일지도 모릅니다. 그렇지만 그처럼 비난하는 순간에조차 이미 우리는 그 거대한 네트워크 안에서, 그 집합적 신체가 생산한 것 속에서 생활하며 그 집합적 지성이 산출한 것으로 생산하고 있는 것은 아닐까요?

인문학과 노마디즘

근대적 담론의 인식론적 배치와 근대적 생산방식의 경계에서 발생한 이러한 변화는 그것을 지반으로 이루어지는 우리의 사고와 인식, 생활 전반을 제약하고 규정합니다. 이른바 '인문학의 위기'란 이러한 두 가지 차원에서 발생한 거대한 변환의 징후고, 그러한 변환에 대한 인문학적 담론의 대응이 아직 성공적이지 못하다는 징표입니다. 이런 의미에서 그것은 변화된 생산의 조건, 변화된 인식론적 조건과 관련하여 담론의 생산에서 발생한 위기지, 생산된 담론의 '과소소비'에서 발생한 위기가 아닙니다. 이런 점에서 이 '위기'는 흔히 말하는 것보다 훨씬 깊고 근본적입니다.

그렇지만 적어도 인식론적 층위에서 본다면, 이 '위기'는 사실 일차적으로 기존의 인식론적 지반의 해체와 돌파에서 기인하는 것이며, 따라서 단순히 지적인 무능력의 산물이라고 말할 순 없습니다. 반대로 그것은 거대한 성공들 뒤에 온 것입니다. 근대적 담론의 지반을 해체하고 그 경계를 돌파한 탁월한 시도들에 대해서 누가 '실패'라고 비난할 것이며, 그러한 시도들이 집중되던 시기를 누가 '인문학의 위기'라는 말로 규정할 수 있겠습니까? 그들의 시대, 아직도 우리의 사유에 이어지는 일정한 연속성을 갖고 있는 그 시대는 분명 '위기'의 시대였다고는 할 수 있지만, 그때 '위기'란 삶의 조건의 변화와 징후를 읽어내고 그것을 한 '시대'의 전복으로 밀고 나감으로써 야기된 것이었습니다. 즉 그것은 성공으로 발생한 위기였습니다.

이 '위기'가 부진과 실패의 뉘앙스를 함축하는 현재의 '인문학의 위기'로 바뀌었다면, 그것은 두 가지 의미에서 이해될 수 있을 것입니다. 하나는 그 지반을 전복한 거대한 지적 사유가 있었지만, 여전히 우리는 대부분 낡은 지반 위에서 형성된 담론적 배치 안에, 오래된 사고방식과 지적 생산의 방식 안에 머물러 있다는 사실입니다. 어쩌면 우리는 인식의 근대적 지반을 전복한 그 사유조차 우리에게 익숙한 오래된 관념과 사고, 우리가 오랫동안 머물러 있었고 작업하고 있었던 벽과 경계 안에서 '수용'하고 이해하려 하고 있는 것은 아닐까요? 그래서 거대한 파열구를 연 시도들을 부정하거나 떨쳐버릴 순 없지만, 그렇다고 적극적인 무기로 사용할 수도 없는(그것을 자신에 대한 '공격'으로 받아들이는 사람들에 대해선 말하지 맙시다) 곤혹스런 처지에서 멈추어 있는 것은 아닐까요? 이 경우 '인문학의 위기'란 양쪽에 한 다리씩을 걸친 채 그저 양쪽을 번갈아 쳐다보고만 있는, '뷰리단의 당나귀' 같은 우리 자신의 초상은 아닐까요?

다른 하나는 전복된 근대적 사유의 지반에서 벗어났지만 아직은 새로운 지표들 혹은 새로운 배치들을 구성하지 못하고 있다는, 앞서와 비슷해 보이지만 사실은 아주 다른 그런 사태입니다. 오래된 관념이나 사고를 버렸고 낡은 경계에서 벗어났지만 새로운 침로를 찾아 지적 생산을 펼치기에는 아직은 부족한, 새로운 무기를 사용하는 데 아직은 능란하지 못한 일종의 미숙함. 여기서 우리는 이전에는 익숙하게 사유하던 것을 사유할 수 없는 사태에 직면한 셈입니다. 이제 우리는 사유할 수 없는 것을 사유해야 합니다. 마치 사회주의 체제 붕괴 이후 그것을 진지하게 받아들인 맑스주의자들처럼 ―맑스주의의 역사, 아니 맑스주의 자체도 이해할 수 없고 사유할 수 없게 된, 그러나 그 모든 것을 사유하고 이해해야 했던 맑스주의자들처럼 말입니다. 이 경우 '인문학의 위기' 또한 사유할 수 없는 것을 사유해야 하는 것이란 점에서 무능력에 기인하는 것은 분명하지만, 그것은 비로소 사유를 시작하게 된, 새로운 방식의 사유를 향한 출발점에서 발생하는 것이고, 새로운 사유의 탄생을 예고하는 일종의 '지체'일 뿐이라고 해도 좋지 않을까요?

분명한 것은 이 '위기'는 이미 제출된 전통적 질문들에 새로운 대답을 찾아낼 것을 요구하는 그런 것은 아니란 점입니다. 대답의 방식 이전에 질문의 방식이 달라져야 하고, 연구의 방식이 달라져야 합니다. 요컨대 인문학의 지적인 생산방식 전반에 대한 변혁이 없다면 근본적으로 해결할 수 없는 위기입니다.

다른 한편 앞서 본 것처럼 '물질적 생산'의 변화에서 발생한 변화는 우리의 '물질적' 생산이나 생활뿐만 아니라 지적 생활, 지적 생산의 변화의 새로운 조건을 형성합니다. 물질적 생산에서 지적 요소, 지적 생산의 요소가 중요해졌을 뿐만 아니라 거대한 네트워크를 통해 다양한 사람들이 하나의 집합적 신체를 쉽게 구성하게 되었으며 또 쉽사리 해체되어 다른 신체로 재구성된다는 것, 이러한 신체적 가변성만큼이나 지식 내지 사고의 유동성이 크게 확장되어야 한다는 것, 더불어 지식의 생산 또한 탈영토성이 매우 크게 확장되었다는 것, 나아가 지식이 단지 문자를 통해 책에 고정되는 형식에서 벗어나 다양한 매체를 통해 전달되고 이용되며 변형되는 정보와 사유의 흐름이 되었다는 것 등이 그것입니다.

'위기'를 야기한 이 두 가지 차원의 조건을 간단히 일별하는 것만으로도 근대적 지반을 벗어난 새로운 지식의 구성방식은 지적 생산방식 자체의 근본적 변환을 요구한다는 것을 쉽게 이해할 수 있을 것입니다. 그러나 지적 생산의 새로운 방식을 찾아내기 위해 먼저 우리는 몇 가지 '환상'을 통과해야 합니다. 우리를 다시금 낡은 인식론적 지반으로 유인하는 환상들을.

가장 먼저 지적 생산의 주체와 결부된 '저자의 환상'입니다. 새로운 것을 창조하는 독창적 '개인'으로서의 저자라는 관념, 사유나 지적 활동은 결국 '내'가 하는 것이라는 환상이 그것입니다. 천재적 재능과 집요한 끈기를 갖고 사유하고 연구하는 개인조차 사실은 그와 관계된 수많은 사람들의 사유, 수많은 사람들의 개념들을 통해서 사유하는 것입니다. 모놀로그나 개인적인 메모에조차 항상-이미 다른 사람들의 목소리, 다른 사람들의 사유가 깃들어 있다고 해야 합니다. 더욱이 집합적 신체가 저토록 쉽사리 구성되고 또 해체되며 변형되는 조건 아래서 이런 저자의 환상이란 데카르트적인 주체 개념만큼이나 낡고 시대착오적인 것이며, 새로운 차원에서 지적 생산을 가로막는 장애라고 해야 하지 않을까요?

둘째, 푸코가 지적한 것과는 다른 의미에서 일종의 '도서관-환상' 혹은 '책의 환상'입니다. 지식이란 고상하고 거창한 의미란 점에서 대문자로 쓰는 진리를 담고 있는 것이고, 따라서 지식은 단지 삶을 위해 '이용'할 뿐인 세간에서 분리되어 저기 따로, 가령 도서관 같은 진리의 저장고에 존재해야 한다는 환상. 저자의 환상이 지식을 생산하는 자신에 대한 나르시시즘의 표현이라면, 책의 환상 내지 도서관-환상은 자신이 생산한 것에 대한 나르시시즘의 표현이란 점에서 정확하게 짝을 이루는 환상입니다.

셋째, '전문성의 환상'. 남들이 침범할 수 없는 나만의 고유한 영역으로서 전문성, 혹은 남들에게 나를 내세울 수 있게 해주는, 다시 말해 나의 발언에 어찌할 수 없는 무게를 실어주고 나의 언표에 수긍할 수밖에 없는 권력을 실어주는 장치로서 전문성. 동물적 영토성의 지식인적 형태인 이 전문성은, 라캉 식으로 말하면, 자신의 연구를 자신의 소유물로 간주하는 상상적 동일시, 자신에게 할당된 자리에서 눈조차 돌릴 줄 모르는 강력한 상징적 동일시를 통해 작동하는 환상이고 그러한 동일시로 더욱더 밀어붙이는 환상입니다. 자신이, 아니 '타자'가 쳐놓은 울타리('나의 자리'!) 안에 안주하며 오직 그 안에서만 연구하고 그 안에 있는 것으로만 연구하게 하는 환상, 자신이 쳐놓은 울타리를 벗어나는 순간 어떤 것도 남들만큼 보지 못하는 자신의 무능력 혹은 그 실재적 결여를 은폐하는 환상.

넷째, 약간은 특별한 것으로, '동양의 환상' 혹은 지리적 구별의 환상이 있습니다. 하이데거 이후 근대의 한계에 주목하여 그 지반을 전복코자 했던 사람들이 자주 중요한 자원으로 삼았던 것이 '동양'이었습니다. 근대가 서구와 실질적인 동의어를 뜻하는 한, 분명 동양이란 근대의 외부를 사유하는 데 중요한 자원이 된다는 것은 분명합니다. 종종 그것이 서양이 대신해서 말해주고 대신해서 만들어준 '동양'이었다고 해도 말입니다. 이는 깊이 사유하지 않는 사람들에겐 동양에 대한 동일시를 통해 근대를 넘을 수 있다는 환상을 야기합니다. 이와 다른 차원에서 근대의 한계, 서구의 한계가 드러나는 지점에서, 자신이 서 있는 곳이 이미 거기서 벗어나 있으며 이미 대안을 선취했다고 믿고 있는 동양인들 역시 동일한 환상을 공유하고 있는 셈입니다. 비-근대로서의 동양이 반-근대 내지 탈근대의 동력 내지 자원이 될 수 있는 것은 근대적 사유와의 대결을 필연적으로 요구하는 새로운 종합을 통해서고, 새로운 모습으로 재창조되는 한에서만 가능한 일입니다. 반면 지리적 개념으로서의 '동양' 혹은 훨씬 더 오래된 전통의 상징으로서의 '동양'에서, 요컨대 '동양의 환상'에서 벗어나지 못하는 한 우리는 어쩌면 진정한 동양의 모습이나 동양의 강점을 서양인들에게서 배우게 되는 사태에 머지않아 당면하게 될지도 모릅니다.

하지만 부정되어야 할 것의 목록을 거명함으로써 새로운 지적 생산방식의 요소들을 정의할 수는 없는 일입니다. 비록 또 하나의 환상으로 비난받을지라도 우리는 긍정적이고 적극적으로 새로운 지적 생산방식의 요소들을 제시해야 합니다. 먼저 그것은 "무엇을 생산할 것인가?"의 문제에서 이전과 다른 '대상'을 찾아낼 것을 요구합니다. 그러나 그것은 하나의 대상에서 다른 대상으로 관심을 이전하는 것이 아니라, 이전과는 다른 종류의 대상설정 방식을 통해 비-대상이던 것을 대상이 되게 하고 대상을 비-대상과의 관계 속에서 재-대상화 내지 탈-대상화하는 것입니다. 명료하고 뚜렷하게 구별되는 하나의 동질적 대상이 아니라 언제나 혼성적인 방식으로 구성되는 대상, 혹은 이성의 빛 속에서 명시적으로 드러나는 대상만이 아니라 그를 위해 가려지고 배제되는 타자적 대상들, 그리고 그 타자적 위상에서 벗어나는 변이의 선(탈주선)을 그리는 대상들을 찾아내고 드러내는 것, 그리고 기존의 인식론적 격자 안에서 포착되지 않던 비가시적 대상을 드러내고 가시화하는 것이 그것입니다. 이는 지적 생산의 자원이 되는 자료의 개념은 물론 그것을 다루는 수단에서 새로운 변화를 수반해야 합니다.

하지만 "무엇을 생산하는가가 아니라 어떻게 생산하는가가 문제"라는 맑스의 말처럼, 인문학의 지적인 생산에서도 마찬가지로 "어떻게 생산하는가"의 문제가 그만큼 중요하다는 점을 강조할 필요가 있습니다. 이 "어떻게"의 문제설정 안에서 우리는 "누가 생산하는가" "어디서 생산하는가"의 문제, 그리고 앞서 말한 "무엇을 생산하는가"의 문제가 다른 방식으로 다루어져야 함을 포착해야 합니다(앞서 우리는 대상의 문제를 '무엇을?'의 문제로 던졌지만, 사실은 대상을 **어떻게** 설정할 것인가, 대상을 어떻게 바꿀 것인가 하는 문제를 의미한다는 점에서 '어떻게?'의 문제설정 안에 있다고 해야 할 것입니다).

지식의 생산은 원래 어느 탁월한 한 개인의 천재적인 능력에 따라 행해지는 '독창적' 창조가 아니라는 것을 다시 말할 필요는 없을 것입니다. 하지만 20세기 이래 지식의 전반적 구도는 그런 사실의 확인에서 더 나아가 지적 생산의 '주체'를 집합적인 주체로 구성할 것을 요구합니다. 가령 20세기 이래 자연학의 발전은 너무도 급속하며 이전의 근대과학과 다른 결정적인 문턱들을 수도 없이 만들어내고 있습니다. 상대성이론이나 양자역학, 혹은 복잡계이론 등의 굵은 제목만으로도 우리가 알지 못하는 영역은 급격히 확장되었습니다. 사실 이러한 과학의 성과가 인문학적 사유에 원용되고 있는가를 묻는다면 극히 비관적인 답을 해야 할 것입니다. 어디 자연학뿐인가요? 이 모든 지식들은 아무리 뛰어난 재주를 가진 천재라고 해도 한 사람의 지적 능력으로는 절대로 담을 수 없는 거대한 것입니다. 말 그대로 집합적 지성 혹은 집합적 신체를 구성할 수 없다면, 새로운 문턱들을 만들어낸 이 거대한 지적 자원을 포기하고 한 사람의 지성으로 포괄할 수 있는 익숙하고 낡은 과거의 지식에서 결코 벗어날 수 없을 것입니다.

당연히 이는 지적 생산의 영역, 영토성에 근본적인 변화를 동반할 때만 가능합니다. 어떤 지식도 자신이 그어놓은 경계, 분과의 금 안에 안주할 수 없게 된 것입니다. 뇌과학의 성과를 모른 채 인식이 무엇인지를 철학적으로 논변하는 것이나, 분자생물학이나 인공생명 연구의 성과를 모르면서 인간이나 생명에 대해 사유한다는 것은 불가능합니다. 이미 역사학은 인류학의 방법론을 사용하고 있으며, 경제학이나 사회학은 카오스나 복잡계 과학의 연구방법을 통해 갱신되어야 합니다. 문학은 생물과 기계의 변화된 경계 속에서 살아가는 인간의 삶에 대해 다룰 수 있어야 합니다. 이런 점에서 모든 지식은 분과의 형태로 존재하는 지식의 낡은 영토에서 벗어나 다양한 영역을 횡단하는 탈영토성을 강화해야 하며, 분과가 요구하는 낡은 연구의 규칙(code)들에서 탈코드화되어야 합니다. 기존의 분과들이 필요에 따라 연합하는 '학제간'(interdisciplinary) 연구는 불충분한 임시변통에 지나지 않습니다. 군이 '분과'와 같은 전통적 단어를 사용한다면, 그보다는 차라리 연합이 행해질 때마다 분과들의 벽이 와해되고 새로운 분과가 생겨나는, 그리하여 이웃 분과의 경계를 변경시키는 '학제-변환적'(transdisciplinary) 연구가 필요하다고 해야 하지 않을까요?

이처럼 기존에 존재하는 지식의 경계, 지적 생산과 재생산의 영토들을 가로지르면서 새로운 방식으로 지식의 장을 창안하고 또 다시 탈영토화의 선을 그리며 지적 생산의 '주체'나 '대상' 자체를 변환시키는 이런 지적 생산을, 우리는 들뢰즈/가타리의 개념을 빌려 '노마디즘'(nomadism)이라고 명명할 수 있을 것입니다. 움직이는 도중에 멈출 뿐이며 언제나 탈영토화의 운동 안에서만 영토화 내지 재영토화하는 활동의 방식, 만남과 연합을 통해 스스로를 다른 것으로 바꾸어 버리는('차이를 만드는'!) 변이 안에서만 동일성을 얻으며 그 자체로 항상-이미 복수적인 '주체', 새로운 가치의 창안을 통해 낡은 가치나 지배적 권력에 '포연 없는 전쟁'을 벌이는 전쟁기계로서의 지식, 탈영토화라는 이름으로 여러 영역의 지식들을 모으고 정리하여 체계화하는 게 아니라 필생을 건 하나의 문제 혹은 하나의 화두를 들고서 다양한 영토들을 가로지르며 새로운 종합을 시도하는 활동 등등. 이는 근대적 담론의 인식론적 배치를 벗어나서 새로운 지식의 생산을 추동하고 다양한 지식을 이용하는 지적 활동의 유목적 방식입니다. 이러한 활동의 방식이 앞서 지적한 새로운 '물질적 생산'의 조건에 의해 좀더 수월해지고 좀더 가속화될 것임을 이해하는 것은 그리 어려운 일이 아닐 것입니다.

찾아보기